LE PRIX DE LA DÉMOCRATIE

民主的價碼

Julia Cagé

茱莉亞・卡熱

賴盈滿 譯

一人一票，票票「等值」？

目錄

Contents

推薦序

讓民主回歸真正的人人平等，落實票票等值

文／葉浩（政治大學政治學系副教授）

「所有的動物都平等，但有些動物比別的卻更加平等！」是出自《動物農莊》的名言，相信多數翻閱本書的讀者並不陌生。作者喬治．歐威爾藉此諷刺共產國家那些打著平等口號來革命，取得政權後卻致力於經營自己特權的領導階層。他們會使用美麗的包裝，例如以「先讓一部分人富起來」為由讓自己對號入座。不過，這一句名言能流傳至今，或許也因為它同樣適用於後冷戰時期的民主國家，尤其是那些奉行新自由主義的資本家——他們在國際上高舉自由貿易與市場機制，國內則呼籲減稅和政府不得干預市場，好讓經濟歸經濟，讓贏者全拿的市場邏輯運作，而自己剛好就是那全拿的贏者。

當然，前革命家藉手上的政權讓自己致富所造成的不平等，與市場機制所導致或允許的貧富差距不能完全劃上等號，畢竟後者本身也是一種對許多人來說頗為公平的分配

機制，亦即人人自由的狀態底下，按個人意願或努力乃至天份的發揮，自然會有窮人與富人的產生，若個人自由是最重要的價值，貧富差距則是必須接受的一種自然後果。這正是經濟右派人士的信念。人人享有相同的機會平等或市場自由，意味著結果上的差異，也就是經濟上的不平等。

問題是，經濟上的差異同時也意味著在實質的政治影響力不同。這是左派人士向來特別在意的事實。身為經濟學家的本書作者茱莉亞・卡熱（Julia Cagé）也是如此，而且她認為此事的發展已衝擊到了作為民主制度的基礎，亦即「人人平等，票票等值」原則。

事實上，許多民主國家已採取了某些措施來因應此一困境，但卡熱認為這些措施不足以落實票票等值原則。《民主的價碼》於是分為三個部分：首先是援引了許多民主國家的既有數據來指出，富人在資助選舉運作上的程度遠超過窮人，因為他們可直接金援政黨並購買媒體管道或捐助智庫；然後檢視了當前許多國家為了讓窮人也能更有效資助民主的措施，包括公費或允許私人資助政黨或競選資金的制度，並一一指出各自的缺失；最後則提出了幾個改革方案，包括（一）發放「民主平等券」，讓每個公民在年度報稅時可以選擇七歐元額度對特定政黨或組織的贊助，（二）全面禁止企業政治獻金，並設定個人的政治獻金上限為兩百歐元，以及（三）引入混合國會，在維持現有的選舉方式之外，保留三分之一席次給身為勞工或受僱者的「社會代表」，以提升議會的代表性。

讀者可見，上述三個改革方案的共同指向，都是為了讓民主落實票票等值的方式，或至少不讓富人在選舉經費支出或政黨贊助上的權重遠過於窮人。究竟這些措施能否如同作者所說，比現行的制度更好且立竿見影，本身是個經驗性問題，唯有實際操作下來才能確認。

但此時能確定的是，她採用的數據橫跨了許多國家且有些國家的數據可追溯至久遠以前的年代，而藉此推得出來的結論之有效性，取決於那些數據本身的可靠程度。例如，英國的數據來自過去一百五十年的資料整理。這一種統計學允許了涉及時間與地域向度較廣的宏大問題意識，基本上與作者的先生皮凱提（Thomas Piketty）在其名著《二十一世紀資本論》當中用的方法相似，具涂爾幹（Émile Durkheim）以降的法國社會科學色彩。從方法論的角度來說，本書已經相當扎實，堪稱一種涉及歷史的經驗性研究之典範，筆者也期待我們的經濟學家或比較政治學者能進行類似的研究，嚴肅地對待嚴重貧富差距之下，不同階層的人士對選舉經費的貢獻程度及其各自的影響力，作為衡量民主運作品質的指標之一，而非單憑經濟表現，尤其是以GDP成長當作唯一判準。

誠然，數字本身不會說話，更不會作價值判斷，正如年年不斷成長的GDP也不會告訴我們社會是否更好（除非把經濟成長當作判準）。皮凱提二〇一四年訪問臺灣聽聞此地的低薪水平時驚訝地表示：「我不曉得這些GDP到哪裡去了？但我確定它肯定去了某些地方。」若非有經濟成長之外的價值判斷，不會做出這樣的提問。而真的在意階級平等或說社會正義的人，則更看重經濟成長的果實究竟由誰獲得，是否分配均勻乃至能不能照顧到社會最底層的人。事實上這種階級平等意識也貫穿了本書的所有篇章。卡熱指出，在法國，窮人捐給政黨的每一塊錢都是省吃儉用所省下來的扎扎實實一塊錢，但富人所捐出的政治獻金，卻可換取其三分之二等值的所得稅免稅額，因此猶如在民主選舉的花費上讓「窮人替富人買單」。這其實不是數字本身會說的話，而是心懷平等價值的人才能做出的一種判斷。

唯有在乎階級平等的人，才會意識到富人與窮人對政黨資助的權重不同與「票票等值」之間存在一種必須被消弭的落差。因此，藉以提出問題意識的本書第一部分，本身預設了：社會必須致力於各方面的人人平等，包括對政治的實質影響力，且「民主不該是撒錢的人贏」！換言之，《民主的價碼》雖然採取了嚴謹的經驗性社會科學研究方法，但在關乎階級平等與窮人福祉的問題上並不採取中立，而是清楚表明了特定的價值立場。本書於是不但具有濃厚的規範性意涵，也是為了告誡法國讀者千萬別聽信那些高舉「言論自由」來反對政治獻金上限的言論。

這樣的經濟學不主張「經濟歸經濟，政治歸政治」，但卻散發一種古典的學問情懷——經世濟民！

致謝

有些人資助民主運作的金額遠大於其他人，包括購買媒體管道、捐助智庫和金援政黨等等。這樣做為什麼有問題？本書的構想起自四年前，當時我的前作《媒體的未來》（*Sauver les médias*）*正要完成；而後我又寫了數篇論文，啟發了本書不少內容，其中又以〈選票的價碼：以一九九三至二〇一四年的法國為例證〉（The Price of a Vote: Evidence from France, 1993-2014）（美國經濟與政策研究中心評述論文，二〇一八年）特別重要。競選支出對法國這樣的國家影響之鉅，令人怵目驚心，也更加堅定了我的看法：我們有必要對各種私費和公費民主模式進行長期比較研究。因此，我首先要感謝和我一起做研究的共同作者貝庫許（Yasmine Bekkouche），還有佛格森（Thomas

---

＊ 譯註：茱莉亞．卡熱《媒體的未來：數字時代的困境與重生》，中信出版社二〇一八年出版。

Ferguson）與新經濟思維研究中心（INET），謝謝他們對這項研究計畫及計畫所需的資料蒐集作業的信心與資助。

本書能完成還歸功於許多學者，他們和我一起考察私費民主，持續在永無止盡的研究路上攜手並進。我目前正和吉佑（Malka Guillot）研究法國財稅資料，以了解經濟不平等如何強化政治不平等，尤其哪些因素促使人捐助政黨與競選支出。事實證明，吉佑對法國所得稅取樣資料（FELIN）的熟稔非常寶貴，而我也要感謝法國統計機密保護委員會和數據安全取用中心允許我們使用檔案資料。

我和德威特（Edgard Dewitte）一同爬梳了英國過去一百五十年的歷史，以了解競選支出對政黨表現的影響。感謝他對這項計畫的信心，尤其我們怎麼也沒想到研究竟然必須回溯到候選人會派馬車送選民去投票的年代。其實我對艾德加的感謝不止於此，因為撰寫本書期間，他還幫我蒐集檔案資料，協助我掌握各國立法上的細微區別。我也要特別感謝穆姜（Elisa Mougin）。她真是非常出色的研究助理，處理政黨透明度這個有時滿布地雷的領域總是游刃有餘。感謝魯菲尼（Benedetta Ruffini）的義大利研究，給了我不可多得的參考資料。謝謝迪恩（Alexandre Diene）協助我研究德國的情況，及馬丁內茲－托倫納多（Martinez-Tolenado）對西班牙的研究。對法律門外漢來說，法條的細微處有時很難理解，因此我要感謝庫耶夫（Bastien Cueff）在這方面給我不少提點。

我從二〇一四年起在巴黎政治學院擔任經濟學助理教授。該校的跨領域研究環境讓我獲益良多，尤其擔任公共政策科際整合評鑑實驗室（LIEPP）「評鑑民主」（évaluation de la démocratie）軸心計畫共同負責人，更對我大有幫助。巴黎政治學院的學生來自全球各地。這些遠從委內瑞拉、中國、澳洲和貝南來的學生給了我莫大啟發。每天和他們相處往來，尤其在我探討媒體未來的課堂上切磋互動，更是時時刺激我反思與研究。

我跟法國國家視聽研究院（INA）的艾維（Nicholas Hervé）和菲歐（Marie-Luce Viaud）合作愉快，大大豐富了我近幾年的研究內容。我們經常熱烈討論媒體與民主的危機，以及抽籤民主制的運用。我從菲歐身上學到和得到非常多，只可惜她沒等本書問世便先走一步。我希望她會喜歡這本書，原本期盼的討論只能留待想像。菲歐，我們好想妳。

感謝我們搞數據（Wedodata）團隊，尤其要謝謝巴斯提安（Karen Bastien）、特迪曼（Brice Terdjman）和博夫（Nicholas Bœuff）願意與我共事，讓有時過於學術的數據變得很有趣！另外也要感謝他們對 leprixdelademocratie.fr 的貢獻，這個網站對延續討論是不可或缺的工具。

法雅出版社責編庫夸亞尼（Sophie Kucoyanis）對我完全信任，放手讓我發揮，我必須對此向她致謝。也謝謝阿加特·卡熱（Agathe Cagé），是她的仔細閱讀讓我看見自己寫作上的弱點，以及知識分子「智性雜交」的必要。

最後要謝謝托馬（Thomas），這本書的每一行都有他的身影。謝謝你的堅定支持、無窮耐心與腦力激盪，更要感謝你給予的愛，讓我有充足的力氣走到終點。

導論　民主耗竭

三十二歐元，這就是你選票的價碼。

可是我的選票是非賣品！沒錯，我知道你心裡怎麼想。我們早就告別公開投票，好讓地方頭人揪出誰拿錢跑票的年代了。但事實就是事實。候選人競選期間愈肯砸大錢，就愈能租下大會場，召集大批支持者，分發傳單和廣告，占據媒體與社群網站版面，就愈有機會當選。美國顯然如此，但歐洲也不例外，法國就更別提了[1]。錢始終是政治舞台的要角，民主是撒錢的人贏。為了撰寫本書，我創立了一個新資料庫，蒐集世界各國民主運作資金來源與競選支出的演變。我在書裡剖析這些機制，尤其從目前各種脫離正軌之處擷取教訓，並提出創新的規範，好在未來重振民主。

三十二歐元，你選票的價碼。

試想，法國政府每年**直接**補助民主運作的人均經費不到一歐元[2]，捐款給政黨的二十九萬納稅人拿到的稅負補償卻將近每人一百六十五歐元，政黨政治獻金最多的兩千九百戶家庭拿到的稅負補償更可達五千歐元[3]！難怪許多人對我們民主制度的品質充滿問號。政府為何出錢讓某些人得以「買下」近五張選票，甚至讓最有錢的人買得起至少一百五十張選票？真的有人認為我們的民主制度需要特別偏袒億萬富豪嗎？

這還沒算上競選政治獻金相關的稅負補償呢[4]！法國政府**每年**平均退還五千兩百萬歐元給參與選舉的候選人（選舉年時金額更高），而納稅人捐給各競選陣營的一千兩百萬歐元政治獻金也會產生將近八百萬歐元的減稅額。八百萬是遠小於五千兩百萬沒錯，但這八百萬歐元只會分給那些藉由**私人**捐款表達個人政治立場的寥寥幾萬人，讓每位捐款者拿到數百歐元，最有錢的捐款人數千歐元；用在補助公費民主的那五千兩百萬歐元卻是由全體人民均分，因此每人不到一歐元。

以下這項數據更是一語道盡法國現行制度的荒謬與不公。二〇一六年，法國政府給予最有錢百分之十人口的政治獻金減稅額共計兩千九百萬歐元，是所得底層百分之五十納稅人減稅額的二十一倍[5]；最有錢百分之一人口的政治獻金減稅額更是等於底層百分之五十人口的總減稅額。

我們的民主不僅是撒錢的人贏，而且法國就如同許多西方國家，已經鞏固了這樣一套制度，最有錢的公民非但可以藉由私人獻金表達政治偏好，政府還會補助他們。這套公費選舉制度並未對所有政治團體一視同仁。政治光譜上的「右傾」政黨每年得到的政治獻金平均遠高於「左傾」政黨。這套制度可能會助最有錢階級一臂之力，讓他們贏得選戰，「買到」他們想要的公共政策[6]，甚至推而廣之，改變所有政治團體（不分左右派）的運作條件，模糊掉長久以來確保社會底層在政治上擁有一定發言權的那條細微界線。

若你身為選民，早已放棄了這套民主遊戲，心想反正我的一票那麼不值錢，骰子已經灌了鉛，又何必認真以對，那你身為納稅人至少也該對上述的不平等與政府經費這樣花用感到震驚。以一名課稅所得十萬歐元的法國人為例，捐款六千歐元給政黨的實際成本只有兩千零四十歐元，其餘的三千九百六十歐元由政府負擔；換句話說，就是由所有納稅人支付。如果捐款人換成學生、不穩定就業者（travailleur précaire）或課稅所得不滿九千歐元的退休人士呢？答案是六千歐元[7]。法國有過半數家庭免繳所得稅，這些家戶在其他方面稅負沉重，捐錢給政治團體卻是捐多少就必須自付多少；反觀最有錢階層的政治獻金卻會由政府負擔將近三分之二。最有能力出錢的人出得最少，這就是法國非直接公費民主制度下的稅制，既累退又不公平，要窮人替富人買單。

簡單說來，目前可以說有三種人民。第一種是「一般」百姓，占絕大多數，只用投票表達個人政治偏好，並僅從政府對民主制度的補助款獲得些許回報；第二種是「行動人士」和黨員，為自己的政黨出力出錢（黨費），卻往往被「遺忘」，分不到慷慨的政府補償；第三種是金主（要說財閥也行），享有各種減稅優惠及其他納稅人（包括社會最底層）的大量補助，遂行個人的政治偏好。政治天平從來不曾大幅倒向「一般百姓」，而「行動人士」雖然一度可以哄騙自己和「超級金主」平起平坐，但事實是一切愈來愈由後者掌控，勝利果實也愈來愈常被後者占為己有。

這套制度不僅極不平等，讓窮者負擔重、富者負擔輕，而且很可能在未來數十年造成更大的不平等，讓社會對政治人物、現有建制與民主遊戲更加反感，並導致民粹主義全面失控。二十一世紀不是搞外交的高於做實事的，而是生意人高於民意代表。在美國這樣的國家，連大使館都待價而沽……法國有句俗話說，蠢蛋就是愈蠢愈敢。有錢人也一樣，愈有錢愈敢。

反對選舉民主與政府補助：面對真實危機的危險反應

對於金錢與民主，本書將檢視歷來規範兩者關係的各種（經常無效但總是讓我們有所啟發的）嘗試，更會從中擷取教訓展望未來。我的出發點只有一個：只要所有人認真思考這場關鍵辯論的條件，改變就可能發生。而要達成這個目標，就必須多知道一點不同國家的立法與經驗。

未來並非全然悲觀，尤其在大西洋的此岸，這裡的人們仍然抱持著某種民主與平等的理想。譬如自一九九〇年代初期開始，法國和比利時就對政黨和競選政治獻金設下了嚴格規範，有效限縮了最有錢階層的影響力。義大利和西班牙也設有獻金上限，只是金額較高。至於缺乏此類規範的國家，如德國和英國，過去幾年也努力提高透明度，降低政治人物受制於私人利益的危險。公費民主是人們多年努力而得的成果，但這套制度的哲學政治基礎與實際運作始終不曾得到充分辯論與理論化。公費民主制是很好的東西，只是並不完美，需要加以改進。

然而，現實又是如何？愈來愈多國家高舉「言論自由」的大旗，反對為政治獻金設定上限，只因為保守派不惜代價想要守住手上的銀彈王牌。更令人擔憂的是，開始有人質疑政府補助政治運作的做法。愈來愈多人感覺選舉民主已經被少數人把持，而實際狀況給人的印象也是如此，導致不少人全盤否定選舉民主。研究清楚顯示，美國政治人物普遍迎合有錢人，投票率持續下滑，多數公民反對使用納稅錢來補助選舉[8]。二〇一六年川普當選美國總統，他的勝利不僅令人不安，也為實行了四十多年的美國公費民主制正式劃下句點。法國不投票的公民愈來愈多，也反映了相同的趨勢。可以說，我們正目睹代表式民主的敗亡（見圖一）。

義大利五星運動成天將廢除公費補助政黨掛在嘴邊，也很快取得了進展。二〇一四年義大利通過法律終止政府直接補助，二〇一七年最後一次撥款。二〇一八年，義大利的左右派民粹政黨大有斬獲，而該次選舉也是義大利四十年來首次競選支出沒有得到政府補助款。與此同時，義大利政府仍然年年補助有錢階層的政治偏好，而且只補助有錢階層[9]。

當然，民粹運動之所以興起，選舉民主被有錢人的私利把持只是原因之一。儘管不能將問題完全歸結於此，但兩者的關聯還是值得深思。譬如脫歐公投耗費了三千七百萬歐元[10]，是英國史上最高，讓人好奇錢都用在了哪裡。又例如英國政府幾乎不給予政黨補助款，卻允許一名百萬富翁[11]斥資四十六萬歐元[12]，讓一頭繫著米字旗領帶的鬥牛

圖一：代表式民主失敗了？一九四五年以來，
法國、美國、英國和義大利國會投票率普遍下滑

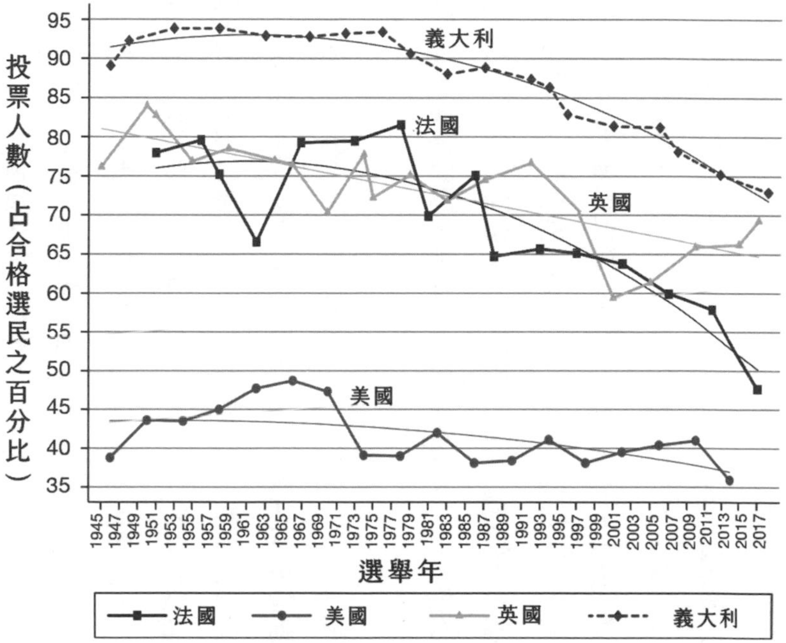

犬上遍英國各大報，這種民主制度到底健不健全？這位百萬富翁顯然忙得不只沒有時間遛狗（或捍衛愛犬的權益），還忘了向選委會申報這筆開銷，結果被罰款了區區一萬四千歐元[13]。

川普對狗沒興趣，但這樣一位帶有民粹威權色彩的人能當上美國總統，金錢一樣功不可沒。一九七〇年代初期，美國創立了一套雄心勃勃的公費民主制度，如今已經凋零殆盡。的確，川普的競選支出低於他的民主黨對手希拉蕊，因為希拉蕊獲得菁英階層的大力資助（川普以其誇張言行贏得的大量「免費」報導自然也有影響，幫他節省了不少電視宣傳費用），但他在投票前幾週額外拿到了數千萬美元的政治獻金，遠高於二〇一二年代表共和黨角逐總統的羅姆尼於同時期獲得的捐款，而且這筆錢完全來自私募基金公司、賭場和保守派的億萬富豪！川普很清楚錢的重要，因此在關鍵搖擺州的最後衝刺階段甚至不惜動用自己的荷包[14]。比起俄羅斯、「假新聞」和聯邦調查局長科米（James Comey），讓川普出奇制勝的難道不是錢嗎？

至於法國的民粹浪潮，那就要感謝錢和俄國人了。極右的國民陣線靠著一家捷俄銀行的貸款才不致斷炊。問起理由，他們振振有詞地說：「誰叫法國銀行不借錢？」雖然我無意為國民陣線主席勒朋（Marine Le Pen）開脫，但一個選戰常勝政黨竟然會面臨財務困難，正足以讓人懷疑現行公費民主制是否出了問題。曾經短暫擔任馬克宏政府司法部長的貝魯（François Bayrou）還來不及推行從政人員道德法案，就因為非法雇傭而黯然下台。他在任內提議創立「民主銀行」，可惜這個構想不比他的官位長命多久[15]，而且並未處理一個關鍵問題，那就是：不讓政府花錢補助民主運作不是正好稱了私人利益的意嗎？

民主運作不一定很花錢。二〇一七年法國總統大選，十一位候選人共支出七千四百萬歐元，平均每位成年公民不到一點五歐元。我們沒有必要仿效美國，允許候選人花費十億歐元競選。但就算支出較低而且合理，只要來源極不平均，尤其競選和政黨運作經費幾乎都來自少數富豪的政治獻金，民主運作就會陷入危機。資料告訴我們，法國和英國的政治獻金有三分之二以上來自收入前百分之十的超級有錢人。而歷史則告訴我們，唯有立法規定獻金上限，並且用足夠的政府補助款取代，過度仰賴私人捐款的問題才會消失。

政黨的終結？

面對選舉民主與代表原則的危機，另一個常見的反應就是否定政黨。嚴重削弱義大利公費民主制的五星運動就強調自己是「反政黨」，不左不右，既非政黨也不是工會。這套擺脫政黨對立與舊有建制，以全新效能滿足公眾利益的主張其實只是老調重彈，每隔一段時間就會再端上台面炒熱一次。還有些政治人物可能一心只想著前進，以致未能反芻戴高樂將軍的政治思想[16]。

政黨必然造成對立。這個看法就和政黨一樣老，連戴高樂也不敢說是他的創見。十九世紀就有人以此反對當時剛出現的政黨政治。由於將政黨視為問題製造者，使得當時有不少人以市場術語描繪它[17]。既然政黨預示了政治制度的民主化與市場化，何不允許金錢加入？對政黨的虛無態度扭曲了私費民主制。

於是，金錢就這樣進入政治，並攻占了選舉。目前政治獻金（主要是個人捐款，但在允許企業捐款的國家還包括企業獻金）占英國保守黨總收入的百分之七十，占義大利力量黨總收入的百分之四十，法國共和黨總收入的百分之二十。結果就是有一種對立消失了，那就是階級鬥爭。當左派政黨也開始迎合金主，政黨與政黨的衝突便從社會利得的分配變成了「文化」階級對抗。以英國工黨為例，這個以工會起家並致力推動工運的政黨直到一九八〇年代初期以前有三分之一的國會議員來自勞動階級，也就是勞工和受雇者，但之後開始逐年下滑，而政黨主要財源也從黨費變成政治獻金。到了二〇一五年，工黨有百分之三十八的所得來自個人及企業政治獻金，黨費收入只占百分之三十一。今日，英國下議院出身勞工或受雇者的議員不到百分之三，美國眾議院不到百分之二（但勞工和受雇者占勞動總人口的百分之五十四），法國國民議會則是一位也沒有。

自由派批評選舉民主

然而，質疑選舉民主的不是只有委內瑞拉總統查維茲、法國極左派黨魁梅朗雄（Jean-Luc Mélenchon）和義大利五星運動領導人葛里洛（Beppe Grillo）等「民粹分子」，也不該只有拒絕投票派。勞動階級才是最大的受害者，他們更該挺身抗議代表度不足（déficit de représentation）的問題，因為只要民主是「一元一票」的遊戲，他們從一開始就注定落敗。當政黨放棄經濟階級鬥爭，也就切斷了他們表達不滿的民意管道。正如義大利導演安東尼奧尼（Michelangelo Antonioni）在電影《哭泣》（*Le Cri*）裡所呈現的，勞動階級失去了聲音，被迫捨棄與重複，陷入某種無止盡的漂泊。他們不只被驅逐在外，更在地域和教育上被分化隔離。

結果我們聽到誰在高聲反對民主？不是勞工，而是那些有錢有閒有能力讓自己的聲音被聽見的人。他們認為目前民主制的代表度還是太過，甚至太侷限，因為他們還無法盡情用錢大展神通。這種批評更狡詐，也危險得多。尤其那些已經成為放任自由主義號角的矽谷大頭，他們顯然不是為了勞工權益而發聲。

放任自由主義反對民主？這事主要展現在高科技億萬富翁拒絕納稅上。套用這些大頭的說詞，他們不是不想參與集體努力，而是他們比誰都清楚自己的錢怎麼用最有功效——當然是為了公共善（common goods）。政府注定行動緩慢、缺乏效率，而且很難不腐化。政府只會攔路，自由才能成事，所有方面無不如此。因此，何不停止要求新生代慈善家納稅，放手讓他們證明自己的慷慨？這些新時代英雄一個個成立基金會，為和平、為環保、為對抗貧窮動輒挹注數百萬美元，我們難道不該讓這群急先鋒自由發揮，幹嘛還要向他們抽稅？事實上，我們之所以會問這些問題，正反映了民主制度與慈善事業本質上相互矛盾。

本書將探討這些智庫、基金會和媒體管道，闡明頂富階層不僅利用這群大軍影響選舉結果，更改寫了公共討論的本質。這些機構往往得到政府以減稅方式大力補助，得以讓少數人的決定凌駕多數人的民主選擇，彷彿超級富豪比民選政府更有能力判斷哪些活動應該全額或部分補助，哪些不應該。我們必須留意前衛社會（société avant-gardiste）的這種扭曲現象，提防公共善被人當成把持民主制度的掩護。因為許多人被這群溝通大師2.0給蠱惑，竟然為跨國避稅者的「慷慨」喝采[18]，殊不知實情是一套嶄新的審查體制正在成形。

就拿祖克柏來說吧。二〇一六年，祖克柏夫婦宣布成立基金會，表示將捐出手上持有的百分之九十九臉書股票供基金會使用[19]，你瞧多慷慨！美中不足的是，這個低調名為「陳和祖克柏基金會」的機構是個有限責任公司。這不僅讓祖克柏對基金會擁有絕對掌控權，還給了他巨額的所得與遺產稅減免優惠。還有一點不得不提，那就是祖克柏每次賣股票資助基金會（每年總額絕不超過十億美元），就能將這筆錢從課稅所得裡扣除，為他省下數億美元的稅款。這哪裡慷慨了？啊，我差點忘了自我推銷的部分。對當時正亟需扭轉形象的臉書而言，此舉無疑是免費的大規模公關。

當然，在今日的全球化世界，補助社會民主會遇到許多新難題，國族中心主義也確實在崛起。但我們沒有退縮的理由。我們需要做的不是放棄國家，仰賴少數億萬富豪的人道關懷，而是重新思考國家該如何打造和資助民主運作；不是幻想高科技超級英雄會替我們解決問題，而是整個歐洲一起行動。我們必須堅決反對將社會交到大企業的手上，由它們決定方向。

放任自由主義者顯然希望那樣，尤其提爾（Peter Thiel）更是頭號戰將。提爾除了是線上支付平台 PayPal 創辦人，還有一個他很少聲張但卻廣為人知的身分，就是曾經在二〇一二年美國總統大選期間捐款兩百六十萬美元，資助共和黨眾議員朗保羅（Ron Paul）的「支持自由」超級政治行動委員會。身為大政府批判者，提爾這樣做非但不算自相矛盾，反而是放任自由主義運動的標準作為：不計代價捍衛一個明顯違反現實的自由理念。個人願望凌駕一切，這是放任自由主義者的中心思想。然而，慈善家的征服慾（想想特斯拉創辦人馬斯克的火星殖民計畫）很容易和多數人的自由與利益相衝突，放任自由主義卻直接「忘了」有這回事。對放任自由主義者而言，世界上只有成者和敗者——你想馬克宏會反對嗎？一九五七年出版的《阿特拉斯聳聳肩》被這群新世代矽谷「思想家」奉為圭臬，作者蘭德（Ayn Rand）開場寫到一名流浪漢，男主角威勒斯（Eddie Willers）根本懶得聽那傢伙說話。何必呢？放任自由主義者壓根就反對多數人的願望應該擁有集體發聲的管道。

你可能會問「所以呢？」這難道不是他們的基本權利嗎？人人都有表達自己對國家的構想的自由，不是嗎？當然是。但我也有批評他們的自由。而我會在這裡批評他們，就是因為放任自由主義者雖然離選戰獲勝還很遠，卻已經在理念的戰場上大有斬獲。現實是，如今只有經濟贏家的政治偏好才會被表達；現實是，就算法國這樣一個不具慈善事業傳統的國家，政府挹注公共善的做法也在消失，被私人捐助其實已經私有化的公共善的做法所取代。慈善事業意味著市場贏家終究比多數人更懂得什麼對所有人都好。這種看法與做法將對民主賴以切實運作的基本原則構成威脅。

要是能想像一套完美的制度？

對放任自由主義者而言，最完美的制度就是政府不存在，或照他們偏好的說法，就是政府角色愈小愈好。選舉民主不會完全消失，但所有人都能自由運用各種手段（尤其是錢）來促進個人利益。從政者「當選」之後只需要確保中立，唯一的工作就是維護各種「自由」——成功的自由、失敗的自由，這些都化約成個人選擇，還有菸草巨擘菲利普莫里斯（Philip Morris）公司同時捐款給基督教民主聯盟、基督教社會聯盟、自由民主黨和社會民主黨的自由。只可惜德國和保加利亞一樣，開放菸品廣告至今仍停留在討論階段，是歐盟還沒解禁的最後兩個國家。

從這點看來，放任自由主義完全是寡頭政治；雖然理論上沒有領導人，實際上卻只有少數超級富豪有資格發號施令，因為他們最清楚狀況。有些人喜歡用「財閥技術官僚體制」來稱呼[20]。至於一般百姓，他們一年能有一兩歐元的公共補助政黨就該滿足了，而且還得要政府熬得住民粹主義者對政治人物的反覆攻擊，經得起保守派對大政府的強烈批評，他們才能動用這點補助。

社會學家艾宏（Raymond Aron）在他為法文版的韋伯名著《政治作為一種志業》

（*Savant et le politique*）所寫的序言裡說，「所有民主都是寡頭政治，所有建制都代表度不足。」他這話不是譴責，而是慶幸這世上從未有過「完美的制度」，所以我們應該接受現有的民主機制，閉眼不看它被少數人把持的事實。為什麼？因為我們無法做得更好，任何擘畫或夢想只會以災難收場。根據這套邏輯，我們何不欣然接受目前大多數民主國家都用納稅錢補助個人政治偏好，但只限於最有錢的少數？德國劇作家布萊希特說得對，「法律是專門用來剝削不懂法律的人的。」換言之，我們擁有的是廉價民主，是荒謬劇場，多數人投票的結果卻是對多數人不利。

這些路線我都不喜歡。現狀無法讓我滿意，我們一定能做得更好。我拒絕無能為力，也不接受在代表度不足的寡頭制度面前只能低頭順服或直接棄權，讓別人去做。

因此，我在這本書裡將選擇另一條路。我會使用一些方法，以歷史、經濟和政治科學為起點，尤其援引檔案資料，藉此回顧政治運作資金來源的制度規範，檢視其緩慢而顛簸的演變。要達成這個目標，需要新的資料庫，匯集全球公費與私費民主制的歷史沿革。我的焦點主要放在西歐和北美國家，因為史料最豐富。但你也會在書裡看到，即使遠如巴西與印度，同樣能帶給我們重要的教訓。我希望讀者原諒書裡層出不窮的圖表，因為我們必須付出這般努力，計算政黨每年得到的政府與私人資助，繪製圖表進行跨國跨時比較，才能了解影響現今制度的各種力量，並提出具體、可靠又有效的替代方案。

本書以比較歷史的角度出發，檢視二十一世紀初政治寡頭化的危險。美國近幾十年逐步撤銷了政治民主的所有規範，如今政治人物只迎合頂富階層，金錢對政治與民主辯論的腐蝕一天勝過一天。幸好法國還遠不到這個地步，但我們必須提防頂富階層的政治獻金（加上政府高額賦稅優惠的幫助）對選舉結果有不小的影響。例如，本書將指出這個因果關係或許可以解釋法國右派一九九七年國民議會選舉的「莫名失利」。當時社會黨還沒有從四年前的慘敗中恢復，且席哈克兩年前才當選總統，右派怎麼會淪落至此？原因是法國政府一九九五年頒布新法禁止企業獻金，使得向來倚賴企業銀彈的右派一時無法適應，而左派候選人本來就很少獲得這類金援，因此不大受影響，甚至由於選舉臨時提前，競選時間縮短而導致他們的支出比對手還多。

除了政治領域，富人還將極高的所得收入挹注於公共善，捐款給他們認為重要的團體或計畫。為了規避私人直接捐助政治運作的法令限制，他們用自己的財富成立智庫、研究中心與媒體，藉此影響選舉、立法和行政規範，以致我們可以看到幾乎所有民主國家的新聞媒體都愈來愈集中在少數億萬富豪手上。

當然，關鍵問題出在公眾利益和個人利益的混淆。本書主要以歷史、法規與統計研究為基礎，點出金錢在我們民主制度裡的角色愈來愈吃重，並探討金錢以哪些方式影響政治決定。當政府補助被私人獻金所取代，民主就會陷入流於門面的危險。這是不可避免的結局嗎？我不認為。正是因為如此，我將在書裡提出幾項重大改革。這些方案將為法國和世界各地的政治與社會民主「永續」奠立真正的基礎。

動態平等補助與混合議會：雙重民主革命

本書結尾會提出三個方案，其目標都是讓民主重新成為「一人一票」。

第一個方案是以全新模式補助政黨、選舉和政治團體，其中一大關鍵就是發放「民主平等券」（BED, Bons pour l'égalité démocratique），以使個人偏好都能平等獲得代表。具體做法如下：所有公民每年報稅時可以選擇將**自己的**七歐元公款捐給哪個政黨或組織。這七歐元是紮紮實實的七歐元，因為過程無需額外開銷，並能取代問題叢生（只依據過往選舉結果來補助政黨、稅負補償只限頂富階級的政黨政治獻金等等）的現有累退補助制。

相較於現有制度，民主平等券有不少好處。首先是縮短時間，讓參與民主運作的團體可以更快取得補助。目前政黨補助款往往會拖個四五年，因國家而異，因為補助款額完全依上次選舉的得票數而定。然而，民主是不等人的，公民社會每天都有新的倡議出現。政黨不該只是選舉機器，更是促進公眾討論的平台，選舉時和選舉前後皆然，所以為何得等五年才能領到一次救命錢？民主平等券能讓補助年年重新洗牌（但張數有限，因為未選定捐助對象的納稅人的七歐元將按上次選舉結果分配）。此外，有了民主平等券，一人＝每位公民握有同等金額補助款＝一票，如此就能終結原有的荒謬制度，不再讓窮人付錢滿足有錢人的政治偏好。

民主平等券作為符合當前需求的公費補助制，要讓它真正落實，展現正面功效，不受私人獻金妨礙，就需要第二個方案：大幅限制競選支出及個人和企業對政黨或選舉的政治獻金。對於企業政治獻金依然合法的國家，如德國、英國和義大利等等，我建議全面禁止。至於個人獻金，我建議每年上限兩百歐元，好讓所有人的政治權重相等。只要個人獻金的權重不受限制，情況就會和現在一樣，政治人物繼續到處找錢，只有頂富階層的政治偏好能得到表達。我要再三強調這一點：沒錯，現有的民主體制部分腐化了，但正確的回應不是：民主已經爛到根了，不如把稅金用在學校和醫院，別再供養政治人物了；而是：政治獻金會腐化政治運作，所以不能讓私人捐款插手。由於政治運作非常花錢，因此最好妥善運用公帑資助民主。唯有建立全面、平等而透明的公費政治民主制，才能確保政府未來有錢興建滿足多數人需求的醫院與學校。有些人只會在選舉時大肆獻金，卻很少要求政府提高他們的稅負來支付基本的公共善。

只要落實這兩項改革，發放民主平等券並大幅限制或禁止政治獻金，原本迎合有錢人偏好與需求的政治人物就會轉而在乎（讓他們選上的）多數人的偏好。然而，這樣做還不夠。資金問題很重要，卻仍不足以化解民主制度遭遇的危機。當前多數人面臨的代表度不足問題其實更嚴重、更根本。我們必須更進一步，採取第三個方案，也就是混合國會。為什麼？因為如同我們將會看到的，勞動階級在政治上失去了代表，不再有人代為發聲。

混合國會的運作是這樣的：雖然目前許多國家的議會都自稱代表所有不同社會背景的人民，實際上勞動階級卻形同排除在外。改革資助民主運作的規範雖然肯定有幫助，卻仍不足以扭轉大勢，化解這個深層危機。我們還必須重新思考代表式民主的規則。根據我的改革方案，國會將有三分之一的席次保留給「社會代表」，依照國內實際的社經與職業人口組成比例選出。以法國為例，社會代表候選人名單裡至少要有百分之五十是勞工或受雇者；具體做法則是國會選舉分兩場同時舉行，三分之二席次為選區代表制，選舉方式維持不變，三分之一席次則按比例從全國名單中選出，而且（關鍵來了）名單必須符合目前的社會職業人口組成。因此，每份名單都**至少**有半數候選人於當選時仍是（廣義下的）勞工或受雇者，其中當然包括各類新型態不穩定就業者，也就是受制於微型企業的勞動者。如此一來，勞動階級在國會裡的代表比例將會大幅提升，政策走向也會明確轉變，因為就如本書之後將指出的，社會和職業背景會直接影響國會議員的投票選擇。

混合國會無疑是很極端的改革，但它只是以毒攻毒，目的在矯正目前勞動階級是國會遊戲被害者的極端狀態。我們無法再忍受現有民主運作的虛偽，只有金錢的利益得到代表，導致有害的投票行為與虛無心態。就像追求性別平權，我們必須在法治基礎下從根解決社會不平等的問題。

✦ ✦ ✦

以上便是我在書裡採取的進路。親愛的讀者，感謝你與我同行！讓我們首先展開一段全球之旅，了解各國資助選舉民主的方式。第一站是政治獻金的百轉千迴，第二站是往往臨時起意、漏洞百出的公費補助制，最後一站則是經過理性思考得出的擺脫矛盾之路。我在書裡提到的結果可能令你吃驚，我作為一介公民也常被自己的發現（例如目前政治民主資助制度的不平等程度）嚇到，並深感憤慨。然而，千萬別對選舉民主絕望。民主需要重建，而不是摒棄。古往今來俯拾皆是民主再起與革新的曲折實例。讓我們不要只看負面，也要從正面經驗裡擷取心得！本書為你預備了不少驚喜，雖然我所擘畫的雙重民主革命長路漫漫，但我保證不虛此行。

註釋

1 法國的情形見 Yasmine Bekkouche et Julia Cagé (2018), «The Price of a Vote: Evidence from France, 1993–2014», CEPR Discussion Paper；英國的情形見 Julia Cagé et Edgard Dewitte (2018), «It Takes Money to Make MPs: New Evidence from 150 Years of British Campaign Spending»。兩項研究均按照選區與選舉年對每位候選人的支出與得票數進行實證分析，以估計選票價碼，詳細結果見本書第八章。競選支出對投票行為的影響至今仍多半以美國為對象，相關政治與經濟研究汗牛充棟。文獻回顧參見 Stephen Ansolabehere, John de Figueiredo, et James Snyder (2003), «Why Is There So Little Money in US Politics?», *Journal of Economic Perspectives*, 17(1), pp. 105–130。

2 這裡計算的是法國政府對政黨及政治團體的直接補助款。二〇一六年總金額略高於六千三百萬歐元。

3 二〇一六年，法國有二十九萬一千戶家庭申報一筆或多筆政治獻金或黨費，總金額八千萬歐元，獲得的減稅補償約四千八百萬歐元，其中兩千九百萬歐元分給最有錢百分之十家庭，七百二十萬歐元給最有錢百分之一家庭。參見本書第三章。

4 候選人或政黨政治獻金減稅額最高可達獻金金額的百分之六十六。本章稍後會有更多討論。

5 目前法國收入前百分之零點零一人口的政黨政治獻金平均為五千歐元以上，其中三千三百歐元最終由政府支付，只有一千七百歐元由獻金者本人負擔。收入末百分之十人口的政黨政治獻金平均為一百二十一歐元，由獻金者全額負擔。本書第三章有更詳盡的分析。

6 參見 Martin Gilens (2012), *Affluence and Influence: Economic Inequality and Political Power in America*, Princeton University Press。作者紀倫思在書中詳述了今日美國政治人物往往以頂富階層的偏好為依歸，傷害社會最底層。他認為原因出在私人捐款對競選愈來愈重要。

7 對此稍後會有更多討論。但有一點值得一提，就是唯有需要繳納所得稅的人，其政治獻金或所交黨費才能減稅。因此，法國有半數家庭（收入最底層者）實質無法享有私費民主的各項繳稅優惠。

8 美國不只投票率極低，出來投票的少數人又不足以代表全體選民。參與度不高自然導致代表性不足。此外，不投票率高對共和黨遠為有利。根據二〇〇〇年代初期以來的調查數據，不投票人口裡民主黨員多得不成比例，占了將近百分之十六。參見 Benjamin I. Page et Martin Gilens (2017), *Democracy in America ? What Has Gone Wrong and What We Can Do About It*, University of

Chicago Press。

9 義大利自二〇一四年起採行政黨**非直接**補助制，政黨取得的補助款和公開支持者的所得成正比。換句話說，愈有錢的義大利人，政府愈讓他們有能力資助（無須自費，而是靠一般稅收）自己屬意的政黨，沒錢的義大利人則對哪些政黨獲得政府補助沒有實質發言權。參見本書第二章。

10 三千兩百七十萬英鎊。

11 此人名為哈理斯（Peter Harris），旗下事業包括知名的布特林（Butlin's）度假村，廣告標語是莎翁戲劇名言「你的開心就是我的目的」。據說哈理斯喜歡讓自己開心……只不過這和度假村以服務勞動階級為主的初衷相去甚遠。

12 即四十萬英鎊。

13 即一萬兩千英鎊。

14 有關川普陣營於投票前幾週的大撒幣策略，特別值得參考以下論文：Thomas Ferguson, Paul Jorgensen, et Jie Chen (2018), «Industrial Structure and Party Competition in an Age of Hunger Games: Donald Trump and the 2016 Presidential Election», INET Working Paper No. 66。

15 依據二〇一七年九月十五日第 2017-1339 號從政人員信任法，政府將任用「信貸裁決人針對候選人及政黨」「協助其與信貸機構進行對話，提供從政人員合法透明之補助，從而（在符合憲法第二及第四條之前提下）促進全民平等選舉、多元言論表達及政黨與政治團體平等參與國家民主運作」。

16 許多人可能忘了，戴高樂一九四七年成立的法國人民聯盟就不自稱政黨，而自號為「善良百姓」**反抗**傳統政黨的「同盟」。我們當然不大可能從馬克宏口中聽到「善良百姓」這種暗示明顯的說詞，但期望掀起一場「反抗傳統政黨」的「運動」的想法基本上是一樣的。

17 法國政黨史學家波瓦莫就提到「政治企業家」和「政治市場」。參見 Yves Poirmeur (2014), *Les Partis politiques. Du XIXe au XXIe siècle en France*, LGdJ。

18 例如，時代雜誌二〇一五年就將「好撒馬利亞人」比爾蓋茲夫婦和歌手波諾列為「年度風雲人物」，以表彰三人「出錢而非出聲」。但他們出錢不是為了出聲，還會為了什麼？

19 當時那些股票價值五百億美元，連某家全球知名的法國晚報都不加質疑大肆吹捧：「在這個富裕國家縮回殼中，努力對抗全球化帶來的破壞與民粹野火的時代，手上資源遠勝大多數國家的數位巨擘卻跨出自身產業，將目光放在普世之上……他們的作為凸顯了我們有必要重新定義國家的角色。群體利益不再是國家說了算。」普世慈善事業對抗民粹主義和國族本位思想？想到那些數位巨擘每天光靠避稅就變得更有錢，只會覺得這套說法令人作嘔。再說，這種大舉行善只不過是那些高科技巨獸極力避稅又能趁機吃政府豆腐的財務手段罷了。

20 在伊朗，這叫「專家會議」（Conseil des experts）。

01

第一部

窮人替富人買單

Quand les pauvres paient pour les riches

第一章　民主的成本：比較基準點

民主建立在「實現平等」的承諾上，卻往往越不過金錢的高牆。我們很容易忘記民主運作是要錢的。價碼不一定很高（也就是說理性集體解決問題是可能的），但當成本分配不均或未能嚴格限制私人獻金的占比時，整套民主機制就會陷入危機。

作為本書第一章，我們將從法國、英國、德國和美國開始，檢視這幾個國家數十年來選舉支出的演變。有些地區的選舉開銷主要先由候選人支付，選後政府再全額或部分補助。這在單一選區領先者當選制的國家尤其普遍。反觀比例代表制國家，政黨才是競選開銷的支付者，也是公共補助與候選人的中介。資助競選和資助政黨是民主金幣的兩個面，而且就像佩羅（Charles Perrault）童話裡拉金幣的驢子一樣愈生愈多。

然而，讀到本書後面幾章就會明白，重點不在金幣，而在是誰拉的，是政府補助還是私人捐款。競選支出相同而資金來源不同，可能反映出截然相反的民主現實。因為在政治世界裡，就算是驢糞，只要是金子做的，就很難被忽視。而事實證明，私人獻金有時是太重的負荷。

選舉的價碼

民主始於選舉。有什麼比將選票投入票匭更輕鬆簡單的政治表態方式？週日一家大小到投票所排隊投票，感覺再單純不過，完全不受市場邏輯污染。投票所是學習共和的場所，所有公民如你和我都是學生，選擇花一點時間實踐民主，而且只需要滿足一個條件，就是登記為選民。這件事沒有回報，只有參與預計晚上八點結束的民主大拜拜或打開大過了頭的票匭計票的滿足。想當年，你還得家有恆產才能投票呢！

所以，選舉到底是花多少錢？二〇一六年美國參議員當選人平均競選支出超過一千萬美元[1]。法國國民議會代表候選人的平均競選支出遠少於美國，二〇一二年為一萬八千歐元出頭[2]，但當選的幸運兒就躍升至四萬一千歐元。英國和法國一樣設有支出上限，二〇一五年參與普選的候選人平均開銷四千歐元，當選者則提高到一萬歐元。

這就是選舉的實際成本：候選人競選支出加上政黨和利益團體的相關開銷[3]。這些人和團體花錢說服選民的方式包括集會造勢、發傳單、登門遊說與公關宣傳，並且愈來愈常直接購買媒體和社群網路的版面與曝光機會。過去數十年來，不少民主社會的選舉支出不斷攀升，只有法律設有規範的國家例外。

美國和英法兩國的競選支出差距懸殊，顯然不是出於文化差異。不是大西洋這一岸的英國佬吝嗇可比班．強生名劇裡的狐坡尼，連花錢印傳單都要思前想後，而另一岸的蓋茲比覺得再不砸錢就永遠擄獲不了同胞的心；也不是美國人民更熱愛選戰。若競選支出和民眾對選舉的熱衷程度成正比，那支出最高的國家，人民參與度也應該最高。但在所有西方國家裡，美國的投票率卻敬陪末座。競選成本不同並非來自文化差異，而是選舉法規直接導致的結果。這些法規對民主的運作結構影響深遠，卻往往被我們所忽略。

昂貴的民主

國會候選人願意花多少錢爭取勝選？要回答這個問題，得先回答另一個問題，那就是法律**允許**國會候選人花多少錢？後者的答案不僅因國家而異，也因時代不同而有巨大的區別。

派對結束了？

首先是一個看似不證自明的事實：只要不設上限，候選人就往往不知節制，開銷可以高到難以想像。想充分了解這一點，不妨回顧十九世紀。英國一八八三年頒布舞弊與非法行為防治法，是最早限制競選支出的國家之一[4]。在此之前，英國所有國會候選人的競選支出總額（按今日歐元計算，並經通膨調整）經常突破兩億歐元：一八六八年為一億九千一百萬歐元，一八七四年為一億八千四百萬歐元，一八八〇年為兩億兩千八百萬歐元。即使當時需要「遊說」的選民比較少，實質人均所得也只有現在的五分之一，花費卻是現在的十倍不只。一八八三年設立競選支出上限之前，候選人投注在選民身上的錢有時甚至超過**每人**一百歐元；現在英國國會選舉用在每位合格選民身上的競選支出則約在零點四至零點五歐元之間（見圖二）[5]。

從競選支出占人均國民所得的比例來看支出驟減的幅度會更明顯：一八六八年，每位候選人平均支出十八萬五千歐元出頭，相當於人均國民所得的三十倍！這就代表撇開其他參選限制，只有最有錢的人才可能競選國會議員；相較之下，目前候選人的平均支出很少超過人均國民所得的百分之十[6]。換句話說，若以人均國民所得為基準，英國國會候選人的平均競選支出一百五十年來少了兩百六十一倍，如此大的降幅顯然需要解釋。

圖二：英國國會議員候選人花在每位合格選民身上的總支出
（一八六八至二〇一五年）

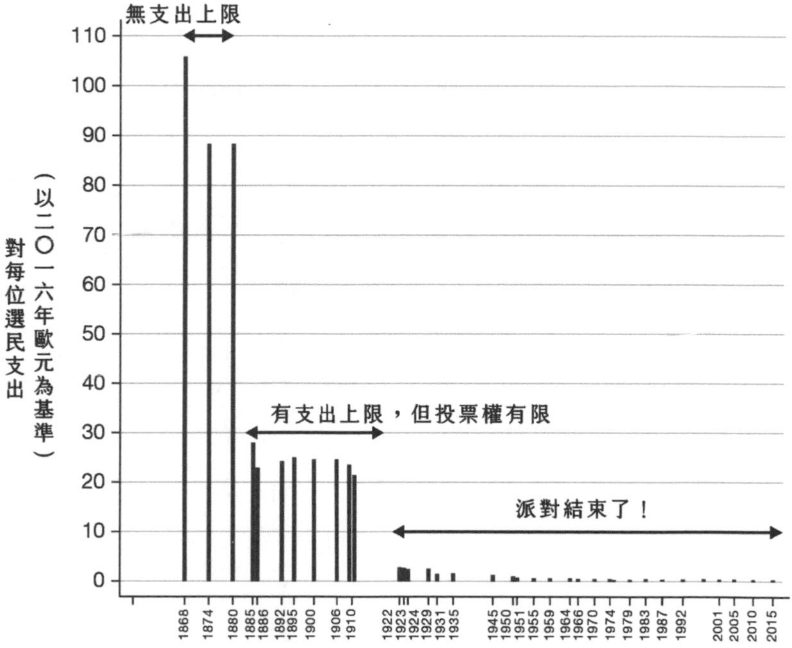

說明：將一八六八年英國國會大選所有候選人的競選支出總額除以合格選民數，就會得出候選人對每位合格選民支出為一百零五歐元（以二〇一六年歐元為基準）。該項支出於一九一一年為二十一點五歐元，二〇一五年為零點三五歐元。

是候選人變得更「誠實」，更有決心靠理念而非宣傳來遊說選民嗎？還是和新的競選科技有關，尤其用社群網路宣傳便宜不少？另一方面，十九世紀還沒有廣播和電視，也很難想像收費高昂的公關顧問存在，候選人怎麼會花到幾萬歐元？歷史書裡其實有許多精采故事，例如載送選民就是常見的申報支出（有很長一段時間，候選人會直接補貼選民的車馬費，但這是選民服務，怎麼能算賄選呢！[7]）車馬費除了火車頭等座的票錢（通常比租馬車便宜），還包括過夜住宿及薪資補貼。當時議員們在國會殿堂上大吵特吵，主張若要選民自己出車馬費，肯定沒人投票，如今想來還真有意思。

實情是，英國國會候選人現在競選幾乎不花錢，是因為他們沒權利那樣做。幸好法律主動出擊，限制了候選人浮濫支出。要是現在的候選人能像一個半世紀前用臥舖車票擄獲選民的心，可以對網路媒體和社群網路瘋狂撒錢，我們沒有理由相信他們會拒絕。二〇一六年美國總統大選及隨後爆出的外國干涉選舉疑雲，就充分顯示了這個傾向。不少國家的競選費用高低也有如此效應，本書稍後還會詳談。

但我看見你皺眉頭了。限制競選支出真的好嗎？所有放任自由主義者都會從扶手椅上跳起來拍桌喊道：「我有錢為何不能愛怎麼花就怎麼花？我明明可以花幾百萬，為何只准我花幾萬元？如果別人也想跟我一樣，那就讓他們幹吧！」我們真的有必要討論這種意見嗎？不是所有公民的口袋都一樣深，都有一樣多資源可以投入選舉或有一樣機會拿到資金。允許候選人自由花錢就跟重新設立財產門檻沒有兩樣，只有錢夠多或關係夠強的人能參選——應該說選上的機會才不致為零。如此選上的議員，其代表性馬上會面臨幾個問題。本書第十一章將會談到，在美國這種競選支出動輒數百萬美元的民主國家，選出來的民意代表就其社經與職業背景而言，其實只代表最有錢的那個階層。換言之，勞工和受雇者是缺席國會的首要族群。英國雖然不曾做到充分代表，但在這方面稍微好一點，二戰結束以來有百分之二十的國會議員出身勞動階級。

競選支出過高可能導致貪瀆。政治人物如果需要花數百萬美元才有機會當選，就更有可能收取回扣和其他祕密資金[8]。但當競選開銷完全由公帑支付，情況就會完全改觀。候選人的支出將相去不遠，而且不用為了籌措競選經費而犧牲理念或正直。其實只要談到公費選舉制，通常都會附帶提及設定競選支出上限。

限制支出，但補助選舉

法國一九八八年才開始對全國選舉的競選支出設限，地方選舉則是一九九〇年[9]。雖然相關規定陸續微調過，因每次選舉而有不同，但支出上限基本上和英國一樣取決於合格選民數。此外，候選人運用資源的方式也有限制[10]，例如就算有錢和手段，也不能在電視或廣播上為自己買廣告[11]。

另一方面，競選成本有一大部分其實是由政府承擔，因為第一輪選舉得票率超過百分之五的候選人可以拿到補助款，最高可達競選支出上限的將近一半。選舉補助款是和競選支出上限同時入法的，而且不是法國獨有。加拿大一九七四年頒布選舉開支法，除了緊縮政黨及候選人的競選支出上限，也提供選舉補助款[12]。西班牙則於一九八五年首度將選舉法規入憲。

當然，選舉補助款和競選支出上限是兩回事，不必然有一就要有二。只不過主張公共補助選舉的人通常也會支持限制競選支出，至少有補償的部分。這是由於政府和許多民間或企業金主不同，口袋不是無限深，因此支持公共補助的人自然會要求限制政治獻金，進而支持競選支出設限。要不然反正最後都比不過天文數字的政治獻金，政府補助還有什麼意義？（本書稍後會談到，德國的政黨補助款雖然慷慨，卻有一個很大的弱點，就是對政治獻金不設限，導致不論由誰執政，經濟政策都只反映汽車工業的利益，因為德國的汽車工業在寶馬（BMW）領軍之下，每年都資助所有政黨，金額超過大多數德國人民對政黨的資助總額。）公費選舉制是對付政治人物貪瀆的利器，而要和私人捐款抗衡，就必須嚴格限制競選支出。

規範競選支出不代表就要政府補助。政府可以壓低候選人支出上限，卻不用補助部分支出。如前所見，英國就是如此，比利時亦然。事實上，比利時選舉法沒有任何政府補貼或補助款的相關規定[13]，但競選支出自一九八九年起就有嚴格上限，選舉期間政黨開支不能超過一百萬歐元，候選人則不能高於幾千歐元[14]。

總體而言，法國議員競選支出（有上限，有政府補助）高於英國（支出有上限，不過全由候選人和政黨負擔）。以一九九三年為例，候選人用在每位法國合格選民身上的競選支出為二點八歐元，英國只有零點四六歐元（見圖三）。差別部分來自法國每個選區的候選人總數通常高於英國，因為法國多半是二輪決選制[15]；但主要還是來自英國規範比較嚴格[16]。

由於英國未對政黨和候選人能收受的政治獻金設立上限，而且本書稍後會提到，英國企業撒錢一點也不手軟，因此種種跡象都顯示若不是競選支出有上限，候選人在英國開支肯定遠高於法國。不論如何，由於這套跛腳制度，英國政黨拿到的錢其實比能花的錢多得多，讓人不禁好奇金主或企業捐錢的動機。

從上述這些「有規範」競選支出的民主國家經驗中，我們能得出哪些結論呢？首先

圖三：一九九二年至二〇一五年，法國與英國國會選舉用於每位合格選民的競選支出金額

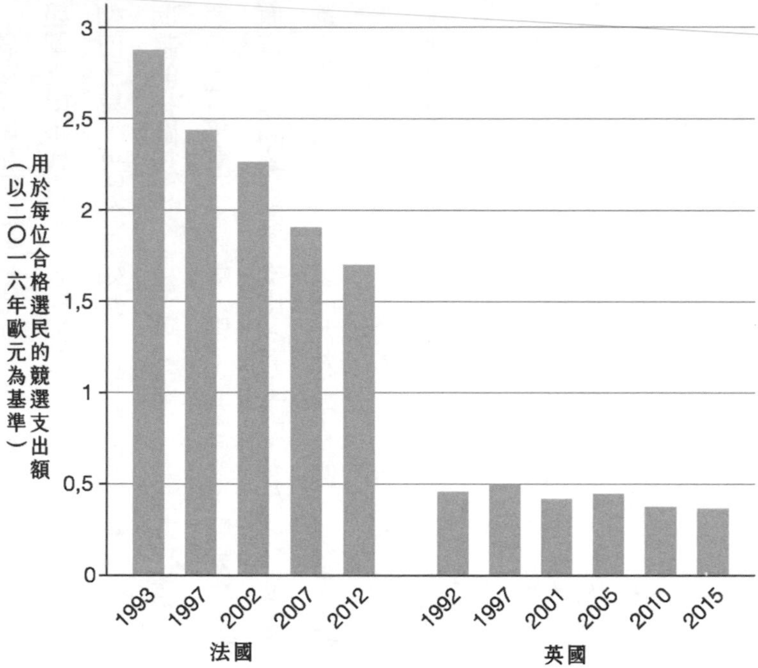

說明：將法國一九九三年國會選舉所有候選人的競選支出總額（一億零七百萬歐元）除以合格選民數（三千七百九十萬人），得出用於每位合格選民的支出額為二點八零歐元。根據同一計算方式，英國一九九二年國會選舉用於每位合格選民的競選支出額為零點四六歐元。

是競選支出用在每位合格選民身上頂多幾歐元，怎麼看都是筆小錢，而許多人正是以此為理由，否認目前金錢在法國等國家的政治領域的運作方式很可能動搖民主的根基，也就是一人一票原則。不過，本書第八章將會指出，就算如此渺小的金額也足以大幅改變選票走向。據我估計，法國二〇一七年國會選舉只需要四千萬歐元（還不到法國國內生產毛額的百分之零點零零二）就足以影響百分之三十的選票，改寫政治版圖[17]。換句話說，只要競選支出沒有上限，少數幾位億萬富豪就能輕鬆「買下」選舉結果。要了解這一點，我們還可以從另一個角度切入，就是研究不設限國家的狀況。

什麼都可以就會肆無忌憚？

德國不設限

就讓我們從德國開始吧。拿德國當例子可能頗出人意料，不過身為法國在萊茵河對岸的老鄰居，德國的情形既有趣又矛盾。德國政府很早就建立了一套創新而複雜的政黨補助制（包括促進公共討論的政治基金會，本書稍後還會談到），卻遲遲無法或不肯限制私人企業，尤其是大企業的捐款。其中問題主要出在出口產業的政治獻金。政治人物很可能受影響，改變其對貿易順差的態度，甚至調整對汽車工業相關規範（例如禁用柴油等）的立場。

德國既不限制政黨和候選人的競選支出，也不限制政黨可以收受多少獻金。這對民主運作的成本有何影響？接下來只針對德國主要政黨進行討論，從左到右依次為左翼黨（共產黨）、社會民主黨、綠黨、基督教民主聯盟、自由民主黨和最近成立的極右派德國另類選擇黨[18]。一九八四到二〇一五年，這些政黨平均每年支出八千萬歐元，約合每位成年德國公民一點四歐元（見圖四）。

其中社民黨和基民盟兩黨獨大，平均每年支出將近一億七千三百萬歐元，相當於每位成年人口三歐元，其餘「小」黨則是每年略低於三千兩百萬歐元。新崛起的德國另類選擇黨二〇一五年開支不高，之後便明顯增加。因為該黨於二〇一七年九月國會選舉大有斬獲，拿下百分之十二點六的選票，為自己贏得大筆補助款。

將五大政黨的支出加在一起，就會得出德國政黨過去三十年來平均每年支出四億七千六百萬歐元，相當於每年每位成年人口七點八七歐元。其中競選支出占去不少，平均用掉總支出的百分之二十八。因此，社會民主黨平均每年支出一億八千四百六十萬歐元當中，就有五千兩百一十萬歐元為競選開支（見圖五）。

圖四：一九八四年至二〇一五年，德國主要政黨支出總額

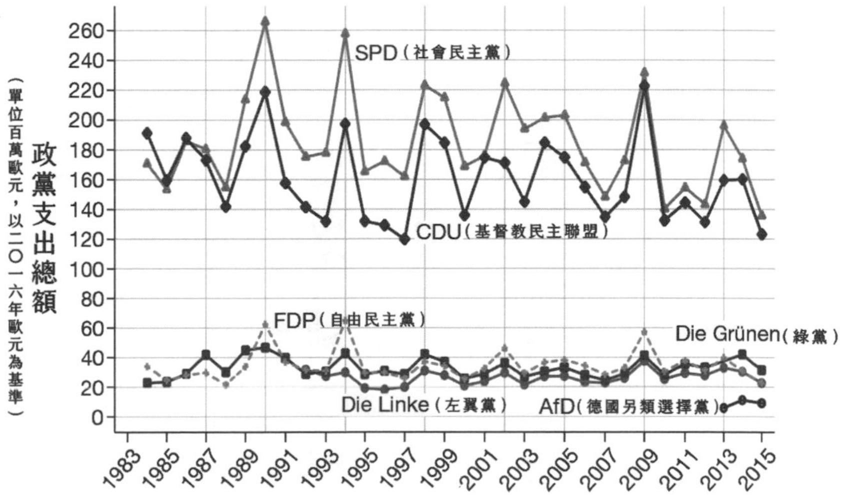

說明：社會民主黨二〇一五年支出一億三千五百六十萬歐元。圖中垂直線為德國一九八四至二〇一五年間的國會大選年。

跨國比較現端倪

德國政黨不分左右，都和支出受法律限制（尤其選舉期間）的英法兩國政黨有著驚人的差距，特別是年支出總額。二〇一二至二〇一六年，德國社會民主黨的平均年支出是法國社會黨的二點六倍，基督教民主聯盟和法國共和黨也有同樣差距（見圖六）[19]。而且不只「大」黨如此，德國綠黨二〇一二至二〇一六年的平均年支出也有三千五百五十萬

圖五：德國主要政黨年支出總額，含競選支出
（以一九八四至二〇一五年的年平均值計算）

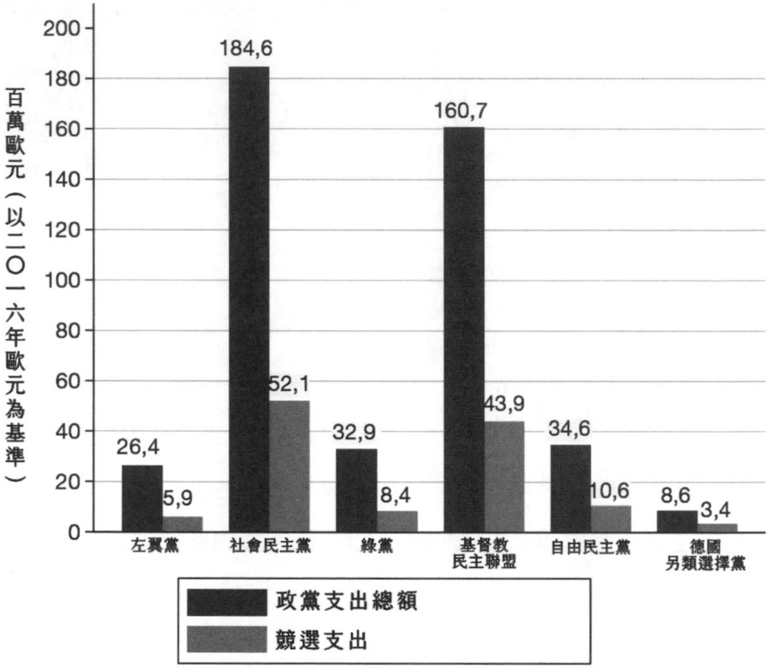

說明：一九八四至二〇一五年，社會民主黨平均每年支出一億八千四百六十萬歐元，其中五千兩百一十萬元用於競選活動。

歐元，足足是法國綠黨八百八十萬歐元的四倍。

當然，德國人口比法國多，但這並不足以解釋兩國政黨的支出差距。二〇一二至二〇一六年，德國社會民主黨對成年人口的年人均支出（二點四零歐元）是法國社會黨的兩倍。

值得一提的是，西班牙政黨對選民的人均支出也很高。但本書第三章會提到，西班牙政黨收受的政治獻金相較之下非常少，支出高是因為政府於一八九五年頒布了慷慨的政黨補助政策。因此，西班牙政黨對成年人口的人均支出極高，僅次於德國，連右派政黨也不例外，人民黨的支出甚至高過基督教民主聯盟。當然，這裡的支出包括部分由政府補助的競選開銷，因此比較時必須小心才不會誤導。譬如法國選舉是由候選人主導，而非政黨，這就會導致政黨帳面上的支出減少。所以，西班牙政黨在扣除競選開銷後的支出情況又是如何？二〇一五年，西班牙工人社會黨支出八千七百萬歐元，其中約莫三成（兩千五百萬歐元）為競選開銷，而且由政府近全額補助。總之，扣除競選支出後，西班牙工人社會黨二〇一二至二〇一六年平均每年支出六千一百八十萬歐元，相當於每成年人口一點六六歐元，遠高於法國社會黨的一點二歐元。同樣的，西班牙人民黨同時期的非選舉支出也達六千零八十萬歐元，相當於每成年人口一點八歐元，法國共和黨則

圖六：二〇一二至二〇一六年，德國、法國、義大利、西班牙、比利時和英國的政黨平均年支出

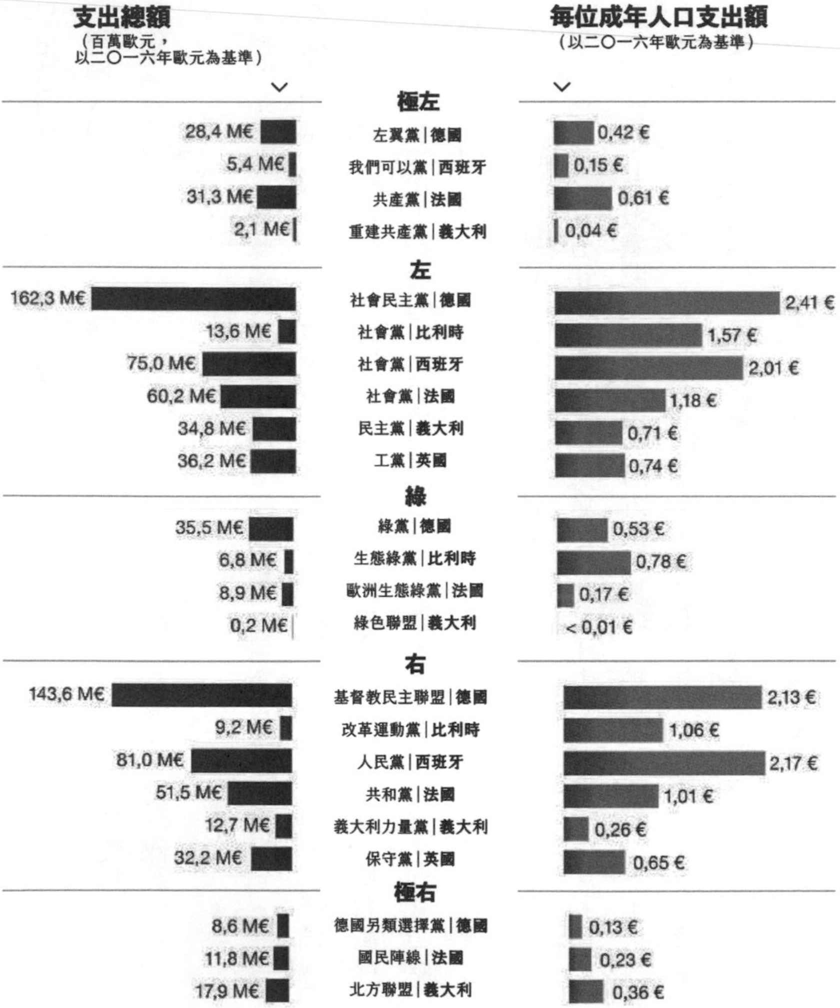
支出總額
（百萬歐元，以二〇一六年歐元為基準）
每位成年人口支出額
（以二〇一六年歐元為基準）
極左
28,4 M€ 左翼黨｜德國 0,42 €
5,4 M€ 我們可以黨｜西班牙 0,15 €
31,3 M€ 共產黨｜法國 0,61 €
2,1 M€ 重建共產黨｜義大利 0,04 €
左
162,3 M€ 社會民主黨｜德國 2,41 €
13,6 M€ 社會黨｜比利時 1,57 €
75,0 M€ 社會黨｜西班牙 2,01 €
60,2 M€ 社會黨｜法國 1,18 €
34,8 M€ 民主黨｜義大利 0,71 €
36,2 M€ 工黨｜英國 0,74 €
綠
35,5 M€ 綠黨｜德國 0,53 €
6,8 M€ 生態綠黨｜比利時 0,78 €
8,9 M€ 歐洲生態綠黨｜法國 0,17 €
0,2 M€ 綠色聯盟｜義大利 < 0,01 €
右
143,6 M€ 基督教民主聯盟｜德國 2,13 €
9,2 M€ 改革運動黨｜比利時 1,06 €
81,0 M€ 人民黨｜西班牙 2,17 €
51,5 M€ 共和黨｜法國 1,01 €
12,7 M€ 義大利力量黨｜義大利 0,26 €
32,2 M€ 保守黨｜英國 0,65 €
極右
8,6 M€ 德國另類選擇黨｜德國 0,13 €
11,8 M€ 國民陣線｜法國 0,23 €
17,9 M€ 北方聯盟｜義大利 0,36 €

只有一點一歐元。

總而言之，各國對金錢與政治的關係做出的規範大不相同。這造成了什麼結果？不同的支出結構對競選活動、政黨選舉結果、政治人物更迭、新政治團體崛起和政府公共政策有多大影響？要回答這些關鍵問題，就必須先問錢從哪裡來。是來自政府公帑，還是私人的「慷慨」解囊？答案不同，後果顯然不同。

公共補助與私人獻金

選舉非常花錢。或者應該這樣說，不少西方民主國家選擇投入大量金錢（甚至是驚人巨資）在選舉上。各國的選舉成本是高是低，反映出該國對候選人支出額度的規範。本章列舉了幾個國家作為說明。然而，選舉成本高低還反映出各國對個人或企業政治獻金的規範。本書接下來兩章將討論私費民主，並仔細檢視各國模式。我們將會發現各國的政治獻金從金額到金主都天差地遠。德國戴姆勒（Daimler）汽車公司每年左手給社會民主黨十萬歐元，右手也給基督教民主聯盟十萬歐元。這些小錢顯然跟他們力圖阻止都會區立法禁用柴油無關，那還用說！法國目前禁止企業資助政黨，但當年還能捐錢的時候，布依格（Bouygues）這樣一家企業集團可是支票簽得毫不手軟，完全不看候選人的政黨色彩，簡直是慈善家的五十道陰影。

不同國家的政黨支出高低，最終反映了各國公費民主制的差異。例如本章就提到英國政黨平均年支出遠低於德國政黨。但這並不表示英國政黨比較不會被私人利益綁架，而是恰恰相反。英國保守黨每年拿到的政治獻金超過兩千五百萬歐元，比德國基督教民主聯盟多了五百萬歐元（這不是在抱怨喔！）。英國政黨平均年支出偏低只不過是因為英國沒有政黨補助制度，而德國政黨除了政治獻金之外，還能得到政府依據過往選舉結果給予的慷慨津貼。

換句話說，政府如果想藉由政治獻金和公共補助來左右政治走向，它手上其實有幾樣武器。接下來我們將逐一檢視這些武器，以便回答以下問題。政府每年花多少錢補助公民的政治偏好，補助金額又有多大程度隨公民的所得而異？在政府對政治獻金幾乎不設限的國家，巨額私人捐款是否會讓公共補助變得毫無影響力？不同資助模式到底後果各是如何？所謂的「市場模式」是否偏袒保守政黨勝過親社會反抗的政治團體，又是否會造成人民政治偏好的代表度不均，導致公共政策偏頗？這些問題急需解答，因為目前有不少國家的公費民主制正面臨威脅，甚至已經瓦解，導致了極端的後果，例如持續僵化的不平等。

本書希望協助讀者打開眼界了解各國制度的現狀，並知道自己手上有哪些王牌，以便選擇最有機會讓二十一世紀民主制度恢復健康的模式。重點在於我們必須當機立斷做出哪些改革，才能約束私人捐款在目前民主運作裡的角色，並重新建立「一人一票」的基本原則。不過先別急，我們第三部分再說。

註釋

1 競選支出估算出自 OpenSecrets 網站：http://https//www.opensecrets.org/news/2016/11/the-price-of-winning-just-got-higher-especially-in-the-senate/。更精確的數字為一千零四十萬美元，比二〇一四年多了一百八十萬美元。不過，實際支出還得加上各種「獨立委員會」的開銷，因此總金額為一千九百四十萬美元。本書第七章會再論及美國民主的各種弊端。

2 這裡是指第一輪選舉得票率高於百分之一的候選人的平均競選支出。然而，從這個數字看不出候選人之間落差很大，有些候選人開銷為零，有些候選人支出七萬一千歐元以上。本書第八章將探討競選支出對候選人得票表現的影響程度。

3 此處不包括「籌辦」選舉的正式費用，因為那是非花不可的錢。法國參議員艾維・馬賽二〇一五年替參議院做過估計，法國政府二〇一二年辦理總統和議員選舉的費用在兩億五千九百萬至三億五千四百萬歐元之間（不包括對競選支出的定額補助，這部分本書之後會再說明），其中包括代理投票、雇用投開票所人員及舉行公辦政見會等經費。英國政府二〇一〇年辦理國會選舉的總支出估計為一億一千三百萬英鎊，約合一億兩千五百萬歐元，相當於每位選民四點二歐元。參見二〇一七年六月七日英國《衛報》報導：http://www.telegraph.co.uk/business/0/much-will-2017-general-election-cost/。

4 英國一八五四年就已經頒布了舞弊行為防治法（Corrupt Practices Prevention Act），規定候選人必須詳列收支帳目，但並未設立支出上限。

5 讀者可以在本書的線上附錄裡找到英國國會候選人總支出演變圖、候選人平均支出演變圖和候選人數演變圖。必須一提的是，一九一八年之前的選舉辦理費是由候選人負擔，約占總支出的五分之一。

6 本書的線上附錄附有英國自一八六八年以來國會候選人平均支出占人均國民所得比例演變圖。

7 可想而知，一八八三年的新法禁止了這類支出。有興趣的讀者可參考以下出色作品：William B. Gwyn (1962), *Democracy and the Cost of Politics in Britain*, University of London, Athlone Press。

8 政治學家亞弗洛（Christophe Jaffrelot）就指出，印度競選成本高昂導致了政治人物經常系統性貪瀆。據他估計，印度下議院候選人需要一億三千萬到一億四千萬盧布（約等於一百七十萬歐元）才有機會當選。這麼大一筆開銷從何而來？答案是經商（但更常是捲入其中）：「現在的情況很複雜，你完全無法判斷這名議員到底在經商還是從政。」：理念生活網（La Vie des idées）訪談，二〇一八年二月。

9 一九九〇年元月十五日通過之第 90-55 號「競選支出限制及政治活動資金公開」法。

10 在法國，候選人競選期間的發言時間與廣電時間也有嚴格規範。我們原則上樂見這些規定，但目前的執行方式已經無法達成原有目的。本書第十章將提出必要的改進措施。

11 英國一九九〇年通過的「廣電法」也對候選人的競選行為做了類似限制。相較之下，美國只要候選人肯付錢，其廣電時間完全不受限制，而電視宣傳即是最大宗的競選支出。本書第八章將討論大西洋兩岸的競選支出內容。

12 二〇一四年，加拿大通過聯邦選制改革法案（Bill C-24），進一步強化相關規範。對加拿大的情形感興趣的讀者可參考 Harold J. Jansen et Lisa Young (éd.) (2011), *Money, Politics, and Democracy. Canada's Party Finance Reforms*, *Vancouver*, UBC Press。

13 不過，比利時政府會提供間接補助，例如競選期間由地方議會免費提供看板空間等等。參見 Marie Göransson et Jean Faniel (2008), «Le financement et la comptabilité des partis politiques francophones», *Courrier hebdomadaire du CRISP*, pp. 6-92。

14 比利時眾議院選舉期為三個月，若眾議院提前解散則減為四十天。候選人及其第一順位「代理人」的競選支出上限為五千歐元，其餘順位代理人為兩千五百歐元。只有列於政黨名單頂端的「第一」候選人的支出上限更高，為八千七百歐元加上所屬選區每位合格選民零點零三五歐元（和各國相比非常低）。眾議院選舉採政黨名單比例代表制，由十一個選區直選產生一百五十名議員。各政黨名單第一候選人數為去年該名單當選人數加一。

15 例如法國一九九三年選舉的平均候選人總數為九人，英國一九九二年的候選人平均總數則不到五人。

16 目前法國國會候選人的支出上限為三萬八千歐元加所屬選區每位居民零點一五歐元，英國的支出上限則為八千七百英鎊加**市區自治市鎮選區**（borough constituency）每位居民零點零六英鎊或**郊區郡選區**（county constituency）每位居民零點零八英鎊。

17 參見 Bekkouche et Cagé (2018), *op.cit.*。

18 德國另類選擇黨的資料只能回溯到二〇一三年，因為這個話題不斷的後起之輩該年才成立，所以我在計算一九八四至二〇一五年德國政黨平均支出時將它排除在外。另類選擇黨崛起雖然討論熱度不如英國脫歐公投和川普當選美國總統，卻是歐洲政壇近年來最令人不安的發展之一，因為這是德國極右派政黨自二戰結束以來首次重返國會。

19 法國社會黨二〇一二至二〇一六年的平均年支出高於共和黨，這點並不意外，因為二〇一二年的國會選舉由社會黨獲勝。然而，這不表示社會黨的財務狀況較為健全。其實就算社會黨執政，它拿到的政治獻金還是遠比不上共和黨，只是法國的補助款制度彌補了這方面的不平等。

第二章　私費民主：一套只為特權階級著想、規範不良的制度

私費民主：一套（只有部分）受規範的制度（還要多久？）

只要有選舉，就有人擔心貪瀆舞弊，而且往往不無根據。買票、收買政治人物或操弄媒體，我們不需要影集《紙牌屋》和魅力十足的法蘭克・安德伍來告訴我們，這些事讓野心勃勃的人看到了多少機會。他們擁抱莎翁筆下理查三世的信條：「良知不過是懦夫的發明，嚇唬強者的詞彙。武力才是我們的良心，刀劍才是法律，衝吧！」這位長於思考的馬基維利式君主這樣說（馬克宏會說「向前進！」）。這是歷史留給我們的寶貴教訓。

然而，許多國家很晚（甚至非常晚）才開始規範私費民主，限制極為容易引發貪瀆

的競選政治獻金。美國是最早設下規範的國家之一，部分是為了區隔自己和貴族世襲的反民主舊世界，卻也是最早收回成命的國家。美國首次嘗試遏止聯邦選舉的貪瀆行為是在一八六七年，政府頒布「海軍撥款法案」（Naval appropriations Bill）防止海軍官兵和公務人員向海軍造船廠工人索錢。隨後適用範圍進一步擴大，所有公務人員都不得以聯邦選舉為名索要金錢或捐款[1]。一九〇七年，提爾門法（Tillman Act）通過，禁止企業捐助全國性的競選活動[2]。然而，政府和民間很快就發現這些法規效果有限，尤以缺乏權責機關最為嚴重[3]。

規範有名無實

直到今天，企業直接資助競選在美國仍是違法行為，但允許個人政治獻金。個人捐助聯邦級競選活動（嚴格來說是候選人的在地籌備委員會）原則上是每次選舉兩千七百美元，但民眾還可以捐款給政治行動委員會，每年上限五千美元。政治行動委員會是美國政治領域極為重要的私人組織，其目的不是支持某位候選人，就是「摧毀」某位候選人[4]。此外，政治行動委員會每年最高還能捐助一萬美元給政黨地方組委會，三萬三千九百美元給國家級政黨。最後一個讓他們展現慷慨的地方，是捐款給政黨的全國委員會，尤其舉辦全國代表大會或興建黨辦公室，上限為十萬一千七百美元[5]。因此，美國民眾每人每年總共可以捐款數萬美元，透過選舉場子表達自己的政治理念。

這些門檻不僅偏高，法令規範也不管用了，因為「超級政治行動委員會」出現讓所有限制都失去了意義。超級政治行動委員會身為利益團體卻沒有任何限制，甚至能無限接受企業獻金，結果就是美國目前的競選支出動輒數十億美元。二〇一六至一七年，平均每位美國成年人貢獻了十一點五歐元的競選支出。這些「超級政治行動委員會」和近年來美國民主運作的扭曲脫不了關係。這種民主的「種姓化」同時影響了共和與民主兩黨，同時廣開大門，讓以菁英為箭靶、痛斥菁英向金權利益低頭的民粹候選人趁機崛起。本書第七章還會多做說明。但在檢視這些扭曲和「超級政治行動委員會」如何幾乎徹底瓦解了美國的相關監管之前，讓我們先繼續了解各國如何規範（或未能規範）政治獻金。

英國與德國：法規寬鬆不全

英國政府規範競選支出已經有數十年之久，對政治獻金則不然，因此葛雷格里（Patrick H. Gregory）才可以在二〇一七年八月捐款區區一百萬英鎊給保守黨，讓戴維斯（Michael Davis）幾週前才送上的五十萬八千英鎊支票頓時相形失色。希望戴維斯那年六月當上保守黨黨魁多少換來一點安慰，至少不像另外一位自稱企業家和慈善家的金主布朗婁（David E. D. Brownlow）捐了五十六萬六千七百五十英鎊給保守黨，卻只換來一個「競選事務副主委」。當然，布朗婁的捐款和他當上副主委一點關係也沒有。

你或許會問，這有什麼嗎？就算傑西博（JCB）這家客戶包括政府與軍隊的英國農業和工程機械製造商二〇一七年五月捐了一百五十萬英鎊給保守黨，那又如何？所有個人和企業都有權表達政治偏好，而我算哪根蔥，竟敢說那些捐款全是為了開後門？所有捐款都公開透明，不是嗎？

這樣說的話，那美國菸草巨擘菲利普莫里斯公司的德國分公司幾乎每年都不只捐錢給基督教民主聯盟，還捐給基督教社會聯盟及自由民主黨，甚至連社會民主黨也捐呢？二〇一一至二〇一五年，該分公司捐了將近九十萬歐元給德國大小政治人物[6]。是啦，誰會認為這件事和歐洲其他國家幾乎早就禁止菸品廣告了，而德國到現在還在吵該不該禁有關？什麼？你說「遊說」嗎？誰又會認為這件事和「濾嘴門」有關？全球菸品業者（包括菲利普莫里斯）一邊在德國贊助各政黨的黨代表大會，另一邊卻用濾嘴裡的微孔人為降低焦油和尼古丁值，假造檢驗數據，結果被告上法院。

圖七：二〇〇〇至二〇一五年，德國企業（按產業區分）對主要政黨獻金總額

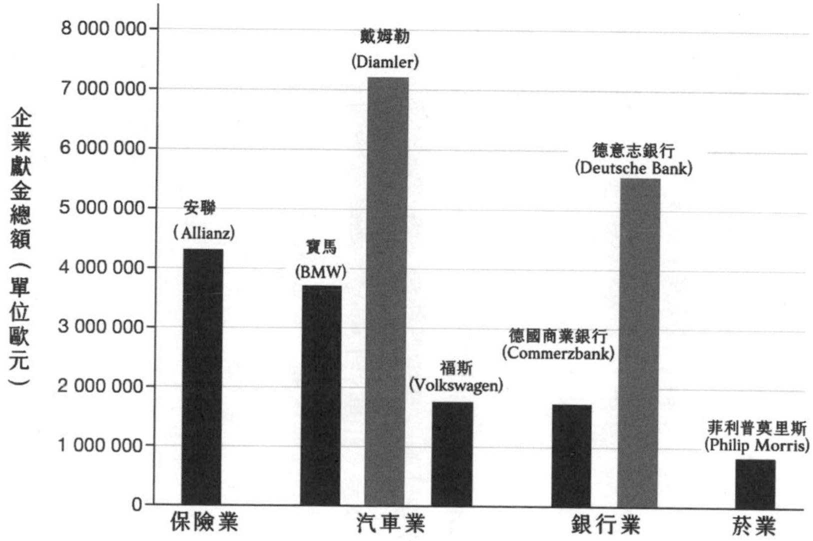

還有福斯汽車二〇〇〇至二〇一五年捐了一百八十萬歐元給德國大小政黨，寶馬捐了三百七十萬歐元，戴姆勒也捐了七百二十萬歐元呢[7]？這又怎麼可能會跟汽車工業假造數據的「柴油門」有關？雖然這些政治獻金再也不能（完全）包庇汽車產業免於法律制裁，卻依然能讓德國車商直達權力中心。

圖七列舉了幾個例子，說明德國由於允許企業政治獻金，長年下來導致了產業與政治糾纏不清。本書第七章將更

仔細檢視這些危險關係。

法國：法規姍姍來遲

法國直到一九八〇年代晚期才有所行動。政府自一九八八年起通過一系列法案，限制政治獻金，並提供公共補助作為交換[8]。一九九〇年，法國成立全國競選監察委員會，負責核可政黨與競選帳戶[9]。每當有記者追查候選人的選舉開銷，不論是庇里牛斯選區獨立候選人拉薩勒（Jean Lassalle）的私人飛機或總統薩科奇前任總理費雍（François Fillon）的交通費，就會在媒體上看到他們。

法國政黨直到一九八八年以前都還是單純的民間組織，屬於一九〇一年法律定義下的「社會團體」[10]。雖然可以收取黨費，但不能接受獻金或餽贈，只有「公益」團體才能那樣做[11]。儘管法律沒有規定候選人的競選支出上限，但由於政黨「手頭拮据」，因此至少帳面上只能靠微薄的黨費支撐。只有共產黨（社會黨也是，不過比不上共產黨）相對有錢，因為它黨員眾多（黨費為黨員所得百分之一），而且選上公職的黨員也會將政府津貼上繳黨庫，再從黨支薪。

我說「帳面上」是因為在第五共和時代，法國從政者從來不缺政府密帳、雇主獻金和賄賂的滋潤。倘若有人懷念〈巨星登場〉*和「權力歸花兒」†的一九七〇年代季斯卡時期，我只能建議他去讀孔帕納（André Campana）的《密錢》（*L'Argent secret*）[12]。當然，那本書裡講「權力歸金錢」的篇幅比講迪斯可舞廳的旋轉燈還多，但在當時想當頭號人物，最好有大牌朋友可靠。其實現在也一樣。我們或許會嘲笑一九七〇年代布依格集團為了尚特盧萊維涅的住宅開發計畫，付了五百萬法郎回扣給當時執政的共和民主人士聯盟，卻忘了二〇〇七年利比亞資助薩科奇競選總統的金額同樣不下於此。至於最近圍繞著博羅雷（Bolloré）集團的貪瀆疑雲，那就更不用說了。該集團在競選事務上（低報顧問費及車馬費）幫了點小忙，以換取多哥和幾內亞共和國的港口優惠。

我扯太遠了。總之，歲月匆匆，一去不復返的除了多瑙河的河水，還有法國雇主團體仍叫「全國雇主協會」的年代[13]，而政黨終於取得了財務上的法源基礎。自一九八八

---

* 譯註：巨星登場（Top à）為法國一九七〇年代知名綜藝節目，每集邀請一位明星及其友人前來唱歌、跳舞或表演。

† 譯註：權力歸花兒（flower power）為一九六〇年代晚期至一九七〇年代初期，美國消極抵抗與反暴力運動的口號。

年開始，過去被一九〇一年法令（loi de 1901）界定為「社會團體」的政黨改由三月十一日頒布的「從政人員財務透明法」管轄[14]，從此唯有合乎此法的政黨才有權資助候選人的競選活動。

一九八八年和一九九〇年元月十五日頒布的新法[15]不僅建立了一套（直接及間接）公費民主制，還為私人獻金提供了制度架構，除了允許個人及企業資助候選人，還設定了金額上限。因此在一九八〇年代末期，個人每年最多可以捐給某位候選人三萬法朗，通膨調整後約為目前的七千三百歐元；企業最多則可捐助五萬法郎，相當於一萬兩千歐元。至於政黨，個人獻金上限為五萬法郎，企業則為五十萬法郎。可想而知，那段期間（一九九〇到九五年）法國企業對政治人物的捐助非常大方。

如今，法國已經明文禁止企業資助政黨及競選活動，而個人每年最多也只能捐款七千五百歐元給政黨或政治團體[16]。競選政治獻金，不論資助總統、國會或省市大選，都以每次選舉四千六百歐元為上限。這些金額乍看很少，和別國相比更是微薄（我的北美同行早就習慣競選經費幾百萬美元起跳，聽到我提法國的金額都噗哧一笑），但本書稍後將會指出，這筆小錢卻造成了我們的民主參與極不平等。試想，誰手上隨時會有幾千歐元的閒錢可以表達自己的政治偏好？由於「一票的價碼」只有幾十歐元（詳見本書第八章），四千六百歐元的政治獻金已經足以對選舉產生明顯的影響。最後還有一點必須說明，法國公民在選舉年（如二〇一七年）最高可以捐助兩萬一千三百歐元捍衛自己的政治利益，其中七千五百歐元捐給某個政黨，四千六百歐元捐給總統大選候選人，四千六百歐元捐給國民議會候選人，四千六百歐元捐給參議院候選人。

比利時：用改革浪潮抑止浪潮？

在比利時，個人政治獻金額度沒那麼高。雖然比利時和法國約莫同一時間對政治獻金做出規範，於一九八九年七月四日頒布了立法限制與監管競選支出，要求政黨財源與帳目透明，但目前比利時的門檻要嚴格得多[17]。

和法國一樣，比利時的企業不得捐助政黨，而且個人每年捐助某一政黨不得超過五百歐元，政治獻金總額不得超過兩千歐元。這使得比利時擁有全世界最嚴格的私費民主制度。此外，比利時的候選人和政黨競選支出上限也很低。兩者其實彼此呼應。畢竟就算提高政治獻金額度，候選人或政黨拿得到花不了也是沒意義。互相矛盾的其實是英國的制度，支出有上限，獻金卻沒有。顯然各國在規範之初完全缺乏一致性與通盤比較。人民該站出來說話了。

私費民主制的不平等

比利時兩千歐元，法國七千五百歐元：這是很多？還是很少？應該不少人會說這筆錢很少，接著不是稱讚法國民主體質健全，美國民主被錢扭曲，就是抱怨法國政治團體競選時老是手頭拮据。「選舉不便宜」，這是法國反對政治獻金上限者常用的論調。沒有錢很難選；想說服選民，首先就必須砸錢爭取他們的「大腦空閒時間」，讓他們相信你提的政治方案有益於民。

不花幾百萬歐元怎麼說服人？要是每次只拿到七千五百歐元，得要好一陣子才能湊到足夠的錢。但七千五百歐元真的很少嗎？當然得看你從哪個角度看了。例如法國每週工時三十五小時，最低週薪淨額為一千一百四十二歐元，也就是年薪一萬三千七百零四歐元。因此，個人政治獻金上限七千五百歐元超過年薪的一半。很難想像這樣的薪水足以讓一個人盡力協助民主妥善運作。

七千五百歐元還是法國月薪中位數的四倍以上[18]。我們實在很難想像有哪個人會願意將三分之一的年所得投入政治運作，就算他對民主再狂熱也一樣！

然而，被政治人物拿來當藉口的往往正是一般選民，說他們的決定都是為了促進民眾利益。因此，反對政治獻金上限的人時常逮到機會就說自己是小額捐款者。畢竟眾生平等，人人都按自己的能力出錢，這樣的民主景象還是動人多了。海報上，米許太太（Madame Michu）就是輕鬆贏過富豪名媛貝登古（Liliane Bettencourt），就像沒有人會為了格達費而拒絕滑稽善良的俞樂先生（Monsieur Hulot）。

海報上是這樣沒錯，但現實呢？檢視一下馬克宏的競選歷程，我們會發現什麼？雖然海報上放的是小額捐款支持者（共有三萬人捐款支持他），遊戲規則卻是由少數慷慨（而且有錢）的金主決定的。的確，他的「共和國前進黨」收到的獻金裡看來有三分之一筆是三十歐元以下，三分之二筆是六十歐元以下，中位數是五十歐元[19]。五千歐元以上的獻金只占百分之二。問題是三萬人的百分之二就代表有六百名大金主，而這一小群金主的捐款總額估計在三百萬到四百五十萬歐元之間[20]。換句話說，共和國前進黨收到的七百五十萬歐元裡，這百分之二金主的捐款就占了四到六成。我很想給出精確的數字，只可惜沒有辦法，新世代政黨和老牌政黨的不透明度實在難分高下。此外，我們也不得不牙癢癢地說，這百分之二的大金主的捐款可是值回票價。捐款扣掉補助優惠後，實際上只要花個兩千五百五十歐元，馬克宏就在他五年總統任期的頭幾個月讓一百位法國首富未來每人每年都能減稅一百五十萬歐元[21]。對於決定資助他競選的人來說，這筆投資的報酬率直逼百分之六萬！

因此，法國富豪完全不用羨慕美國的有錢人。這些美國富豪才剛笑納史上最大的減稅方案，而且只有大企業和最有錢的百分之一人口享受得到[22]。

專為優勢者設想

法國政治獻金與黨費的稅制不公

在法國，資助競選或政黨會拿到「餽贈收據」，讓捐款者申請減稅，因為政黨被視為公益團體（這裡的團體是指「財務代理機構」或「服務擁有一至多名候選人之政黨或政治團體的選舉財務單位」）[23]。若捐款金額不高於捐款者課稅年所得的百分之二十，將可獲得相當於捐款金額百分之六十六的稅額減免。若超過課稅所得的百分之二十，多餘的部分未來五年都可以同樣的額度減稅。

當然，捐款者必須具備所得稅繳納資格才能享受減稅優惠[24]。所以，我們現在就來說明減稅額是如何計算的。假設一名課稅所得十萬歐元的法國人一共捐了六千歐元給多個政黨（上限為七千五百歐元），這筆錢顯然不到他年所得的百分之二十，也就是兩萬歐元。由於他的捐款金額不到七千五百歐元，更遠低於兩萬歐元，因此可以拿到最高減稅額，也就是六千歐元的百分之六十六，等於三千九百六十歐元。換句話說，這名年所得十萬歐元的法國人實際捐款金額為六千歐元減三千九百六十歐元，也就是兩千零四十歐元，其餘由政府負擔。說是政府，其實就是全體納稅人。

假設年所得不到九千七百歐元（這是法國家戶所得每股最低課稅級別*）的人同樣捐了六千歐元，他實際要支付多少？答案是六千歐元。因為這個人免繳所得稅，所以無法享受減稅優惠（姑且不論六千歐元遠高於課稅所得百分之二十的門檻，他根本拿不到全額減稅）。考慮到法國低收入戶比例超過百分之五十，這個例子一點也不特殊。

讓我們換個角度。依據現有制度，法國有錢人捐給屬意的政黨或候選人的錢只有三分之一是自己出，其餘都由政府負擔，也就是納稅人的錢（尤其加值稅和其他間接稅，這些是所有人都要繳納的稅）。然而，窮人的政治獻金卻是每分錢都得由自己負擔，

---

* 譯註：在法國，稅收單位不是個人而是家庭。每戶根據婚姻狀況和子女數量計算股份：夫妻有兩股，前兩個孩子共半股，第三個孩子以後一人一股，稅額則依家戶收入及各戶股數計算調整後產生。參見王麗容和陳玉華〈性別平等政策對於生育率影響之跨國研究〉，行政院性別平等處，二〇一四。

這才是最弔詭的地方。法國目前的減稅範圍不僅包括候選人和政黨政治獻金，還包括黨費[25]。換句話說，收入位於底層百分之五十的法國人繳黨費無法減稅，另外一半需要繳納所得稅的人卻能享有賦稅優惠。這不僅抵銷了許多政黨黨員政策的進步性，甚至不進反退。譬如歐洲生態綠黨（EELV），無穩定工作的黨員月費為三十六歐元，包括學生和月所得低於一千兩百歐元的人。因此，這些人的實質黨費就是三十六歐元。月薪一千五百歐元的黨員月費為一百歐元，但扣掉百分之六十六的稅負補償後，實質繳納黨費只剩三十四歐元。至於黨費統一或幾乎統一的政黨，結果就是繳稅黨員的黨費比免繳稅黨員少了三分之二。因此，政府這套制度完全抵銷了政黨擴大黨員基礎的努力，完全本末倒置。

最後，減稅優惠不只適用於黨費，也適用於選上公職的黨員捐款。用法國財政部的話來說，就是「全國或地方選任公職人員的捐款」。事實上，選任公職人員的減稅優惠更有彈性，因為他們沒有七千五百歐元的捐款上限。以夫妻身分申報所得的選任公職人員可以拿到捐款金額百分之六十六的稅額減免，其捐款額以每一課稅家戶一萬五千歐元為限。以法國參議員為例，他們主要靠政府津貼養不說，還可以藉由捐款給自家政黨（和通過這條非常有利於己的法令）拿到一萬歐元的減稅額！

因此，比起有錢階層得到的回饋，公共補助政治運作對於法國數百萬低收入人口幾乎沒什麼實質意義。以資助政黨為例，政府給予最有錢百分之一人口的減稅額度是底層百分之五十人口的二十一倍。這實在令人髮指，更別說這套極不公平的制度不僅適用於政治獻金，還適用於所有捐款，包括捐給「媒體與多元」或「我愛資訊」等傳媒利益團體的錢也能減稅。所以我才會在二〇一五年出版的《媒體的未來》書裡大聲疾呼，法國政府對非營利媒體獲得的捐款應該採取「英式」比照加碼制，直接加碼將相當於捐款減稅金額的補助款撥給該媒體[26]。本書第十章還會談到這個構想，並且推而廣之，運用在資助政黨上。

有意思的是，工會會費是個例外，只要有繳就能抵減稅。不論課稅或免稅家戶，只要繳納「工資勞動者與退休者工會會費」就能得到相同的優惠；即使因為免繳所得稅而得不到稅額抵減，也會領到稅務機關開出的支票。抵減金額是會費的百分之六十六，但由於會費超出繳納者淨課稅所得百分之一的部分均不予計算，因此低收入者得到的好處再次不敵有錢人。舉例來說，一個淨課稅所得五萬歐元的人繳納三百歐元（不到其所得百分之一）的工會會費，可以抵減的稅額為三百歐元的百分之六十六，也就是一百九十八歐元。因此他實際只出了一百零二歐元。然而，一個淨課稅所得兩萬歐元的人繳納三百歐元會費，得到的抵減稅額只有兩百歐元的百分之六十六，也就是一百三十二歐元。這是因為他繳交的會費裡，符合稅額抵減資格的只有其所得的百分之一，也就是兩百歐元。換句話說，最後他實際支出一百六十八歐元，而收入是他二點五倍的人卻只要付一百零二歐元。

因此，你在法國愈窮就得付愈多錢才能參與社會與政治民主運作。此時不改變，更待何時？

不平等在蔓延

不幸的是，公共補助政治偏好的不平等並非法國獨有。加拿大二〇一四年起實行政治獻金稅額抵減，但其實更像退稅，因此只有需要繳所得稅的家庭才能獲益[27]，結果就是高所得人口無須全額負擔自己的政黨政治獻金，低所得人口需要全額負擔。義大利、西班牙和德國也是如此[28]。義大利的制度尤其誇張，黨費無法減稅，政黨選任公職人員的政治獻金卻可以[29]。美國則是唯一的例外，政黨和競選政治獻金都不能減稅[30]。

不過，偶爾政策也會對小額捐款有利。在西班牙，頭一百五十歐元的政治獻金減稅額為百分之七十五，之後（上限為淨課稅稅基的百分之十）只有百分之三十[31]。至於德國只有小額捐款可以減稅，而且還有比照加碼制，政黨每年獲得多少人多少捐款，政府就按每歐元捐款補助零點四五歐元給政黨，上限為三千三百歐元。因此，一名德國人捐助政黨三千三百歐元，實際在政府加碼補助後等於捐款四千七百八十五歐元。不少政黨得到的政府直接補助有半數以上來自這套比照加碼制，其餘一半則來自上次選舉的得票補助款。本書第五章將會檢視不同的政府補助模式與金額。這些誘因都能促進小額捐款，感覺上是好事，卻還是未能照顧到低收入捐款者。

當然，還有些國家比加拿大、義大利、法國、西班牙和德國更極端，制度更偏袒頂富階層。但那是我們想走的路嗎？例如，巴西至少在二〇一五年以前對個人及企業政治獻金沒有明確上限，完全不固定，有些公司甚至可以在選前一年捐出營業總額的百分之二作為政治獻金，因此大企業資助選舉毫不手軟，小公司則否。愈賺錢的公司愈有本事捐款，這真是奇怪的民主運作方式！二〇一五年巴西石油公司醜聞爆發後，企業政治獻金從此違法[32]，但個人政治獻金呢？

今日在巴西，有錢人依法可以比窮人捐更多錢，**依法！**政治獻金上限為選前一年個人總所得的百分之十，因此收入一千萬歐元的公民最高可以捐款一百萬歐元，收入一萬三千歐元（巴西所得中位數）的公民卻不得超過一千三百歐元。了解這種情況之後，或許就能明白即使魯拉上台也沒有破除這類不平等的原因了[33]。

目前所有人都只關注巴西石油公司和魯拉的刑期。這家石油巨擘於二〇〇〇年代利用回扣大力資助政治運作，這當然是很大的醜聞，但巴西整個挹注民主運作的制度都有問題，需要徹頭徹尾的改革。禁止企業政治獻金是必要的第一步，但絕非這樣就好。巴西政府二〇一七年開始公共補助選舉便是絕佳的對策，特別是目前有許多民主國家陸續放棄公費制，更是顯得此舉值得喝采。然而，該做的事還有很多，尤其重新規範個人競選獻金更是刻不容緩。

要是人人都捐？

希望各位讀到這裡已經明白，不少民主國家處理政黨和競選政治獻金的財政措施並不公平。這時自然有人會問，為何不將減稅轉成抵稅，讓家家戶戶都能享有，不論需不需要繳納所得稅？這樣做改動最少，又能抵銷現有制度的累退弊病，別再讓窮人反而需要出更多錢。

問題是這樣的。以法國為例，現有制度是以政治獻金者人數有限為基礎設計的。要是所有人的捐款金額都和目前的有錢人一樣多（我們在下一章將會看到，法國大多數人都沒有資助政黨或政治運作，最有錢的人卻大筆大筆地捐），甚至新的制度讓所有人拿到的政府補助都和目前的有錢人一樣，則國庫根本無法負擔。目前全法有三千七百五十萬個家庭，政黨政治獻金上限為每黨七千五百歐元。讓我們姑且假設每戶都拿到五千歐元的稅額減免，政府將需要一千六百五十億歐元的經費，足足是法國教育預算的三倍以上。就算以現有制度平均每戶政治獻金三百歐元計算，每戶只拿到兩百歐元的稅額減免，政府也需要花費七十三億歐元，相當於目前法國的高等教育預算。

現有制度要更平等，就必須全面改造。有些人可能會覺得目前的制度虛有其表，因為它宣稱服務「全民」，實際只為少數人設計。唯有更深入、更平等取向的大翻修才能擺脫有名無實，而這正是我提出民主平等券的用意，本書第十章會有詳盡介紹。現在讓我們繼續檢視各國現狀。

義大利虛有其表的「稅捐民主」

稅制造成財閥政治

義大利不僅減稅方式不公平，「千分之二制」更是不平等。所謂的千分之二制，就是個人可以將自己千分之二的稅金捐給指定的政黨，只需要在報稅時填寫「千分之八、千分之五及千分之二捐贈單位表」即可。之所以有三個數字，是因為義大利的納稅人可以決定三個公共補助對象。首先是宗教（千分之八，政治補助的四倍，誰說義大利教會不插手政治的？），其次是研究、古蹟和運動（千分之五），最後（千分之二）是政黨[34]。你想奉獻自己的千分之二稅金給政黨嗎？只要在正確的欄位填上你屬意政黨的代碼，例如民主中心黨是A20，並在虛線處簽名即可。只不過你得動機夠強才行，因為代碼表並不好找（雖然政黨不到三十個，但得到稅務機關網站上的申報書說明欄最後面才找得到，第一百二十三頁！）想試的話祝你好運，小心別成了義大利的特維努[35]*……

稅金的千分之二，那可不是區區一兩歐元，而是看你要繳多少稅，也就是看你總收入多少。因此在義大利你愈有錢，政府就愈讓你有辦法**不花錢**資助你屬意的政黨。而且這套制度完全沒有限制一個人能捐多少，只有上限是千分之二。換句話說，一名每年納稅一百萬歐元的富人只要願意，就能讓政府補助兩千歐元給自己屬意的政黨。反觀納稅額一千歐元的低薪僱員只能讓政府補助兩歐元給自己挑選的政黨，而免繳所得稅的人更是無法叫政府出一分錢。零歐元，這真的不多。因此，一個樂於自掏腰包支持自身政治偏好的人是可以大方出手的，因為政府會替他出錢，他只要財力夠厚就好；而且他愈有錢，政府（也就是其他納稅人）就會替他出愈多錢。

我不曉得經濟學家為何總是教導新生凡事都有代價，或拿他們愛用的名言來說，天下沒有白吃的午餐。首先，這根本不是事實。天下確實有白吃的午餐，尤其是最有錢的那一群人，有時他們甚至還會得到許多經濟學家的祝福。只要讀過瓦圖里耶（Tancrède Voituriez）二〇一三年出版的《貧窮的誕生》（*L'Invention de la pauvreté*），就知道經濟學家幹了哪些好事。除此之外，我們也推出各種退稅、減稅與抵稅措施，不斷精益求精，美其名是鼓勵捐款，其實是讓超級有錢人得以免費資助自己的各種偏好，而且由底層人民買單，感覺就像有錢人成功代表他能力出眾，因此他的偏好自然比窮人的重要。領隊的工作就是指引方向，拉著落後者往前。減少貧窮有什麼意義？

於是，義大利的千分之二制造成了一人雙票：每個義大利人都能投票兩次，一次投進票匭，這是一人一票；一次寫在繳稅申報書上，這是一歐元一票。遺憾的是，這件事並未在制度執行前的討論過程中解釋清楚。得意洋洋的提案者壓根沒想到提醒大家，這

＊譯註：托瑪・特維努（Thomas Thévenoud），法國前國務祕書，曾因「漏報」所得而被判緩刑一年。

套制度實際上會剝奪四分之一義大利人的第二票，因為他們繳稅額為零。零的千分之二還是零，就是等於被消音……議員裡顯然沒有人是這種處境。

有些人說這叫稅捐民主（tax democracy），讓人民每年都可以表達自己的偏好，而不是每四五年選舉來了才一次。但我覺得這更像稅捐版的財閥政治，一場選舉鬧劇。作家雨果曾這樣形容他那個時代的審查制度：「那滿嘴臭氣、指甲發黑的獵犬，總是橫眉怒目跟在權勢身邊」。雖然脈絡不同，但這樣的欺凌怎麼能不讓人震撼？這些人打著公平和稅捐民主的旗幟，巧妙箝制了「三無」者（沒有工作、沒有所得、沒有身分，現在又多了沒有選票）的政治偏好，造成新的選舉權剝奪，帶來了民主的黃昏，從而為各式民粹主義鋪平了道路。

我不是反對納稅人每年用自己的稅金支持屬意的政黨，認為讓政府根據上次選舉結果補助就好。問題是目前民主制度的財源設計讓這場政治競賽一開始就不公平。近年來的許多嘗試（例如義大利的千分之二制）都很可能走偏，但我深信從中可以得到有用的教訓，只要人民參與這場關鍵辯論，不要被看似專業的細節唬住而裹足不前。本書結尾提出的建議其實相去不遠，同樣是讓所有公民於報稅時指名捐給哪個政黨，只是金額都一樣。因為義大利的經驗顯示這種做法便於稅務機關執行，只不過必須立足點平等，也就是一人一歐元，一人一票。我們沒有理由給某些人比較多票，只因為他們比較有錢，這樣做反而有害。我們也沒有理由要所有人用自己的納稅錢補貼有錢人，讓他們擁有比較多票。

用圖表看千分之二制

讓我們繼續檢視義大利這套制度的運作方式。它涉及多少錢？其實選擇千分之二制的民眾非常少。二〇一五至二〇一七年，平均只有百分之二點七的納稅人（總數略多於一百一十萬人）在方格裡畫叉，資助自己屬意的政黨（見圖八）[36]，因此二〇一七年的補助總額也只有一千五百三十萬歐元，平均每位有畫叉的納稅人不到十二歐元。這套制度使用率這麼低實在令人費解，明明在方格裡畫叉又不要錢！不畫叉就等於棄權，讓其他人白白拿所有納稅人（包括不畫叉的人）的錢資助自己屬意的政黨。究其原因或許出在人民對政黨普遍缺乏信任。這在義大利尤其嚴重[37]，以致政府一九九三年舉行公投時，不僅有百分之九十點三的選票贊成廢除政黨補助款，投票率更超過七成五[38]。結論是，這套制度最好別讓納稅人可以捐很多錢，但要有更多納稅人參與，方式也更民主與平等。

圖八：千分之二制——二〇一五年至二〇一七年
義大利納稅人使用率及平均補助款額

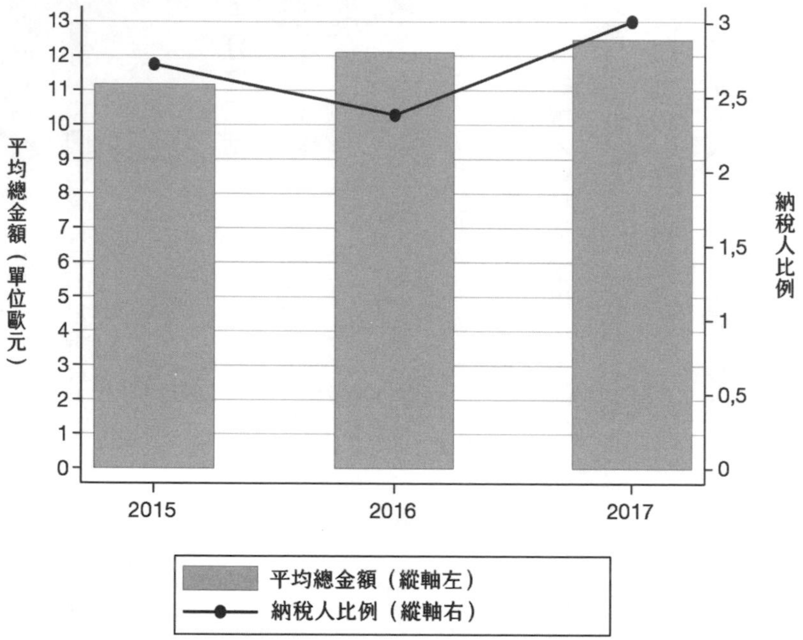

說明：二〇一五年，百分之二點七二的義大利納稅人（約一百一十萬人）在繳稅申報書上的千分之二制方格裡畫叉，平均每人捐出的政黨補助款為十一點二歐元。

雖然千分之二制的使用率之低令人始料未及，但它本來就不是設計給所有人的，而是只想讓一小撮人使用。這是事實，也是這套制度的虛偽之處。義大利政府打從一開始就為這筆政黨補助款設立了上限[39]，但二〇一五年的補助款高達一千兩百四十萬歐元，早已超過九百六十萬歐元的法定上限。目前的上限為兩千五百一十萬歐元，除以四千零七十萬名納稅人之後，等於每人捐助零點六二歐元，遠遠不及所得稅的千分之二，只有千分之零點一三六……。

事實上，這套制度是由少數人設計給少數人使用的，只要換個方式計算就能清楚看出這一點。目前義大利全年所得稅收為一千八百三十二億零三百萬歐元，因此若所有人都使用千分之二制，政府每年就要支出約三億七千萬歐元，將近法定上限的十五倍。而且這只是所有支出一部分，還得加上政府對政黨政治獻金的補助。

因此，這套制度不是給所有人用的。但我這樣說可能會讓你詫異：我認為所有人都該利用它。在還沒有更好的替代方案之前先頂著用，然後在未來改用本書第十章建議的民主平等券，讓所有人不論所得多少都能捐助同樣金額給自己屬意的政黨。但我必須強調一點，明明有這個制度而不用是最糟的做法。畢竟設計這套制度的人不但會用，並且是為了個人利益而用。若你身為公民覺得目前資助學校或醫院比補助政黨重要，那你或許原則上是對的，結果卻會造成反作用，讓主張刪減公共支出而不是推動社會建設與累進稅制的政黨有機可乘，靠著這套制度打贏選戰。同樣的，面對被政治獻金淹沒而陷入惡性循環的民主機制，廢除政府補助是最糟的做法。我們要做的非但不是終止公帑挹注，反而應該加碼提供更全面、更平等的補助，藉此打破政治獻金對選舉的把持。

誰是得利者？

千分之二制非常不平等。哪些政黨得利最多？還是只有一個政黨？答案是這項改革對改革提議者最有利，也就是民主黨。二〇一五至二〇一七年，所有使用千分之二制的納稅人裡，有百分之五十一選擇了民主黨。圖九顯示義大利三十個政黨的獲選比例。第二名的北方聯盟只得到百分之十三的納稅人支持，遠遠落後民主黨；第三名是左翼生態自由黨。

值得一提的是，民主黨從千分之二制還得到另一重好處。圖十清楚顯示選擇民主黨的納稅人所得普遍高於平均，使得政府補助有百分之五十四給了民主黨，而不是百分之五十一。這個數字遠高於民主黨在這套制度頒布當時的選舉支持率（民主黨二〇〇八至二〇一三年的普選得票率略低於百分之三十）。

圖九：千分之二制——二〇一五至二〇一七年
義大利納稅人選擇各政黨的比例

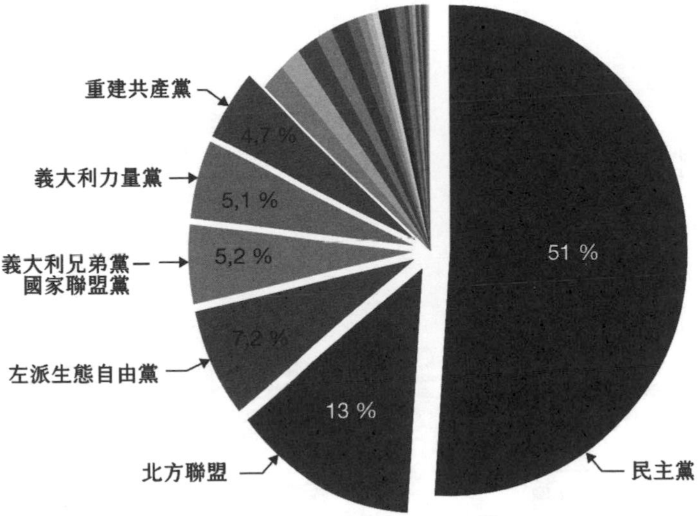

說明：二〇一五至二〇一七年，在繳稅申報書千分之二制方格裡畫叉的納稅人有百分之五十一選擇民主黨，百分之十三選擇北方聯盟。

但我們該譴責民主黨嗎？千分之二制顯然不完美，卻很有新意，讓民眾可以每年補助政黨，不像其他國家（包括法國）還停留在過去，而且利用報稅讓每位公民表達政治偏好既簡單又有效率，還自然就能維持隱私。各位讀到之後幾章

圖十：千分之二制——二〇一五至二〇一七年
義大利納稅人資助各政黨的比例與總金額占比

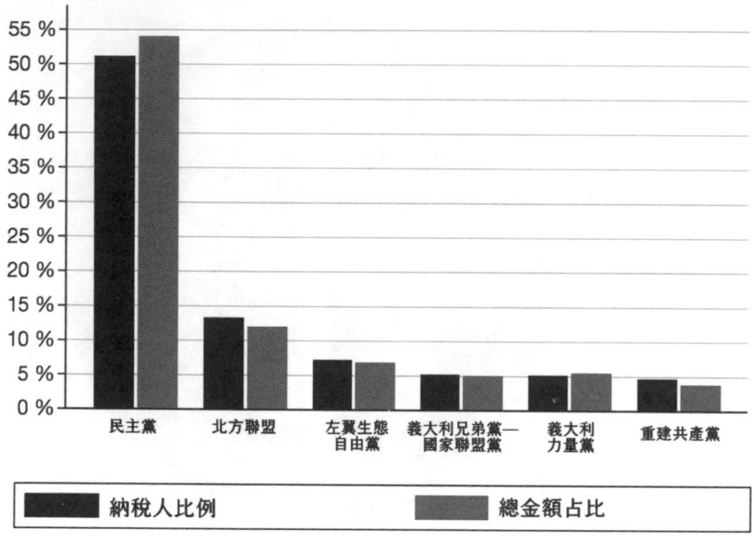

就會明白，我提議的民主平等券有不少技術細節都來自千分之二制的啟發。

此外，我們也別忘了千分之二制誕生的時空背景。二〇一四年，義大利民眾對政黨的反感已經累積多時，五星運動則是大力鼓吹廢除政府對政治運作的所有補助。其實從圖九和圖十沒有五星運動就可以知道，義大利的納稅人無法用千分之二制資助他們。由於五星運動從創黨就反對政黨補助，因此拒絕參加千分之二制，並呼籲所有納稅人加以抵制。

而五星運動既然不加入千分之二制，也就無須遵守第 149/2013 號法令第三至五條的規定，維持章程民主與透明。其實，千分之二制的根源還要更久。早在一九九二年義大利第一共和瓦解，社會瀰漫著消極宿命的氣氛，就已經為這套奇特的制度埋下了種子。本書第六章將討論政府過去直接補助政黨的做法錯失了哪些機會，屆時還會談到這一點。

千分之二制使用所得高低來決定一個人能捐助政黨多少錢，這是它的主要缺陷，而且不是無足輕重的瑕疵。因此，我們必須用票票等值的補助機制來取代它，也就是民主平等券。但我們寧可有千分之二制，也不要迫於民粹壓力廢除所有政府補助，讓政治運作更被個人或企業獻金所把持。

✦ ✦ ✦

讓我們簡單回顧一下。目前許多國家對政治獻金幾乎沒有管制，尤其對私人捐助政黨或競選活動的資金未設上限，結果如何？本書下一章將指出，這些無管制國家的政治獻金自然多得嚇人，動輒數千萬歐元，而且各政黨取得的金額極不平均。從過往紀錄看來，政黨愈保守拿到的錢愈多，而進步政黨想多拿政治獻金，往往必須放棄舊有的立場，不再為勞動階級發聲。此外，有些國家由於政治獻金規模過於龐大，使得藉由政府補助而讓民主機制更平等、更具代表度的努力毀於一旦。

另一方面，近來有不少國家針對政治獻金和競選支出做出了更嚴格的管制，法國也是其中之一。只是這些措施還很不完美，對社會的頂富階層更為有利。我們接下來將用量化的方式呈現這些措施的缺陷。

註釋

1 主要進展來自一八八三年通過的公職人員改革法案（Civil Service Reform Act）。

2 尤其值得參考 Arthur B. Gunlicks (1993), *Campaign and Party Finance in North America and Western Europe*, Westview Press。

3 美國直到一九七一年「聯邦競選法」（Federal Election Campaign Act）通過（並於一九七四年增修）後，才於一九七五年成立聯邦選舉委員會（Federal Election Commission）。加拿大情況類似，雖然政府一九〇八年就依「自治選舉法」（Dominion Election Act）禁止私人捐助政黨和競選，卻由於缺乏執法機關而幾乎無效，最後更於一九三〇年讓政治獻金重新合法。

4 根據法律，政治行動委員會的精確定義為「籌措並動用資金以使某位候選人當選或落選的委員會」，並應於成立十天內向聯邦選舉委員會登記。

5 這類帳戶稱為「政黨全國委員會附加帳戶」（additional national party committee account），詳情參見美國聯邦選舉委員會網站：https://www.fec.gov/help-candidates-and-committees/candidate-taking-receipts/contribution-limits-candidates/。

6 這還不包括德國菸業聯合會（Der Verband der Cigarettenindustrie e. V.）的政黨政治獻金呢！

7 戴姆勒公司不只在汽車產業，在航太產業也很活躍。

8 一九八八年三月十一日第 88-226 號之「從政人員財務透明」法。

9 全國競選監察委員會全名為全國競選專戶及政治獻金委員會（CNCCFP），一九九〇年元月十五日依據第 90-55 號法成立，六月十九日正式運作，職責為限制競選支出並清查政治活動資金來源。

10 由於一八一〇年刑法第二九一條的限制，加上一八三四年四月十日新法的進一步緊縮，使得法國一九〇一年以前很難說有「政黨」存在。一八八四年三月二十一日新法頒布後，該法條不再適用於以「研究及保護工業、商業與農業經濟利益」為目的的工會及專業協會，但仍適用於政黨，因為當時仍將政黨視為訴諸全國行動的政治利益團體。歷史學家席侯（Stéphane Sirot）在《一八八四年：工團主義的建構》（*1884, la fabrique du syndicalisme*）裡（Lormont: Le Bord de l'eau, 2014）清楚指出政府當時刻意放權給工會，以防止工人政治化，動搖國本。本書第十一章討論政黨和工會千絲萬縷的關係時還會談到這一點。不過到了十九世紀末，法國政府開始給予政黨一定程度的寬容，參見 Yves Poirmeur et Dominique Rosemberg, *Droit des partis politiques*, Paris, Ellipses, 2008 和 Jean-Claude Bardout, *L'Histoire étonnante de la loi 1901. Le droit des associations avant et après Pierre Waldeck-Rousseau*, Lyon, Juris, 2001。

11 黨費自一九〇一年便受到法律嚴格規範，不得超過五百法郎。

12 對法國企業政治獻金法規千奇百怪感興趣的讀者，也可參考政治學家菲利波（Éric Phélippeau）的出色研究，尤其是《Le financement de la vie politique française par les entreprises 1970-2012》, *L'Année sociologique*, 2013, 63(1), pp. 189-223。

13 全國雇主協會（CNPF）於一九四五年法國光復後成立，一直延續到一九九八年才被法國企業行動聯盟（MEDEF）所取代。

14 換句話說，根據法國全國競選監察委員會網站上的清楚解釋，當一個於私法下具有政治目的的自然人符合以下要件時，即為政黨：一、得到政府補助或有固定代理人；二、擁有經全國競選監察委員會一至兩名審計人員核可之帳戶。法國一九五八年憲法第四條已經對政黨做出定義，但只界定其目的，特別是投票、組織政治活動、舉辦辯論及推舉候選人（「政黨和政治團體應協助人民行使投票權。政黨和政治團體得自由組織與活動，並須尊重國家主權與民主之原則」）。

15 一九九〇年元月十五日法令。

16 此外，每一課稅家戶每年捐助政黨或政治團體的獻金或黨費不得超過一萬五千歐元。值得一提的是，法律規定每人每年政治獻金**總額**上限為七千五百歐元，而非**每個**政黨的捐助額度，其目的是在彌補二〇〇〇年代初期的一個漏洞。當時政黨會巧立小黨來增加政治獻金收入，而全國競選監察委員會每年收到的政黨帳戶申請都會出現一些稀奇古怪的政治團體名稱，例如「粉紅魚流黨」或「保護動物黨」（我想應該包括魚吧），還有認真捍衛權益（只不過是地方權益）的政治團體，例如「十六區居民資訊協會」等等。這種情形不禁讓人想起一八一〇年刑法第二九一條的故事。當時該法條是為了阻止二十人以上的團體組成政黨，結果施行後馬上冒出一堆由十九人組成的選舉組織，直到一八三四年四月十日訂立新法才終結了這個亂象。一八三四年新法規定「刑法二九一條適用於二十人以上團體，即使該團體拆成數個不足二十人的小單位亦適用之。」有關一八一〇年刑法第二九一條，參見 Yves Poirmeur (2014), *Les Partis politiques. Du XIXe au XXIe siècle en France*, LGdJ。

17 一九八九年以前，比利時沒有立法規範競選支出上限，沒有對政黨做出法律定義，也沒有監管政黨的相關法令。但在眾議院的行政處分下，眾議院辦公室（le Bureau de la Chambre）自一九七一年開始給予登記有案的政黨營運補助。有關比利時的狀況，尤其值得參考 Karolien Weekers (2009), «Explaining the Evolution of the Party Finance Regime in Belgium», Journal of Elections, Public Opinion and Parties。

18 法國月薪中位數為一千七百七十二歐元，參見 http://www.insee.fr/fr/statistiques/1370897。

19 這裡說「看來」是因為這些數字都是競選期間零碎公布的。馬克宏的政黨人前人後兩個樣，以法律為藉口拒絕公布各類獻金的細目，也不肯提供最大筆捐款的金主名單。值得一提的是，雖然法國對捐款額的規範比德國、美國和英國都嚴，並且從一九九五年起就禁止企業政治獻金，法律卻不再強制候選人或政黨公布捐款名單或金額大小，彷彿既然設了獻金上限，私人資助民主（和民主資助私人）就不再需要透明了一樣。

20 由於政治獻金上限為七千五百歐元，因此這六百名金主的捐款總額不可能超過四百五十萬歐元。

21 資料來自二〇一七年十月法國財政部遞交參議院財政委員會主席的報告，說明總統馬克宏上任後推出的首輪政策如何讓一百名納稅人得到史上最高的減稅金額。其方法主要是將巨富稅（ＩＳＦ，原名直譯成中文為財富團結稅）轉為不動產巨富稅（ＩＦＩ），並且只對資本所得徵收百分之三十的單一稅。見法國《解放報》報導：https://www.liberation.fr/france/2017/10/26/budget-les-100-plus-riches-gagneront-15-million-d-euros-par-an-chacun_1605917。

22 有關美國的情況，尤其可參考美國稅收政策中心（Tax Policy Center）和國會稅務聯合委員會（Joint Committee on Taxation）發表的研究。

23 以下捐款方式符合減稅資格：一、捐給獲得核可的競選募款單位或登記於一或多名候選人名下的競選募款財務代理機構；二、捐給獲得核可的政黨募款單位；三、加入政黨或政治團體的黨費或會費。

24 必須一提的是，在法國就算免繳所得稅也還是有稅要繳。低薪勞工其實稅負沉重，有效稅率甚至高達百分之四十五至五十，因為他們必須支付消費稅及各項社會負擔。反觀最有錢階層的有效稅率只有百分之三十到三十五。詳盡資料證明請見 Camille Landais, Thomas Piketty et Emmanuel Saez (2011), *Pour une révolution fiscale. Un impôt sur le revenu pour le XXIe siècle*, Paris, Le Seuil。

25 並非所有國家都是如此。例如在義大利捐款給政黨可以退稅，繳黨費卻沒有這項福利。

26 參見 Julia cagé (2015), *Sauver les médias. Capitalisme, financement participatif et démocratie*, Paris, Le Seuil, «La République des Idées»（簡體中文版《媒體的未來：數字時代的困境與重生》於二〇一八年由中信出版社出版）。

27 法源來自加拿大聯邦選舉改革法案。

28 義大利一九九七年開始施行政黨政治獻金退稅制度，每年獻金三十至三萬歐元都能減稅，額度最高為百分之二十六。德國雖然對企業政治獻金未設上限，但唯有捐給自然人的錢可以減稅。一千六百五十歐元以內的捐款可以有百分之五十直接抵免所得稅，一千六百五十至三千三百歐元的捐款也可用特別支出的名目減稅。

29 黨費在法律上不算政治獻金，因為會得到回饋，例如獲邀參加選前之夜等等。

30 美國一九七一年通過歲收法案（Revenue Act）確實包括政治獻金租稅獎勵規定，但這套減稅制度於一九八六年聯邦所得稅法改革時便取消了。

31 西班牙的個人捐款上限為每年每政黨五萬歐元，每次選舉一萬歐元，並自二〇一五年起禁止企業政治獻金。

32 這起醜聞也讓巴西政府對地方選舉候選人支出設立上限。參見 Eric Avis, Claudio Ferraz, Frederico Finan et Carlos Varjao (2017), «Money and Politics: The Effects of Campaign Spending Limits on Political Entry and Competition», Document de travail。

33 關於巴西的不平等，參見 Marc Morgan (2017), «Extreme and Persistent Inequality: New Evidence from Brazil Combining National Accounts, Surveys and Fiscal Data, 2001-2015», Document de travail, Wid. world。

34 千分之八制於一九八五年開始實施，千分之五制為二〇〇五年，千分之二制則為二〇一四年。

35 對此本書第九章還會多做討論，但有一點要先說明，那就是不論千分之二政黨補助制或千分之八宗教補助制，都和德國的「教會稅」不同。德國政府會代替組織化宗教（organized religion）徵稅，各宗教再從徵來的稅金裡繳回一小部分給政府作為行政費用。教會稅的稅率固定，占所得稅的百分之幾由各邦自行決定，通常為百分之九。這不是政府補助宗教，而是信徒奉獻，只是由稅務機關代徵而已。反觀義大的百分之二制和百分之八制都是公共補助，完全由政府負擔，而不是由個別納稅人支出。納稅人不論是否在方格裡畫叉都不影響繳稅額。

36 義大利於二〇一四年開始實施千分之二制，基礎為二〇一三年的所得稅。不過，稅務機關和政府部門都坦承第一年執行之困難，不是用複雜兩字可以形容的。因此為了公允起見，我只討論（以二〇一四至二〇一六年所得稅為基礎的）二〇一五至二〇一七年的數據。

37 義大利民眾並不是反對「稅捐民主」，因為千分之五制和千分之八制都相當成功。目前每年使用千分之五制的納稅人超過一半，足足是千分之二制的十五倍不只，而且自二〇〇七年以來累積的捐助總金額已經超過年度歲出的法定上限，二〇一四年總計四億歐元，二〇一五年超過五億歐元。

38 值得順帶一提的是，義大利政府並未尊重這次公投的結果。一九九七年政黨補助死灰復燃，只是或多或少喬裝成其他名目。本書第六章討論各國公費民主制遭遇的挑戰時還會提到這一點。

39 補助上限二〇一四年為七百七十五萬歐元，二〇一五年是九百六十萬歐元，二〇一七年起為兩千五百一十萬歐元（依據 149/2013 號法令第十二條第四項）。上限逐步調高是因為其他補助措施陸續廢除，由這套制度取代。

第三章　私費制的真相：用多數人的稅金為少數人的保守偏好買單

所得高低決定資助多寡／稅金的累退重分配

前面提到，世界各國規劃政治獻金的減稅獎勵制度時只考慮小部分人，以致往往偏袒頂富階層。但到底哪些人捐了多少錢給政黨？政黨政治獻金的金額大小和捐助者所得高低又有什麼關聯？

為了回答這些問題，我使用了非常詳盡的財稅資料。法國報稅系統自二〇一三年開始將「政黨政治獻金與黨費」和其他捐款區分開來[1]，使得我能精確掌握二〇一三至二〇一六年捐過政治獻金的納稅人特徵，尤其計算相關支出，也就是政府每年提供多少錢滿足不同所得水準公民的政治偏好，結果真是令人震撼！

法國納稅人平均每年向稅務機關申報的政黨獻金總額達到一億零一百萬歐元，相當於政府政黨補助款的一點五倍。

雖然這個數字從二〇一三年的一億兩千八百八十萬歐元減少為二〇一六年的七千九百九十萬歐元，但必須指出二〇一三年是個例外，因為（稍後會再詳談）薩科奇在申請競選帳戶遭到拒絕後，他所率領的人民運動聯盟發起了名為薩科松（Sarkothon）的大型募款活動，導致該年獻金總額大增。除了申報一筆以上獻金的納稅戶減少之外，平均單筆獻金額縮水也是導致二〇一三至二〇一六年總額下滑的原因（見圖十一）。獻金家戶從二〇一三年的四十一萬四千戶降為二〇一六年的二十九萬一千戶[2]，僅僅只占法國納稅家戶總數的百分之零點七九，然而他們捐出的政黨獻金卻高達政府補助款的一點五倍。換句話說，若將政府政黨補助款換算成每戶捐款，這二十九萬一千戶的捐款金額是其他家戶的一百六十多倍，而且就如我們稍後會看到的，捐款近年來愈來愈集中於頂富階層。

目前只有極少數（不到三十萬）法國人每年捐錢給政黨，或至少有在報稅時申報這筆支出[3]。就算成員人數向來是政治團體的禁忌話題，三十萬人也遠少於法國所有政黨的黨員總人數（大約二分之一到四分之一，視估計方法而定）[4]，更別提申報工會會費

圖十一：二〇一三至二〇一六年，法國納稅家戶政黨政治獻金與黨費支出總額及家戶總數

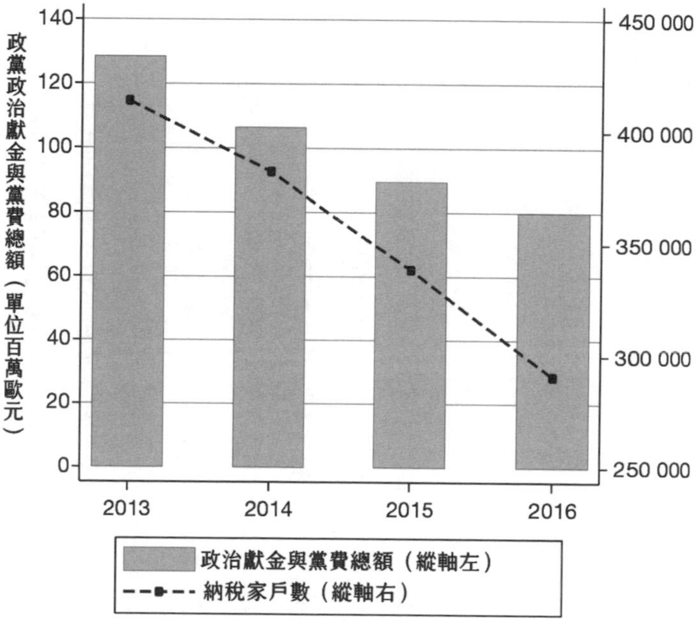

說明：二〇一三年，申報一筆以上政黨政治獻金或黨費的家戶數為四十一萬三千七百五十七戶，總金額為一億兩千八百五十萬歐元。

的納稅人數（一百七十萬人）足足是它的六倍。我們之後還會提到這一點，因為不只在法國，許多國家的工會表現都比政黨好得多，繼續站在弱勢者這一邊，不像某些進步政黨早已有名無實，放棄了社會正義，不再代表「底層階級」，只為了獲取更多政治獻金。因此，我們必須以社會民主為標準，重新思考政治民主，遵照本書第十一章的建議讓國會更有社會代表性。因為儘管工會表現優於政黨，更具代表性也更受歡迎，但從有錢人的口袋裡拿到好處的卻是政黨。工會的經費來源不僅比政黨更平等，會費金額也比較低，平均一百六十四歐元左右。因此，我們有必要對政治獻金採取更嚴格的管制。不過，話題不要一下跳得太遠，讓我們還是先回到那二三十萬名捐錢給政黨的納稅人身上吧。

這群獻金者的平均捐款額從二〇一三年的三百一十一歐元減至二〇一六年的兩百七十五歐元（見圖十二）[5]。這樣的金額是多是少？對捐款者（我們隨後會看到，其中大多都是頂富階層）而言，這筆錢根本是九牛一毛，以二〇一六年為例只占其所得的零點零零七出頭（換句話說，要不是捐款有限額，這些首富每年很可能捐助超過七千五百歐元。本書稍後將指出他們差不多都捐到了法定上限）。要是考慮到他們實際支出的金額其實更少，因為他們幾乎都會拿到百分之六十六的減稅額，這筆獻金根本對他們微不足道。

圖十二：二〇一三至二〇一六年，法國政黨政治獻金者每人平均捐款額

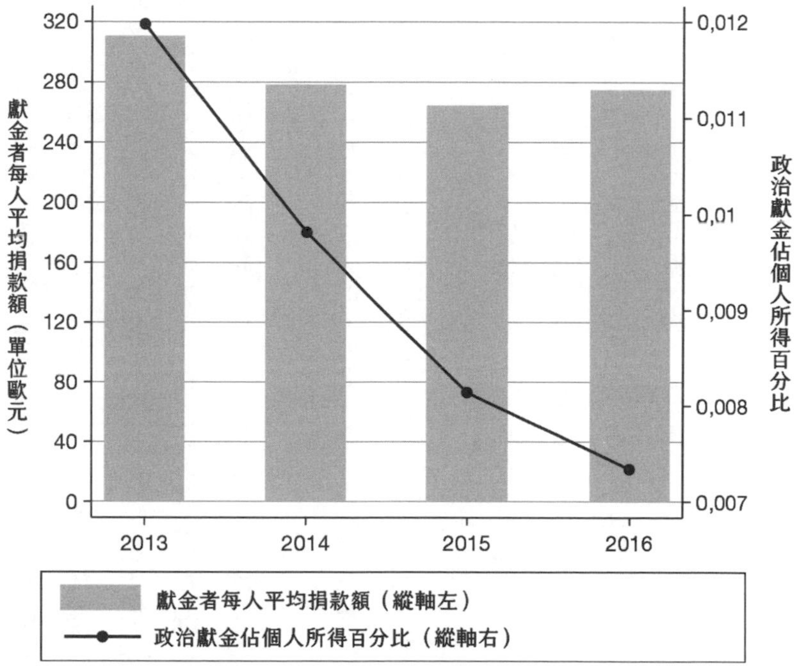

說明：二〇一三年，法國捐助政黨的納稅人平均每人捐助三百一十一歐元，平均約占其所得的百分之零點零零七。

讓我們暫時放下個別捐款者，先觀察整體，結果會有什麼發現？由於平均單筆捐款額和捐款總人數減少，使得二〇一三至二〇一六年每名法國納稅人的平均政治獻金總額由三點五歐元減為二點二歐元。減少的原因有不同說法，但我認為重點在二點二歐元還是高於該年（二〇一六年）的政黨補助款，每納稅人一點七歐元。換句話說，儘管有些人認為法國的政治獻金上限比起其他國家算是低的，法國政黨運作倚賴私人捐款的程度依然高於公共補助。

另外也要說明一點，法國人的「慷慨」減少只限於政黨政治獻金和黨費。雖然這部分反映出更多人對政治人物不滿，但民眾的愛心並沒有減少。只要統計所有捐款，包括政治獻金和黨費在內，就會發現法國自二〇〇六年以來，不論捐款人數、捐款總額或平均單筆捐款額都持續攀升，只有二〇一六年例外（見圖十三）。這和我們在義大利觀察到的情形一致：雖然選擇千分之二制資助政黨的納稅人非常少，不到百分之三，但有超過半數的納稅人選擇千分之五制獎勵研究、古蹟和運動。

所以，問題來了：每年用政治獻金或黨費資助政治人物的那二三十萬名法國民眾到底都是哪些人？

圖十三：二〇〇六至二〇一六年，法國所有機構（含政黨）獲得的捐款總額及有捐款的納稅家戶總數

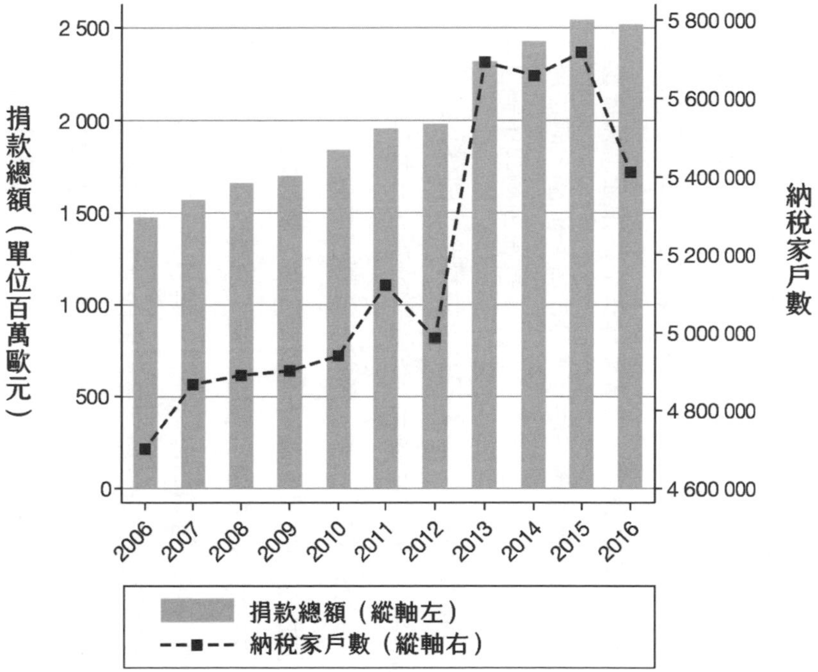

說明：二〇〇六年，法國申報一筆以上非營利組織捐款的納稅人共有四百七十萬名，捐款總額為十五億歐元。

政黨政治獻金：階級現象

我按所得十等分位計算了政黨政治獻金人數和平均金額[6]。如果先看整體，也就是包括未獻金者，就會發現平均捐款金額隨所得變化得非常劇烈。收入位於底層百分之十的法國人平均每年捐助政黨不到零點一歐元，最有錢的百分之零點零一人口卻捐助將近三百七十歐元（見圖十四）。此外，儘管自第六所得十等分位以上的年平均捐款金額便超過了一歐元，但真正有影響力的只有第十等分位。換句話說，實際對政黨財務有幫助的只有富人中的富人。讓我們說得更精確一點。二〇一六年，收入為頂層百分之十的法國人的最低申報年所得為五萬九千歐元，頂層百分之一為十四萬七千歐元，頂層百分之零點一則為三十七萬歐元。至於收入為頂層百分之零點零零一的有錢人呢？他們的申報年所得是九十九萬三千歐元起跳。

首先必須一提的是，納稅人愈有錢，捐助政黨的機率愈高。二〇一六年雖然只有百分之零點七九的納稅家戶申報政治獻金或黨費，收入為頂層百分零點零一者的申報比例卻高於百分之十（見圖十五）。有錢就可以大聲，真棒！

此外，這個所得階層的平均捐款金額遠高於其他階層。如果只看捐助者，政黨和政治團體資金來源分布的不平等就更明顯。所得階層較低者平均每年只捐助一百二十一歐

圖十四：二〇一三至二〇一六年，法國政黨政治獻金與黨費金額按所得水準分

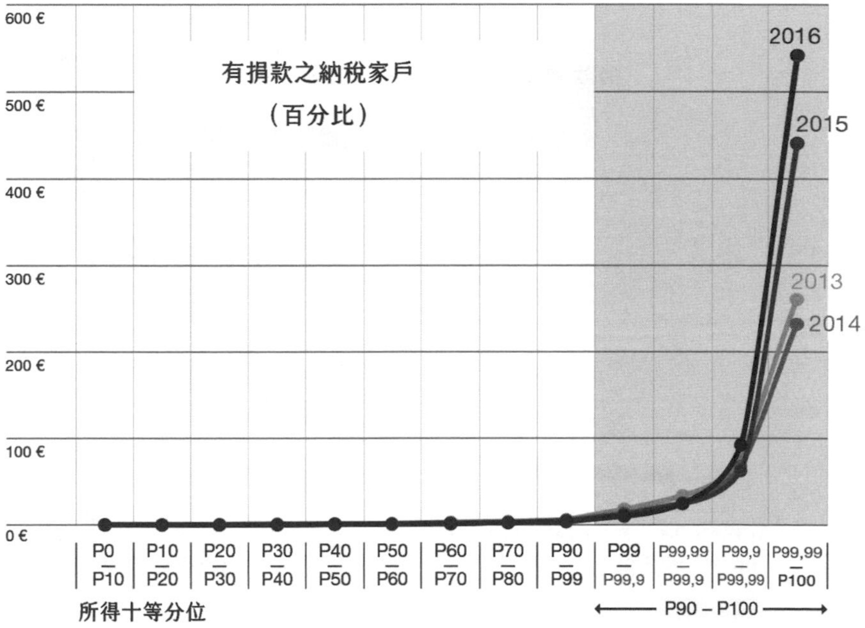

說明：二〇一六年，以所有納稅家戶計算，所得第一十等分位的納稅人平均每人捐助政黨零點零七四歐元。

圖十五：二〇一三至二〇一六年，法國申報政黨政治獻金或黨費的納稅家戶百分比按所得水準分

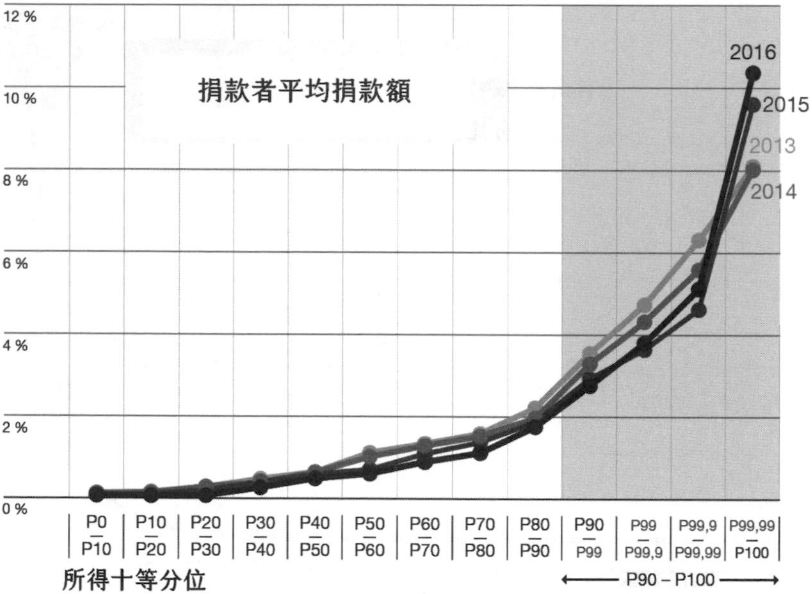

說明：二〇一六年，有百分之零點六的第六所得十等分位納稅人申報一筆以上的政黨政治獻金或黨費。

元給政黨。這可以理解，因為這些免繳所得稅者和高所得階層不一樣，捐款多少就必須實付多少。一百二十一元只略高於一般政黨的黨費，例如歐洲生態綠黨月所得一千六百至一千七百九十九歐元之間的黨員黨費就是一百二十歐元[7]。

第八所得十等分位的平均捐款金額已經有兩百一十歐元，但真正竄高的是最後的第十十等分位。這群所得位於頂層百分之零點零一的法國人平均捐助政黨四千歐元（見圖十六）。四千歐元，那是法國底層半數人口年所得的三分之一以上。因此，若有人說誰都可以掏腰包支持自己屬意的政黨，什麼也阻擋不了，你立刻可以反駁說當然有，那就是所得。誰有能力將三分之一的所得捐給政黨？

捐款的不平等自二〇一三年起更加惡化。到了二〇一六年，法國所得頂層百分之零點零一人口的平均捐助金額已經上揚至五千兩百四十五歐元，離法定上限不遠。這再次顯示了只要沒有設限，頂富階層的捐款金額將遠遠不止此數。這點在未設上限的國家確實如此。

還有一個角度可以幫助我們了解政治獻金的不平等現象，那就是將捐款額劃分成十等分位，檢視捐款的分布狀況（見圖十七）。結果可以看到捐款額最高百分之十的平均捐款額將近兩千歐元，最低百分之十的小額捐款者的平均捐款額只有二十三歐元。換句

圖十六：二〇一三至二〇一六年，法國捐助政黨或繳納黨費者平均每人捐款額按所得水準分

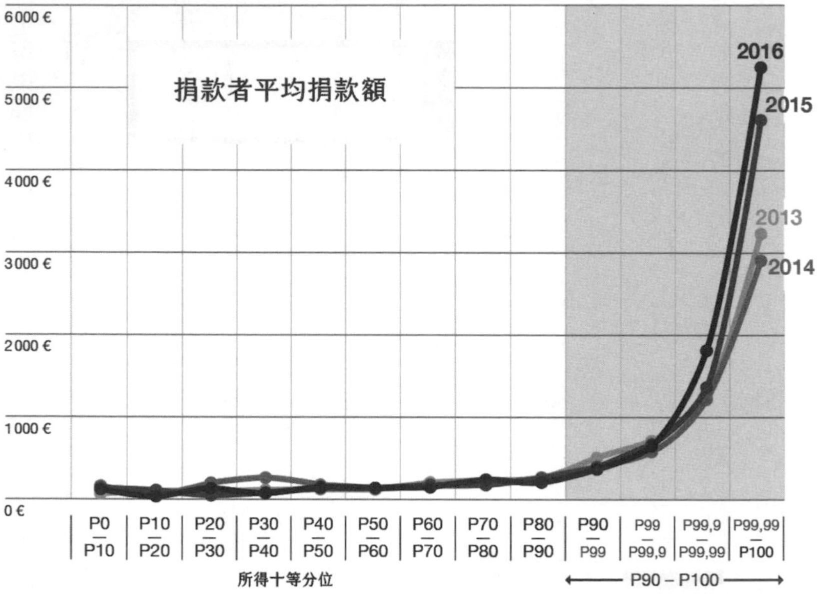

說明： 二〇一六年，在所有申報一筆以上政黨政治獻金或黨費的納稅人中，第一所得十等分為的納稅人平均每人捐助政黨一百二十二歐元。

圖十七：二〇一三至二〇一六年，法國捐助政黨或繳納黨費者平均捐款金額與總金額按捐款十等分位分

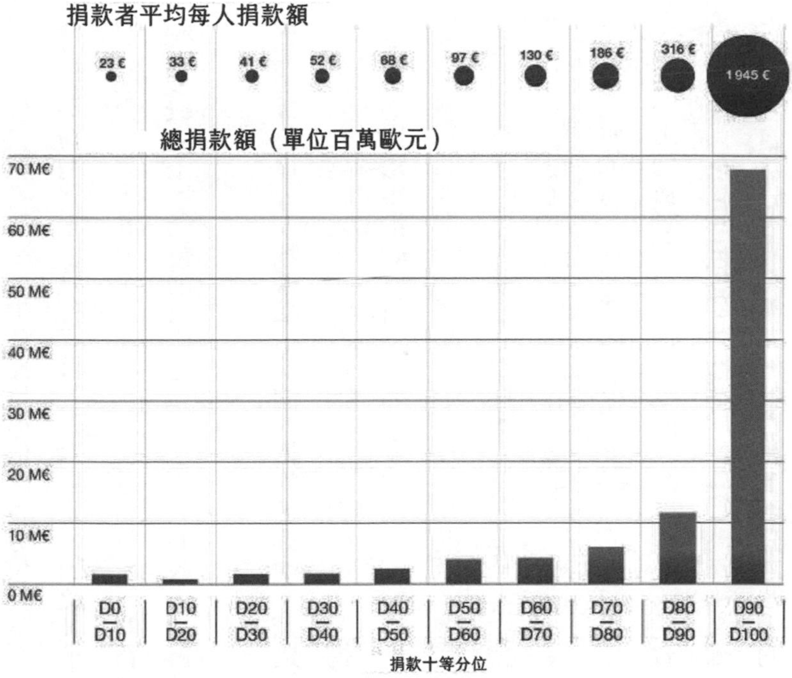

說明： 二〇一六年，捐款最高十等分位者的平均捐款額為一千九百四十五歐元，總額六千七百八十萬歐元。

話說，最高十等分位捐款者的平均捐款額是最低十等分位捐款者的八十四倍。此外，第九捐款十等分位的平均捐款額也只有三百一十六歐元。因此，不平等顯然只爆發於十等分位的最頂層。前百分之十的大金主每年平均捐款將近六千八百萬歐元，相當於捐款總額的三分之二。相較之下，所得前百分之十的法國人的收入只占總國民所得的百分之三十五。

至於真正的超級有錢人，數據顯示他們的捐款更集中。光是捐款額前百分之一的金主就捐了兩千七百六十萬歐元，相當於總捐款額的四分之一。捐款額前百分之零點一的超級金主更誇張，平均每年捐助六百九十七萬歐元。

結論：頂富階層捐助政黨的金額勝過中產及勞動階級，尤其以超級富豪跟其他階層的差距最大。法國最有錢的百分之十人口貢獻了百分之五十三的政黨政治獻金與黨費[8]，比他們的年收入占總國民所得的比例（百分之三十三）還要高[9]。最有錢的百分之一人口貢獻了百分之十二點四[10]，最有錢的百分之零點一人口貢獻了百分之三點八七，最有錢的百分之零點零一人口貢獻了百分之一點四。的確，美國的政治不平等比法國嚴重。根據政治學家波尼卡（Adam Bonica）的統計，二〇一六年美國總統大選期間，不到兩萬五千名金主（總人口百分之零點零一）就貢獻了百分之四十的競選經費。但美國已經不再有捐款上限，這是我們想走的路嗎？七千五百歐元上限一旦去除後，會多捐錢的肯定不是收入最低的法國人，他們已經被所得給限制住了；會多捐錢的只有收入位於頂層百分之零點零一的人，那些捐款額原本就快逼近上限的大富豪，只有他們會樂於在支票上多加一兩個零，以示大方。

這個因所得而異的極度不平等就是政黨政治獻金的驚人特徵。以一般稱為克祿許捐款（dons Coluche）的濟貧捐款來說，法國所得前百分之十的納稅人「僅僅」貢獻了百分之三十五的慈善捐獻，和他們的所得占總國民所得的比例相當[11]。但當接濟對象是政治人物或政治活動時……我是不是聽到有人說「把持」？

總而言之，由於政黨政治獻金和黨費可以減稅，因此政府每年其實花更多錢滿足頂富階層的政治偏好，而非大多數民眾的政治選擇。雖然這樣做可能會讓已經不滿的讀者更加義憤填膺，不過我還是要將實際數字說出來。我保證很快就會補上一點好消息。很遺憾現實狀況距離理想還很遠，我們必須坦誠以對，但也不乏驚喜。本書第五章將會指出，當政治人物不得不面對時，其實是想得出更平等的公費民主制的。本書第三部分將提供一些解決方案，替我們目前的代表度不足危機找到一條出路。

私費民主制的真相：政府花更多錢在優勢者身上

二〇一三至二〇一六年，法國獎勵個人政黨政治獻金的減稅額平均每年為五千六百萬歐元出頭[12]。五千六百萬歐元是個概略數字，幾乎相當於每位成年人口一歐元。只不過就如方才提到的，從所得水準來看其分布一點也不平等。

假設分布完全平等，情況會是如何？讓我們從二〇一六年開始，該年的減稅獎勵額為四千八百萬歐元，較前一年減少，因為捐款人數和平均單筆捐款額都有下滑。若三千七百萬名納稅人平等受益，金額將是每位成年人口一點三歐元。但別忘了，法國每年都只有不到三十萬人（二〇一六年為二十九萬一千人）申報政黨政治獻金。換句話說，有超過三千六百萬名納稅人根本沒有得到減稅獎勵。圖十八顯示法國政府每年按所得水準區分的平均減稅獎勵金額。弱勢民眾實質上沒有得到任何補貼，一路到第九所得十等分位都相去不遠。二〇一六年，法國第九所得十等分位人口的減稅獎勵只有二點二零歐元（當然，比起第五所得十等分位的零點二九歐元還是聊勝於無）。反觀所得前百分之零點零一的法國人，政府平均補貼每人四百歐元，同時差距逐年拉大。而且這裡還只針對政黨政治獻金。要是加上競選政治獻金（平均每年耗費政府稅金八百萬歐元），我敢說不平等的情形還會更嚴重。

圖十八：二〇一三至二〇一六年，法國政府補貼納稅人平均金額按所得水準分

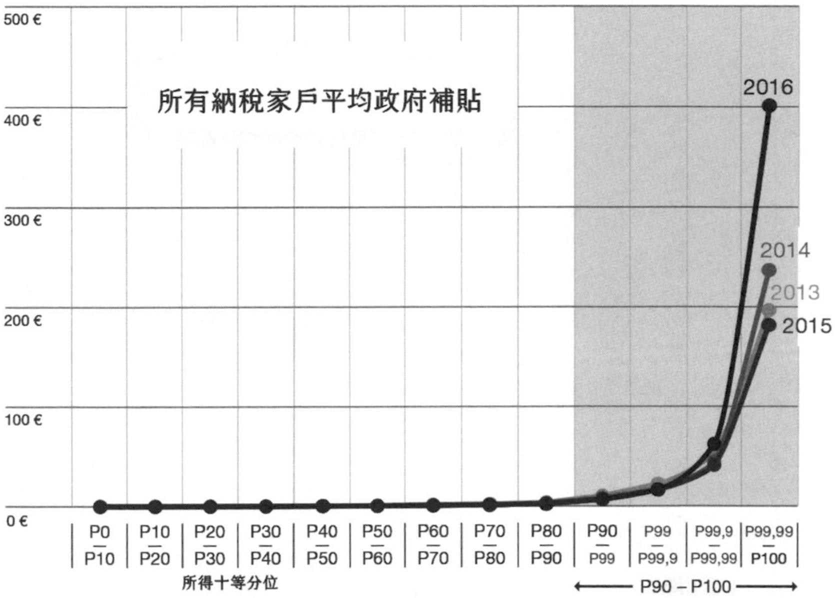

說明：二〇一六年，法國政府針對所得前百分之零點零一（PP99,99-100）之納稅人的政黨政治獻金減稅獎勵為平均每人四百歐元。

若只計算二〇一六年有申報政黨政治獻金的那二十九萬一千名法國人呢？要是這小群人獲得平等對待，每人就會拿到一百六十五歐元的補貼。但連這部分也偏離事實很遠。首先，其中有四萬八千名捐助者沒有減稅優惠。別忘了，根據法國稅制，免繳所得稅的人很不幸是拿不到捐款的賦稅優惠的。

其餘的二十四萬三千名納稅人呢？他們得到的總減稅額為四千八百萬歐元，但同樣分配極為不均。二〇一六年，收入為底層百分之四十的納稅人平均每人拿到七十三歐元的政府補貼，所得前零點零一的法國人卻有三千九百歐元入袋（見圖十九）[13]，足足高出五十二倍！政府每年補貼數千歐元給每位大富豪表達個人的政治偏好，卻頂多只補貼大多數公民每人幾十歐元。如同本書稍後將指出的，這等於政府每年給予每位成人的直接補助只有一歐元出頭。

換句話說，目前民主國家的公民其實分三種：財閥，名義上捐款支持民主運作，實際卻由政府買單；行動人士，為政黨出錢出力，卻被政府補貼所遺忘；最後是「無名」百姓，雖然政府以他們的名義補助政黨，因此每人算是間接受惠幾分歐元，最終卻是代表度之爭的大輸家。

我們只要再看政府財政總支出的分布就更清楚了（見圖二十）。平均而言，二〇一

圖十九：二〇一三至二〇一六年，法國政府對於申報一筆以上政黨政治獻金或黨費之納稅人的財政支出按所得水準分

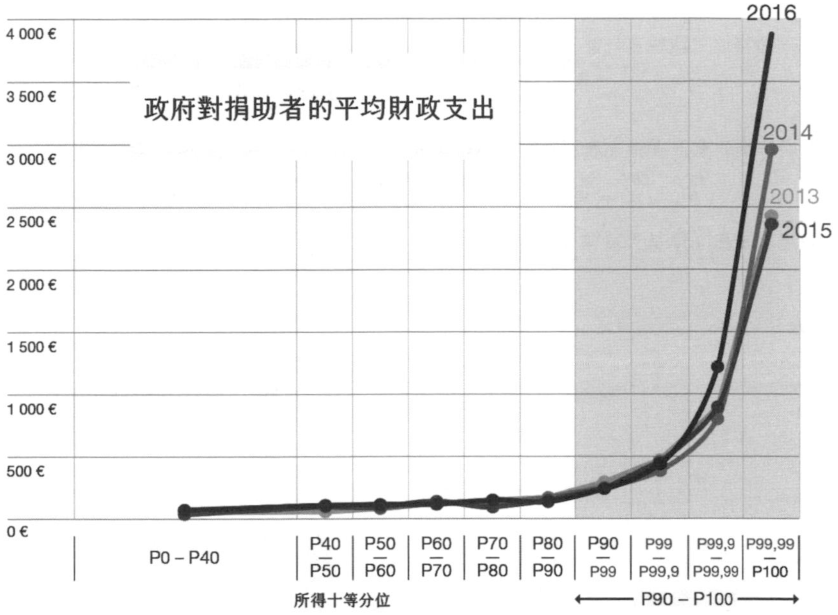

說明：二〇一六年，法國政府對於申報一筆以上政黨政治獻金或黨費之所得前百分之零點零一（P99, 99-100）人口的減稅獎勵為平均每人三千八百七十六歐元。

圖二十：二〇一三至二〇一六年，法國政府平均每年補助政黨政治獻金與黨費的總支出額與受益納稅家戶數

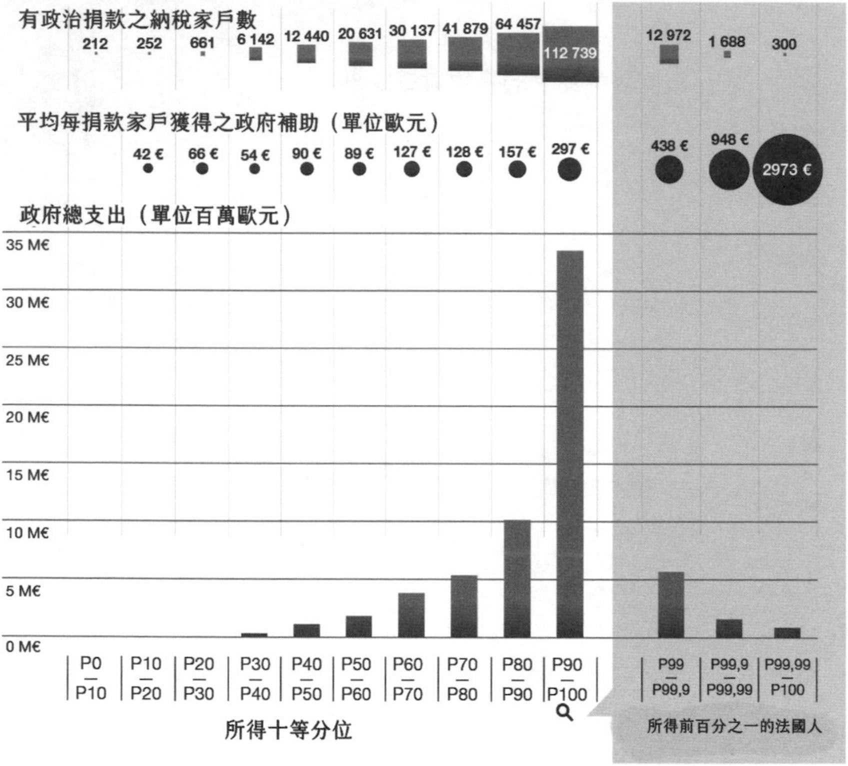

說明： 二〇一三至二〇一六年，法國政府平均每年以減稅方式補貼申報一筆以上政黨政治獻金或黨費之所得前百分之十（PP99, 99-100）的納稅人，金額為三千三百五十萬歐元，共有十一萬兩千七百三十九個納稅家戶受益。

三至二〇一六年的支出上升至五千六百萬歐元，其中三千三百五十萬歐元（約為六成）分配給了所得前百分之十的法國人。

讓我們稍作回顧。目前法國所得前百分之零點一的人口平均每人每年捐款給政黨超過五千歐元，其中三千三百歐元最終由政府補助，只有兩千七百歐元由本人負擔；所得後百分之十的人口平均每人每年捐助政黨二十三歐元，且完全由本人負擔。因此，法國政府二〇一六年以減稅方式補貼給所得前百分之十人口的金額超過兩千九百萬歐元，是補貼收入最底層者的二十一倍；補貼所得前百分之零點零一人口的金額（一百四十萬歐元出頭）更和補貼後百分之五十人口的金額相等。

私費民主制的真相：德國、義大利和英國的過度集中化

雖然針對其他國家，我無法取得如法國這般詳盡的財稅數據，但有其他資料來源可以幫助我們更了解部分歐洲國家政黨政治獻金的集中化。首先是德國。德國的資料有個好處，就是捐款超過一定金額的金主身分通常是公開的。我們可以從中看出不少有趣的事實，尤其企業捐款部分。

德國：政黨是人民還是企業的？

德國政黨每年都會申報個人捐款（政治獻金、選任公職者捐款和黨費）總額，並分成捐款額三千三百歐元以上和以下兩類。一九九四至二〇一五年，德國政黨獲得的個人捐款超過三千三百歐元者幾乎不超過百分之九，二〇一五年總額將近兩千四百四十萬歐元，三千三百歐元以下的捐款總額則逼近兩億歐元，其中多數（近百分之五十五）為黨費，選任公職者的捐款則占四分之一以上。

三千三百歐元以上捐款的總額乍看不高，但必須留意的是，它占個人捐款總額的比例逐年攀升，從一九九四年的百分之七點四（所有政黨加總）增加到目前的百分之十二點五（見圖二十一）。更出人意料的是，其中有過半捐給左派政黨，如左翼黨或綠黨，而非右派政黨。但這主要是因為左派政黨通常靠黨內選任公職者的捐款來維持運作，而這些捐款大多超過三千三百歐元，例如二〇〇〇至二〇一四年擔任綠黨國會領袖的瓦濟爾（Tarek al-Wazir）就每年捐款一萬五千歐元給自家政黨。如同本書稍後提到法國時將指出，左派政黨通常靠選任公職者養，右派政黨則靠有錢人養。

在德國，小額捐款者有強烈的稅負誘因，而大金主則通常不是個人，而是企業。這點只要檢視一萬歐元以上的政治獻金就看得出來。德國政黨每年底都必須提供一萬歐元

圖二十一：一九九四至二〇一五年，德國各政黨三千三百歐元以上捐款占全部個人捐款百分比

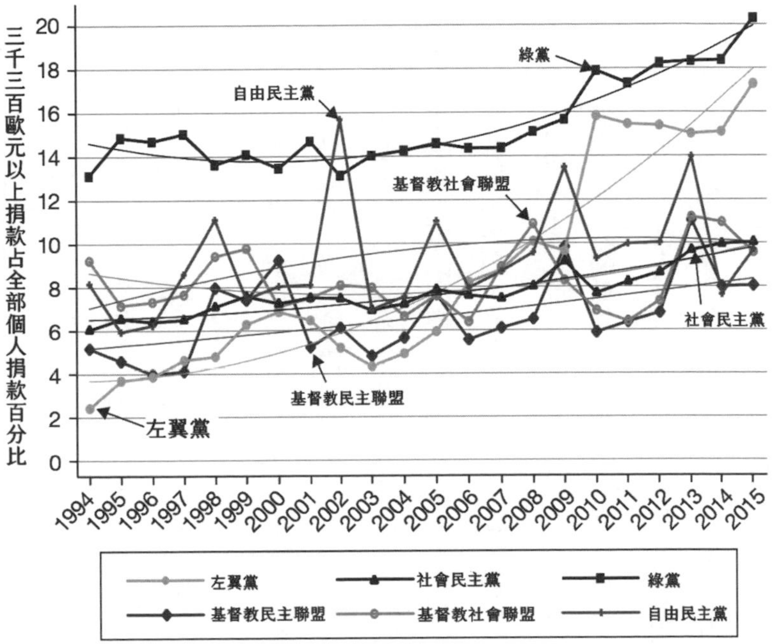

說明：二〇一五年，德國綠黨有百分之二十的個人捐款超過三千三百歐元。

以上的捐款清冊，除了註明金額，還要列出捐款人姓名[14]。二〇一五年，德國一萬歐元以上的政黨政治獻金（個人和企業）總額為一千三百四十萬歐元[15]。

雖然一萬歐元以上的捐款持續增加，但總額除了選舉年會飆高之外都相當穩定（見圖二十二）[16]，至於平均金額則是微幅下滑，從一九八〇年代在四萬五千歐元徘徊到目前的兩萬歐元上下。

二〇一〇年代初期以來，這類高額捐款主要來自個人。雖然企業和專業協會（或雇主協會）整體貢獻不是最大，平均金額卻遠高於個人捐款：二〇一五年雇主聯合會平均捐款四萬九千歐元，個人只有一萬五千歐元。某些產業對於私費民主特別積極，包括機械、金屬、冶金、化學和高度出口導向的電子產業，建築和紡織業則是緊隨在後。自二〇〇〇年以來，德國機械、金屬、冶金和電子相關專業協會的政黨政治獻金累計已達一千八百二十萬歐元[17]，化學和製藥業的政治獻金也將近六百萬歐元。

這裡呈現的數據很可能大幅低估了企業和雇主協會對政黨的金援程度。根據德國國際電台「德國之聲」二〇一七年一項調查，許多德國企業會利用法律漏洞來掩藏大筆的政治獻金[18]。雖然企業必須申報所有一萬歐元以上的捐款，但許多公司卻用小額捐款來規避法律。該項調查舉了德國金融諮詢公司（Deutsche Vermögensberatung AG）為例。

圖二十二：一九八四至二〇一五年，
德國一萬歐元以上政治獻金人數及總金額

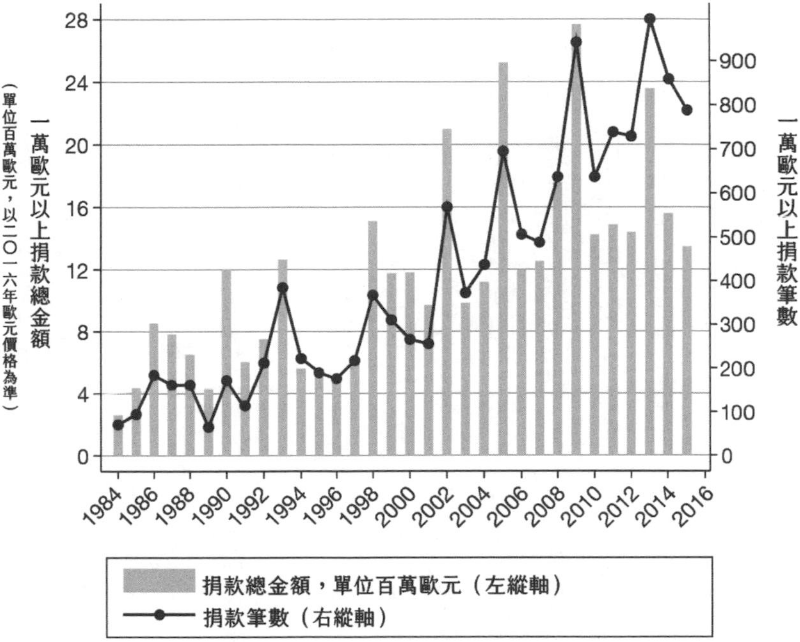

二〇一三年，該公司加上兩間子公司（商業諮詢協助公司和全金融公司）一共捐了四十萬三千歐元給基督教民主聯盟，卻未全數申報，而是拆成多筆捐款以子公司名義捐出。至於公司創辦人波爾（Reinhard Pohl）捐贈的二十二萬歐元也該算作企業政治獻金。當然，我們必須承認這樣做一點也不「違法」，所有捐款完全符合法律條文，至於是否符合法律精神，那就是另一回事了。

雖然官方資料有上述侷限，研究一萬歐元以上捐款的金額分布還是很有意思。以二〇一五年為例，絕大多數（百分之八十）高額捐款集中在一到兩萬歐元之間，兩到三萬歐元之間的捐款則占了百分之十四。不過，有些捐款高達十萬歐元以上，例如戴姆勒汽車公司各捐了十萬歐元給社會民主黨和基督教民主聯盟，德國金融諮詢公司也捐了十九萬五千歐元給基督教民主聯盟。

所以，哪些政黨拿到最多一萬歐元以上捐款？過去三十年來，基督教民主聯盟持續是高額捐款的主要受益者（見圖二十三）。值得一提的是，這個「優勢」每到全國大選年就會特別明顯。然而，自二〇〇〇年以來，社會民主黨開始急起直追。如我先前略為談到的，德國企業和雇主協會喜歡同時資助多個政黨；而我們之後論及英國與美國時也會看到，左派政黨（過去向來是勞動階級代言人，尤其是社會民主黨）近幾十年來開始追逐政治獻金，看得比黨費還重要，於是產生了一股新趨向，也就是民主制度的寡頭化：不是勞工當選後往中產階級靠攏（他們現在連候選人都當不上），而是整個政黨向右轉，以滿足新金主的偏好，以致德國在社民黨總理施若德執政期間竟然降低所得稅邊際稅率，並壓低工資。我們很清楚結果如何，除了購買力下滑，也導致薪貧與窮忙。

圖二十三：一九八四至二〇一五年，德國各政黨每年獲得一萬歐元以上捐款總額

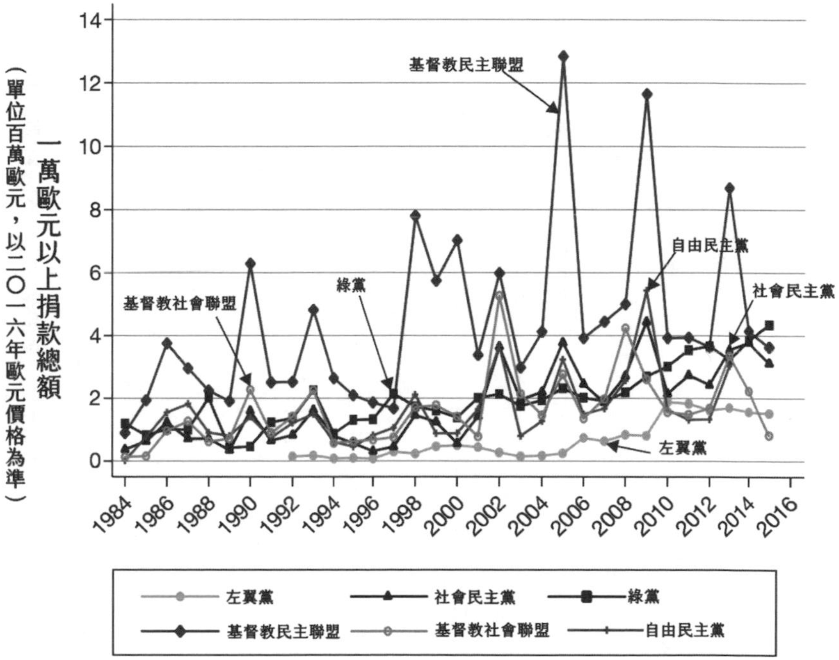

說明：二〇一三年，基督教民主聯盟獲得一萬歐元以上捐款總額為八百七十萬歐元，社會民主黨為三百四十萬歐元。

既然之前提到政治獻金的稅金補助，就讓我用一個估計值作為德國概況的小結。德國和法國或義大利一樣，政治獻金補助額取決於捐款人繳納的稅金高低[19]。假設低於三千三百歐元的政治獻金有百分之五十可以減稅，那麼二〇一二至二〇一六年，德國政府平均每年用在政治獻金的賦稅補助為一億零四百多萬歐元，相當於每位成人一點五五歐元[20]。

值得一提的是，德國的每人補助額和法國（每年減免稅額五千六百萬歐元，等於每位成人一點零八歐元）相去不遠，只是法國財政補助更大方，最高七千五百歐元的政黨政治獻金可以享有百分之六十六的賦稅減免。

然而，德國政治獻金沒有法定上限，不僅個人捐款如此，連更有問題的企業獻金也不例外。本書第七章將提到幾家公司，他們每年都會捐助幾十萬歐元給政黨，而且許多完全不問其政治立場。當一家企業同時開支票給社會民主黨和基督教民主聯盟，除了想影響政黨還有什麼可能？不過，讓我們別跳太快，先檢視完其他國家的私費民主制再說。在討論過度問題之前，先來點好消息：雖然政治獻金不設限讓德國飽受其害，但在公費民主制方面，他們倒是有所創新。

貝魯斯柯尼家族萬歲！

義大利直到最近才立法規範政治獻金，而且時間點很怪，正好在民眾質疑公費民主制的時候。政府二〇一三年才為個人和企業政治獻金設立上限，並要求透明[21]。

由於新法規定政黨必須申報所有五千歐元以上的捐款，使得我們有機會研究二〇一四至二〇一六年的捐款集中情況[22]。捐款上限為十萬歐元，因此接下來我將檢視所有五千至十萬歐元的捐款。但有一點要先說明，就是在義大利要鑽上限的漏洞並不難。例如前總理貝魯斯柯尼（Silvio Berlusconi）一家就被我稱為「鑽漏洞」家族。這位「西爾維奧爸爸」（papa Silvio）發現選舉年不再能捐幾百萬歐元給自家政黨之後大為光火[23]，於是二〇一五年至少有六名貝魯斯柯尼家族成員各自捐了上限十萬歐元給義大利力量黨。貝魯斯柯尼本人當然捐了，還有他三個女兒艾莉歐諾拉、芭芭拉和瑪麗娜，以及兒子路易吉和弟弟保羅，並於二〇一六年故技重施。不僅如此，他們的家族企業費尼集團（Fininvest）二〇一五年同樣捐了十萬歐元，隔年稍微勒緊褲帶，只捐了九萬九千九百歐元。

我必須再次強調，剛才引述的這些資料只反映義大利最近幾年的捐款集中情況。雖然我們無法提供確切數字，這點實在可惜，但二〇一四年之前的政治獻金有時可以高達七位數。二〇一四至二〇一六年，義大利五千歐元以上政治獻金總額為每年平均一千一

圖二十四：二〇一四至二〇一六年，
義大利五千歐元以上政黨政治獻金分布

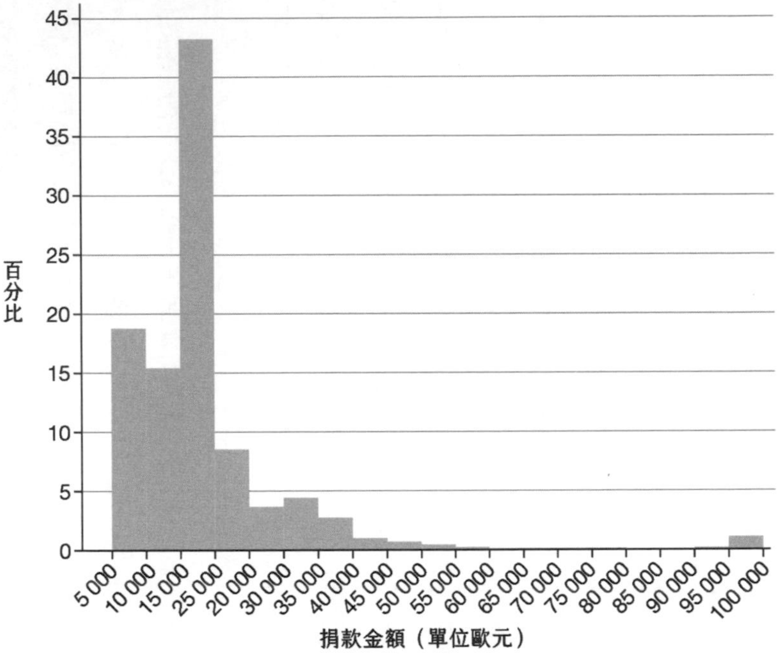

百九十萬歐元。其中不論人數或總額，百分之九十五來自個人捐款，百分之四十的捐款額介於一萬五千至兩萬歐元之間，但有一些金主捐到了上限十萬歐元，例如前面提到的貝魯斯柯尼（見圖二十四）。二〇一六年共有四百七十二筆獻金高於五千歐元，前十大的捐款雖然只占總數的百分之二，金額卻了總額

圖二十五：二〇一四至二〇一六年，
義大利各政黨所得之五千歐元以上捐款總額

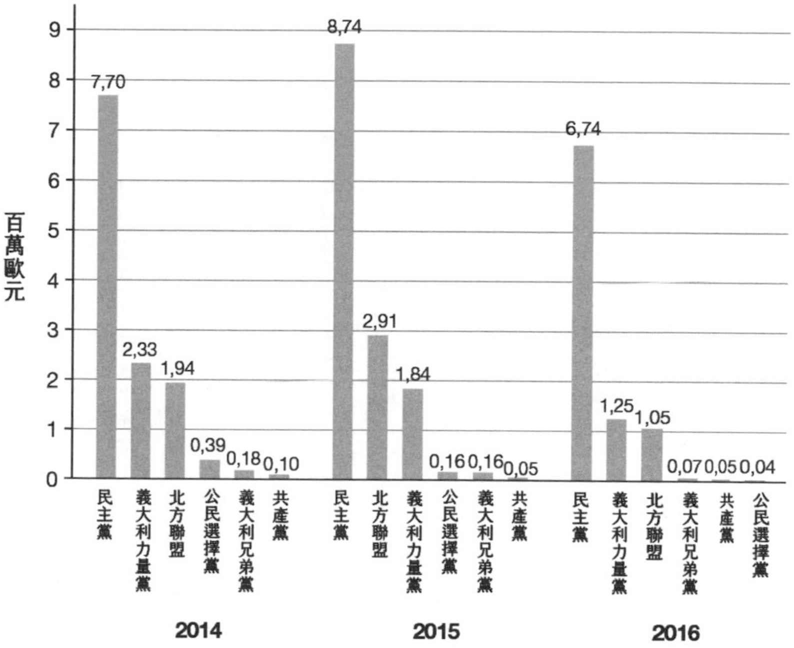

的百分之十。

五千歐元以上的政治獻金大多捐給了民主黨。他們是千分之二制的主要受益者，平均每年因此拿到七百八十多萬歐元（見圖二十五）。和德國一樣，義大利左派政黨執政後對於接受政治獻金毫不手軟，民主黨的倫齊（Matteo Renzi）擔任總理期間更推行「工作法案」替勞動市場鬆綁，提高了年輕人的就業風險。相比之下，義大利力量黨和北方聯盟簡直是小巫見大巫，所得捐款不到三百萬歐元，其他政黨更是低得可憐。民主黨拿到的五千歐元以上捐款遠多於其他政黨，但平均每筆捐款額為一萬七千歐元，低於北方聯盟和義大利力量黨。這兩個黨平均每筆捐款都超過兩萬一千歐元。

各位發現五星運動不在此列應該不會意外，因為之前提過他們拒絕政府對政黨的任何補助，從過去的競選經費補貼到現在的千分之二制都概不接受；而這也表示他們不具正式的政黨資格，因此無須遵守財務透明的法律規定——反正他們本來就不怎麼喜歡透明。五星運動並未公布五千歐元以上的捐款名冊。

英國：天佑政黨（還有俱樂部和其他金主）

讓我們用英國作為這趟旅程的結尾。英國和義大利不同，個人或企業政治獻金都沒有上限，但和德國一樣必須線上公布高額獻金，以及捐款人姓名。說得準確一點，其實是向選舉委員會申報，由選委會在網站上公布。二〇〇一年以來，所有捐贈給政黨和地方黨部的政治獻金只要超過一定金額，不論一次或分次付清都要申報。二〇〇九年以前的申報基準是五千英鎊，之後到現在是七千五百英鎊[24]。此外，凡是申報過捐款的自然人或法人若該年內還有其他政治獻金，金額超過一千五百英鎊者也要申報（二〇〇九年以前為一千英鎊）。

英國選委會網站資訊豐富，連公費補助也可在「捐款」項目裡找到。為了讓這些資料和前面提到的各國數據可以比較，我只檢視個人和企業政治獻金，不分析公費補助，也不處理工會（這對工黨非常重要）和「互濟會」的經濟挹注，以及來自其他政黨的捐款。此外，我將基金會和「非法人組織」視為自然人，因為有錢人經常以這些機構為名義捐款。尤其是非法人組織，愈來愈多人以此作為捐款的管道，這樣就不用透露身分，很像美國的超級政治行動委員會。這樣做當然不違法，但同樣有違公開透明的精神。這種事向來是保守黨的專長。二〇〇七至二〇一七年，保守黨旗下的樂透組織「全國保守黨抽獎協會」（National Conservative Draws Association）捐了近八百八十萬英鎊給保守黨[25]。不過，工黨也開始有樣學樣，充分反映了時代走向，以及左派政黨有如水手面對海妖賽蓮（siren）一般受不了豐厚獻金誘惑的趨勢。倫齊不就是被人稱為「義大利的布萊爾」嗎？

最後，這裡只談政黨政治獻金，不談其他捐款，例如直接捐給國會議員的款項。統計結果為：二〇〇一至二〇一七年，英國共有政黨政治獻金三萬九千九百六十筆，平均

圖二十六：二〇〇一至二〇一七年，
英國政黨政治獻金總數與平均金額

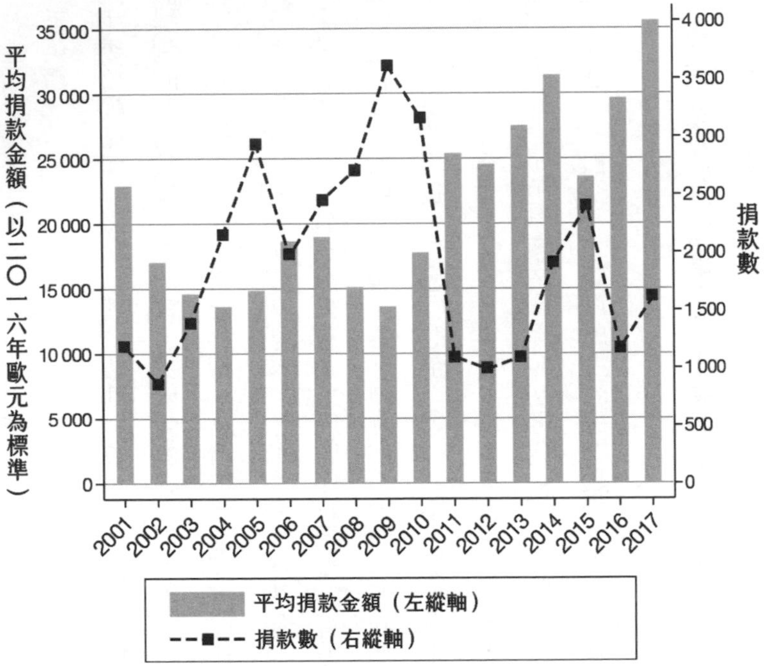

每年一千九百筆，每筆兩萬一千四百歐元，捐款人共兩萬八千五百名（見圖二十六）[26]。二〇一七年捐款總額為五千七百七十萬歐元。

小額捐款和巨額獻金相比有多重要？為了找出答案，我沿用分析法國時的方法以十等分位來檢視捐款的分布（見圖二十七），結果發現二〇一七年，英國金額前

圖二十七：二〇一七年，英國政黨政治獻金總額及平均每筆金額按捐款額十等分位分

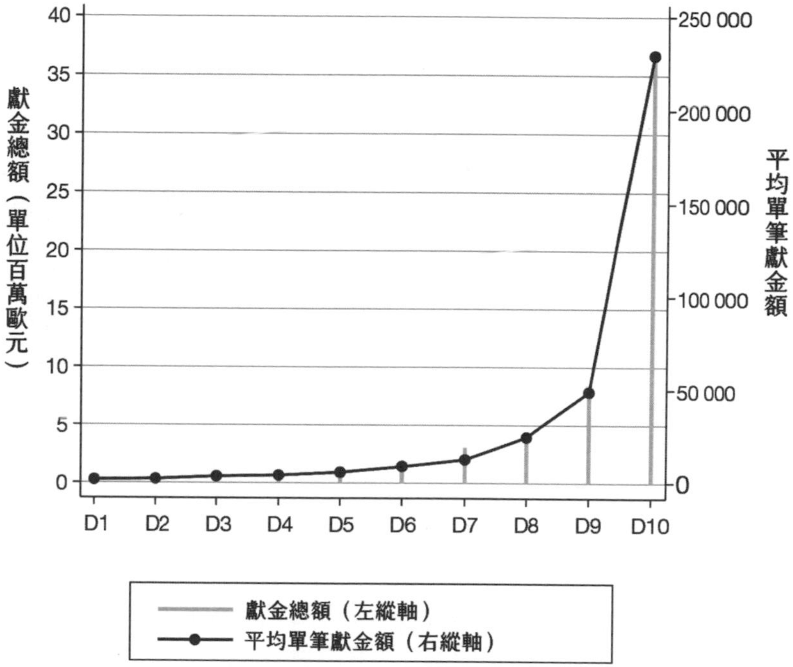

百分之十的政黨政治獻金平均每筆超過二十二萬九千歐元，而末百分之十的獻金平均每筆只有一千七百歐元。換句話說，前百分之十的平均捐款額超過末百分之十的一百三十五倍。二〇一七年，英國金額前百分之十的政黨政治獻金總計三千七百萬歐元，超過總額的三分之二，集中程度和法國相去不遠。

圖二十八：二〇一七年，英國各政黨金額前百分之十捐款占其所得獻金百分比

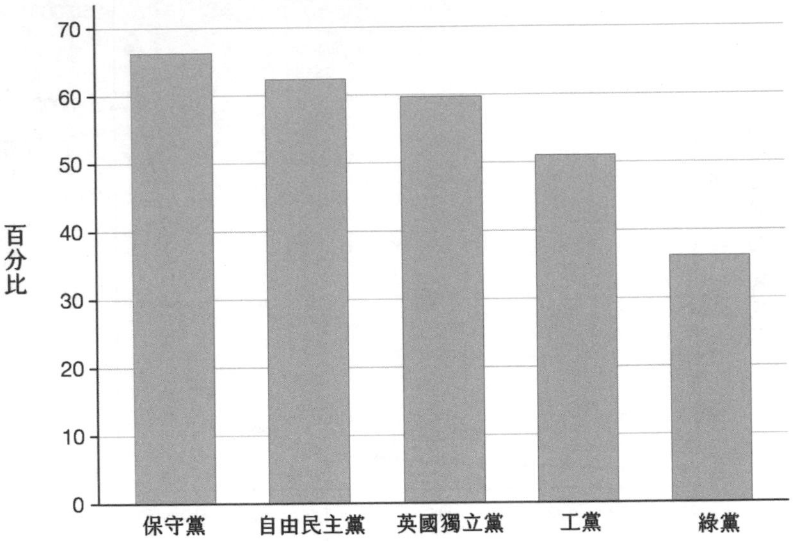

說明：二〇一七年，保守黨所得捐款有百分之六十六點三出自金額前百分之十的政治獻金，工黨為百分之五十一。

我們還可以研究各政黨的政治獻金集中程度。根據二〇一七年的資料，我計算了英國五大政黨金額前百分之十的捐款占所得獻金總額的比例，結果清楚顯示英國的情形和德國相仿，右派政黨的獻金集中程度高於左派政黨。因此，以二〇一七年為例，金額前百分之十的捐款占保守黨所得獻金總額的百分之六十六點三，在工黨「只」占百分之五十一（見圖二十八）。

因此，政治獻金一點也不中立，超過一定金額更是如此。所有資料都顯示企業和富豪偏愛其經濟主張對他們有利的政黨，也就是保守政黨，因為這些政黨的經濟政策普遍偏重出口，強調勞動市場彈性和降低邊際稅率等等。反觀左派政黨過去向來由「普羅大眾」組成，財源主要來自黨費，其次為選任公職者的捐款。問題是這兩筆收入足以彌補巨額獻金偏少的劣勢嗎？換言之，右派政黨是否普遍比左派政黨有錢，不論哪個國家都一樣？還是因國家而異？我們接下來就要探討這個問題。

政府補助個人偏好的結果：右派政黨錢多多

最後一個問題：政黨和競選活動每年從那些享有政府慷慨補助的幾千名金主手上拿到多少錢？讓我們再次從法國講起，接著再談其他歐洲國家。

法國政黨：左派選任公職者養，右派有錢人養[27]

二〇一三至二〇一六年，法國各政黨收到的政治獻金和黨費總額分別為一億零一百萬歐元、八千四百萬歐元、九千一百萬歐元和九千五百萬歐元（相當於每成年人口一點八歐元）[28]，其中除了個人獻金，還包括黨費及選任公職者的捐款。

政黨所得捐款在二〇〇〇年代前半曾經上揚，但自二〇〇八年以後就相對平穩（見圖二十九）。平均而言，政治獻金占政黨私費收入的百分之二十六，黨費約占百分之三十四，選任公職者的捐款則占百分之四十。

政黨不同，私費收入來源分配也不一樣嗎？圖三十顯示一九九三至二〇一六年，三種私費收入對法國各政黨的相對重要度。其間差異一目了然：對共產黨、社會黨和歐洲生態綠黨等左派政黨，選任公職者捐款都是主要私費收入，分別占政黨所得「獻金」（這裡的獻金採廣義界定）總額的百分之六十二、五十二及五十。反觀共和黨和國民陣線，選任公職者捐款只占了獻金總額的百分之十二和十三。難道是右派政黨的選任公職者不知感恩圖報？

這項差異代表不同政黨對選任公職者該回捐多少顯然各有規定。共產黨依然維持行之數十年的傳統，選任公職者上繳所有公餉，再從政黨領取薪水。社會黨允許地方黨部

圖二十九：一九九三至二〇一六年，
法國政黨政治獻金及黨費收入按來源分

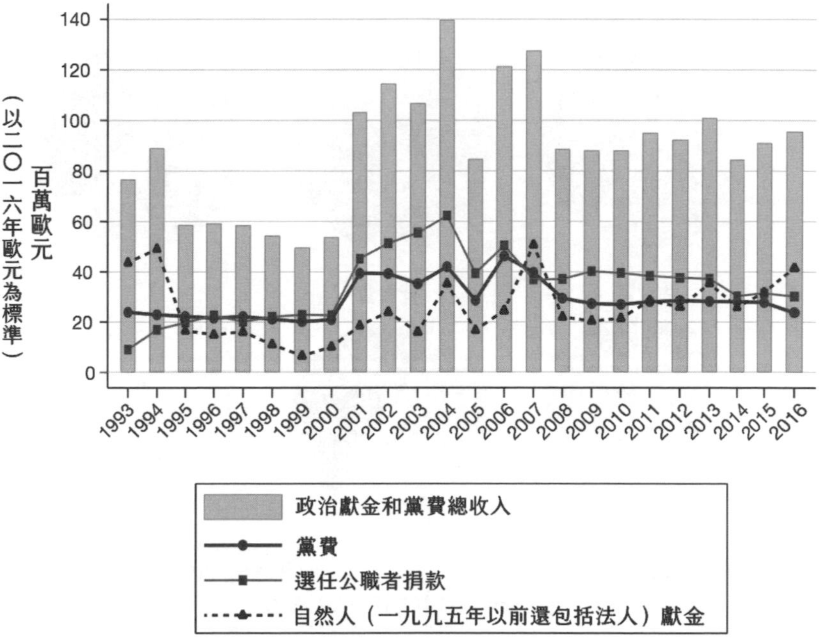

擁有部分裁量權，一般規定是選任公職者上繳百分之十的公餉；全國層級的國民議會和參議院議員每月繳交五百歐元（注意：百分之十只適用於「直接」薪資，國會代表因為開支能報帳，實際等於所得加倍），歐洲議會議員則是每月上繳六百五十歐元。這套「百分之十制」並非法國獨有，譬如比利時社會

圖三十：一九九三至二〇一六年，法國政黨所得之政治獻金、黨費及選任公職者捐款分配

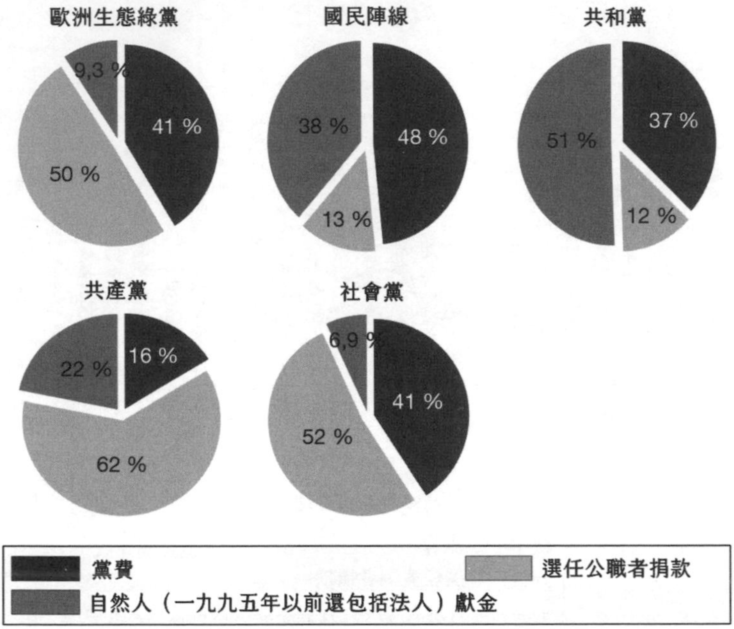

黨的選任公職者也必須上繳政府薪酬的百分之十給政黨。不過，比利時最有意思的上繳制度可能非工人黨莫屬。這個老牌馬列政黨有比利時的不屈法國黨之稱，它規定所有選任公職者都必須維持當選前的「勞動薪資」，多出者一律上繳黨庫。

既然提到不屈法國黨，那他們的做法如何？我也想告訴你，只可惜我沒有調查報導的才能。只要資料不透明，研究就無能為力。不屈法國黨不僅只在章程裡略為提到定額捐獻，而且只要問到上繳問題，答案一定都是「去問（黨魁）梅朗雄先生」。沒錯，顯然這個問題只有梅朗雄才能回答。梅朗雄先生，您要是讀到這本書的話……

不過，這裡得補充一點，馬克宏總統的共和國前進黨（La République en Marche）雖然標榜新政治，卻沒有比較透明，對錢的胃口顯然也更大。的確，是沒有人告訴我一切都是馬克宏大帝說了算，但在我撰寫本章期間（二〇一八年二月底），共和國前進黨議員已經進入國會八個月，完全沒有回捐給黨半毛錢。雖然共和國前進黨在章程裡提到，黨的所得包括「選任公職黨員上繳之公帑」，卻也明定「具一個以上公職身分或執行公家職務之黨員，因繳黨費而得按其年所得享有一定比例之津貼，此比例每年由執行委員會訂定之」[29]。然而，執委會似乎遲遲無法定出比例。可惜委員的討論並未公開，幸好隔牆有耳，而且記者也幫了不少忙。可以確定的是，共和國前進黨的拔得頭籌者並不急著拉其他同志一把。

右派政黨的選任公職者呢？我是說比共和國前進黨更右的政黨。共和黨選任公職者的負擔是社會黨的一半，只須上繳百分之五的公帑，但你在任何黨內文件都找不到這個數字。透明就是這麼迷人……極右派政黨的表現也好不到哪裡，只要提到這個話題，他們就會掛你電話，國民陣線的政黨章程裡更是隻字未提。

既然選任公職者個個諱莫如深，我們要如何知道他們到底給了黨多少錢？於是我只好稍微做了比率計算。這樣做顯然不完美。要是政黨能透明點，我也不必費這番工夫。針對二〇一四和二〇一五年，我先計算各黨付給選任公職黨員的報酬總額（國民議會議員人數乘以議員薪資，加上參議員人數乘以參議員薪資，依此類推，直到所有選任公職黨員都計算了為止），然後拿它和政黨帳目中選任公職者對黨的捐款總額比較，藉此推算他們上繳了多少比例的薪資。結果非常驚人：共產黨國民議會議員上繳五成以上的公餉給全國黨部（地方議員則是繳給地方募款單位[30]），歐洲生態綠黨國民議會議員上繳三分之一，其餘政黨愈接近右翼，上繳比例愈低（見圖三十一）。最誇張的是共和黨，他們的國民議會議員連該黨宣稱的上繳百分之五都做不到。事實上，從選任公職者有多樂於回捐自家政黨不難推斷出他們位於政治光譜的左或右。而根據共和國前進黨的內部討論（別忘了，它可是個企業家黨），他們可能有點太靠共和黨了。

在這件事上缺乏透明的傷害特別大，因為此時我們正需要討論政治酬庸的本質、合理金額和它對政黨經費的影響，卻讓民眾對收入過高的政治人物更不信任，並落入民粹分子的口實。

圖三十一：二〇一四至二〇一五年，
法國各政黨選任公職者平均每年上繳公餉百分比

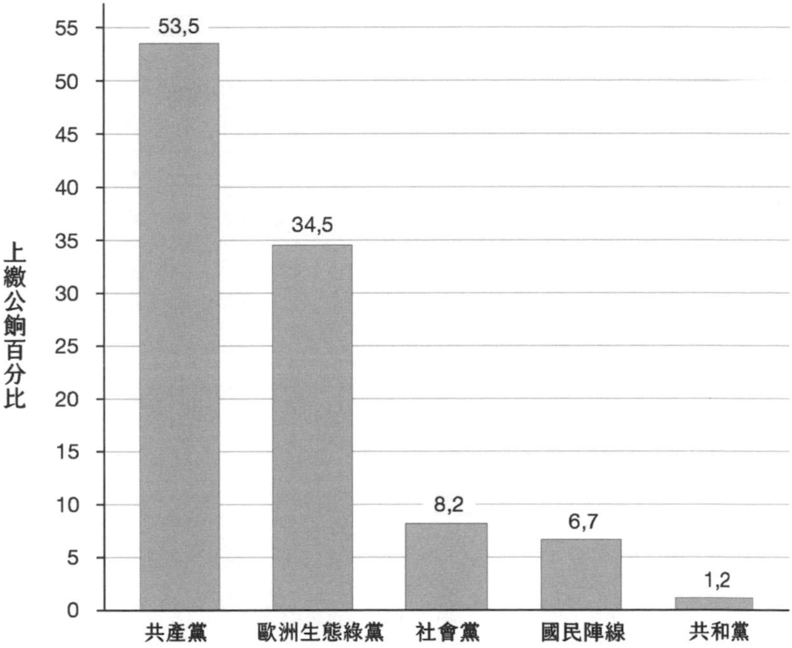

這裡又值得再次提到義大利的五星運動。這個身為民主和公費選舉警訊的政黨（或說非政黨）的成員不用上繳公餉，而是將政府發給他們的薪水一半捐給資助中小企業的特別基金，亦即由經濟發展部管轄的中央中小企業保證基金（Fondo Centrale di Garanzia per le

Piccole e Medie Imprese）。為什麼？首先，這樣做符合這個民粹運動對現有政黨體制的批評。可想而知，他們經常譴責國會議員薪水過高，主張砍半，因此才會身體力行，要求當上議員者將一半公餉還給政府。

但實際上，不是所有議員都那麼欣然配合。照理說，這些議員每個月都要在網上公布轉帳資料，證明自己有將一半薪餉匯入中央中小企業保證基金。但部分議員（這就是政治2.0的奧妙了）很快就發現他們只要螢幕截圖再刪掉就好，不用真的轉帳。最後整件事演變成一樁醜聞，因為外界很快發現中央中小企業保證基金收到的款項和五星運動議員登載的轉帳金額兜不上。這不禁令人想起法國共和黨國民議會議員上繳公餉的情況。

儘管如此，將公餉分成兩半，一半還給政府，而非繳給政黨，仍然反映出五星運動的某種信念，值得我們仔細思考。五星運動認為他們完全可倚賴小額捐款，也確實有意以它來取代倚靠少數大企業或大金主資助政黨的方式。然而，要完全用「眾籌」取代現行制度，需要對政治獻金做出規範，但五星運動卻只針對公費民主。我認為更好的做法是改革千分之二制，讓所有公民以單一金額資助屬意的政黨，而非取決於所得。我的民主平等券便是出自這個構想。然而，五星運動不僅無意改革千分之二制，反而想廢除它。其中一個理由並不光彩，就是它缺乏透明，害得這套冠冕堂皇的說詞打了幾分折扣。由於五星運動拒絕千分之二制，因此不需要公布帳目，導致我們只能知道他們有公布的小額捐款。他們要是和其他政黨一樣公開帳目，或許會更可信一些。

不過，把焦點拉回法國。資料清楚顯示法國有兩種資助政黨的模式。共產黨、社會黨和歐洲生態綠黨等左派政黨主要倚賴選任公職者的回捐，右派政黨（尤其是共和黨）則大多仰仗政治獻金。各位先生女士，能賞點錢嗎？反正您自個兒不用出太多，政府會負擔三分之二。這兩種模式反映在政黨財力上到底有何差別？

法國政黨鬧窮？

社會黨二〇一六年只拿到六十七萬六千歐元的政治獻金，你可能會想實在很慘。這對隔年的總統大選確實不是好兆頭，更別說當時已經獲得七百四十五萬歐元的共和黨和成立頭一年就募到四百九十六萬兩千七百三十歐元的初生之犢共和國前進黨了。但別忘了，社會黨雖然政治獻金缺缺，但選任公職黨員回捐了一千一百萬歐元公帑，外加黨員交了五百七十萬歐元黨費。因此，為了研究政黨的財務健全度，我們還必須多方檢視「私費收入」，不只要計算總額，也要追究來源。因為一個政黨是仰賴數萬黨員繳交的黨費，還是倚靠五六位超級金主開的支票，會讓它的代表度天差地遠。

法國政黨和英德比義西等歐洲國家的政黨相比又是如何？左右派政黨的財源差異是否也出現在這些地區？為了回答這個問題，我首先找出這些國家的「左派」和「右派」政黨[31]，接著針對不同項目算出這些政黨二〇一二至二〇一六年（對應法國上一個選舉週期）的年平均收入。

讓我們從政黨獲得的個人及企業政治獻金總額看起。這裡先不計入黨費和選任公職者的回捐，稍後再談[32]。從資料裡可以明顯看出幾點。首先，這些國家的右派政黨拿到的個人和企業政治獻金普遍遠高於左派政黨（見圖三十二）。這點雖然絲毫不令人意外，卻還是值得深思。這不僅表示只要政治獻金能減稅，政府補助右派政黨的錢就比左派政黨多，還表示政治獻金讓右派政黨選舉時固定占有優勢。本書第八章將會證明這個現象。

還有一點值得注意，但同樣不令人意外，那就是未設獻金上限的國家，尤其是英國和德國，從個人到企業都能隨意捐錢，政黨拿到的獻金總額遠高於法國和比利時等規範嚴格許多的國家。兩者間的巨大差異顯然和人口無關。二〇一二至二〇一六年，英國保守黨平均每年從每位成年人口袋裡拿到零點五三歐元，德國基督教民主聯盟是零點三七歐元，分別是法國共和黨（每位成年人零點一九歐元）的二點八和一點二倍[33]。

圖三十二：二〇一二至二〇一六年，英國、德國、義大利、法國、西班牙和比利時左派與右派主要政黨年平均政治獻金收入（單位百萬歐元）

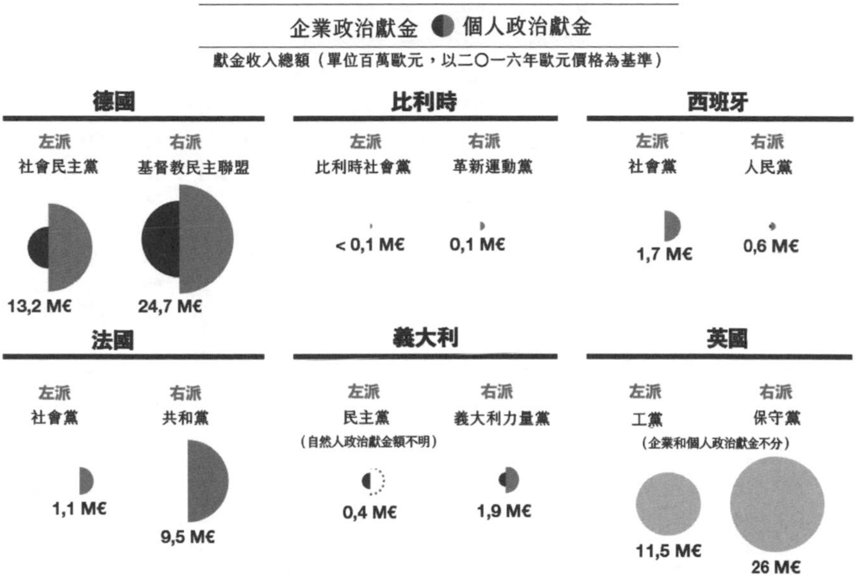

義大利自二〇一四年才規定企業政治獻金每年不得超過十萬歐元，可是獻金總額仍然偏低。這點乍看有些意外，只可惜原因或許出在新的透明法令導致不少捐款在檯面下進行。這當然不代表透明不好，而是恰恰相反。我認為法國應該仿效德國、義大利和英國，強制政黨公布捐款超過一定金額的金主姓名。但當務之急是給予規範政治獻金的主管機關更大權力。

因此，不論哪個國家，右派政黨多多少少比左派政黨更得利於金主的慷慨，但在德國或英國這類國家特別明顯，因為政府對金主的大方毫不設限。然而，政黨有因此更為有錢嗎？如我們之前所提，法國政黨靠著選任公職者的回捐彌補了政治獻金的不足，但其他西歐國家呢？圖三十三是各國選任公職者平均每年繳給政黨的回捐總額。從圖上可以看出幾點。首先，黨費和選任公職者的回捐就像是政治獻金的顛倒。所有國家的左派政黨都比右派政黨更倚賴這兩個財源。其次，德國政黨不分左右都是群眾政黨。這個現象自政治學家杜維傑（Maurice Duverger）提出以來[34]，就得到了無數評論、研究、拆解與分析，更清楚展現在黨費的重要裡。德國社會民主黨每年獲得黨費相當於德國每位成年人口捐助該黨將近零點八零歐元，基督教民主聯盟則是零點六零歐元。相較之下，英國保守黨不是群眾政黨。就人口而言，它是黨費收入最少的政黨。工會起家的工黨每年黨費收入超過一千五百萬歐元，相當於每位成年人口零點三二歐元。然而時代變了，個人和企業政治獻金自二〇一五年就取代了黨費，成為工黨的主要財源。

最後，讓我們留意立法的重要。德國政黨黨費收入奇高，不只因為黨員眾多，還因為政府藉由稅收補貼獎勵一千六百五十歐元以內的小額捐款。西班牙平均每位成年人口的黨費貢獻僅次於德國；二〇〇七年起，繳交黨費者可獲得同額的免稅額，最高可達每

圖三十三：二〇一二至二〇一六年，英國、德國、義大利、法國、西班牙和比利時左派與右派主要政黨年平均黨費及選任公職者回捐收入（單位百萬歐元）

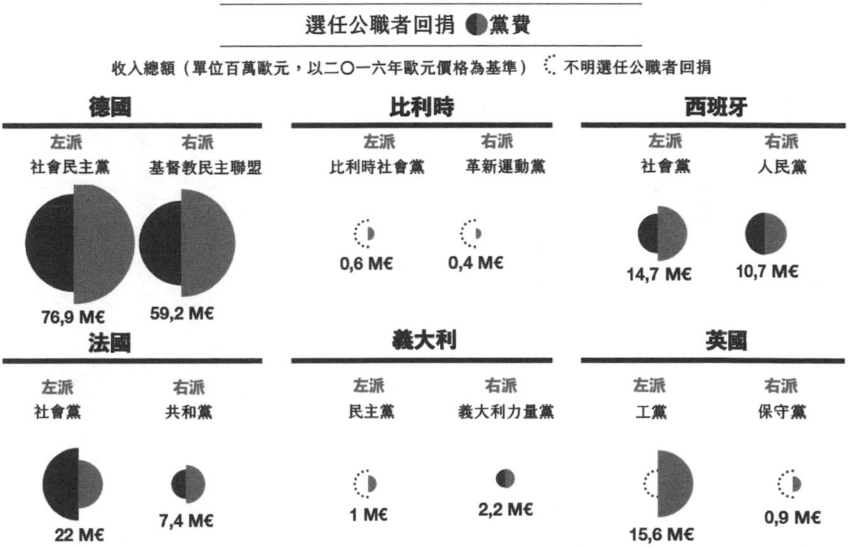

年六百歐元。這項優惠對工人社會黨造福最大，其次是人民黨。相較之下，義大利政黨的黨費收入奇低，因為黨費不像政治獻金或選任公職者的回捐，財務上沒有任何好處。

私人資助競選

截至目前，我們主要探討政黨政治獻金。接下來讓我們將焦點轉向選舉。在法國這類單一選區制國家，人民可以直

圖三十四：一九九五至二〇一七年，法國自然人選舉政治獻金總額

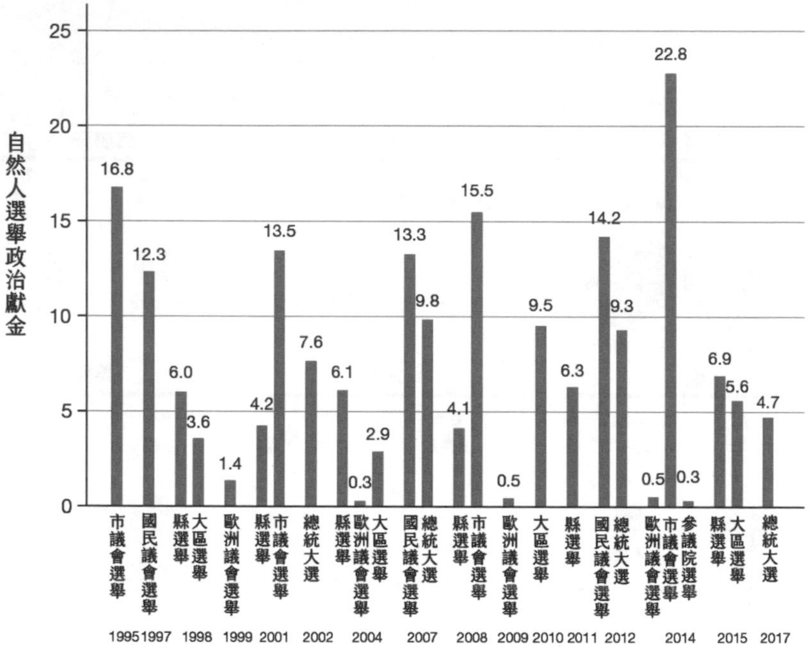

接捐款資助屬意的候選人。只可惜政府財稅資料並未將選舉政治獻金獨立出來，而是和資助企業基金會、學術基金會或法蘭西基金會的捐款歸為一類，屬於「其他公益團體捐款」[35]。不過，我們還是能從各候選人的競選帳目中推算出選舉政治獻金的規模。

選舉政治獻金

因選舉類別而有極大差異，其中地方選舉收入最多；此外，年與年之間的落差也很大（見圖三十四）。譬如法國二〇一二年總統大選候選人共拿到九百三十萬歐元的選舉政治獻金，遠高於二〇一七年的四百七十萬歐元。而薩科奇一個人就拿到六百萬歐元，和費庸的六千六百歐元簡直不能比，足足差了將近一百倍！這是所謂的「初選」效應嗎？畢竟共和黨二〇一六年黨內初選一共拿到九百四十萬歐元，比辦理初選的費用還多，剩餘的錢全進了獲選者費雍的帳戶，因此不需要進一步籌錢；尤其加上初選時的夫人風波[36]，想再多募款恐怕沒那麼容易。

除去這些差異，法國人於最近一個選舉週期（二〇一二至二〇一六年）平均每年捐助一千兩百萬歐元的選舉政治獻金[37]，政府補助則為五千兩百萬歐元。因此，和政黨政治獻金相比，選舉政治獻金明顯低於公費補助。

將政黨和選舉政治獻金加起來，法國每年資助民主運作的私人捐款為一億一千三百萬歐元，只略少於政府補助（一億一千九百萬歐元）。本書第八章將指出，這上億歐元的政治獻金會直接影響不同政黨候選人的選舉結果，以及選任公職者提出的政策。

✦ ✦ ✦

所以，對於私費民主制，我們從這兩章學到了什麼？

首先，政黨和選舉政治獻金非常集中，有錢階級的捐款金額占總捐款額的比例遠高於其所得占總國民所得的比例，就算捐款金額設有上限（如法國）也不例外。

其次，不論制度本身有多矛盾或不公平（至少對一般人是如此，既得利益者則是樂於維持現狀），絕大多數西方民主國家對政治獻金提供的減稅獎勵都只偏袒特權階級，讓有錢人表達個人政治偏好，而非多數人民。換句話說，在現行的民主制度下，不僅不是一人一票，最窮的人還替有錢人買單，確保富人屬意的政黨能執政。

第三，現行制度遠非政治中立。一個人不是隨便挑政黨捐錢的。這很正常，至少讀到這裡都該明白這一點。不論哪個國家，右派政黨拿到的個人和（若合法時）企業政治獻金都多於左派政黨。的確，左派政黨可以靠選任公職者回捐和黨費稍微彌補，但到頭來還是右派政黨手頭寬裕得多。

不僅如此，本書下一章將指出，除了資助候選人和競選活動，權貴階級還有其他方法可以影響政治運作，並且更少受到規範。資助智庫和購買媒體便是。

註釋

1 這裡使用的是所得稅申報資料。在法國，研究人員只要取得安全資料取用中心（CSDA）許可，就可以取用匿名報稅資料。政黨政治獻金與黨費應該在納稅申報書的7UH欄。其他相關資料請見本書的線上附錄，包括義大利的所得水準與政治獻金相關數據。

2 二〇一三至二〇一六年的政黨政治獻金家戶數平均為三十五萬六千三百九十二戶。本書的線上附錄內有法國二〇一三至二〇一六年申報政黨政治獻金或黨費支出的家戶比例變化圖，該期間的家戶比從百分之一點一二降為百分之零點七九。

3 有件事必須提醒各位，就是財稅資料有其侷限。由於免繳所得稅的小額捐款者沒有（財務）動機申報捐款，因此人數可能會被低估。不過，有研究指出就連這群人也通常會申報捐款。參見 Gabrielle Fack et Camille Landais (2010), «Are Tax Incentives for Charitable Giving Efficient? Evidence from France», *American Economic Journal: Economic Policy*, 2(2), pp. 117–141 和 Gabrielle Fack et Camille Landais (2016), «The Effect of Tax Enforcement on Tax Elasticities: Evidence from Charitable Contributions in France», *Journal of Public Economics*, 133, pp. 23–40。本書之後將提到，申報者出於某些明顯的財務考量其實往往會多報。

4 讀者可在本書的線上附錄找到法國自新千禧年以來各政黨的黨員人數變化，以及我對人數估計問題的討論。

5 平均為每年每人兩百八十二歐元。

6 這項數據來自我目前和吉佑（Malka Guillot）合作進行的法國政治獻金沿革研究。本書線上附錄也可找到按年齡分的捐款金額數據。

7 不過，各政黨黨費差異極大。有些政黨黨費固定，有些採用滑動基準，還有些政黨（如社會黨）交由地方黨部決定。

8 例如，二〇一六年政黨政治獻金和黨費共七千九百九十萬歐元，其中四千四百五十萬歐元就出於他們的貢獻。

9 數據來自全球財富與所得資料庫（World Wealth & Income Database）。

10 相較之下，他們的所得占總國民所得的百分之十點八。

11 更多詳情與數據請見本書的線上附錄。

12 五千六百萬歐元來自我和瑪兒卡．吉優根據法國財政數據所做的估計。遺憾的是，法國政府並未針對政黨政治獻金的相關稅金支出提供官方數據，只有在名為「方法與手段評估；財政支出」的財務法案的附錄裡針對所有捐款（也就是除了政黨政治獻金之外，還包括所有認證公益基金會和慈善機構）的相關稅金支出提供估計。

13 基於保密原則（我使用所得稅檔案樣本，每個「選框」都必須有足夠點數才能確保匿名），我將分布尾端（第一到第四所得十等分位）的數據統合為一組。

14 此外，自二〇〇〇年起，德國聯邦議院網站每月都會提供五萬歐元以上的捐款名冊。

15 這是德國左翼黨、自由民主黨、綠黨、基督教民主聯盟、基督教社會聯盟和自由民主黨一萬歐元以上捐款的總金額。過去的標準是兩萬馬克，德國改採歐元之後便改為一萬歐元。

16 一萬歐元以上捐款增加有一部分純屬自然，因為兩萬馬克／一萬歐元的標準自一九八〇年代以來就不曾改變，而這段期間除了通貨膨脹，平均每人國民所得也有增長。

17 此為德國各邦（巴伐利亞、北萊茵－威斯特法倫和巴登－符騰堡邦等等）專業協會的獻金總額。

18 參見〈德國之聲獨家報導：德國企業如何暗中捐助政黨〉：http://www.dw. com/en/dw-exclusive-how-german-companies-donate-secret-money-to-political -parties/a-40610200。

19 一千六百五十歐元以內的政治獻金，百分之五十可以直接抵稅；三千三百歐元以內的政治獻金，超過一千六百五十歐元的部分得以「特別支出」名義從所得中扣除，前提是這筆支出不得超過總所得的百分之二十。

20 三千三百歐元以內捐款的年平均總額為兩億零八百六十萬歐元，故補助百分之五十即為一億零四百萬歐元。

21 義大利直到 149/2013 號令（之後經增修成為 13/2014 號法）施行後，政治獻金才設有上限。

22 除了五千歐元以上的捐款，義大利共產黨（重建共產黨－歐洲左翼）還列出五千歐元以下的捐款人及捐款金額。但為了資料一致，這些小額捐款並未列入統計。

23 根據義大利非營利組織 OpenPolis 資料（http://minidossier.openpolis.it/2016/06/Partiti_in_crisi.pdf），二〇一三年貝魯斯柯尼以個人及選任公職者名義共捐了一千五百萬歐元給自己的義大利力量黨。

24 因此，英國二〇一〇年申報筆數減少並不令人意外。部分原因出在申報標準改了。

25 這裡或許可以順帶提一下聯合及塞西爾俱樂部（United & Cecil Club）。它是英國所有妨礙公開透明原則的非法人組織裡最有名的一個。

26 同一位捐款人同一年捐給同一政黨的多筆獻金只算作一筆捐款。

27 我在本書的線上附錄裡詳細說明了本章用以計算法國政黨政治獻金總額的資料來源。納稅紀錄和政黨帳目有時會有出入，反映出有人假借政治獻金避稅的事實，但這點只有在有退稅資格的報稅單裡才追查得到。法國政黨二〇一三年收得的政治獻金和稅務機關紀錄的申報總額落差高達兩千五百萬歐元，隔年也是如此。考慮到有些人根本沒有申報政治獻金，避稅情形其實更嚴重。

28 此處資料來自政黨帳目。若是根據政府財稅資料，法國政黨二〇一三至二〇一六年收到的政治獻金與黨費總額分別為一億兩千八百萬歐元、一億一千萬歐元、九千五百萬歐元和八千四百萬歐元。有關不同資料來源的討論，可參考本書的線上附錄。

29 章程第二十六條「具有一個以上公職身分或執行公家職務之黨員之應交黨費」。

30 這個技術細節解釋了共產黨選任公職者的公餉上繳成數為何不是十。不過，五成三五這個估算值其實更接近實際，因為選任公職黨員會從黨部領到薪餉。

31 選擇哪些政黨並不容易，我必須承認其中包含個人判斷，例如我認為義大利最接近法國社會黨的不是社會黨，而是民主黨；最接近共和黨的則是貝魯斯柯尼的義大利力量黨，即使這樣說會引來一些問題。這類比較研究還很「勇敢」，因為各國政黨帳目裡包含的項目大不相同，譬如義大利某些政黨曾有幾年將選任公職者的回捐視為個人政治獻金，導致計算時必須用一些假設區分這兩個變項，以免高估義大利政黨拿到的政治獻金總額。

32 由於不包含選任公職者的回捐，使得民主黨的個人政治獻金資料並不完整。

33 圖表見本書線上附錄。英國的政治獻金包含選任公職者回捐，因為從政黨帳目無法將兩者分開。這也是圖三十三的英國部分沒有選任公職者回捐的原因，而其他國家皆非如此。不過，選任公職者回捐在英國只占政治獻金總額的一小部分。

34 參見 Maurice Duverger (1951), *Les Partis politiques*, Paris, Armand Colin（譯註：繁體中文版《政黨概論》一九九一年由香港青文文化出版）。

35 因此，我們無法研究捐款金額和捐款者所得之間的關係。

36 二〇一七年元月，法國諷刺刊物《鴨鳴報》指控費雍擔任國民議會議員期間，夫人潘妮洛普（Penelope Fillon）以其「個人助理」名義坐領乾薪長達八年，所得近五十萬歐元。

37 就定義而言，這些捐款主要集中在選舉年。但由於各國每年舉行的選舉從數量到性質都不相同，因此最好以選舉循環為單位計算年平均捐款總額。

第四章　政治之外：私費化「公共善」

前面提到，現行的私費選舉民主制有三大缺失。首先，政治獻金不只主要來自社會的頂富階層，而且（只有）頂富階層出的錢大多由政府買單。其次，這套制度給予保守政黨的好處遠大於其他較不保守的政黨。第三，許多國家不只允許個人，也允許企業捐款，而不論左右派執政，採行的公共政策多少會受政治獻金影響，即使理論上應該以多數人民的偏好為依歸。或許有人會說這是一種新型「貪瀆」，並以菲利普莫里斯公司和德國的菸業遊說為例，批評政治獻金有如「癌細胞」，吞噬了民主政治的選舉之肺。其正確與否姑且不論，但有一點肯定沒錯，那就是目前在許多民主國家，錢的聲音都比人民大。

不是只有政黨和選舉政治獻金會有這三項缺失。對亟欲左右選舉結果和公共討論走向的人來說，還有其他管道可以利用，不僅可能有效，而且往往更不受規範。其中首先就是智庫與媒體。既然選票之戰獲勝不易，何不提前一步贏下理念之爭？

喬裝成智庫的私費民主？

絕大多數國家都沒有限制個人或企業可以捐贈多少錢給政治基金會或智庫[1]，就連政黨和選舉政治獻金受到嚴格規範的國家也不例外。而我們至少可以說，這些思想實驗室在帳目透明度上不是全都無可挑剔。

有些國家明文規定政治基金會和智庫不得直接助選。譬如法國就規定唯有符合選舉法定義的「政黨」或「政治團體」才得籌措資金參與選舉，並必須符合募款與帳目透明的相關法令。然而，政治基金會和智庫實際上會參與民主辯論，不時藉由宣揚理念、出版研究與報告或大量媒體曝光來左右辯論走向。除此之外，它們還時常自詡為公共政治討論的推動者。

本章依然從法國開始，接著再談其他國家，尤其是德國，因為德國想出一套補助政黨外圍基金會的公費機制，很有意思。本章還會探討美國「大慈善家」過度把持「公共利益」的現象，最後將整個問題與優勢階級鍾情的另一個戰場（亦即資助媒體）連結起來。

法國政治基金會：介於政府補助與私人捐款之間

法國主要智庫有哪些？你如果住過法國或許就知道，因為智庫裡的大人物常在電視上出現。政治光譜從左到右分別是：共產黨推動成立的「佩里基金會」（la Fondation Gabriel Péri,），向來和社會黨關係密切但獨立運作的「饒勒斯基金會」（la Fondation Jean Jaurès），同樣中間偏左的「新大陸基金會」（la fondation Terra Nova），中間偏右的「政治創新基金會」（la Fondation pour l’innovation politique [Fondapol]），更加偏右的「蒙田研究所」（Institut montaigne），以及鼓吹終結政府的極端自由派喉舌「公共行政與政策研究基金會」（la Fondation pour la recherche sur les administrations et les politiques publiques [IFRAP]）。此外也不能忘了力挺中小企業與工業的「協和基金會」（la Fondation concorde），以歐洲事務為主、宛如「舒曼基金會」（la Fondation Robert Schuman）小妹的「新歐洲」（Europa Nova）基金會，歐洲生態綠黨支持的「政治生態基金會」（la Fondation de l’écologie politique），熱愛高污染汽車的前部長兼環保健將余洛（Nicholas Hulot）創立的同名基金會（余洛基金會，la foundation Nicholas

Hulot），以及前內政部長謝維尼蒙（Jean-Pierre Chevènement）執掌的「共和國基金會」（la fondation Res Publica）。

這些智庫在法律上大多屬於「公益基金會」，因此不僅可以接受納稅人捐款（捐款者享有百分之六十六的減稅額[2]），還能接受企業餽贈。此外，法國政黨和候選人自一九九五年開始不得再接受企業政治獻金，但捐款給智庫卻能獲得百分之六十的企業稅與所得稅減免，以營業額的百分之零點五為限。因此，以二〇〇九年註冊為公益團體的公共行政與政策研究基金會為例，它表面上宣稱沒有接受任何政府補助，以標榜自己的獨立性，卻在網站上大剌剌表示捐款可以免稅，甚至提供了減稅計算器[3]。難道減稅不算是政府補助？法國財政部的預算書可不是這樣說的。沒錯，減稅並非直接補助，但仍然是補助。更何況一個基本上仰賴私人捐款維持的基金會卻自稱「獨立」，感覺也是蠻奇妙的。

這類公益基金會有些也會接受政府直接補助，主要分成兩種形式，一種俗稱為「總理基金」，另一種則是國民議會和參議院預備金[4]，但在二〇一七年廢除了。前者由總理幕僚長核發，對許多基金會是不小的補助。例如政治創新基金會每年可以拿到一百萬歐元以上，饒勒斯基金會則是於二〇一六年拿到了一百七十萬歐元。然而，不是所有基金會都在同一條船上，差遠了。例如新大陸基金會二〇一三和二〇一四年都只拿到三萬歐元，甚至目前每年也只有二十萬歐元，略高於饒勒斯基金會的九分之一（見圖三十五）。或許有人會問，蒙田基金會怎麼沒有在圖上？不是我疏忽了，而是這個智庫並未接受政府直接補助）。此外，雖然補助會在網站上公布[5]，但金額如何決定卻完全不透明。因此我們不難理解，有些智庫會覺得忿忿不平，不曉得自己為何拿到較低的補助。這方面法國或許可以借鑑德國。我們稍後將會看到，德國對政府補助智庫設有明確的規範。

至於透明，雖然國會議員必要時可以動用公帑已經行之有年，也被視為合法，但民眾直到近幾年才知道國民議會和參議院「預備金」的存在[6]。饒勒斯基金會在這方面又是主要得益者，二〇一六年拿到了六十六萬八千歐元預備金（見圖三十六）[7]。協和基金會與之相比簡直是小兒科，只以「研擬國家復甦方案」為名拿到三千歐元——就這樣，謝謝龍格（Gérard Longuet）部長！

因此，有些智庫獲益遠大於其餘智庫。新大陸基金會和饒勒斯基金會就是另一個驚人的對比[8]。但話說回來，這何嘗不是包著糖衣的毒藥？二〇一七年法國政府廢除預備金之後，原本荷包滿滿的基金會頓時入不敷出，可說是樂極生悲。

圖三十五：二〇一三至二〇一六年，
法國主要智庫每年獲得政府補助（總理基金）總額

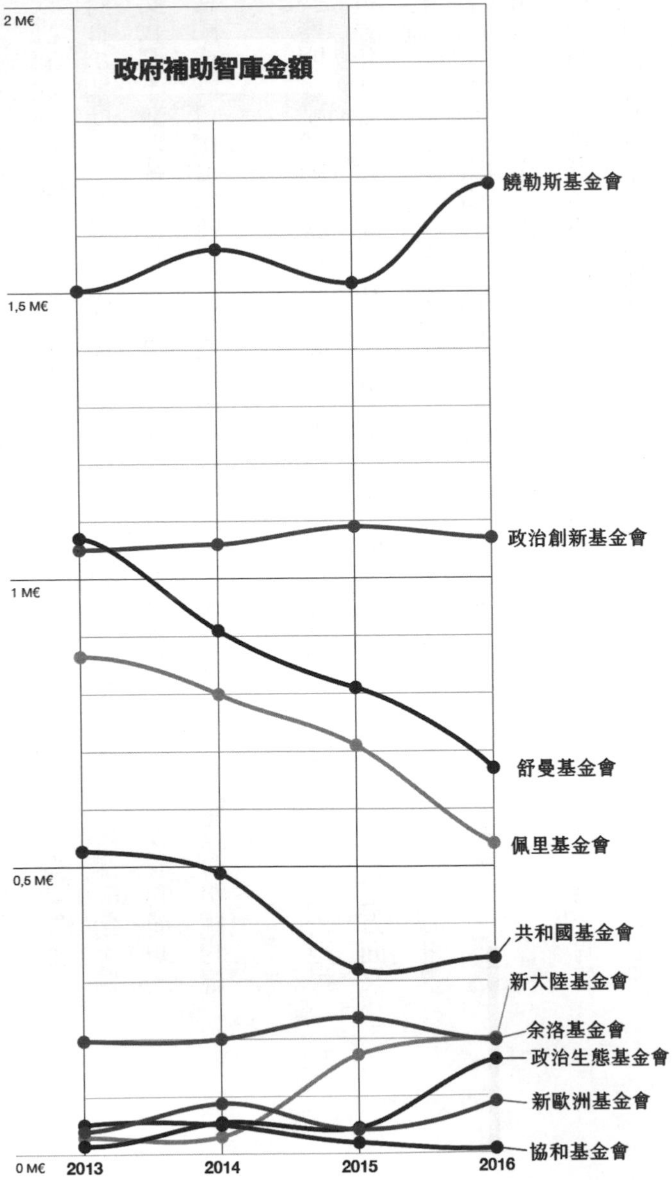

圖三十六：二〇一四至二〇一六年，法國主要智庫獲得之國會預備金（單位千歐元）

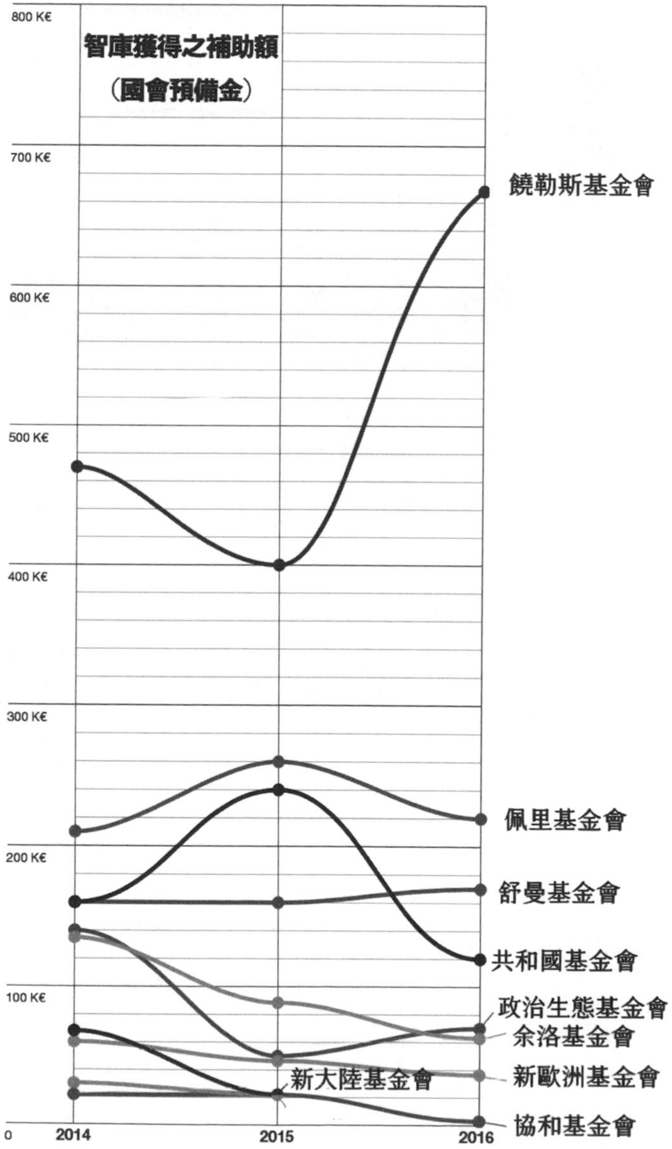

圖三十七：二〇一二至二〇一六年，法國主要智庫平均年收入

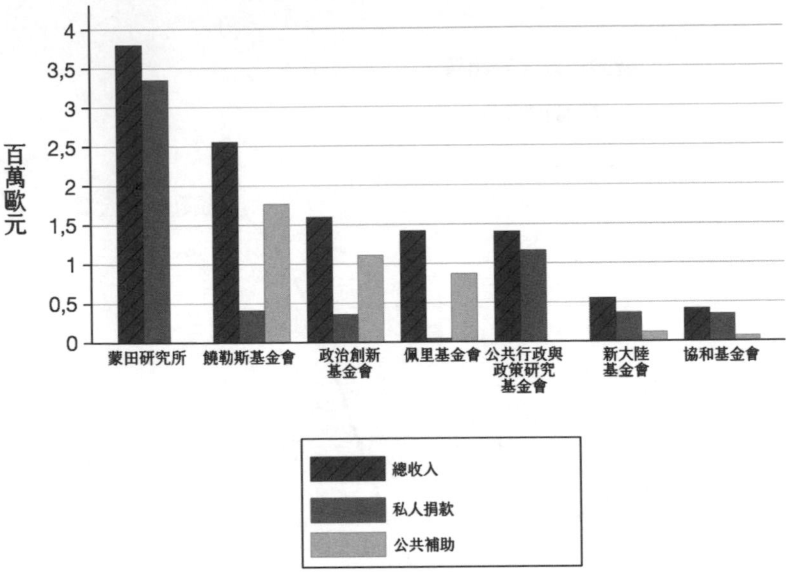

然而，不論饒勒斯基金會或蒙田研究所，法國智庫再有錢也比不上德國。二〇一二至二〇一六這五年間，法國沒有一家智庫的預算超過四百萬歐元（見圖三十七）。此外，法國智庫比起政黨也是相形見絀。就拿饒勒斯基金會來說吧，它每年收入兩百五十萬歐元，只有社會黨的二十三分之一。但在德國，政治基金會的資源比起政黨可以說毫不遜色。

德國智庫：有錢又有制度

在公共補助智庫方面，德國顯然是走得最遠也最快的國家。政府自一九六七年就開始補助這些以政黨基金會（parteinahe Stiftungen）為名而廣為人知的組織[9]。但和法國不同，這些智庫都直接隸屬於政黨，例如盧森堡基金會（Rosa Luxemburg Stiftung）附屬於左翼黨、艾伯特基金會（Friedrich Ebert Stiftung）附屬於社會民主黨、伯爾基金會（Heinrich Böll Stiftung）附屬於綠黨、艾德諾基金會附屬於基督教民主聯盟、賽德爾基金會（Hanns Seidel Stiftung）附屬於巴伐利亞的基督教社會聯盟、瑙曼基金會（Friedrich Naumann Stiftung）附屬於自由民主黨。德國智庫更像是政黨外圍組織，在公共論壇上扮演舉足輕重的角色。

此外，德國智庫的歷史也比法國智庫長遠許多。比起法國主要政治基金會多半成立於二〇〇〇年前後[10]，不少德國智庫早在二戰之前就已成立[11]，譬如艾伯特基金會就成立於一九二五年[12]。當然，這些智庫在當時的角色和現在有所不同，比較像是政黨學校，以培訓為主要任務，尤其在二戰結束之後創立了大量公民教育方案。例如一九六四年成立的艾德諾基金會前身就是基督教民主公民教育中心，於一九五六年成立後不久便轉成了政治學校。

德國智庫多半倚賴政府補助，各智庫主要以補助規模為區別[13]。補助絕大多數來自聯邦預算，尤以內政部、外交部、經濟合作發展部和文化部為大宗。和法國交由國會議員或總理辦公室私下決定不同，德國有明確規定的補助辦法，所有智庫的補助款均按照過去四次聯邦選舉的平均結果來分配。

二〇一七年，德國智庫共獲得五億八千一百萬歐元的補助款（見圖三十八）。政府補助金額自二〇〇〇年代中期以來持續增加。若以二〇一二至二〇一六年來看，德國政府平均每年補助政治基金會五億零九百萬歐元，是政黨補助款（一億五千兩百萬歐元）的三倍有餘。

各基金會拿到多少補助款？二〇一二至二〇一六年，社會民主黨旗下的艾伯特基金會平均每年拿到一億五千萬歐元（見圖三十九）。雖然不能直接相比，但這個金額是法國社會黨旗下的饒勒斯基金會所得補助款的七十一倍。饒勒斯基金會共拿到兩百一十萬歐元，其中一百六十萬歐元來自國家，五十一萬三千歐元來自國會預備金。事實上，一億五千萬歐元相當於饒勒斯基金會收入總額的六十倍，兩者完全不在一個等級上。更誇張的是，本章稍後將提到美國的情況，如此巨額的補助讓德國智庫比美國最大的政治基金會還有錢。

圖三十八：一九九〇至二〇一七年，
德國政治基金會所得政府補助款

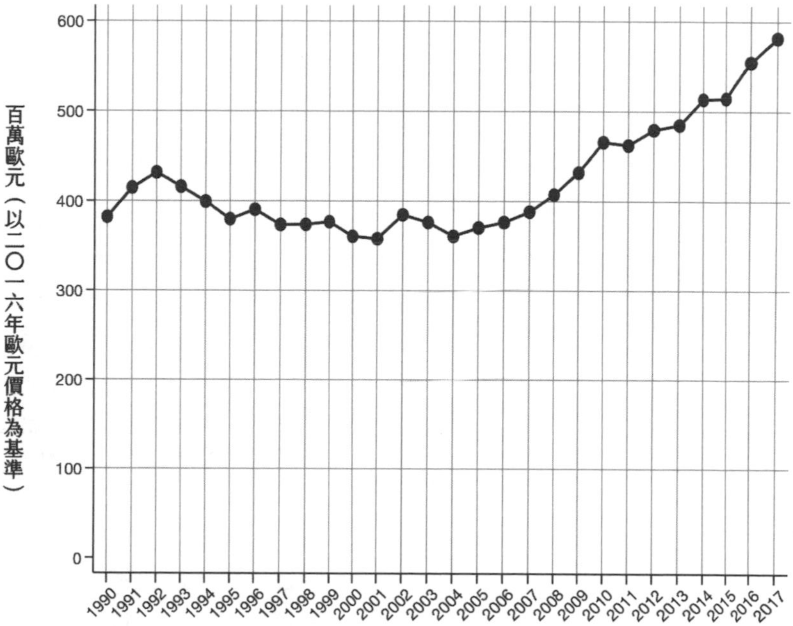

然而，德國智庫儘管比較有錢，但種種跡象都顯示它們較不「自由」，角色多半已經建制化，經費多數用於國際合作與外交政策，而非投入國內的公共辯論及政黨的選舉平台。

我統計了二〇一二至二〇一六年，德國智庫的政府補助來源（見圖四十），其中超過半數來自經濟合作發展部。換句話說，經濟合作發展部提供補助的用

圖三十九：二〇一二至二〇一六年，
德國主要智庫平均每年所得政府補助款

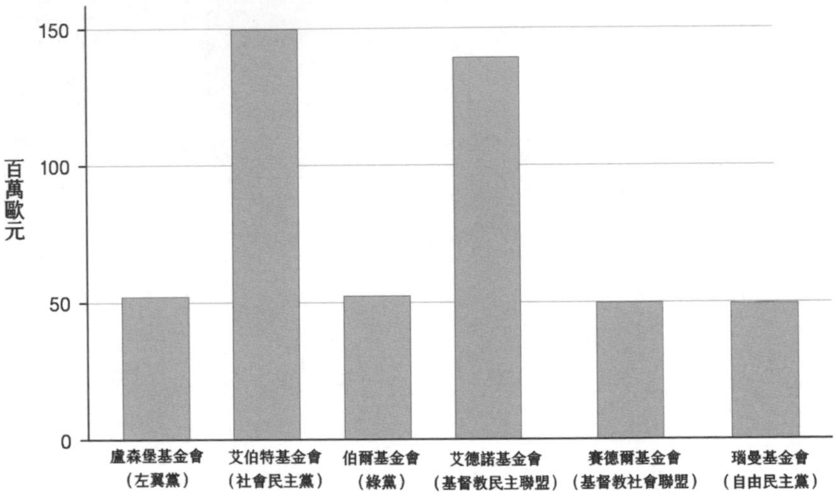

意在支持智庫的海外「外交」角色。因此，艾伯特和艾德諾這兩大政治基金會都約有六十個辦事處。此外，外交部也提供了百分之九的補助款，主要協助智庫發放獎助學金。

總之，德國的政治基金會補助制度很有意思，而且就透明度來說，顯然勝過法國藉由國會預備金或總理辦公室給錢的方式。

西班牙的智庫也是附屬於政黨，例如社會分析與研究基金會（Fundación para el Análisis y los Estudios Sociales）和人文主義與民主基金會（Fundación

圖四十：二〇一二至二〇一六年，
德國政治基金會年平均政府補助來源

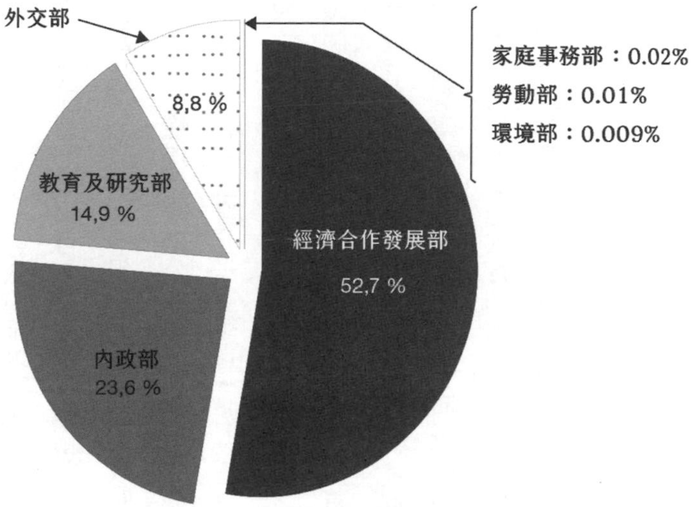

Humanismo y Democracia）附屬於人民黨，伊格萊西亞斯基金會（Fundación Pablo Iglesias）、維拉基金會（Fundación Jaime Vera）和進步理念基金會（Fundación Ideas para el Progreso）是社會黨的外圍組織等等。和德國不同，西班牙一個政黨可以有一個以上的智庫。這些智庫同樣接受政府補助，用於拉丁美洲合作或推動政治、社會學與文化研究。它們拿到的補助確實比德國少，不過西班牙政府二〇一二至二〇一六年還是平均每年補助了兩百多萬歐元給這些智庫[14]。

美國政治基金會：私人把持公共善

德國的政治基金會主要靠政府補助，美國的政治基金會卻常以「反政府」自居[15]。我在導論裡已經提到，美國有不少基金會仰賴自命為慈善家的富人資助。這些人樂於出錢不只為了公共善，還因為不想納稅。總之，政府被視為怠惰無能，而慈善家則是大眾利益的捍衛者，更懂得什麼是公共善，因此最好盡量削弱政府的力量（當然還有政府能徵得的稅金），好讓（理論上非營利的）私人基金會大展身手。美國目前有數萬個基金會，從健康、教育、研究、國防到外交政策都有。本章只探討「政治」基金會，而且只針對主要幾個。但問題顯然牽連更廣，因為公共善正從多數人定義變成少數人定義。我們稍後談到慈善行為的陰暗面時還會再討論這一點。

美國的政治智庫和慈善團體一樣，主要靠企業、有錢人和其他基金會捐款維持。不過我們不該存有幻想。美國其實如同法國，私人捐款給基金會同樣涉及政府補助，儘管不是直接，但金額依然可觀。諷刺的是，這些智庫通常具有強烈的政治傾向，卻往往自稱「恪守中立」，以便享有法律賦予免稅基金會的優惠[16]，所得捐款可以減稅。

這些智庫分別得到金主的多少賞賜？本章只探討美國主要的政治基金會，分別是自由進步派的布魯金斯研究院（Brookings Institution）和美國進步中心（Center for American Progress）、中間派的戰略與國際研究中心（Center for Strategic and International Studies，CSIS）和外交關係協會（Council on Foreign Relations）、保守派的美國企業研究院（American Enterprise Institute）、傳統基金會（Heritage Foundation）和億萬富豪柯氏（Koch）兄弟創立的美國繁榮基金會（Americans for Prosperity，AFP）（柯氏兄弟資助極端保守團體數十年，接下來還會談到他們），以及反對「保守派」標籤的右翼智庫米塞斯研究院（Mises Institute）和放任自由主義智庫卡托研究院（Cato Institute）。這些智庫的年度帳目有時不大透明，因此不好區分所得來源，但首先讓我們仔細瞧瞧它們每年收入多少（見圖四十一）。

其中「最窮」的是米塞斯研究院。但即使是這個以二十世紀上半葉奧地利裔美國經濟學家命名的智庫，平均年所得也有三百三十萬歐元，和法國最有錢的蒙田研究院不相上下，其他美國智庫就更別提了，根本是完全不同的數量級。布魯金斯研究院、傳統基金會和美國繁榮基金會的所得都是幾千萬歐元起跳。

基金會愈來愈重要不是美國獨有的現象。除了稍早提到的外交關係協會，在英國也有漆咸樓（皇家國際事務研究所）和西維塔斯（Civitas）。後者名義上是獨立智庫，其實強烈右傾。基金會崛起通常被視為福利國家衰弱的孿生兄弟，彷彿面臨「政府危機」

圖四十一：二〇一二至二〇一六年，美國主要智庫總收入

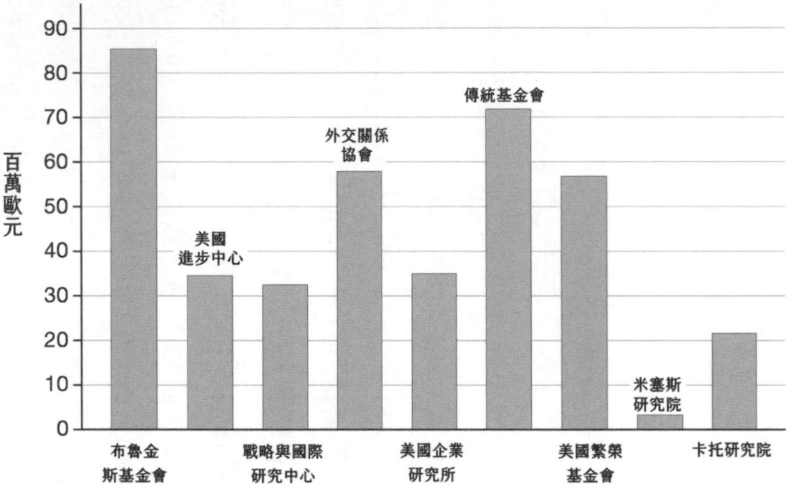

就必須以一種號稱非營利取向的「市場」來取代似的。

慈善事業的陰暗面

我們剛才概略檢視了政治基金會。私費民主的這一面太常被人所忽略；尤其不少國家對於政黨和政黨政治獻金設有規範，卻對基金會不理不睬，任由它們隨意花費捐款者的錢，使得忽略的後果更加嚴重。感覺就像這些左右公共討論的巨手對選舉沒有任何作用，結果就是讓金錢對選票的影響又多了一歐元。

對此我們必須指出，在看似無關利益的慷慨善行背後，往往隱藏著高明的避稅策略。公帑不僅常被用來資助私人利益，更糟的是所有人還鼓掌讚許。

大量誤用公帑協助私人獲利？

讓我舉一個生動的例子。法國人應該感謝幸運之神，勞動部長裴尼柯（Muriel Pénicaud）不僅具備好部長的一切特質，積極參與公民社會，精通食品業（她曾任職達能集團）和拉斯維加斯商展（除了推廣法國形象，還替現任總統拉票），更是位藝術家。據說她白天是化解勞工權益問題的高手，晚上則是出色的攝影師。這麼有才能的女性難道不該給她一個專屬的舞台？別擔心，裴尼柯或許花了幾年推動雲端世界，但她的雙腳可是穩穩踩在地上。她很清楚自己的才能，特地成立了一個名為「櫻花基金」（Le Fonds Sakura）的捐贈基金，以「推廣、支持和發展公益活動」。其中洛宏汀之家（Maison Laurentine）便是該基金的資助對象。這個號稱「低調藝術中心」[17]的單位曾經連續數年展出品味不凡的作品，而創作者不是別人，正是裴尼柯。事情有沒有這麼巧……

你可能會問這有什麼，不過就是公餘之外搞點藝術嘛。問題是裴尼柯不只創立了櫻花基金，還挹注了大把金錢——精確數字是六十七萬歐元[18]。而在法國，捐款給捐贈基金（fonds de dotation）可以抵稅百分之六十六[19]。換句話說，裴尼柯資助基金會不僅讓自己作品有地方亮相，還省下了四十四萬兩千歐元的稅金。櫻花在日本結的是果子，但在法國結的是錢？這是濫用公款滿足私人利益。老實說這樣做完全合法，但問題就出在這裡。我們竟然創造出這樣一套制度，讓政府替有錢人的政治偏好與藝術活動買單，用納稅人的錢替他們分攤三分之二，並沿用到現在。這套制度允許勞動部長滿足個人的藝術野心，卻不讓媒體享有同等優惠，只因它們無法取得捐贈基金資格，實在令人匪夷所思。

還有一個矛盾值得注意。當政府決定減少頂富階層的稅負，而不是增加，例如馬克宏二〇一七年廢除巨富稅[20]，其實會導致私人對公益團體的捐款**減少**。你沒看錯，是減少而不是增加。即使有錢人因為這項改革讓他們少繳稅金而變得更有錢，但他們的捐款卻減少了。這不是很矛盾嗎？並不會。只要看清有錢人捐款通常不是出於善心，各位就會明白自己錯了，不然他們手上更有錢時應該捐更多。事實上，有錢人捐款的主要目的通常是為了避稅。因此巨富稅一旦廢除，他們就不必捐錢才能減少巨富稅，也就不會多做慈善了。

歸謬法

這是法國獨有的現象嗎？可惜並不是。我在導論裡就提過，陳和祖克柏基金會不僅僅是非營利組織，還替這位臉書創辦人賺得了巨額的稅務優惠。財金學家耶梅克（David Yermack）寫過一篇論文，標題〈歸謬法〉一針見血，清楚點出美國制度的荒謬之處：有錢的執行長靠著捐款給「私人家族基金會」而省下大筆稅金[21]。耶梅克進一步指出，這類捐款最常發生於公司股價下跌前，卻不算「內線交易」。據他調查，不少執行長會假造捐款日期，以便增加個人的稅負優惠。美國的法律制度不僅讓這些「慷慨」的慈善家可以減稅，就算出售股票也不用繳納資本利得稅。

在美國，捐助基金會換得的稅負優惠多而複雜，並取決於基金會的種類。接下來我將簡單介紹現況，想省時間的讀者可以跳過。下一節我會直接提出建言，說明如何結束這種反民主的累退制。至於想鑽漏洞的有錢人讀者，你如果還沒找律師商量，我建議你最好抓緊時間。美國的非營利組織享有幾種免稅優惠。對於所謂的「501(c)(3)」或公共慈善機構（public charity），個人或企業捐款可以列入所得扣除額[22]。這點實際上代表什麼？假設我是一位有錢的美國未婚女性，看你想要《花邊教主》或《慾望城市》的女主角都行。身為併購專家，我的年薪超過一百萬美元。在美國，五十萬美元以上的所得稅率為百分之三十七。出於（精心計算過的）慷慨，我決定捐十萬美元給救世軍。這筆錢可以從我的課稅所得裡扣除，使得我省下三萬七千美元的稅金。因此，我捐款實際只付出六萬三千美元。我在前幾章強調過，不少國家提供給政黨和選舉政治獻金的稅負誘因並不公平，是一套為了優勢階級而設計的制度。政黨政治獻金在美國無法減稅，但不公平依然存在。捐款給基金會同樣有累退的弊病，讓窮人替有錢人買單。譬如我年所得只有八千美元，邊際稅率是百分之十，那我不僅沒有十萬美元可以捐給救世軍，而且就算只捐一百美元，也必須實付九十美元，而不是如百萬富豪只要支付六十三美元。美國的制度雖然在細節上和法國或義大利不同，效果卻很類似。

對亟欲發揮影響力的美國人來說，單有 501(c)(3) 條款造成的財稅不公是不夠的。畢竟 501(c)(3) 條款下的捐款雖然能減稅，卻有兩大缺點：公共基金會至少名義上不能參與選舉政治，而且所得捐款必須公布。反觀 501(c)(4) 條款下（亦即「社會福利團體」）的捐款或許無法減稅，卻不用公布，而且基金會本身無須繳稅，還能參與政治，只是名義上不能以政治為其成立宗旨。你可能聽過所謂的「暗錢團體」。這個詞因為美國記者梅爾（Jane Mayer）的《美國金權》（*Dark Money*）一書而廣為流傳。梅爾在這本出色的作品裡調查了美國右派的祕密資金，特別是位居全美第二大企業的柯氏兄弟

（Charles and David Koch）的石化帝國。這兩位億萬富豪挹注了數百萬美元，給共和黨和願意弘揚他們理念的智庫，尤其是廢除政府的主張[23]。梅爾還列舉了美國超級富豪可以鑽的一些慈善事業漏洞，包括 501(c)(4) 條款和有名的捐贈者建議基金（donor-advised fund），後者對於想抹除一切捐款痕跡的金主簡直是絕佳的工具。讀到梅爾在書裡指出捐贈者信託基金（Donors Trust）可能是同類基金裡最大的一個，一九九九至二〇一五年調度的資金總額高達七億五千萬美元，我們很難不覺得美國民主已死。因為捐贈者建議基金不只能減稅，還無須立即動用，更不用揭露捐款來源。不僅如此，這些自號慈善家的美國有錢人近年來又多了一項工具，501(c)(6) 的「商業聯盟」（business league）條款。其中柯氏兄弟依然是率先使用者。這種「聯盟」有兩個好處：第一點很明顯，就是捐款者身分無須公開，第二則是部分捐款免稅，因為是會費[24]。

要是我們一致認為一個人賺得愈多或擁有愈多就該付得愈多，而不是天真以為那些人會藉由慈善事業造福群體呢？即使如此，就算他們按照真正符合累進所得稅與遺產稅的比例捐助金錢，考慮的也會是個人利益，而非集體偏好。重點在於集體偏好應該在投票所表達，所有人平等民主參與，而不是在某個神祕基金會的菁英會議室裡決定。但如今私人捐款在民主運作中的角色愈來愈重，使得集體偏好不再直接展現於對政府與公共政策的選擇，進而導致這些離譜的避稅漏洞出現，削弱了政府並獨惠少數人。經濟不平等強化了政治不平等，而後者又進一步拉大經濟不平等。這是個惡性循環。政治學家佩吉（Benjamin Page）和紀倫思（Martin Gilens）對美國這種現象做了精采的調查與紀錄[25]。

慈善有害民主？

我們可以更進一步，跟著美國前勞工部長萊許（Robert Reich）和其他人的出色作品研究民主社會（應該說只有美國，這是這些作品唯一美中不足的地方）的慈善事業[26]。這些學者問道，難道慈善事業在民主制度裡不是一種矛盾嗎？慈善事業說穿了不過是少數財閥的高聲表態，但民主社會不該是人人平等的場域嗎？倘若慈善事業意味著某些人因為口袋更深，所以擁有更多票，那就違反了「一人一票」的民主定義，變成由口袋深度來決定。

慈善是一種權力，是錢的力量，至少目前已經變成這樣。表面上是行善，實際上卻是傲慢，甚至對多數人來說是一種脅迫。當公共善不再由政府負擔，而是由少數慈善家提供，絕大部分人民就得仰賴億萬富豪的善意，必須乞求才能獲得公共善。事實上，現在有時已經不得不這樣做，不信你問經費被大砍的博物館長或大學校長就知道了。募款已經成為一種專業，你得懂得在晚宴上對著一群自大之徒討人歡心。然而，一個正常運作的民主社會不是這樣，而是超級富豪賺錢納稅，國會討論賦稅比例和用途，行政機關依據中間選民的偏好提供公共善。

最令人吃驚的或許是基金會受政府補助，卻無須對任何人負責；頂多對董事會，其中往往只包括創辦人、他們的子女[27]和密友。譬如基金會就和企業不同，不用向「客戶」負責。但它們又不賣東西，只是給予，所以有什麼好抱怨的？另外——這還需要我來提醒嗎？——慈善家也不用對人民負責。沒錯，他們說這樣做是為了公共善，但那不表示他們就得遵守選舉或其他民主原則。慈善家不需要對任何人交代。他們是獨裁的行善者，不受任期限制，甚至不用像俄國或埃及總統做個樣子參加選舉，好自稱代表民意。

再次強調，他們沒有任期限制。美國的基金會最令人吃驚也很可怕的一點，就是可以永遠存在下去。當我們發現它們以驚人的速度累積財富，尤其資本捐贈愈高，享受的利率也愈高[28]，它們可能永遠不會消失，對民主社會的影響也愈來愈深。如果這是我們集體的決定，那實在非常危險。但我們有另一條路，那就是限制基金會的存續時間，徹底改革它們享有的賦稅優惠，並讓董事會的運作民主化。

所以，民主和慈善事業不相容嗎？或者說，慈善事業的擴張是否會威脅到我們社會的民主原則？我認為這兩個問題的答案都是肯定的，也希望各位被我說服了。但讓我們暫時轉換立場，考慮萊許在《民主社會的慈善事業》第三章的論點，民主和慈善事業基本上是相容的。事實上，萊許認為基金會在民主社會的角色很重要，理由有二。

首先，萊許認為，由於慈善家不需要對任何人負責，基金會又能永遠存在，因此慈善事業更可以冒險與創新，不像政府或市場受到限制（前者是選舉，後者是投資者），只能進行相對短期、獲利可期的低風險投資。換言之，只有馬斯克夠瘋狂——抱歉，應該說不受任期過短限制與責任約束，因此才夠有遠見——才會想要登陸火星，殖民外太空。我不曉得為什麼，或許因為我看了電影《末日列車》，所以不覺得這個論點很有說服力。那部電影就算是最狂熱的科技樂觀主義者看了信心也會打折扣。更嚴重的是，雖然用地理工程遏制全球暖化導致氣溫驟降是很好的寓言，但對我而言，問題就出在慈善家不用對任何人負責。政府必須定期向人民交代是一件好事，能降低政府貿然推行無腦計畫的危險，尤其某些議題太過重要，例如超人類主義，我們不能不讓社會討論，做出反映多數人偏好的集體決定，而非交給具有特定道德觀的億萬富豪，唯他們的個人選擇是從。

萊許的第二個論點比較有意思。他認為政府只會滿足一般選民的偏好（例如可能只會支持大眾喜歡的文化活動），慈善事業可以反映少數有錢人的喜好，讓社會更「多元主義」，有助於前衛藝術的出現。藝術家昆斯（Jeff Koons）和他的鬱金香萬歲！然而，萊許自己也承認，慈善家的品味通常很保守，就算超級標新立異，也不反映多數人的喜好。萊許說得沒錯，政府為了滿足一般選民的偏好，可能只會資助討好大眾的藝術作品。儘管如此，沒有人強迫我們只能接受這種制度，而且情況正好相反，每位公民（而非只有少數慈善家）都能資助自己屬意的藝術基金會，只要利用類似我在第十章提議的政黨資助方式，就有可能確保多數人的偏好都得到代表，而非接受少數有錢人表達出來的喜好。

明顯不透明

在法國，基金會被視為公益團體，絕大多數政治智庫也選擇這個法律地位，因此每年都須提供詳細的年度報告，登載於政府公報上。在德國，只要上網就能輕鬆找到政治基金會的帳目。然而，這並非世界各國的常態。

這部分解釋了某些「慈善家」為何選擇基金會，而非直接捐款給政黨，作為他們影響民主運作的行動管道。例如在美國，捐款給政黨或候選人只要超過幾百美元，就必須在選舉委員會網站上揭露，而且往往即捐即公布；競選支出也必須公開。因此，各式各樣的基金會，包括公民基金會和前面提到的「捐贈者建議基金」，就成了不好意思透露自己有多慷慨的百萬富翁的捐款蹊徑。創意是殺不死的！於是，時至二十一世紀，這些口袋深不見底的富豪們的最新發明，就是開支票給不是由他們直接成立的非營利組織，以便規避公眾注意私下推動個人偏好，擴大影響力。

此外，我們也要知道，即使法國的基金會必須每年線上公布帳目，卻不用揭露捐款者姓名。捐助基金會和資助選舉或政黨一樣是匿名的，就連分布也不公開（一九九三至一九九五年，政黨必須在帳目最後列出捐款企業名單）。比起德國、英國和義大利，法國在這方面嚴重缺乏透明，但當局似乎無意改進。

把持知識分子

慈善事業風行還有一個缺失，就是智識界被私人資金把持，使得「科學」和可疑利益團體資助的「研究」之間的界線愈來愈模糊。這些研究的結果往往和其資金來源一樣大有問題。科學史家歐蕾斯柯斯（Naomi Oreskes）和康威（Erik Conway）就曾經提到這群「販賣懷疑的人」[29]。兩人在合著的書中詳細描繪了過去數十年來，保守遊說團體如何打擊和收編學界人士，從菸草的危害（當然和癌症無關）、酸雨（跟工廠煙囪或其他工業污染無關，也不影響人體健康）到對抗共產主義（這些戰略支出非常合理，因為沒有錯，美國有可能在核戰中贏過蘇聯）無所不包。尤其在健康領域，這群懷疑販子已經證明了他們有多厲害。任何爭議一讓懷疑占了上風，政治人物就很難行所當行，依循大眾利益對相關議題做出規範。

想了解私人利益如何散播懷疑，氣候變遷是最明顯的例子。我們要如何解釋美國相信氣候變遷真有其事的人那麼少？這不僅導致政治僵局，包括美國不肯批准二〇一七年的巴黎協定和更早之前的京都議定書，更促使不相信氣候變遷的美國人做出非永續的消費選擇。社會學家法雷爾（Justin Farrell）仔細爬梳了將懷疑種子植入氣候爭議的政治與資金網絡[30]，譬如宣稱二氧化碳對環境有益的逆風研究，其經費多半來自埃克森美孚等企業[31]。二〇一六年美國總統大選，這家石油天然氣巨擘透過旗下的政治基金會給了共和黨大筆資金。

我無意為這些極端保守團體和石油公司的可惡做法開脫，但我們必須明白，從反氣候變遷到創造論，懷疑策略之所以普遍奏效，其實跟公共研究的縮減有關。學術研究和許多其他領域一樣，政府補助正逐漸被私人資金所取代，譬如美國國家科學基金會的經費這幾年就遭到大幅刪減。雖然法國和美國相比，似乎不存在學術菁英被私人把持的現象，但國家對大學和研究的挹注大減還是值得憂心[32]。大學等高等教育機構的教學或研究職位自二〇〇九年便一路減少。

媒體：潛在影響力十足的工具

讓我們稍作小結。假設我是億萬富豪，擁有強烈的政治理念，而且捍衛這些理念攸關我的荷包。在德國或美國我可以盡情撒錢給屬意的人馬，想捐多少都無所謂；在英國我可以盡情捐款給相中的政黨，但政黨支出有其上限；在法國我雖然不能無限捐款，但是也沒理由抱怨，因為我愈有錢，政府就愈樂意加碼。除此之外還有一個不能小看的「但是」：在法國我可以不受限制捐款數億美元給我中意的智庫，稍微繞個彎打贏理念之爭；而且只要我想就可以匿名，因為智庫不受透明法規限制，至少捐款者姓名無須公開。

這樣就行了嗎？如果不行，還有媒體可靠。好消息是，只要我手上閒錢夠多，連資訊市場也能用錢買。

媒體獨立不保

不論從美國、義大利到法國，或從英國、德國到西班牙，傳統媒體的危機總是伴隨著經營權易手[33]。但過去數十年來有一件事始終不變，就是愈來愈多媒體管道落入百萬或億萬富豪手中，而這些富豪的主要收入都不是來自媒體，而是建設、金融或通訊。

我可以舉出許多例子。在法國，從二〇一〇年貝爾傑（Pierre Bergé）、尼耶（Xavier Niel）和彼卡斯（Matthieu Pigasse）收購《世界報》開始，如今《解放報》和（大幅裁撤編輯部之後的）《快訊週刊》為電訊業鉅子德拉希（Patrick Drahi）所有[34]，此外還有BFM新聞電視台、BFM商業台和RMC電台，全部隸屬於SFR電信集團底下的SFR傳媒，集中在新總部 Qu4drans 四棟大樓的其中一棟：一二三四，猜猜這群電信傳媒一手抓的夢想家將「內容」擺在哪一棟？另外一位夢想家博羅雷（Vincent Bolloré）自從二〇一四年成為威望迪（Vivendi）集團的監事會主席後，似乎就以破壞自己的媒體新玩具為職志，不僅害 Canal+ 失去了一百多萬訂戶，還讓 I-Télé 未能播放某部優秀的調查紀錄片，只因為他覺得不妥。抱歉，我是說 CNews，因為自從博羅雷決定行使他身為老闆的基本權利打擊新聞獨立之後，I-Télé 不光失去了觀眾和編輯，連名字也沒保住。國王是勝利了，但他一絲不掛。至於布依格集團，這個建築和電信業巨擘暨長年資助選舉的金主則是繼續披著TF1的媒體外衣，只是不如往年那麼新而已。

這樣的種類與活動混合不是只出現在法國。在西班牙，只要檢視普利沙（PRISA）媒體集團（除了全國銷量最大的《國家報》外，還包括塞爾電台（Cadena SER）在內的多家電台）的股東，就會發現英國安珀資本公司、西班牙桑德坦銀行、西班牙凱克薩銀行和匯豐銀行赫然在列，墨西哥廉價航空 VivaAerobús 創辦人兼執行長羅哈斯（Roberto Alcantara Rojas）也是股東[35]。既然談到西班牙，就不能不提義大利，因為西班牙的第二大日報《世界報》屬於義大利RCS傳媒集團的西班牙子公司聯合出版社（Unidad Editorial）所有。而RCS傳媒集團的多年股東（其實是最大股東）是飛雅特汽車公司，直到後者二〇一六年減少持股後來更完全退出為止。因此，掌管飛雅特的阿涅利家族不僅部分擁有義大利銷量最大的《晚郵報》整整四十年，也是《新聞報》的大股東，使得該報長年被視為該家族的「傳聲筒」[36]。媒體／產業／政治：三者混合對義大利人民來說幾乎見怪不怪，甚至超過其他歐洲國家，因為這樣的情形已經持續好幾十年了。只要想想貝魯斯柯尼就好。他集生意人、政客和媒體大亨於一身，靠著費尼集團拿下

Mediaset 傳媒集團，一個人就擁有 Canale 5、Italia 1 和 Rete 4 三家電視台。

美國的情況也好不到哪裡。除了梅鐸（Murdoch）媒體帝國，梅雷迪斯（Meredith）集團最近也收購了時代雜誌，支持者是……柯氏兄弟，我實在不想再提到他們了[37]。此外，亞馬遜創辦人貝佐斯二〇一三年年底收購華盛頓郵報更像是一頁傳奇。尤其近來他的競爭對手大力裁員，貝佐斯卻聘用了幾十位記者，使得收購媒體不再非黑即白。只是這樣做有何代價？

你可能會問，產媒混合有何不可？梅雷迪斯集團不是宣布柯氏股權開發公司不會進入董事會，也不會影響集團的編輯決策，更不會干預時代雜誌嗎？讓我暫時放下博羅雷（就不提他疑似利用關於多哥的節目型廣告來蓋過審查法國國民互助信貸銀行紀錄片的新聞了，免得驚動他），改拿路易威登集團執行長阿爾諾（Bernard Arnault）為例吧。阿爾諾想方設法左右《巴黎人報》的編輯走向，連該報編輯都受不了，公開譴責報社過度報導路易威登和家樂福集團（阿爾諾是老闆兼大股東）[38]。我還可以舉出許多媒體老闆似乎不懂編輯獨立而橫加干預的例子，不過就算了。畢竟每回提到這些踐踏資訊自由的事證，反對者總是能找出反例，甚至是違逆股東利益而刊出的報導。我們真的想要陷入這種口舌之爭嗎？

問題其實更深層，而且包括三點。首先，不論媒體由家族或非媒體人擁有，編輯獨立往往取決於這些大股東的個人決定。然而，編輯獨立應該由法律確保，並透過媒體的所有權多元化來促進，不只讓記者，也讓讀者、聽眾和觀眾擁有所有權[39]。不論媒體或政治基金會，權力集於一人（或其家族）之手都不是民主之福。其次，除了老闆個人審查媒體內容的問題，還有記者也會自我審查。要是記者知道自己的財經報導會直接影響報社老闆旗下產業的利益，他還能堅持嗎？當華盛頓郵報的老闆是亞馬遜創辦人兼執行長，該報編輯還能呼籲管制電子商務太過集中的問題嗎？沒錯，很多記者不為所動，但這件事還是讓他們的工作變得複雜許多。尤其目前媒體產業搖搖欲墜，記者不僅害怕自己飯碗不保，還得擔心老闆出於一時興起或往往難以捉摸的動機而讓整個產業毀於一旦。這些都加深了讀者對媒體的不信任，懷疑報導背後涉及的利益，而且不無道理[40]。美國當年規定競選經費不得超過上限，主要是擔心發生貪瀆或疑似貪瀆的行為。媒體也該比照辦理：股東不需要直接干預，就算只是「好像有」干預就會產生問題，在讀者心裡種下懷疑的種子，打擊記者的報導公信力。

最後，對本業大賺其錢的億萬富豪來說，收購新聞媒體十有八九無法**直接**獲利，撒錢到底意義何在？對一直處在「政治圈」邊緣的實業家而言，尤其當他打進圈子的門票受到競選和政黨規範所限制時，媒體等於替他開了一道大門，不論立法或監管機關，華府或愛麗舍宮，德國聯邦議院或英國下議院，從此都不再遙不可及。媒體就像一套量身訂做的燕尾服，讓人順利打入權力中心。買下媒體有點類似捐錢助選，只是沒有上限也無須透明，就算你本人「不太政治」也能確保自己上得了牌桌。你只需要關心和你本業有關的規範即可——應該說，確保它不會有規範。

資助媒體和資助政黨是同一回事嗎？

因此，資助媒體和資助政黨往往只有一步之遙，而手上擁有媒體的政治人物更是跨得飛快。義大利在這方面領先全球，從貝魯斯柯尼到貝尼德惕都如此。不過，其他民主國家也跨出了這一步，商人同時資助政黨和媒體的例子不勝枚舉。其中最「國際」的或許非梅鐸莫屬。他是美國極端保守派電視台福斯新聞網的創辦人兼老闆，也是資助英國保守黨和美國共和黨數十載的大金主。然而，現在有些人認為梅鐸已經是上世紀的老人了，太過執著於父業子承，以致將極右派的位子拱手讓給了放任自由主義大將 PayPal 創辦人提爾。提爾已經表明了有意成立電視台和福斯新聞網競爭，因為他覺得福斯新聞網還不夠保守。別忘了，提爾不僅在二〇一二年捐款給參議員朗保羅的超級政治行動委員會，二〇一六年也出錢資助川普競選[41]。

還有誰捐錢給全世界最愛媒體獨立的川普？首先是默瑟（Mercer）家族的父親羅伯特和女兒芮貝卡。他們父女倆不僅是極端保守派布萊巴特（假）新聞網（Breitbart News）的老闆，而且不以華府為滿足，還捐款支持英國的脫歐派。羅伯特是脫歐派大將法拉吉（Nigel Farage）的好友，也是劍橋分析（Cambridge Analytica）的主要出資人。這家公司專門在臉書上鎖定選民，讓選民在二〇一六年的公投支持脫歐[42]。除了大數據、媒體和競選獻金，默瑟家族的成功史怎麼可以少了政治基金會？這個俗稱默瑟家族基金會的單位名義上是慈善組織，主要關注科學、高等教育和退伍軍人福利，聽得我們都忍不住要鼓掌了。

我還可以往下說。類似的例子實在太多，沒必要逐一列舉。不過，就讓我用賭場大亨艾德森（Sheldon Adelson）來為這趟美國巡禮畫下句點。艾德森是共和黨的大金主，二〇一六年也出錢贊助川普角逐美國總統。他於二〇一五年買下內華達大報《拉斯維加斯評論報》，而他的收入幾乎都來自這個州[43]。值得一提的是，這種一手資助媒體、一手撒錢給政黨的傾向並非美國或西方先進國家獨有。譬如在印度，鮑斯（Subhash Chandra Bose）雖然在官網上謙稱自己是「理想家、印度電視之父和慈善家」，卻身兼旗下握有多家電視台與報社的愛索爾集團（Essel Group）所有人和聯邦院（Rajya Sabha）議員。二〇一六年，他在現任總理莫迪（Narendra Modi）的右翼民族主義政黨印度人民黨（Bharatiya Janata Party）的支持下，以獨立身分當選議員。這個雙重身分簡直讓他樂開了花，因為自二〇一七年起，他就進入了資訊科技常設委員會，負責媒體規範[44]！不過，鮑斯不是唯一對媒體感興趣的印度議員，差得遠了。聯邦院議員古普塔（Vivek Gupta）是東印度印地語媒體《日出報》（*Sanmarg*）創辦人，而同為議員的億萬富豪錢德拉塞卡（Rajeev Chandrasekhar）不僅擁有喀拉拉邦最受歡迎的新聞頻道和一家暢銷報社，還參與創立了英語的共和電視台（Republic TV）。

因此，就算收購媒體不是絕對有害無益，即使現實環境遠非理想，每天仍有許多獨立媒體和優秀記者盡力而為（謝天謝地！），但整體局面還是夠令人擔憂了。你說這叫民主？重點不是找出缺失加以解決，而是這些億萬富豪兼意識形態者已經有夠多手段達成個人目的了，現在又加上保守派居多的媒體利器，我們應該如何面對？

掌控公共媒體：面對媒體私有化失去獨立而做出的不當回應

非營利媒體組織：我在《媒體的未來》這本書中做了這個提議。這樣的媒體組織的所有權才是真正民主，決策不再取決於支票大小，而是由成員除了股東還包括記者與讀者的董事會決定，人人都有發言權，選票分布比資金還平均。這樣的組織還不到一人一票的合作社型態，因為一人一票雖然是選舉民主的基石，對企業卻太過頭。但我提議的這套做法可以讓資本與權力的關係民主化，限制（例如資本額百分之十以上）大股東的投票權，以便提高其他人的投票權。除了媒體，政治基金會也適用這套模式。只要管理民主化，這些慈善事業巨獸帶來的公共善就會變得較可以接受。

當然，不論媒體公司、政治智庫或一般私人企業，問題不是只有組織內部的權力分配而已，但它卻是重建民主機制的關鍵。主張此舉侵害私有財產（其實根本不是）的人應該質疑利用公共自由自肥的少數私人利益才對。我們或許願意更進一步，限制政治基金會的規模與壽命，以及收受的捐款與支出金額。我已經想像得到有人會喊：這是打壓言論自由！然而，要是連選票都被把持，我們的集體言論自由還剩下什麼？幾乎所有國家都對市場權力集中設有規範，慈善事業也該比照辦理。至於媒體，尤其影音產業，連美國都清楚界定了它們在選舉或非選舉期間的責任，並限制其市場占有率，那麼何不加上幾條簡單的規範，讓媒體的管理民主化？

所以該怎麼做？我們永遠可以接受現狀袖手旁觀，但這樣一來，寫書（或讀書）還有什麼意義？我還年輕，實在無法放棄，但在追求媒體獨立的路上，我同樣擔心另一種極端，也就是以其人之道還治其人。既然有太多媒體被資源無限的保守派力量把持，我們就用進步派力量把持的媒體來反擊。從某方面來說，阿根廷總統費南德茲（Cristina Fernández de Kirchner）和委內瑞拉總統查維茲（Hugo Chávez）就是這樣做的，而他們的論點並不難理解：既然所有私人媒體都握在少數人手中，全力阻止（或剷除）左派掌權，那我們何不占用公共媒體來挽回劣勢，就算一小段時間也好？然而，這樣做並非解決之道。不論我們對佩雷斯（Andrés Pérez）或查維茲時代有何看法，就算二〇〇二年那場政變雖然得到媒體、企業主和美國支持[45]，但查維茲確實具有民主合法性，也不代表他可以查禁私人影音媒體，更不表示現任總統馬杜洛（Nicolas Maduro）能逮捕記者，並讓親政府金融家逐步接掌主要的反對派媒體。這樣做只是從一個極端跳到另一個而已。同樣的，我們也沒有理由為阿根廷二〇〇九年強行通過影音媒體法案喝采。立法或許有其必要，也確實終止了當時的影音媒體高度集中，其動機卻相當可議，因為那樣做主要是為了削弱批評費南德茲政府的號角集團（Clarín group）。

當然，問題不是三言兩語就能交代完的，而我只想點出情況有多複雜，不敢說有什麼明確的教訓。但我們有必要確立事實，持平而論。儘管整體狀況看來不妙，不過或許不是最糟。過去這幾年，我既驚喜於非營利媒體組織模式得到許多認真的公民與記者熱烈迴響，卻也訝異於這套模式面對政府暴力、威脅、恐嚇、破產與逮捕時的無力，導致記者待在警局的時間比辦公室還久。面對自由遭到這般踐踏，怎麼可能認為改善媒體經營會是解方？譬如土耳其關押記者的數量高居全球之冠，非營利媒體組織對抗政府暴力根本是螳臂擋車。又好比埃及線上獨立媒體「視界」（Mada Masr）的記者每日苦撐才勉強滿足人民知的權利，非營利媒體組織模式對他們來說就算不是遙不可及，現階段也只能是夢想。此外，許多發展中國家的人民連報紙都買不起，怎麼可能資助媒體？即使如此，那些我有幸與之交換意見的「視界」記者仍然認為，管理權是重拾媒體獨立的關鍵。

這裡談的不只是媒體，也包括政黨和基金會。當然，本書針對徹底改革政治運作資助方式、邁向（重新）充分代表人民實際社經職業組成的混合國會所提出的種種措施，唯有在民主體制下進行才有意義。因為民主雖然不完美，但有定期選舉，而且所有人都能自由參選。我們應該將這些措施當成萬靈丹，不論哪個國家都拿來用，即使法治才剛萌芽也無妨嗎？我想答案很明顯。但我們應該就此認為這些措施不好或不足嗎？恰恰相反。本書第三部分將會詳談，這些措施將會是關鍵的進展，讓目前陷入耗竭的體制更加民主化。我們有理由擔心，現有體制在川普時代很可能突然墮入民粹主義，再也無法轉圜。本章結尾或許可以叫做「兩面不討好」：我已經可以想像保守派大罵這是「共產主義」、打壓言論自由，左派痛斥我立場「保守」，彷彿不可能有體制內的改革。但我們不該畏懼於體制內大幅修法，改變遊戲規則。這些改變必要時將削弱政治獻金的力量，從而抑止私人利益的膨脹。

本章結束前，讓我概略提及一件事。它是私人介入政治運作的一種重要方式，但礙於篇幅，本書之後不會再討論。那就是遊說。法國長久以來一向自認遊說是其他國家才會發生的事，相關規範也確實比美國嚴格。遺憾的是，遊說對法國國會議員決策的影響愈來愈深，更別說歐盟了！遊說團體替資方發聲的方法之一，就是資助歐洲各大智庫，讓企業家把持科學領域。社會學家洛倫（Sylvain Laurens）針對歐盟官員和活躍於布魯塞爾的遊說團體進行了民族誌研究，就清楚證明了這一點[46]。

✦ ✦ ✦

本書對私費民主的分析到此告一段落。如我們所見，私費民主有數種型態，可以同時並存，甚至以令人不安的方式混合在一起。我們時常可以見到同一個人既資助媒體，又捐款給政黨和基金會。祖克伯成為美國總統的景象應當令人感到憂心，不只是因為臉書擁有驚人的力量。然而，許多人非但不排斥，反而大表贊成。我很希望自己可以讓這些人睜大眼睛，看清楚當前民主運作的困境。如果要做類比，我會說這就像紐約與彭博的放大版。彭博將這種雙重身分做到完美，一邊當紐約的民選市長，一邊又是頭號大金主。《紐約時報》說得好：過去市長是政府花錢請人當，現在則是彭博花錢請政府讓他當[47]。

或許有些人會想，過去幾十年來到底發生了什麼，讓慈善事業成為資助公共善的正當管道，甚至比政府更名正言順？但我想作為本章結尾，更重要的是追問一件事：我們要如何才能扭轉局勢，好讓未來有所不同？公共補助顯然是一部分答案。唯有對全民高度負責的政府大舉拿回公共善的主導權，才能降低個人私利的影響。而首先要做的第一步就是向個人財富徵稅，不再補助最有錢階層的政治與文化偏好。同樣的，唯有對私費民主設立上限，並逐步用平等且慷慨的公共補助來取代，超額捐款的現象才會停止。因為歷史告訴我們，民主的希望就在公費。

註釋

1 我在這裡稍微濫用了詞彙，將政治基金會和智庫混為一談，還請讀者們見諒。這樣做的部分原因在於「智庫」雖然常用，卻缺乏法源基礎。也有人用「政黨外圍組織」稱呼之。對這方面感興趣的讀者可以參考 Helmut K. Anheier and Siobhan Daly (2006), *The Politics of Foundations: A Comparative Analysis*, London: Routledge。

2 和政黨政治獻金一樣，退稅額為捐款額的百分之六十六，以課稅所得的百分之二十為上限。結果同樣不公平：政府只補助頂富階級的捐款。

3 免得大金主不會算比率。

4 公費民主制應該第五章才談，我卻提前破梗了，還請讀者見諒。但稍後講到德國各位就會明白，討論政治基金會很難不提到公共補助。

5 參見法國政府預算草案附錄之「政府對社團組織財稅協助」。但時間通常會慢兩年，因此二〇一六年的分配款明細要到二〇一八年的預算草案才會出現。

6 二〇一六年國會預備金共花費一億三千八百萬歐元，平均每位參議員十五萬三千歐元，國民議會議員十三萬五千歐元。法國政府自二〇一四年開始公布相關資料。

7 這和當時由社會黨執政有多少關聯？我們不難想像其中有因果關係，但由於薩科奇在任五年期間缺乏資料，使得我們很難證明這一點。

8 新大陸基金會雖然不具基金會的法律地位，但屬於「公益基金會」，因此同樣享有自然人和法人捐款的財稅優惠，以及總理、國民議會議員和參議員的補助。的確，比起饒勒斯基金會，新大陸基金會算是新進團體，但這足以支持兩者在政府補助上的巨額落差嗎？或許有人會說兩者需求不同，饒勒斯基金會職員眾多，顯然「需要」更多經費。然而，這個論點並不成立，等於主張先到先贏。所以，哪個基金會應該拿到更多補助？饒勒斯或新大陸？關於這點，我沒有現成的答案，就像我也不知道該給蒙田基金會或佩里基金會多少補助。我只知道明確透明的分配規範永遠好過私下商議，尤其涉及公帑更是如此。

9 一九六六年七月十九日，德國憲法法院裁定政府只能補助政黨的競選支出。為了繞過這項決定，德國政府於隔年七月二十四日頒布法令補助政黨附屬組織。本書第五章將詳細介紹德國政府對政黨的補助。

10 饒勒斯基金會一九九二年成立，並立即確認為公益基金會，因此不在此列。

11 這些智庫早在一九六〇年代就開始接受聯邦或地方邦政府對特定計畫的小額補助。一九六二年，德國聯邦議院投票支持補助智庫，協助它們在發展中國家推動政治教育。參見 Karl-Heinz Nassmacher (2009), *The Funding of Party Competition: Political Finance in 25 Democracies*, Baden-Baden: Nomos。

12 該基金會於一九三三年遭納粹查禁，一九四七年恢復運作。

13 奧地利、荷蘭和瑞士也採行德國模式，極度仰賴政府補助，只是金額無法相提並論。由於和政府具有補助關係，因此 Helmut K. Anheier et Siobhan Daly (2006, *op.cit.*) 稱之為「社團模式」。

14 這段期間西班牙由於受經濟危機影響，使得補助款低於往年。讀者可以在本書的線上附錄找到西班牙政府自一九九五年以來平均每年對政治基金會的補助金額，以及按活動與政黨區分的補助額。二〇〇七至二〇一一年，西班牙政府平均每年補助智庫九百萬歐元。

15 美國的政治基金會極少接受政府直接補助，不過有些基金會（如布魯金斯研究院）會接政府標案。

16 「免稅基金會」、「公共慈善機構」和「符合 501(c)(3) 條規定之非營利組織」均為美國國稅局的專用詞彙。重點在於保守派和自由派智庫的表面中立，以及國稅局的睜一隻眼閉一隻眼。這裡其實包含雙重標準，因為在美國反對媒體應該是非營利組織，因此必須符合 501(c)(3) 條規定的人，最常用的理由就是政治中立。相關議題參見卡熱《媒體的未來：數字時代的困境與重生》。

17 這是櫻花基金自己在官網上講的：https://www.sakura-artangel.org/la-maison-laurentine，可不是我隨口亂謅。

18 櫻花基金官網帳目裡（捐贈基金依法必須公開帳目）有這筆款項，其中註明創辦人於二〇一三至二〇一六年分別捐款四十三萬、十五萬、四萬和五萬歐元。好戲還沒完！二〇一七年八月三十日《解放報》對裴尼柯有精采的描繪，詳見：http://www.liberation.fr/france/2017/08/30/la-premiere-drh-de-france_1593136。

19 在法國，捐贈基金享有非營利組織的優惠，一方面從事經濟活動只要目的並非營利，就可免繳營業稅（營利事業所得稅、職業稅和增值稅），另一方面由於章程規定資本捐贈不得動用，因此資產所得完全免繳營利事業所得稅。除此之外，捐款給捐贈基金符合贊助者方案（régime du mécénat），因此須繳所得稅或營業稅的企業可享百分之六十的減稅額，以營業額的百分之零點五為上限；個人捐款者則可享百分之六十六的減稅額，以課稅所得的百分之二十為上限。

20 嚴格來說，財富團結稅已經修法轉為不動產巨富稅，因此只計算不動產，證券和投資都免繳巨富稅。

21 參見 David Yermack (2009), «Deductio ad Absurdum: CEOs Donating Their Own Stock to Their Own

Family Foundations», *Journal of Financial Economics*, 94, pp. 107–123。美國有許多種基金會，包括獨立基金會、家族基金會、企業基金會、社區基金會和運作型基金會（operating foundation）。耶梅克的論文只針對家族基金會。根據基金會中心網（Foundation Center）最新統計，美國二〇一四年共有四萬兩千個家族基金會。

22 非營利組織的投資所得同樣免稅，私人基金會的淨投資所得也只需繳納百分之二的間接「貨物稅」。除此之外，這些機構還無須繳納地方與州的財產稅。參見 Rob Reich (2006), «Philanthropy and Its Uneasy Relation to Equality», in *Taking Philanthropy Seriously: Beyond Noble Intentions to Responsible Giving*, William Damon et Susan Verducci (ed.) (Bloomington, IN, Indiana University Press), pp. 33–49。在美國，一個基金會要成為「公共慈善機構」必須滿足兩個條件，一是從事特定活動（例如學校、醫院或教育機構），二是至少三分之一的財源來自大眾，而且每人捐款不得超過基金會總所得的百分之二。

23 參見 Jane Mayer (2016), *Dark Money: The Hidden History of the Billionaires behind the Rise of the Radical Right*, Doubleday(譯註：繁體中文版《美國金權》二〇一八年九月由光現出版社出版）。

24 柯氏兄弟的美國創新協會（Association for American Innovation）就是這樣來的，現名「自由夥伴」。哦，親愛的自由……

25 參見 Benjamin I. Page et Martin Gilens (2017), *op. cit.*。

26 參見 Robert Reich, Chiara Cordelli et Lucy Bernholz (2016), *Philanthropy in Democratic Societies: History, Institutions, Values*, University of Chicago Press.

27 說到美國近年來經濟與政治不平等的階級複製，最極端的莫過於「小小富翁營」的出現。這些營隊以訓練億萬富豪的子女理財為目的，因為他們從一出生就被金錢大帝賦予了一項神聖使命：改善「窮人」的生活。這些窮人不是含著金湯匙出生的，必須工作維生。而慈善事業的擴張和公共善的私人化更奪去了他們手上一項最基本的權力：投票。

28 皮凱提以美國大學的捐贈基金為例清楚證明了這一點。一九八〇至二〇一〇年，美國大學捐贈基金的平均報酬率為百分之八點二，但這個數字掩蓋了其中的巨大落差：哈佛、耶魯和普林斯頓大學捐贈基金的平均報酬率為百分之十點二，捐贈基金小於一億歐元的大學平均報酬率「只有」百分之六點二。參見皮凱提（二〇一四）《二十一世紀資本論》，Harvard University Press（繁體中文版二〇一四年十一月由衛城出版）。

29 參見 Naomi Oreskes et Erik M. Conway (2010), *Merchants of Doubt: How a Handful of Scientists Obscured the Truth on Issues from Tobacco Smoke to Global Warming*, Bloomsbury Publishing（譯註：繁體中文版《販賣懷疑的人：從吸菸、DDT到全球暖化，一小群科學家如何掩蓋真相》二〇一六年八月由左岸文化出版）。

30 參見 Justin Farrell (2016), «Corporate Funding and Ideological Polarization about Climate Change», *Proceedings of the National Academy of Sciences of the United States of America*, 113(1), pp. 92–97。另外有研究顯示，一九七五至二〇〇二年美國出版的「氣候懷疑論」著作有百分之九十二和卡托基金會、企業競爭研究院或哈德遜研究院等保守派智庫有關；參見 Peter J. Jacques, Riley E. Dunlap et Mark Freeman (2008), «The Organization of Denial: Conservative Think Tanks and Environmental Skepticism», *Environmental Politics*, 17(3), pp. 349–385。

31 各位可以在美國回應政治中心（Center for Responsive Politics）的 OpenSecrets 網站上找到埃

克森美孚每年的遊說支出，光是二〇一七年就超過一千一百萬美元：https://www.opensecrets.org/lobby/clientsum.php?id=d000000129。亦可參見網站「埃克森的祕密」（exxonsecrets）：https://exxonsecrets.org/html/index.php。

32 這裡當然是指公共研究。法國的私人研究主要靠研發稅抵免措施（CIR）獎勵，但這些經費用在大學上豈不是更好？更何況對許多公司來說，研發稅抵免措施只是另一個避稅漏洞。

33 這裡不會討論這波媒體危機的經濟徵狀，包括廣告收益驟減和網路廣告興起，導致花費相當成本製作而成的資訊很難「變現」，以及媒體為了利潤不計代價追求上市，導致有時陷入撤資的惡性循環，無法保證獲得足夠的利潤。這些現象我已經在二〇一七年跟艾維（Nicholas Hervé）和菲歐（Marie-Lucie Viaud）合著的《媒體不計血本》裡有所著墨，許多研究也以此為主題。但我們必須注意，媒體獨立受威脅本身就是媒體陷入危機的原因之一，因為信任降低往往導致訂閱意願下滑。

34 我小時候聽過一首叫做《紙巨人》（*Le Géant de papier*）的歌。我感覺德拉希就是「紙巨人」。他的商業帝國完全靠舉債維持，就算初次接觸這類事物的人，也不大可能認為這種方式能長久。

35 參見該集團的年度治理報告：https://www. prisa.com/uploads/2017/02/igc-240217-completo.pdf。羅哈斯以「GHO Networks, S.A. DE CV 公司」名義出現在擁有者名單中。

36 義大利主要報社近年來經歷了不少所有權變動，這裡無法詳述其間過程，不過簡要來說，二〇一六年《共和報》（由商人政治家貝尼德惕（Carlo De Benedetti）的優尼特集團（Compagnie Industriali Riunite）持有）和當時由飛雅特－克萊斯勒公司持有的《新聞報》走得很近，導致飛雅特和阿涅利家族退出《晚郵報》。這對於大幅「產業化」的義大利媒體算是好消息，因為RCS傳媒集團後來由創辦卡伊羅傳媒公司的媒體企業家卡伊羅（Urbano Cairo）接手。

37 梅雷迪斯集團二〇一七年十一月底宣布消息，隔年完成收購時代雜誌。然而，柯氏兄弟對媒體的野心早在二〇一五年收購洛杉磯時報和芝加哥論壇報未果時就已經表露無疑了。

38 阿爾諾雖說是《巴黎人報》的老闆，但也是大廣告主。他二話不說就抽掉投放在《世界報》的廣告，只因為該報刊登了「天堂文件」（Paradise Papers），其中揭露了這位精明老闆的「納稅優化」手法。

39 從這點來看，法國二〇一六年底通過的所謂「布洛什法」（Bloche）（二〇一六年十一月十四日第 2016-1524 號法令）儘管「旨在強化媒體之自由、獨立與多元」，但就算該法案是很重要的進展，還是相當不足。雖然媒體依法必須針對「資訊與節目之誠實、獨立與多元」設立相關規範及委員會，卻仍不足以保證編輯獨立。一方面因為委員會成員還是由媒體老闆挑選，二方面則是因為該法案並未指明當編輯和媒體老闆意見不合時，委員會該如何介入處理。

40 當然，前提是報紙讀者不僅知道報社老闆是誰，還很清楚他們的生財管道。二〇一六至一七年，我和經濟社會學家勾德休（Olivier Godechot）跟巴黎政治學院公共政策評估跨學科實驗室（LIEPP）及無國界記者合作，研究了法國和西班牙的政治和一般新聞媒體，其中最驚人的結論就是媒體所有權的不透明。前述旨在「強化媒體之自由、獨立與多元」的法案在這方面同樣沒抓到重點。法案第十九項雖然明定「報社只要有百分之五以上資本由單一自然人或法人所有，即必須每年針對其出版及線上新聞服務向讀者揭露該公司資本組成之所有資訊」，但光是公布自然人身分或法人名稱完全無法讓人看出潛在的利益衝突。總之，這項法案雖然已經施行兩年，但多數報社並未遵守。鑑於該法案並未針對違反者訂定明確罰則，會有這種結果或許並不令人意外。

41 根據《紐約時報》，提爾捐款一百二十五萬美元支持川普，除了捐給超級政治委員會外，還直接資助川普的競選活動：https://www.nytimes.com/2016/10/16/technology/peter-thiel-donald-j-trump.html。

42 尤其值得閱讀英國《衛報》的調查報導：https://www.theguardian.com/technology/2017/may/07/the-great-british-brexit-robbery-hijacked-democracy。

43 艾德森還藉由媒體插手以色列政治。他創辦了免費的《今日以色列報》（*Israel Hayom*），大力支持總理納坦雅胡（Benjamin Netanyahu）。

44 參見印度《電線報》（*The Wire*）的出色報導：https://thewire.in/politics/subhash-chandra-joins-panels-linked-to-their-businesses。

45 法國《世界報》於二〇〇二年十二月二十五日的社論寫道，反對查維茲的勢力「來自那群長年習慣寡頭政治，將國家視為己有的統治階級」。

46 參見 Sylvain Laurens (2015), *Les Courtiers du capitalisme. Milieux d'affaires et bureaucrates à Bruxelles*, Marseille: Agone。

47 報導線上版請見：https://www.nytimes.com/2013/12/30/nyregion/cost-of-being-mayor-650-million-if-hes-rich.html?pagewanted=all&_r。社會學家霍瓦斯（Aaron Horvath）和鮑爾（Walter W. Powell）在 *Philanthropy in Democratic Societies, op. cit.* 一書中的第四章引用了紐約時報這篇報導，並形容彭博為「慈善家市長」。

02

第二部
錯失良機

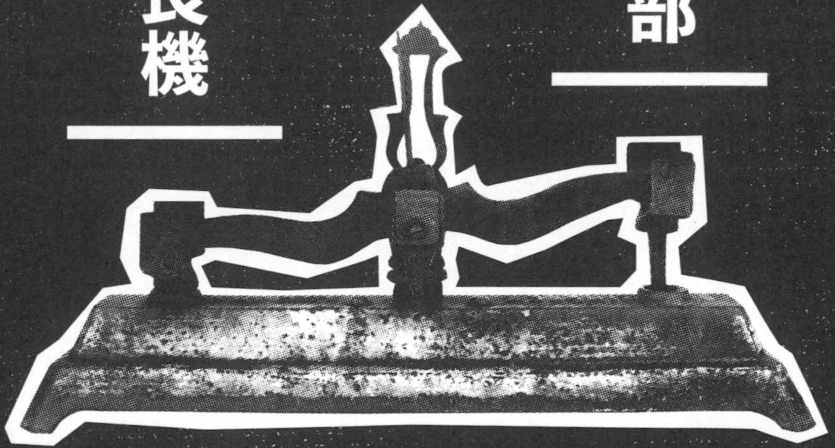

Deuxième partie Les occasions manquées

第五章　希望？公共補助政黨與選舉

本章將檢視歐洲過去與目前的公費選舉民主制，除了法國、英國及德國外，也會討論比利時和大西洋彼岸的加拿大與美國。下一章將探討現有體制所受的威脅，尤其美國和義大利等國家。公費政治民主和民主本身一樣，都是一個比下有餘的制度。但只要在政治上有志一同，它就可以改善。未來幾年倘若我們袖手旁觀，就可能讓私費民主和個人利益大獲全勝，導致不平等惡化，民粹主義高漲。正是由於這個緣故，我們才亟需集體動員，打造新的遊戲環境。因為目前檯面上的政治人物之所以能站上高位，往往都是由於懂得如何利用現有制度的缺陷，因此自然無意改革。

我承認確實很難想像在法國香榭麗舍大道或美國華府遊行示威，高喊「給我們的代表更多錢！」不過，重點是平等。現實是少數超級有錢人可以投兩次票，一次用選票，一次用鈔票，一般人卻只能投一次「政治」票，而且就連那一票也有一部分遭到選舉過程中的私人獻金所把持。到了二十一世紀，政府應該**補助**每位公民同等金額，讓他們表達個人的政治偏好，而且每年都有權改變支持的政黨或政治團體，無須侷限於少數大黨。所有公民和納稅人每年都應該得以資助（就算幾歐元也好）最能捍衛他們利益的政治團體崛起或堅持下去。但想了解如此激進平等的民主重定義為什麼尚未發生，又會以何種型態出現，就必須先回顧部分國家過去失敗（但不是毫無意義）的嘗試。

各位讀到這裡可別被本章標題嚇壞了。我並不打算列出所有法規，回顧它們數十年來的演變。法規雖然重要，但不應該蓋過我們真正感興趣的主題，也就是關於全民參與政治運作的政治選擇，以及那些選擇的政治意涵。代表式民主太常被金錢把持，淪為一元一票，只是誰出的錢多錢少並不平均。且容我不厭其煩再說一次，一人一票才是我們應當重拾的民主真諦。

最後我必須強調一點，現實並不是歐洲模式正派，美國制度腐敗。我實在遇過太多人反駁，甚至帶點憤怒地說，「但這些跟我們又沒關係！」每當我拿德國和美國類比，說這兩個國家都沒有對政治獻金設限，或拿義大利和美國比較，說這兩個國家都不再補助競選支出，或拿法國與美國相提並論，說這兩個國家都不公開超級金主的身分，總會聽到歐洲民主派不以為然地說，「我們好得很，別擔心。」「我們好得很，只要瞧瞧鏡子另一面，看看美國就知道。那裡的狀況一點也不好。」可憐的鏡中人！只要有美國格雷在，歐洲道林就覺得自己容光煥發。至少我們這樣以為。

但以為是以為，事實是事實。首先，我們很難說歐洲只有一個模式。國家不同，資助民主運作的方式也大不相同；沒有一個國家可以宣稱自己的模式完全令人滿意，差得遠了。一個平均每年每位成年人口提撥兩歐元出頭資助民主的制度（法國和德國），怎麼可能和每年提撥金額只有十分之一的制度（義大利）相提並論？其次，不論歐洲或美國，幾乎到哪裡都是私人獻金在選戰裡節節勝利，公共補助不斷退敗。英德兩國在政黨政治獻金方面的表現毫不遜色，人均捐款額在歐洲國家名列前茅。然而，德國做出的政治選擇，尤其是經濟政策，很難不對歐盟夥伴造成影響，可能也很難和企業的政治偏好無關，這樣企業下回掏錢才不會手軟。

最後，我們必須從美國的身上擷取教訓。不是當成對照，而是如果我們再不行動就有可能走向的未來。我們不該忘記歷史。美國曾經是公費民主制和累進稅率的先行者，卻也是最早走回頭路的國家。為什麼？

公費民主：生於美國，死於美國？

早在一九〇七年，美國總統老羅斯福就在國情咨文裡強調國家有必要補助選舉，並對競選政治獻金設定上限，包括禁止企業捐款。對老羅斯福而言，這兩者是一體兩面，重點都在防止不義之人靠錢買進白宮。而他提出的方法非常直接，就是國會補助主要政黨。雖然過程並不輕鬆，但他最終還是成功（藉由本書第二章提到的，一九〇七年元月二十六日通過的提爾門法）禁止企業政治獻金，限制了大企業（big business）的政治權力。但在補助選舉這件事上，他卻遭遇了空前的阻力。不過，他本來就不認為如此創新的構想會立刻通過，因為人民需要時間習慣，並且一開始可能會對公家大方補助政黨機器存疑。老羅斯福猜得沒錯，是需要時間，但他可有想到需要不只五十年？

美國直到一九七一年[1]才通過聯邦競選法和歲入法[2]，開始補助總統大選，離老羅斯福總統的國情咨文已經整整六十四年，但還是遠早於一九八〇年代晚期至一九九〇年代初期才有動作的法國與比利時。德國比美國稍早一點，原因出在威瑪共和民主破產，使得德國於二戰過後在重新思考社會民主與政治民主方面特意創新[3]。美國的補助方式獨樹一格又有創意，由政府設立總統競選基金（Presidential Election Campaign Fund），方便所有納稅人每年利用這項基金補助總統大選、政黨初選和國會選舉。

總統競選基金

過去半世紀來，所有美國人都能在以下格子裡（夫妻則是兩個格子）打叉：「想提撥三美元給總統競選基金者，請打叉；合併申報者，配偶也可提撥三美元（一九九三年以前為一美元）給該基金。打叉與否均不影響繳稅或退稅額。[4]」換句話說，每年每位美國公民都能選擇是否捐出三美元資助民主運作。

這套制度不是選擇支持哪個政黨（如義大利）或候選人，也不會減稅，就只是由聯邦政府額外出錢補助總統大選。只要你在格子裡打叉，美國政府就必須撥三美元到總統競選基金裡資助總統選舉。換句話說，這套制度等於是對公費民主的年度公投。這樣想來其實蠻驚人的。換作其他領域，這就好比要求美國人每年透過繳稅選擇他們想在教育、健保或高速公路上花多少錢一樣。這套做法和義大利的千分之二制形成強烈的對比，因為它讓所有公民一律以同等金額資助選舉。然而，儘管這套制度更有希望，也更公平，卻始終未能順利運作，原因我稍後會做說明。

一九七四年，美國政府撥款八千五百萬歐元到總統競選基金，相當於每位美國成年人零點六一歐元[5]。提撥金額最高是一九七八年，將近九千三百萬歐元。這當然是鉅款，但比起可能數字還是少了一大截，因為即使這樣做不花他們半毛錢，並且能確保政治運作的財源更民主，但在格子裡打叉的美國人從未超過百分之三十五。可能有人會想，不讓人民每年針對政府各項支出投票或許不是壞事，因為這樣做可能會造成意想不到甚至前後不一的結果，更別說我們將在下一章看到，近年來選擇撥款補助的美國公民人數銳減，導致總統競選基金獲得的撥款大幅縮水。

這套公共補助制或許出人意料，但從一九七六年的總統大選開始，就在美國聯邦選舉委員會的監管下發揮了重要作用。該年民主黨候選人卡特和共和黨候選人福特各拿到兩千一百八十萬美元的補助款，相當於現在的五千九百萬歐元。這不是一筆小數目；而在私人獻金稱霸多年之後，此舉無疑是一項創新。此外，卡特和福特身為兩黨初選候選人，還各自拿到了一千零四十萬歐元和一千兩百五十萬歐元的補助款（少於雷根的一千三百七十萬歐元）[6]。至於兩黨的全國代表大會則是分別獲得五千九百萬和五千三百萬歐元的補助。

因此，總統大選有三項活動會拿到競選基金補助：黨內初選、全國黨代表大會和正式大選[7]。雖然正式大選向來拿到最多補助，但我們不妨暫時擱下這部分，先來檢視競選基金如何分配補助款給這三項活動和各黨候選人。

黨內初選部分，美國聯邦政府採取「比照制」（matching），候選人每募得一美元政治獻金，競選基金就撥款一美元給該候選人。因此，聯邦政府等於將每位候選人募得的捐款加倍，但規定每位捐款者兩百五十美元為上限[8]。這套做法用意在鼓勵小額捐款，候選人若想拿到這類**比照補助金**（matching fund），就必須向聯邦選舉委員會證明自己在至少二十州都募得五千美元以上的捐款[9]。

至於總統大選，兩位主要候選人（其實就是民主黨和共和黨）拿到的補助款金額相同而且固定[10]，亦即競選支出的法定上限，當然也只能用於競選。不過，要拿到補助款，候選人的競選支出就必須以補助款為限，不得接受政治獻金（我們之後會看到，這項限制非常重要，因為它讓候選人可以「選擇退出」（opt-out），導致近年來這套補助制功能萎縮）。換句話說，候選人不是同意限制競選支出以換得金額為支出上限的政府補助，就是選擇支出不受限制，超過法定上限也可以，但必須由自己（或慷慨大方的金主）全額負擔。

圖四十二為美國自一九七六年實施公共補助以來，歷次總統大選的支出上限變化。雖然以成年總人口來看，支出上限自一九七六年以來微幅上升，但每位成年人口的支

圖四十二：一九七四至二〇一六年，美國總統大選普選支出上限

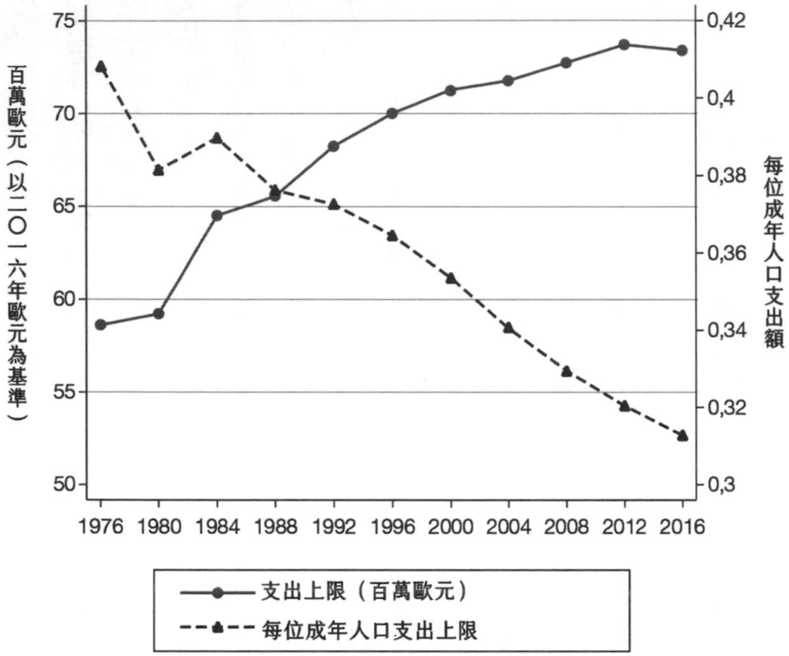

出額其實是下降的，從一九七六年的零點四一歐元減少為目前的零點三一歐元。每位成年人口零點三一歐元是多是少？我猜各位可能會說很少，光憑一歐元的三分之一不到，要怎麼「打動」選民，影響他們的選票呢[11]？但我必須要說，直到十年前，候選人普遍認為這些錢是夠的，至少二〇〇〇年高爾和

小布希僵持不下時，我就不曾聽誰說問題出在經費不足（頂多就是汰換投票機的經費吧）。有趣的是，這個數字和法國目前的總統大選支出上限（相當於每位成年人口零點三二六歐元[12]）幾乎相同，但有兩個重要區別。首先，法國總統候選人無權放棄政府補助換取支出可以超過法定上限。其次，選擇公費的美國總統候選人的競選支出可以獲得全額補助，法國總統候選人最多只能拿到競選支出上限的百分之四十七點五，而且只限於候選人自身支出的部分[13]。

最後，美國兩黨之外的候選人只要拿到百分之五以上的選票，就能獲得總統競選基金補助，只是金額較少。這些（上次大選得票率介於百分之五到二十五的）政黨被界定為「次要政黨」，能拿到多少補助款取決於它們上次總統大選贏得的普選票數和兩大黨候選人得到的平均普選票數的比例。譬如，德州億萬富豪佩羅（Ross Perot）一九九二年參選美國總統拿下百分之十八點九的選票，因此他於一九九六年再度角逐時就領到了百分之十九的總統競選基金，也就是兩千九百萬美元；民主黨候選人柯林頓和共和黨候選人杜爾（Robert Dole）都拿到六千一百八十二萬美元。總統競選基金還會補助新興政黨，尤其是獨立候選人[14]。只要新興政黨或獨立候選人得票率超過百分之五，就有權獲得補助款，金額依其獲得的普選票數和兩個主要政黨候選人得到的平均普選票數的比例來決定，也就是和次要政黨候選人獲得的補助比例相等，只是並非根據上回選舉結果，而是依照本次選舉結果來分配。

公費選舉的演變

好了，細節交代完畢，希望你順利讀到這裡。讓我們最後用美國四十年來公費民主制的演變（圖四十三）作個小結。總統選舉向來是基金支出的大項，直到二〇一二年所有候選人決定不再接受補助，情況才有所改變，我們下一章會再多談。二〇一二年只有全國黨代表大會還有公共補助的影子，但從二〇一六年起，美國就可以說不再有公費民主制了。那年川普當選總統，但誰想說兩者有關聯？

目前，美國聯邦政府每年提撥的公費民主經費換算成人均支出只有零點零零一二五歐元，相當於四十年前的兩百七十一分之一（圖四十四）。這不只是嚴重的歷史倒退，並且無法上訴，但也替未來提供了豐富的教訓。

這裡必須強調一點，會有這樣的結果，不是因為預算危機迫使聯邦政府減少補助民主運作，而是政治人物自己決定犧牲公共補助。因為法律從制定之初就考慮不周，給了他們這樣做的機會。由於總統競選基金不必每年用完，導致基金規模愈來愈大，這個缺

圖四十三：一九七六至二〇一六年，美國總統大選公共補助

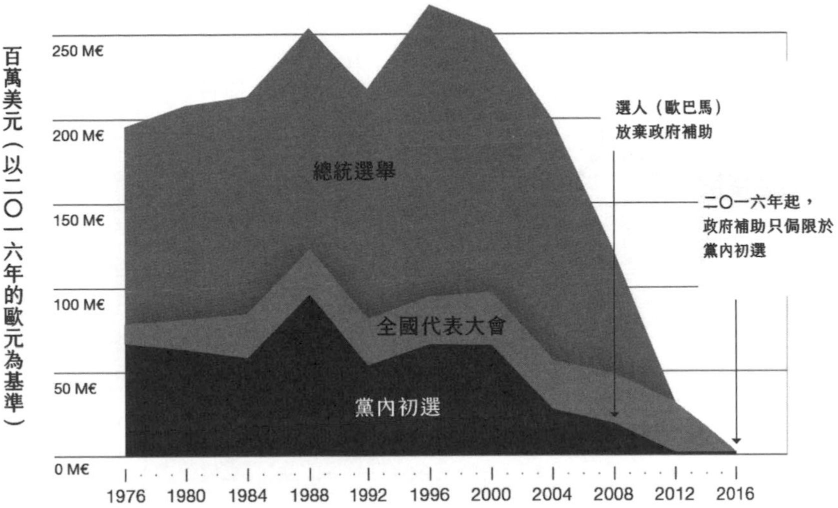

說明：二〇〇八年首度有候選人（歐巴馬）放棄政府補助／二〇一六年起，政府補助只侷限於黨內初選。

陷自一九七〇年代晚期制度建立時就有了。聯邦政府每年都讓人民選擇是否撥款給競選基金，也就是讓人民決定要不要提高總統大選支出，卻從來不曾依據基金的成功與否來調整補助金額，而是完全由法律決定，只按通貨膨脹進行調整。因此，我以為我是用自己的納稅錢投票支持公費選舉，其實有一部分只是幻覺，因為我那「一票」完全不會影響候選人最終有權支出多少。

圖四十四：一九七六至二〇一九年，
美國平均每年每位成年人口公費民主補助額

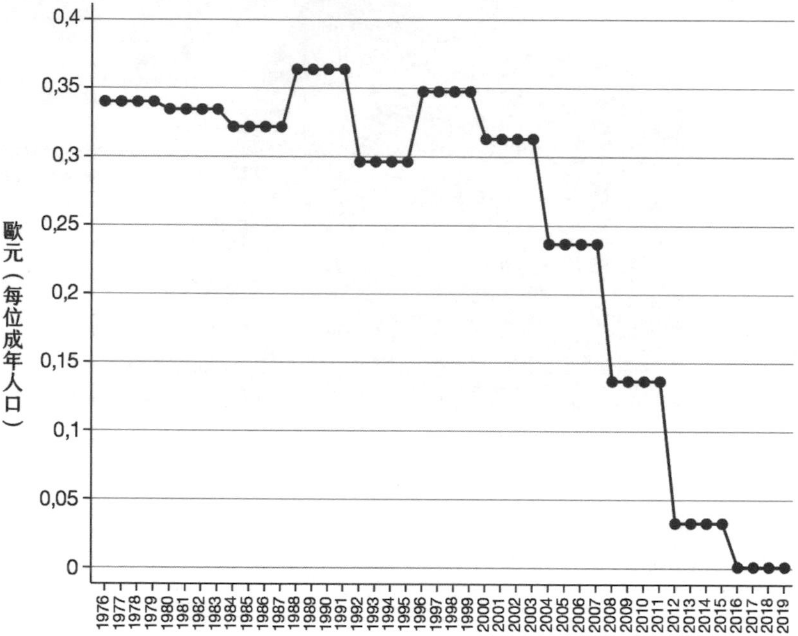

只有黨內初選補助款會每年根據人民表達的偏好而調整，因為補助金額要和候選人募得的獻金相同[15]。美國社會對這個基金的反應愈來愈冷淡，或許部分原因就出在這裡。本書第六章還會再討論。

資助地方民主

雖然美國很早就建立了政治運作公共補助制度，卻只針對總統大選，沒有循序拓展至地方選舉。過去數十年來，這個令人惋惜的缺陷一直廣受爭論，也有人提出許多立法建議，可惜始終沒有結果[16]。

因此，地方民主運作是否得到補助，完全由各州自行決定。一九七〇年代，美國不少州和地方政府開始補助選舉，但目前只剩下十三個州還在實施，方式包括「乾淨選舉方案」（clean election program）和「比照補助方案」（matching funds program）等等，但不是所有地方選舉都適用。前者是候選人募得一定量的小額捐款，政府就會全額補助競選支出；後者是候選人募得多少捐款，政府就加碼補助多少。二〇一七年，西雅圖市級選舉率先採用「民主券」制度，讓市民提撥公帑補助屬意的候選人。本書第九章會再詳談這項新措施。這些補助方式和聯邦政府補助總統大選一樣，候選人必須限制競選支出和募款金額才能獲得補助；但也和聯邦補助一樣，候選人可以選擇退出，以交換隨意支用政治獻金的自由。只是如此一來，公共補助就形同虛設了[17]。

公共補助的選舉包括哪些？實施公共補助的十三個州裡，十一個州補助州長和副州長選舉[18]，其中五個州還補助州議會候選人。新墨西哥和西維吉尼亞州只補助州高等法院法官候選人的競選支出，還有九個州補助政黨[19]。儘管各州制度顯然大不相同，但重點是美國明明有五十一州和一個聯邦地區，卻仍有四分之三並未施行公費選舉制。

地方民主運作沒有公共補助，政府基本上不直接補助政黨，總統大選補助款則是趨近於零：**公費民主生於美國，也死於美國**。

發展公費民主制：面對政治醜聞的健全反應

美國施行公費民主有部分原因來自水門案（聯邦競選法經歷過兩次改革，分別於一九七一和一九七四年，當時這起震動華府的醜聞正達到高峰[20]），不過這個現象並非美國獨有，不少民主國家也有類似情況。義大利一九七一年開始政黨補助，就是因為當時爆發貪污醜聞，有數個政黨受到牽連。本書下一章將再討論。

從政黨直接補助制到楓葉的味道

加拿大也是類似。雖然一九七四年通過的選舉支出法（Election Expenses Act）不涉及規模近似水門案的大醜聞，但一九六四年成立的巴伯委員會（Barbeau Commission）倒是確實和經濟醜聞有關[21]，並於十年後促成了公費選舉制。美國觀察家或許會認為加拿大是受水門案的間接影響，但心向法國和戴高樂的觀察家可能會喜不自勝地指出，魁北克人早在一九六三年就搶先一步，於魁北克選舉法（Quebec Election Law）授權政府部分補助競選支出，比其餘同胞早了一年[22]。

加拿大的公費選舉經歷過哪些轉變？一九七四年的改革包括政府部分負擔政黨支出[23]，得票率百分之十五以上政黨的競選支出由政府負擔一半，以及政黨政治獻金可抵稅。但這些補助通常會以政黨和候選人支出不得超過上限為交換條件。

二十世紀，加拿大數次增修政黨與競選財源的相關法令，本書在此不會討論（如一九八三和一九九六年的）改革細節。但值得一提的是，後來又是因為（自由黨內）一波醜聞，促使加拿大政府於二〇〇四年進行聯邦選舉改革（Federal Electoral Reform）。其中最轟動的就是「贊助醜聞」（sponsoring scandal）。自由黨支用數千萬歐元公帑聘請公關和傳播公司，用意在打擊魁北克黨自一九九五年獨立公投後的各種自治訴求。但這些由親自由黨人士經營的公司非但沒有履行職責，到處在標語或旗幟上印上楓葉，反而「無償」提供自由黨三年公關建議，捐給自由黨的政治獻金也不斷加倍。換句話說，這是一套錯綜複雜卻很管用的回扣機制[24]。

二〇〇四年，自由黨力圖穩定江山，希望藉由大幅削弱私人企業對政黨的影響來討好輿論。然而，政黨需要資金才能運作，因此自由黨於二〇〇四年的改革方案提出直接公費制，每季依據政黨上次選舉的得票數撥款補助，以取代當時的部分補貼政黨日常運作與競選支出制。只要上次選舉拿到百分之二以上的普選票或派出的候選人在選區的得票率百分之五以上，就能獲得補助。而實際取得補助資格的政黨包括魁人政團、綠黨、新民主黨、保守黨和自由黨。

這些直接補助每年金額多少？據統計，二〇〇四至二〇一〇年的數字在一千八百萬到一千九百萬歐元之間（見圖四十五）——二〇〇四年平均每位成年人口零點七五歐元，二〇一一年零點七一歐元，最高的二〇〇六年為零點八零歐元[25]。然而，補助款自二〇一一年開始萎縮，二〇一五年完全結束，因此二〇一六年以後金額為零。本書第六章將會談到加拿大和義大利逐步廢除公共補助政黨的過程。

最後，二〇一二至二〇一六年，加國政府平均每年撥款六百七十萬歐元直接補助各大政黨，平均每位成年人口僅僅零點二五歐元。

法國政黨直接補助制：遲來的微幅革新

和加拿大不同，法國不是因為總理手腳不乾淨而開始公共補助政黨。但一九八八年底至一九九〇年通過的相關法案，都和之前數十年間幾度爆發的獻金疑雲脫不了關係。

圖四十五：二〇〇四至二〇一五年，加拿大直接公共補助政黨金額

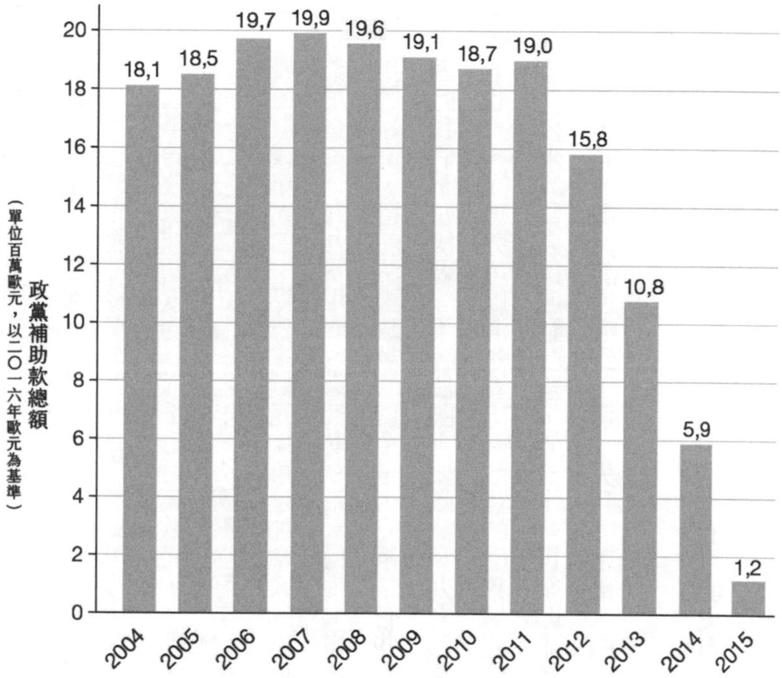

其實早在一九八八年以前就有許多改革提案，不少還在國民議會辯論過，卻始終沒能跨出國會殿堂[26]。

目前法國的政黨補助款等分成兩份，一份根據最近一次國民議會選舉的第一輪得票率分配給各政黨，另一份則撥給各政黨的國會議員，以每年十一月登記於各政

黨名下的議員比例來分配[27]。本章結尾將點出這樣做有個很大的缺點，就是導致民主僵化，因為公共補助牌每五年才能使用一次，而每年登記於各政黨名下的議員人數很少會改變，如此一來因為某次抗議而形成的新政治勢力要如何壯大[28]？

法國二〇一七年的政黨補助款約為六千三百萬歐元，亦即每位成年人口略高於一歐元（見圖四十六）。二〇一二至二〇一六年，法國平均每年政黨補助款為六千七百三十萬歐元，相當於每位成年人口一點三二歐元；雖是加拿大的五倍出頭，但比起二十年前只剩百分之六十左右（一九九四年的政黨補助款為一億零七百萬歐元）。

這不禁讓我們好奇，目前法國政黨的資金是否充裕？有些人可能會說，這要看政黨和年分而定，因此我們不妨檢視一下，法國主要政黨一九九〇年代以來接受政府補助的情形（見圖四十七）。從數據可以清楚看出，政黨的財務健康取決於選舉表現。共和黨（原為共和聯盟，後來改為人民運動聯盟）於二十一世紀頭十年表現亮眼，但之後就被社會黨反超。不過，社會黨目前也嚐到了選舉失利的苦果，由於差點破產而被迫出售索菲利諾街上歷史悠久的總部。

雖然這可能不是增加公共補助的理由（因為我們可能更希望政黨少花一點），但值得注意的是，法國政黨近年來債台高築。共和黨二〇一二年敗選後，債務肯定超過一億

圖四十六：一九九〇至二〇一七年，法國政黨補助款總金額

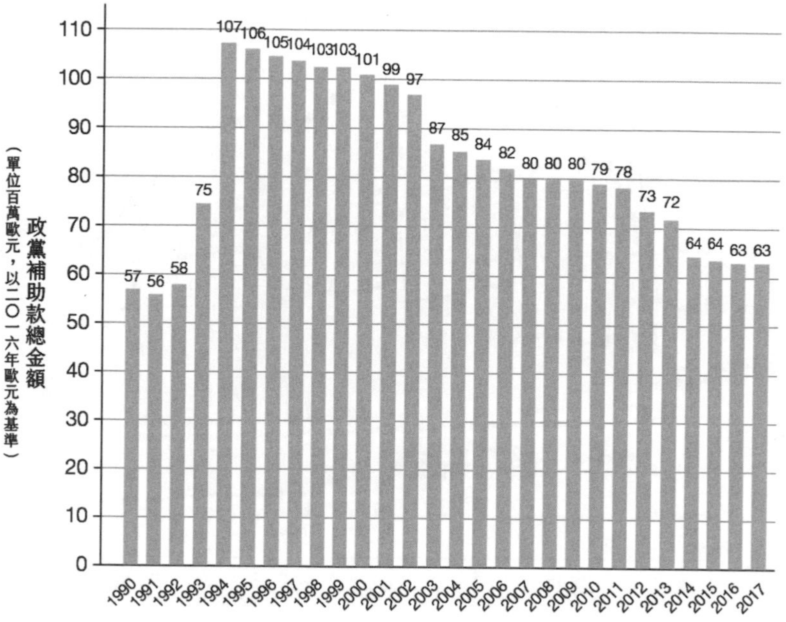

說明：二〇一七年，法國政黨補助款為六千三百萬歐元。

一千萬歐元，至今還有數千萬歐元尚未結清，還款速度非常緩慢。而左派執政期間，政府自然比較偏袒左派，因此社會黨的債務維持在三千萬歐元上下，比該黨一年獲得的政黨補助款還多，國民陣線的債務則持續攀高[29]。

想知道法國政府對政黨有多「慷慨」，最好的做法就是和歐洲鄰國比較。

圖四十七：一九九〇至二〇一七年，法國主要政黨每年所得政黨補助款

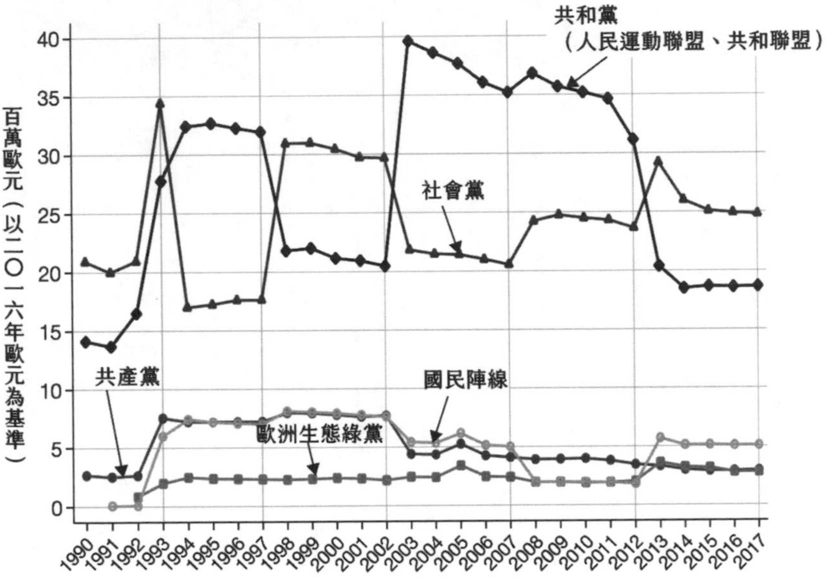

圖四十八顯示二〇一二至二〇一六年，德、法、義、西、英五國主要政黨平均每年得到的政黨補助金額。結果是什麼？首先，義大利的政黨補助款極低，最近幾年更斷絕供應，而英國除了給予反對黨的少數補助外，公費制度始終沒能落地生根。為了便於比較，圖四十八沒有納入加拿大。但加拿大和義大利一樣，政黨補助金額自二〇一六年以後就是零。二〇一二至二〇一六年的年平均補助也很低，排名第一

圖四十八：二〇一二至二〇一六年，德國、比利時、西班牙、法國、義大利和英國主要政黨平均每年所得政府補助款總額

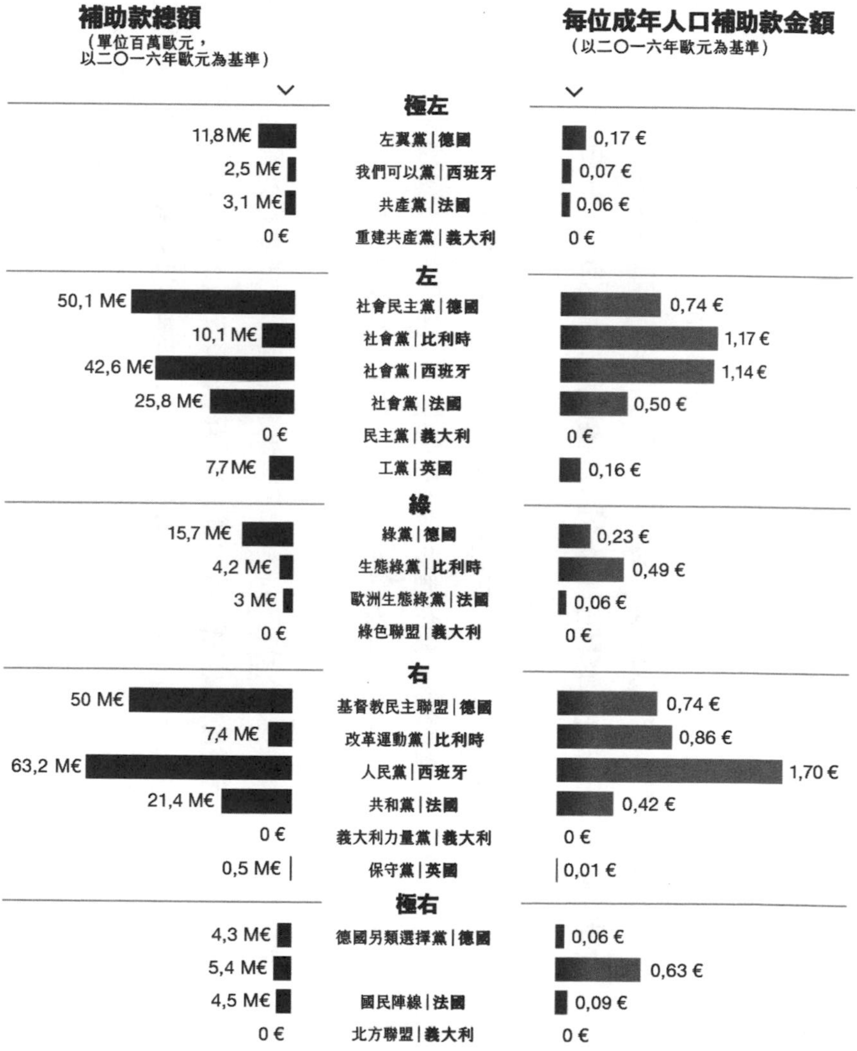

的自由黨每年領得五千五百萬歐元，相當於每位成年人口零點二一歐元；新民主黨更僅僅拿到八十萬歐元，相當於每位成年口零點零三歐元[30]。

和別國相比，法國政黨拿到的補助款不少，只輸給德國和西班牙政黨（西班牙的情況非常有趣，只是很少討論）。這也導致法國政黨雖然能接受多少金額的捐款受到相對嚴格的規範，出手卻頗為闊綽，如我們在第一章所見，支出比英國政黨還多。我稍後將討論德國的公費民主制，但想先簡短談一下比利時。

比利時是將公費民主執行得最接近徹底的國家。和政府補助相比，政治獻金顯得微不足道。比利時模式當然不完美，卻值得仔細研究。我們在第一章就提到，比利時一九八九年訂定競選支出上限，幾乎和法國同一時間開始對選舉和政黨進行規範，對政治獻金也有嚴格限制。不過，作為交換，政府對政黨的補助非常大方[31]。一九八九年七月四日通過的法案第五項規定，任何政黨只要在聯邦議會參眾兩院有一個以上之席次，就能按月獲得補助[32]。補助分成兩種形式：第一種是固定補助款，只在眾議院擁有席次的政黨每年可領取十七萬五千歐元，若在參議院也有席次，則領取二十四萬五千歐元；第二種補助款（如德法兩國）則依據政黨上次眾議院選舉的得票數而定。因此，只在眾議院擁有席次的政黨，每年每票可領得二點九九歐元的補助款，在參議院也有席次的政黨則為每票四點一八歐元。相較之下，法國第一輪選舉平均每票一點四二歐元，德國則不到一歐元。

此外，和法國第二輪選舉補助一樣，比利時政黨還能領取所謂的「集體補助」，金額依據政黨選上國會議員的人數而定，眾議員一人六萬歐元，參議員一人約為兩萬兩千歐元，同樣遠高出法國。

從這裡立刻可以看出比利時制度的特色，就是政黨擁有政府高額直接補助。如果不看主要政黨每年領得的政黨補助款金額，而是根據總人口算出每位成年人口的補助額，這點就更加明顯。比利時政黨領得的直接補助款傲視全球。二〇一二至二〇一六年，比利時社會黨領得的補助款位居各國左派政黨之冠，年平均將近每位成年人口一點二歐元，不僅是法國社會黨的兩倍出頭，也比德國社會民主黨高出許多[33]，只有西班牙的政黨拿到更多公共補助。

當然，比利時的制度也不是盡善盡美，在金錢和政治的關係上尤其如此。近年來接連爆發的政治危機，從蒲布利方（Publifin）事件到社會救助（Samusocial）醜聞，以及政黨遲遲無法組成聯合政府，都不斷提醒我們這一點。重點不在推行一套「完美」制度，更何況比利時的補助金額過高，導致政府無法補貼（在法國、加拿大和西班牙都占極高比例補助款的）政黨競選支出。不過，值得一提的是，若只考慮直接公共補助，政黨其實單靠補助款就能支應其三分之二的開銷，包括比利時社會黨、生態黨到革新運動黨都是如此[34]。

德國爭執不斷

德國政府對政黨的直接補助非常大方，但有兩項限制。首先，法律規定公共補助不能超過政黨總收入的一半。因此，一個政黨如果缺乏其他財源，它能拿到的補助款就會受限，可能無法全額領取。譬如另類選擇黨二〇一七年依據上次選舉的得票數，加上獲得大量小額捐款，原本可以拿到一千三百二十萬歐元的政黨補助款，但由於補助前的政黨收入不夠高，實際上卻只拿到八百八十萬歐元。這項規定很奇怪。政黨被私人利益把持的危險明明比（某些人擔心的）政治團體仰賴公共補助嚴重得多，但我從來沒聽過哪個國家立法禁止政黨大幅仰賴私人資助。其次，德國聯邦議院每年都會設定補助預算上限，二〇一七年為一億六千一百八十萬歐元，導致各黨實際得到的補助款都有減少：基督教民主黨原本能拿到五千六百四十萬歐元，結果只拿到四千八百四十萬歐元，社會民主黨則是從五千七百五十萬歐元減為四千九百二十萬歐元。

然而，德國在公費民主制方面並不「保守」或落後。它的問題主要出在政治獻金沒有上限，導致公共補助整個被比了下去。其實德國是少數一九六〇年代之前就立法實行公費民主制的國家。西德一九五四年實施政治獻金減稅，間接補助民主，隨後於一九五九年採行直接補助制。有意思的是，直接補助是在聯邦憲法法院的建議下促成的。一九五八年，聯邦憲法法院宣布政治獻金減稅違憲，因為該措施明顯對某些政黨特別有利，破壞了政黨間的機會公平[35]，但強調直接補助可以接受。

然而，直接補助制從提出到實行，其間經歷了立法機關和聯邦憲法法院無數次的往來攻防。爭論焦點除了減稅是否違憲，還包括公帑可以補助什麼、不能補助什麼，例如只補助競選支出，還是政黨開銷也可納入[36]？要到一九六七年七月二十四日，法律才確定競選支出可以按得票率獲得補助，一九九四年才（恢復）實施每年全面補助，讓政黨得以不怕斷炊。

目前德國的政黨補助款分成兩類，一類和法國補助政黨第一輪選舉類似，只要得票率越過門檻，每年就能根據最近一次選舉的得票率獲得補助[37]。

另一類則是根據政黨獲得的自然人捐款額來提供補助。說得更明確一點，政黨每收到自然人一歐元捐款，政府就補助零點四五歐元，但只限於捐款額三千三百歐元以內的

圖四十九：二〇〇二至二〇一七年，德國政黨補助款總額

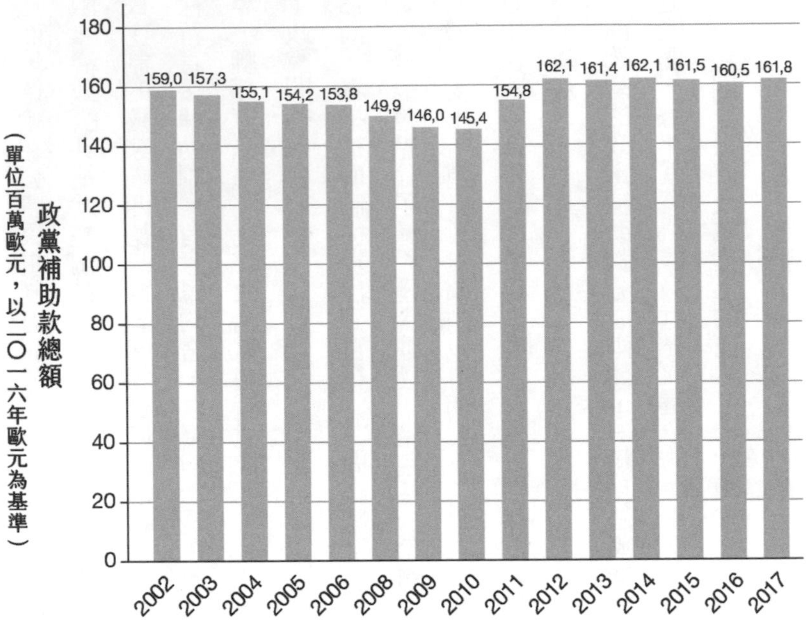

說明：二〇一七年，德國政黨補助款總計一億六千一百八十萬歐元。

部分。換句話說，雖然自然人捐款沒有上限，但只要金額高於三千三百歐元，超出的部分就不予補助。這項規定是希望鼓勵小額捐款，和美國黨內初選的「比照補助制」用意有些類似。

總而言之，二〇〇二至二〇一六年，德國政府平均每年直接補助政黨一億六千兩百萬歐元，約合每位成年人口二點三九歐元，將近法國的兩倍，而且金額相當穩定（見圖四十九）[38]。

競選支出給付

雖然之前的討論主要針對政黨直接補助，但許多國家還有另外一種公費民主，那就是政黨或候選人的競選支出給付（remboursement），有些國家的政治民主甚至只有這一種公共介入方式。競選支出給付通常早於直接補助，譬如德國一九六七年就在政黨法裡做了相關規定，直到一九九二年四月九日聯邦憲法法院做出關鍵判決之後，競選支出給付才被直接補助所取代。

法國競選支出給付：一人一歐元（一票？）

法國的競選支出給付制和直接補助一樣，都始於一九八〇年代晚期。不論總統大選或其他選舉，候選人只要第一輪選舉得票率在百分之五以上，就能核銷競選支出裡個人支付的部分[39]，但以各選區設定的競選支出上限的百分之四十七點五為上限；全國選舉的支出給付上限則是總統大選支出上限的百分之四十七點五[40]。當然，前提是候選人的

圖五十：法國競選支出政府給付金額

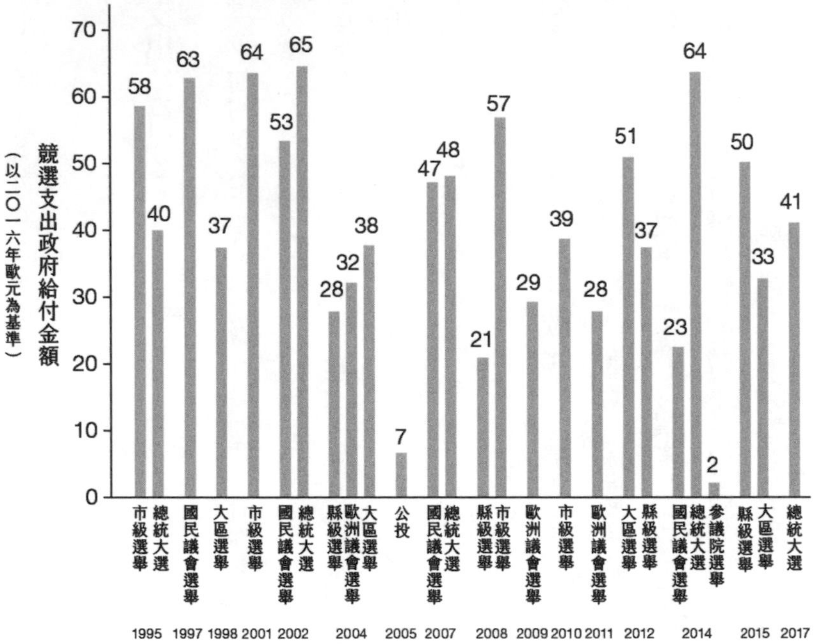

選舉帳戶沒有遭到全國競選專戶委員會否決才行。前總統薩科奇二〇一二年就受到了這樣的遭遇，讓人民運動聯盟和所有右翼分子及支持者不得不出手解救他們受到不公對待的最高領導人（lider maximo），搞得他們大傷荷包又大感不悅[41]。

法國政府平均每年給付多少競選支出呢？圖五十是法國政府每年補助每次選舉支出的金

額統計[42]。當然，每次選舉差別很大，候選人和支出上限也大不相同，其中最花錢的是市級和國會選舉，其次是總統大選。

上個選舉週期（二〇一二至二〇一六年）有國民議會和總統大選、縣級、市級、歐洲議會、大區和參議院選舉，競選支出給付總額來到兩億六千萬歐元，約等於每年五千兩百萬歐元，也就是每人一歐元[43]。這個金額是多是少？我們同樣必須和其他國家比較才知道。

各國狀況

如我們之前所見，西班牙政府對政黨補助非常慷慨，二〇一二至二〇一六年平均每年給付政黨支出五千三百六十萬歐元，相當於每位成年人口一點四四歐元，遠高於法國的一歐元。

加拿大由於資料不足，以致無法比較[44]，但我們可以檢視加拿大政府對國會選舉支出的補助。政黨支出可以獲得政府半額給付，其上限依各選區選舉人數而定；得票率百分之十以上的候選人，政府會給付其六成競選支出。二〇〇四、二〇〇六、二〇〇八和二〇一一年，加國政府平均給付政黨競選支出將近兩千一百五十萬歐元，給付候選人競選支出一千八百萬歐元，合計三千九百萬歐元出頭，約等於每位成年人口一點五七歐元。二〇一五年的競選期長達七十八天，為加拿大史上最久，給付款也因而飆高，所有政黨共領得三千八百萬歐元，候選人則是兩千七百萬歐元[45]。

因此，當我們談到公費民主，必須記得它有許多層面，尤其包括直接補助和競選支出給付，即使兩者意涵大不相同。義大利政黨於一九九三年以前享有高額的直接補助。直接補助廢除後，政黨支出給付立刻於隔年大幅增加，幾乎補足了直接補助所留下的資金缺口。

法國政黨補助款和競選支出給付加起來的總金額每年將近一億一千九百萬歐元，平均每位成年人口二點三二歐元，和德國的政黨補助款（每位成年人口約二點三九歐元）相去不遠[46]。

這點值得再三強調，因為有太多人堅稱德國對政黨的補助比法國好得多。的確，純就直接補助而言，德國的政黨補助款是比較高，政黨也因此有錢許多；此外，德國接受直接補助的政黨比法國少也是原因之一。但德國自一九九〇年代中期開始，政黨競選就必須完全自費，法國政府則會部分給付競選支出，兩國制度並不相同。尤其德國的比例代表制偏重政黨勝於候選人，因此幾乎沒有候選人會獨立於主要政黨之外參選，法國的地方選舉卻常出現獨立候選人，甚至連全國選舉也時有耳聞。法國政黨對市級選舉候選人的競選支出只負擔百分之七，對國民議會候選人則是百分之二十八。大多數開銷都由候選人自行負擔，如此才有資格申請政府給付。

政治基金會補助款才是德法兩國真正的差異所在。如前所見，德國政府對政治基金會的補助非常慷慨。這些基金會其實都隸屬於政黨，補助金額也視政黨選舉表現而定。德國政府每年補助政治基金會的金額相當於每位成年人口七點五五歐元，反觀法國的智庫幾乎都和政黨沒有直接關聯，更是不曾接受政府補助。

法國公費民主制的缺點不在政黨補助不足，而在補助條件。簡單來說，法國對政黨的直接補助會導致民主僵化，德國制度也是如此，只是沒那麼明顯。接下來讓我們針對這部分多談一點，順便為本章結尾。

法國公共補助：僵化民主的制度

我在本章開頭講得很正面，指出許多國家都設有公共補助政治運作的制度，而且行之有年。這是很好的一件事，因為政府補助至少能部分約束政黨和政治人物對政治獻金的需求，以及隨著政治獻金而來的各種把持。遺憾的是，本書接下來幾章將會指出，目前這些制度幾乎都備受抨擊。

法國和其他國家的直接補助制都有一個很大的缺點，就是幾乎都以五年為基準（有些國家是四年，視國會多少年改選一次而定），彷彿想讓獲勝的政黨「致富」，落敗的政黨「告窮」，直到下次選舉才能翻身似的。和共和黨一樣，社會黨二〇一七年慘敗之後也嚐到了財務上的苦頭，只不過當然不是頭一遭[47]。在我看來，這套做法其實沒有問題，甚至有幾分道理，被民意碾壓的政黨理應少得一點政府的慷慨。

我說，真正的問題在於現行制度讓新興政治力量無法在兩次選舉之間崛起，想要出頭就得募得足夠的政治獻金，卻也因此會遇到我剛才提過的把持問題。這點對保守勢力特別有利，至少經濟立場明顯偏右的政治團體（譬如二〇一六至二〇一七年的共和國前進黨）很占便宜，因為想也知道，比起要求提高邊際稅率，主張廢除財富稅或降低營利事業所得稅更容易贏得私人捐款。此外，最近幾年的經驗還告訴我們，只要你是共和國前進黨的人，想租到巴黎互助會議中心（Maison de la Mutualité）就容易得多，僅需兩萬五千歐元，不像社會黨得花四萬三千歐元[48]！我之後還會談到籌劃這些活動的智奧活動（GL Events）集團和候選人的競選支出。

於是，馬克宏和他的金主硬是成立了一個政黨，並且短短幾個月內就同時拿下了愛麗舍宮和國民議會。相比之下，另一個約莫同時出現的政治力量（而且可以說是被前者的法案給激出來的）「夜之起義」（Nuit Debout）卻只維持了幾個晚上。占領華爾街和全球各地的類似抗爭也是如此。百分之九十九的美國人只能上場短短幾天，之後……之後就得去忙更要緊的事，例如賺錢養家。只有專業從政者例外，他們拿錢就是為了搞政治；一般人民都必須工作才能維生，光是這一點就足以讓他們被排除在政治活動之外。

公民社會催生的政治運動一旦得不到必要的資源，就成不了政黨。任何政治團體要能成氣候，參與選舉並且勝選，就必須擁有足夠的資金。但要是你必須先贏得選舉才能拿到資金呢？這就是現有制度的荒謬之處，因為它完全偏袒執政黨，而且就算名稱或盟友變了，整體結構還是相對僵固。

任何政治團體要能成氣候，必須有夠多的人民**可以**（我說**可以**，而不只是**願意**，因為許多人都心有餘而力不足）付出時間投入其中。不是所有人都很好運，可以到財政部門口弄早餐；而且每個人的時間都很有限，因為還得工作。公民社會催生的政治運動如果老是無疾而終，那都是因為缺錢（缺錢在這裡指的是**欠缺適當的政府補助機制**）所以撐不久。茶黨之類的政治勢力是例外。那些團體不僅多得是政治獻金，背後還早已有成形的政治意志在支撐。

這就是為什麼我在第十章會提出建議，希望政府每年（而不是每五年）都讓所有人民可以按自己想要的方式決定補助多少錢給他們屬意的政治團體，包括前一年剛崛起的政治組織或力量。這套制度將會容許閃電般的突破，不僅更民主、更有活力，也更能因應這個世紀的新局面。

我將這套制度稱為民主平等券。雖然靈感來自義大利的千分之二制和利用報稅進行的美國總統競選基金，但有幾點不同。我不僅納入近年來一些新措施的優點，還從過去擷取教訓，提出這樣一套符合二十一世紀，更有效率、更平等的公費民主制。所有人民每年都能提撥定額補助款給自己屬意的政治團體，而且人人金額相同。

我們必須儘快朝這套既現代又平等的公費民主制邁進。因為就如本書接下來幾章將會指出的，如果再不行動，全世界就會有更多人質疑現在令人不滿的制度，讓政治獻金和隨政治獻金而來的各種浮濫行徑大舉侵入。

註釋

1 我在這裡直接從老羅斯福總統的國情咨文跳到最後的立法改革，略過其間發生的諸多辯論，還請讀者見諒。詳細討論請參考 A. B. Gunlicks (1993), *Campaign and Party Finance in North America and Western Europe*, Boulder, CO: Westview Press。

2 嚴格來說，美國公共補助選舉是從一九六六年的總統競選基金法（Title III of Public Law 89-809）開始。同年十一月十日，參院財政委員會主席隆恩（Russell b. Long）一針見血指出：「由大批公民小額捐款匯聚而成的基金最能確保財團不致擁有過多影響力。」還有一點也很有意思，那就是隆恩當時認為光有這個法案還不夠，必須補上其他規範，尤其是政治獻金上限。後來，總統競選基金法於隔年就遭到撤銷；應該說當時國會遲遲無法決議基金如何分配，導致法案形同無效。

3 順帶一提，哥斯大黎加一九五四年開始實施政黨部分補助制，阿根廷一九五五年，瑞典一九六五年。

4 美國一九九三年通過綜合預算協調法（Omnibus Budget Reconciliation Act）將提撥金額從一美元調為三美元，夫妻合併申報者從兩美元調為六美元，並在兩個格子裡打叉。

5 為便於比較不同年分與國家，所有金額都以二〇一六年的歐元為基準來表示。因此，八千五百萬歐元即為一九七四年的兩千七百六十萬美元。

6 一九七六年，時任加州州長的雷根未能獲得共和黨總統候選人提名（一九六八年已經鎩羽過一次），要到四年後才同時獲得提名並贏得大選。

7 只到二〇一四年，本書稍後會做說明。

8 競選基金只針對個人捐款進行同額補助，不包括政治行動委員會或政黨捐款。個人捐款可以超過兩百五十美元，但政府最高只會補助兩百五十美元。

9 此外，這五千美元的捐款當中，平均每位捐款者不得超過兩百五十美元。因此，最簡單的做法就是在二十個州各有二十位捐款者捐款兩百五十美元以上。

10 這項法律不是針對民主黨和共和黨，而是所有「主要政黨」，亦即該黨候選人於上回選舉拿到百分之二十五以上選票的政黨。只是直到目前從來沒有共和黨或民主黨以外的候選人拿到這筆補助。

11 不過，我要提醒各位，這只包括主要競選期間的支出，也就是從候選人獲得提名到十一月投票的最後階段。在那之前，候選人同樣需要花錢競選，以便在初選中勝出。而兩黨的全國代表大會由於備受媒體關注，因此對候選人來說是四年才有一次、讓民眾更認識自己的絕佳機會。

12 二〇一七年法國總統大選首輪選舉的支出上限為一千六百八十五萬一千歐元，進入次輪選舉的候選人支出上限則提高到兩千兩百五十萬九千歐元，相當於每位成年人口零點四三歐元。

13 兩者還有其他細微區別，本章結尾將會談到。

14 凡是上次選舉並未參加或得票率低於百分之五的政黨或候選人，都在「新興」之列。

15 全國代表大會補助款和競選支出上限一樣金額固定，並會根據通貨膨脹調整。

16 不怕面對卡夫卡式的法律程序而陷入絕望的勇敢讀者可以參考 CRS Report for Congress (2008):《Public Financing of Congressional Campaigns: Overview and Analysis》。有關地方和州政府補助民主運作，我誠摯推薦以下著作：Donald A. Gross et Robert K. Goidel (2003), *The States of*

Campaign Finance Reform, Ohio State University Press 和 David A. Schultz (2002), *Money, Politics, and Campaign Finance Reform Law in the States*, Carolina Academic Press。此外，全美州議會聯合會（National Conference of State Legislatures）網站裡同樣資訊豐富，尤其州法中有關公費民主制的最新資料：https://www.ncsl.org/research/elections-and-campaigns/public-financing-of-campaigns-overview.aspx。

17 很可惜，但這就是我不如佩吉和紀倫斯那麼樂觀的原因。他們兩人似乎認為「乾淨選舉方案」就足以防止民主運作被把持。但我認為要做到這一點，就必須讓所有候選人只有這個選項，也就是不得再允許候選人放棄公共補助。康乃狄克州二〇〇八年開始實施公共補助制，二〇一一年州長選舉由接受補助的馬洛伊（Dannel Malloy）擊敗百萬富商拉蒙特（Ned Lamont）勝出。但我們大有理由擔心下回選舉時，拉蒙特或另外一位同樣有錢的競爭者手上資源更多，花的錢足以抵銷公共補助的效益；而且法律其實無法阻止發生這種事，這才是問題所在。

18 亞利桑那、康乃狄克、佛羅里達、夏威夷、緬因、馬里蘭、麻薩諸塞、密西根、明尼蘇達、羅德島和佛蒙特州。

19 九個州分別為阿拉巴馬、亞利桑那、愛荷華、明尼蘇達、新墨西哥、北卡羅來那、俄亥俄、羅德島和猶他州。

20 尤其聯邦競選法一九七四年增修條文增設了聯邦選舉委員會，對有效規範競選支出發揮了關鍵作用。水門案始於一九七二年六月十七日民主黨總部遭人闖入，結束於一九七四年尼克森辭職。

21 感興趣的讀者可以參考 Lia Young et Harold J. Jansen (2011), *Money, Politics, and Democracy:*

Canada's Party Finance Reforms, UBC Press。

22 不過，一九六三年的魁北克選舉法並未允許政府直接補助政黨，要到一九七七年才開放。

23 尤其政黨用於廣播和電視台廣告的支出，可以向政府申請半額補助。

24 贊助醜聞於二〇〇二年首度由報紙披露，隔年審計總長（auditor general）下令正式調查，最終導致政府於二〇〇五年倒台。

25 圖表見本書的線上附錄。

26 關於這些改革提案，感興趣者可參考Éric Phélippeau (2010), «Genèse d'une codification. L'apprentissage parlementaire et la réforme du financement de la vie politique, 1970–1987», *Revue française de science politique*, 3。

27 政黨名下每多一名國民議會議員或參議員，每年就可多拿三萬兩千兩百八十歐元。此外，政黨於國會選舉第一輪投票每拿下一票，就可領到一點四二歐元的補助款，但前提是總得票率必須高於百分之一。若政黨不符合政黨規範，則會遭到罰款。欲知更多細節請見法國全國競選專戶及政治獻金委員會官網上的資料：http://www.cnccfp.fr/index.php?r=4。

28 馬克宏的共和國前進黨出現，證明了只要募得到足夠的私人獻金，新政黨也能崛起。這點對新興保守勢力比較有利，要求所得重分配等的左派政治團體則被邊緣化。

29 感興趣的讀者可以在本書的線上附錄找到法國主要政黨一九九〇年以來的債務變化。

30 感興趣的讀者可以在本書的線上附錄找到相關數據與圖表。

31 嚴格來說，比利時一九八九年之前就有政黨補助款，時間可以回溯到一九七〇年代，只不過是以國會分配款的形式存在，方便政黨資助候選人。但這套制度並非公開透明的榜樣，因為金額多少完全由政黨自行商量決定。

32 該法案主要針對政黨的競選支出、財務及公開帳目進行限制與規範。二〇〇三年法案第五項修正後，目前任何政黨只要在眾議院或參議院擁有至少一個席次，就能領取補助款。法案第十六項則是規定政黨每年獲得的補助總額。該法案於二〇一四年元月六日再度修正，我在這裡提供的是目前的補助額。

33 這裡僅討論（只在比利時法語區活動的）比利時社會黨，不包括荷語區的不同社會黨（Socialistische Partij Anders），不過仍然以比利時總人口為分母，因此和其他各國相比，其實是低估了比利時每位成年人口的補助額。我們很難將政黨「送作堆」，因為它們的政治立場隨時可能改變。例如，法語區的革新運動黨（Mouvement Réformateur）能否和荷語區的自由民主黨（Open Vlaamse Liberalen en Democraten）劃上等號就很不好判斷。

34 社會救助醜聞涉及公務人員收取巨額酬金，最終導致布魯塞爾市長於二〇一七年六月辭職下台。蒲布利方事件同樣也是因為數名政壇要角（大多來自社會黨，但也包括其他政黨）獲取超額報償的消息曝光而爆發。蒲布利方是一家跨社群合作社，主要項目為電力與電信分配，但也從事其他產業。涉及醜聞的政治人物都是該機構的董事。

35 本書前幾章曾經提到，德國各政黨獲得的政治獻金極度不平等，因此聯邦憲法法院的見解感覺上完全有憑有據。參見 Arthue B. Gunlicks (1993), *op. cit.*。

36 一九九六年，聯邦憲法法院裁決政黨使用補助款從事政治或公民教育為違憲行為，結果就是（如我們在第四章見到的）私人資金大量湧入智庫。

37 和法國不同，德國的這類補助款不僅根據國會（聯邦議院）選舉結果，還根據歐洲議會和地方選舉的結果來計算。補助金額為四百萬票以內每票零點八三歐元，超過四百萬票的部分，每票補助一歐元。

38 圖四十九為德國政府自二〇〇二年以來補助所有政黨的總金額。感興趣的讀者可以在本書的線上附錄裡找到所有在聯邦議院擁有席次之政黨的每年所得補助額。譬如二〇一五年，在聯邦議院擁有席次的政黨獲得一億五千五百萬歐元的直接補助，占政府對所有政黨補助額的百分之九十六。

39 歐洲議會選舉的補助門檻是得票率百分之三（法國目前的歐洲議會選舉為單一全國選區一輪選舉比例代表制，門檻為得票率百分之五）。

40 法國總統大選候選人還能享有十五萬三千歐元的預先給付。必須強調的是，給付只限候選人的「本人支出」，其理由不難理解，因為政府沒有道理核銷候選人使用的政治獻金。然而，不少候選人及其競選團隊似乎忘了這一點。譬如二〇一七年，總統候選人費雍就竟然出於不察（也許是故意的，誰曉得？）而損失了六百萬歐元補助款，只因為他用（不符合核銷資格的）政黨經費支付了一千萬歐元以上的競選支出，而不是（和其他深諳此道的候選人一樣）由他的個人帳戶支付。

41 法國人民也深感不悅，因為雖然當時報導不多，但「薩科松」有大半來自於捐款減稅，等於是納稅人的錢，包括不支持薩科奇的人在內。因此，在薩科奇得到的一千一百萬歐元競選支出補助款裡，可能有高達七百萬歐元是納稅人的錢——可惜確切數字無法得知。

42 雖然法國二〇一五年以省級選舉取代了縣級選舉，但為了讀者方便，圖五十依然維持「縣級選舉」的名稱。二〇一三年五月十七日第 2013-403 號法通過後，省議會不再每三年改選半數議員，改為每六年改選全部議員。這就是為什麼二〇一五年縣級（省級）選舉的競選支出補助是往年的將近兩倍。

43 上上個選舉週期（二〇〇七至二〇一一年）的競選支出補助額為兩億六千八百八十萬歐元，平均約為每年五千三百八十萬歐元。

44 加拿大省級和地方選舉的規範會因地區大不相同，譬如安大略和魁北克省至今依然每三個月補助政黨一次。

45 有趣的是，加拿大選舉法規定競選期只要超過法定下限三十六天，支出上限就按比例調高。因此，二〇一五年的競選期為七十八天，各政黨每日支出上限為六十七萬五千加元，約合四十三萬五千歐元，各候選人每日支出上限則為兩千七百加元，約合一千七百四十歐元。

46 目前德國政府不再給付競選支出，只剩對政黨的直接補助。

47 社會黨二〇一六年拿到兩千四百九十萬歐元的補助款，二〇一八年只剩下七百八十萬歐元。同一時間共和黨拿到的補助款則從一千八百五十萬歐元減為一千四百四十萬歐元。馬克宏的共和國前進黨是最大贏家，一年就拿到兩千零六十萬歐元補助款。

48 在此特別推薦法國獨立媒體《參報》（*Mediapart*）針對馬克宏收受競選餽贈所做的報導。這些餽贈如果屬實，依法將歸為變相的政治獻金：Antton Rouget (2018), "Campagne de Macron, les cadeaux du 'roi de l'événementiel,'" Mediapart, April 27。

第六章　公費民主：瀕危的制度

本書前四章檢視了西歐和北美各國對於公費民主制的種種規範，第五章則介紹了各國政府如何補助政治運作。從中已經可以明顯看出幾點。有些國家（如法國、比利時和美國）對競選支出設有上限，對政治獻金設有規範，並或多或少於同一時間開始補助選舉或政黨，但制度卻極不完善。德國則是從補助政黨開始，尤其補助政治基金會，然後才進行其他改革，卻始終允許企業政治獻金，競選支出也無上限。英國競選支出受到嚴格規範已經一百五十多年，但始終無意推動公費民主或對政治獻金設立上限。這些做法感覺就像這裡弄弄、那裡搞搞，卻不打算認真思考如何對資助民主運作進行完整規範一樣。我認為事情可以不是這樣。只要人民體認到眼前的問題，就能發展出一套不自相矛盾的制度，站在平等的基礎上重塑民主。

唯有每樣零件都顧到，整個機制才能發揮作用。然而，以平等為基礎運作的民主目前正腹背受敵。面對現有制度的腐化，義大利和美國選擇了完全錯誤的做法，全面停止公共補助。而大西洋此岸的我們老覺得那些是美國人的問題，卻沒發現私費民主幾乎在所有地方的理念戰場上都占了上風，就連在投票所也是常勝軍。我們在下一章將會看到，政治人物不再關心一般民眾的政治偏好，只在乎富人的選擇，類似的例子不勝枚舉。不只因為政治人物如今追求的是錢，而不是選票，也因為政治獻金屬於「言論自由」的說法橫掃四方。然而，只要理性思考就會發現腐化的危險早已經存在多年，最終導致了政治辯論的極化與民粹運動興起。

誰出錢的問題很重要，因為政治人物之所以對政治獻金趨之若鶩，主要基於競選支出會直接影響得票數。雖然手段多半合法，有時卻也不是無可爭議，只要想想英國脫歐支持者如何利用社群媒體的私人資訊就曉得了。

醜聞之外……

敗壞民主的醜聞，我在這裡可以列出一長串。照理應當暗地進行的金權政治有時確實會曝光——幸好如此。我可以一一講述這些難堪事，尤其不少醜聞有它滑稽的一面。

你看了可能會很生氣，有時卻又忍不住會笑出來。

譬如加拿大的博阿努瓦醜聞。我大可從十八世紀初期博阿努瓦兄弟（Charles et Claude de Beauharnois）在人稱「美麗之省」的魁北克創立的領地說起，交代這個直到一九二九年才宣告結束的漫長事件。但我顯然最好略過其間的兩百年歷史，直接從博阿努瓦光電熱能公司（Beauharnois Light, Heat and Power Co.）開始。這家公司於內戰期間「捐款」七十萬加元給魁北克自由黨和加拿大自由黨，以便換取更改聖勞倫斯河水道及建造發電廠的許可，結果差點翻船的卻是自由黨。

我還可以分享英國首相勞合・喬治（David Lloyd George）的故事。他在一九二〇年代廣授（應該說兜售）爵位，以換取金主資助[1]。但和喬治相比，布萊爾被控授予爵位給貸款幫助工黨的商人，這樣的鬻爵（Cash for Honours）事件難道不是同一回事？

我又怎麼能不提到奧地利的哈貝鮑爾醜聞，以及整起事件的後續發展足以寫成勒卡雷的小說？一九八〇年，哈貝鮑爾（Bela Rabelbauer）為了買下國民議會的席次，趁夜拎著裝滿一千萬先令的手提箱到某間公寓送給人民黨，從此被奧國媒體稱為「拿著手提箱的男人」。五年後，維也納一名檢察官從哈貝鮑爾手裡收下裝有一百五十萬瑞士法郎的信封，隨後撤銷了告訴。之後事情爆發出來，讓司法系統被控貪瀆。這就是金錢、司法與政治。

這些醜聞不無用處，因為媒體披露之後引發的不滿讓政府被迫採取更嚴的規範。只要制度對自己有利，政治人物就沒什麼動力推行改革，當權之後尤其如此。而且他們的理由總是同一個，彷彿無可爭辯一般：誰叫法律這樣規定的……法國共產黨一九八〇年代強烈反對設立政黨補助款，立法後卻只撐了一年就不再拒領。其他政黨都拿了，我們怎麼能放棄這筆天賜之財？德國綠黨立法禁止政府補助基金會不成，就決定自己也創一個基金會。但你又怎麼能怪他們呢？尤其這筆錢用意良善？但當政治人物放棄原則，開始按政治獻金的規矩辦事，有時甚至得到法律全面支持，這才是真正的問題所在。在美國，就連參議員桑德斯（Bernie Sanders）也使用了利益團體（尤其全美護士聯合會）的政治獻金，結果引來強烈批評，因為他曾經宣稱自己絕不會接受超級政治行動委會（全美護士聯合會便是以這種法律地位助選，本書第七章還會再做討論）的資助。不過，比起民主黨其他候選人收受大金主的捐款，尤其希拉蕊，桑德斯的競選經費顯然單薄許多，也合法許多。

有人或許會想，我怎麼不多談一些民主國家發生的競選經費醜聞？難道是我不想趕盡殺絕，甚至不希望某些事受到嚴格的檢驗？我是不是刻意迴避薩科奇和大金主格達費的關係——哎呀，我這不是提了嗎？我是不是拒談巴西石油醜聞的各種展開，不敢碰這起震撼拉丁美洲政壇的大事件，只想用大量數據和修法建議將這些醜聞蓋過去？

說真的，我不想花時間提這些事，是因為我深信就算它們能促成更多規範，有時卻對當權者更有利。醜聞一旦爆發，當事者遭到懲罰（如果有的話），大家就會以為事情已經解決了。當罪犯送上法庭，法規和法條成為「熱門話題」，官員政客在直播節目被痛批，潘妮洛普再也不能光靠看管老公資產就坐領乾薪——好了，下一題。然而，光是揭露醜聞或有洞補洞，卻不尋求解決之道，也不修改法律，這就只是迴避最根本的問題，私人獻金對民主制度的腐化，迴避思考我們到底需要怎樣的新制度。這件事或許不如醜聞那麼刺激，對我們卻更有益。

因為腐化早已深入根部，整個制度都被操弄了，制度背後的法律架構正在削弱我們的民主運作。懲罰可見的貪瀆不該讓我們偏離核心目標，改革窮凶極惡的原則與做法。如果再不作為，整個制度就可能瓦解，被憤怒的人民和深諳如何激起和誤導合理民怨的極右派人士徹底推倒，一如我們在義大利、美國和其他地方見到的那樣。

說來或許令人意外（但真有那麼意外嗎？），目前最質疑公費民主的兩個國家，美國和義大利，卻也是最早施行公費民主的國家。就算他們的討論過程和設計再不完美，執行得再不徹底，以致傷害多於建設，但只要我們想為民主打造更美好的未來，就該了解與剖析他們的失敗。

義大利的弔詭：以廢除公費政黨補助對治政治獻金浮濫

本書第二章曾經提到，義大利在經歷一系列改革之後，於二〇一四年開始施行千分之二制。雖然表面上是私費民主，實際上卻由公帑加碼，而且補助方式明顯偏袒有錢人的政治偏好，遠勝於窮人的政治選擇。

千分之二制的用意在取代政黨補助款，包括競選支出給付。因此，義大利的競選支出給付從二〇一四年開始減少，二〇一七年底歸零，隔年的國會選舉是義大利四十年來首次沒有競選支出給付的選舉[2]，結果不論「左派」或「右派」都由反歐盟的「民粹」政黨獲得大勝。我們必須了解義大利為何走到這一步，因為再不急起行動，其他民主國家很可能會步其後塵，加拿大最近的發展和美國過去十年來的演變都是明證。

義大利：公費民主先驅，但一開始就問題重重

義大利的政黨補助款始於一九七四年，遠早於法國和比利時[3]。它是一連串貪瀆事件的產物，尤其一九七三年爆發的石油醜聞案。幾家石油公司坦承「資助」政黨，但想也知道它們捐錢不是因為大方，而是想左右石油業的政府規範，特別是價格政策。由於當時產油國瘋狂漲價，這些公司必須想辦法將價差轉嫁給消費者，甚至多加一點點。換句話說，政府和賦稅政策應該共體時艱，畢竟人不能跟錢過不去。

義大利政府一九七四年推行的政黨補助分成兩種，這倒也不令人意外。第一種是每年補助在國會擁有席次的政黨[4]；第二種是競選支出給付，條件是政黨不得接受公營企業捐款，並且每年必須公布一定金額以上的個人或企業政治獻金。

然而，新制度還是遠不足以嚇阻黑手黨，終結義大利政壇的貪污與腐化。一九九二年的賄賂之都（Tangentopoli）醜聞再次讓義大利的黑金政治暴露在鎂光燈下[5]。這起制度性貪瀆和非法資助政黨事件會被揭發，主要歸功於義大利司法機關一九九〇年代展開的大規模調查。這項名為「乾淨之手」（Mani pulite）的掃蕩行動由米蘭檢察署開始，隨後擴及全國[6]，最終導致義大利政黨大洗牌，連（一九七四年提議設立政黨補助款以遏止政黨貪瀆的）基督教民主黨、社會黨、社會民主黨和自由黨等老字號政黨都從

此消失政壇，以致不少政治學者和政治史家認為一九九三年是義大利的「第二共和」元年[7]。二〇一八年的選舉會開啟「第三共和」嗎？讓我們拭目以待。

比較令人意外的是，這起醜聞明明顯示政府規範和公共補助有待加強，大部分民眾的反應卻是贊成廢除政黨補助，感覺實在很諷刺。一九九三年，義大利民間發起「廢法公投」，要求完全廢除政黨和競選補助款[8]，結果「贊成派」大獲全勝，拿下了九成的選票（投票率百分之七十七），於是第 195/1974 號法的第三和第九項正式宣告廢除。在義大利政黨結構飽受批評、嫌惡與反對的時刻，怎麼會是其他結果？二〇一五年，義大利媒體推出影集《一九九二年》，感覺真是恍如隔世，讓人看了簡直就要同情起備受第一共和舊世界厭惡的波灣戰爭老兵兼北方聯盟議員波斯柯（Pietro Bosco）和前後擔任過貝魯斯柯尼公司及政黨公關的諾特（Leonardo Notte）了。

我就不再贅述後來發生的各種曲折和義大利國會使用的各種手段，讓政府持續在一九九三年公投之後繼續大方補助政黨，而且一做又是二十多年[9]，結果就是雖然改革之後直接補助宣告廢除，但政府對競選支出的補助卻大幅增加，使得政黨領到的補助不僅幾乎沒有減少，反而從一九九〇年代晚期再度飆升（見圖五十一）。

二〇〇七年《種姓》（*La Casta*）一書出版之後，義大利再度掀起抗議潮，規模直

圖五十一：一九七四至二〇一八年，
義大利政府平均每年政黨補助額

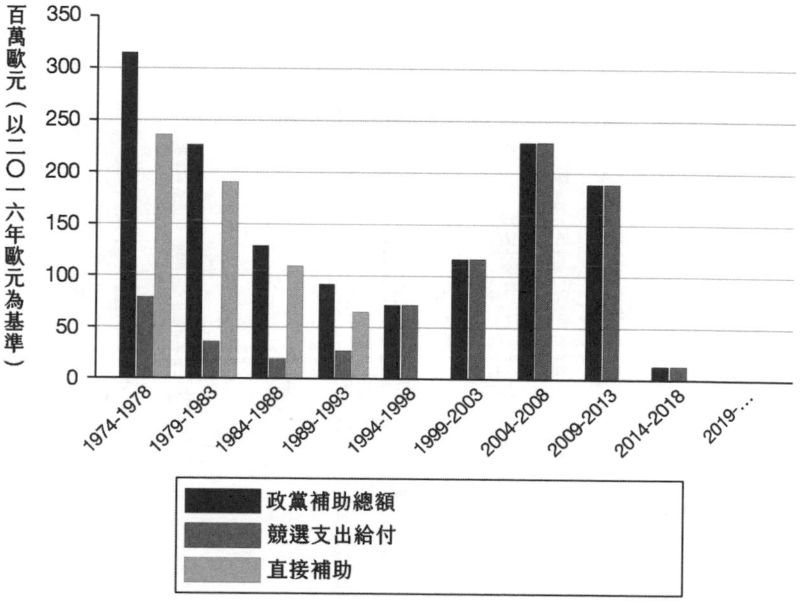

說明：一九八四至一九八八年，義大利政黨平均每年獲得一億八千九百萬歐元的政府補助，其中一億零九百二十六萬歐元為直接補助款，一千九百七十八萬歐元為競選支出給付。

追當年賄賂之都引起的反彈聲浪，讓義大利政壇為之震動[10]。義大利的政治人物什麼時候變得如此高高在上？撰寫那本書的兩位《晚郵報》記者之所以展開調查，和知名喜劇演員葛里洛率領的五星運動不無關係，因為五星運動大力主張削減義大利的公費民主制，不僅標榜自己非黨非派，還以身作則拒絕原本或有資格領取的政黨補助款[11]。

義大利廢除政府補助

葛里洛最終如願以償，義大利政府於二〇一四年決定廢除公共補助，改以私費補助制取代。其實新制度還是用公帑補助政黨，只不過是依據人民納稅時表達的偏好按比例撥款。然而，這是一場慘重的勝利，因為新制度名義上是為了推翻種姓制，結果反而雪上加霜。儘管去掉了顯然不完美的直接補助制，取而代之的私費制卻讓有錢人可以多捐一點（用荷包投票），窮人就算捐錢也無法讓自己的政治偏好被聽見。不論千分之二制或其他政黨補助，政府給予的補助額和減稅額都和納稅額成正比。為什麼沒人發現這一點？這才是最令人吃驚的事。我們彷彿習慣了這套公共補助私人政治偏好的累退機制，默默接受了這個事實：未來富人可以投票兩次，窮人只有一次，甚至一次也沒有。

扣掉千分之二制，義大利政府目前每年補助政黨的金額是零。圖五十一為義大利自一九七四年實施公費民主制以來的各項補助，充分顯示公共補助消失所帶來的危險。一九七四至一九九三年，義大利政府對政黨的實質補助（經通膨調整後）逐年減少，各大政黨更於一九九三年因貪瀆而瓦解。一九九二、一九九四和一九九六年，北方聯盟的眾議院議員得票率創下歷史新高，分別為百分之八點六、八點四和十點八。一九九〇年代末到二〇一四年初，義大利的公費民主制數次調整結構（當然包括濫用），隨後於二〇一四年宣告廢除。二〇一八年，義大利政黨自一九七四年以來首度於國會選舉未能獲得任何補助款或支出補助。光憑這點當然不足以解釋激進政黨為何在那次選舉大有斬獲，但聯盟黨拿下百分之十七點四的選票，或許表示這套更不受管制的新政治本身很有問題。

或許有人會說，千分之二制其實也是用公帑補助政黨，所以只是換個做法。但我已經提過這套制度有許多限制，尤其它雖然使用公帑，卻偏袒頂富階層的個人政治偏好。而且就算將它當成政黨補助款和競選支出給付的可行替代方案，結果又是如何？我們發現二〇一四年開始實施的千分之二制幾乎彌補不了二〇〇九年取消公費制所造成的補助崩跌（見圖五十二）。義大利政府一九七四年設立公共補助制，原本預定的金額是平均每年每位成年人口八歐元。實際執行後，政府的補助金額不曾低於每年每位成年人口兩

圖五十二：一九七四至二〇一八年，義大利平均每位成年人口的公費民主補助額

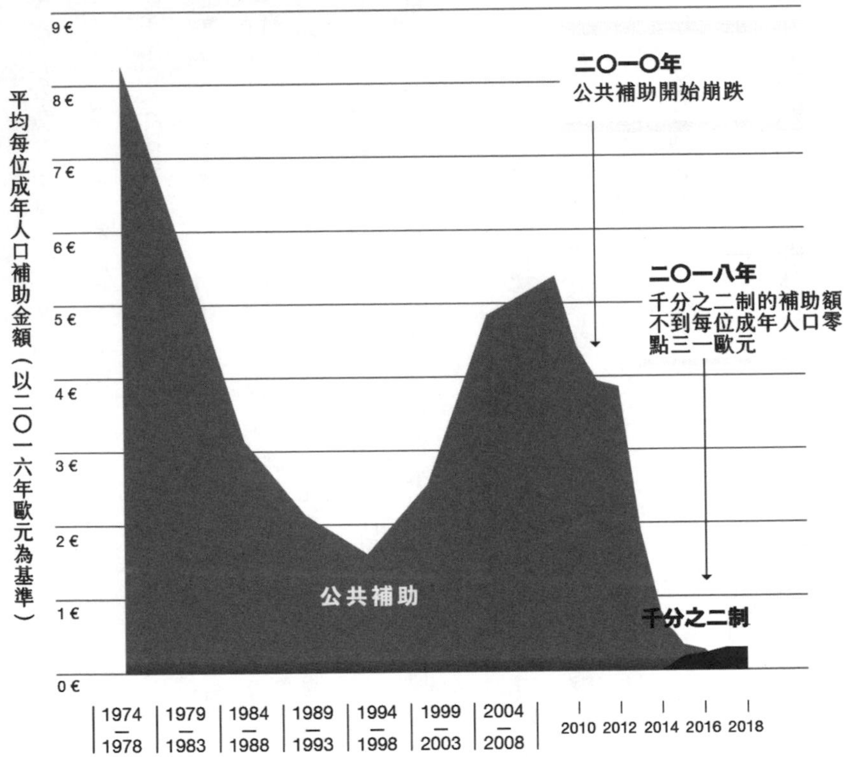

歐元，即使一九九三年爆發政治危機也不例外，二〇〇九年更漲回到五歐元。然而，之後補助金額便一路銳減，二〇〇六年只剩下零點二八歐元，二〇一七年以後更是完全歸零。相較之下，千分之二制的補助金額相當於每年每位成年人口零點三一歐元，比起過去的公共補助簡直九牛一毛，根本不能算公費民主。別忘了法德西三國的公共補助都遠高於此。即使只計算政黨補助款，不納入競選支出給付，法國、德國和西班牙的補助金額平均分別為每位成年人口一點三二、二點三九和四點二零歐元，相當於義大利四到十四倍。政府補助這麼少，政黨要如何運作？答案可想而知：去敲私人利益者的門。

換句話說，我們必須接受這個事實：至少就目前來看，義大利似乎已經放棄公共補助選舉了。民主要如何反彈？義大利和美國都曾試圖建立平等的民主運作機制，也提出很有建設性的方案，可惜未能實現。因此，我們必須從他們的挫敗中學習。

美國的情況

美國的發展有點類似義大利，聯邦政府最近幾年不再補助民主運作。本書第五章曾經提到，美國政府主要對總統候選人的競選支出進行補助，只是由於制度不具強制性，候選人可以選擇加入（條件是支出有上限且不得接受政治獻金）或不加入（支出不受限制），因此從一開始就存在失敗的可能性。

都是歐巴馬的錯？

二〇〇四年美國總統大選，所有候選人都選擇公共補助和競選支出給付。但到了二〇〇八年，歐巴馬率先放棄政府補助，以便其競選支出不受八千四百一十萬美元的上限限制（他的對手馬侃參議員則是謹守上限）[12]。歐巴馬的這項決定替美國的公費民主制敲響了喪鐘，從二〇一二年開始就再也沒有一位美國總統候選人選擇政府補助，理由同樣是為了規避競選支出上限。

當然，我們無從得知歐巴馬當初如果選擇接受補助，沒有打破競選承諾，事情會如何發展。四年後羅姆尼可能還是會選擇跨出這一步，甚至由於支出更多而勝選，讓共和黨人希望歐巴馬只做一任總統的美夢成真。不過，最先拋棄公共補助，最終導致這座民主基石倒塌的竟然是民主黨候選人，還是讓人非常沮喪。

歐巴馬兩任總統期間所做的決定並沒有讓情況好轉多少。的確，二〇一〇年美國最高法院針對聯合公民（United Citizens）一案做出判決，去除了企業和個人資助選舉的所有限制，這不是歐巴馬的錯。問題是他明明對這項判決強烈不滿，並公開反對超級政治行動委員會，卻呼籲自己的支持者捐款給支持他的優先美國行動（Priorities USA Action）超級政治委員會[13]。這不叫偽善，什麼才叫偽善？「超級政治委員會當然不應該存在，那還用說？但別忘了捐款給我的超級政治委員會喔！」

二〇一四年也一樣。歐巴馬決定不再補助此前一直仰賴總統競選基金挹注的政黨全國代表大會[14]。精確來說是那年的四月三日，歐巴馬簽署了米勒兒童優先研究法（Gabriella Miller Kids First Research Act），廢除政黨全國委員會向總統競選基金申請競選支出給付的權利。此舉固然值得嘉許，因為它讓美國的兒科研究再也不愁經費短缺，但為何要以犧牲公費民主為代價？甚至以這種方式進行，彷彿在說公費民主不值得花錢，過去的挹注都是浪費，剝奪了其他更根本的公共善獲得資助的機會？我刻意指出法案簽署的日期不是為了講求細節，而是想點出其中的諷刺，因為最高法院前一天（四月二日）才針對「麥卡沃恩訴聯邦選舉委員會」一案做出判決，廢除個人政治獻金上限，使得競選募款的限制稍稍放寬[15]。

民眾不信任

但別忘了，歐巴馬之所以做出這些政治決定，是因為當時的社會氛圍對公費民主愈來愈不信任，而這位民主黨總統沒有勇氣與民為敵。總統競選基金幾乎從一創立就備嘗不受歡迎之苦，但在我看來，這不表示這類制度注定失敗，而是恰好相反。我們應該仔細檢視其運作，以便研擬出更有效、更能獲得民眾接受的制度。圖五十三為總統競選基金自一九七四年創立以來，歷年選用該基金資助選舉的納稅人比例。由於在所得稅申報書上勾選該項目不用花錢，而且欄位是黑白兩色非常好找，你可能會以為選用者很多。其實完全不然，使用者比例自一九七七年達到高點（百分之三十五）之後便一路下跌，目前只剩百分之五出頭。同一時間，美國民眾對政治體制的信任也不斷探底，兩者有何關聯？我們當然無法確定兩者是否有因果關聯，但總統競選基金捐助者減少和民眾對政治體制的信心崩盤顯著相關，這點還是值得一提。尤其是國會，美國民眾二〇一三年對國會的信任度首次跌破百分之十；對總統的信任度雖然較高，變動幅度卻比較大，而且同樣有下滑的趨勢，只是較不明顯。二〇一六年，百分之三十五的美國民眾表示信任總統，但到了川普就任第一年（二〇一七年）便再次下滑。本書預定於二〇一八年九月出版，到時情況會是如何我不清楚，只是考慮到川普上任後做了許多不受歡迎的錯誤決

圖五十三：一九七四至二〇一六年，美國總統競選基金捐助者比例與民眾對政治體制的信任度

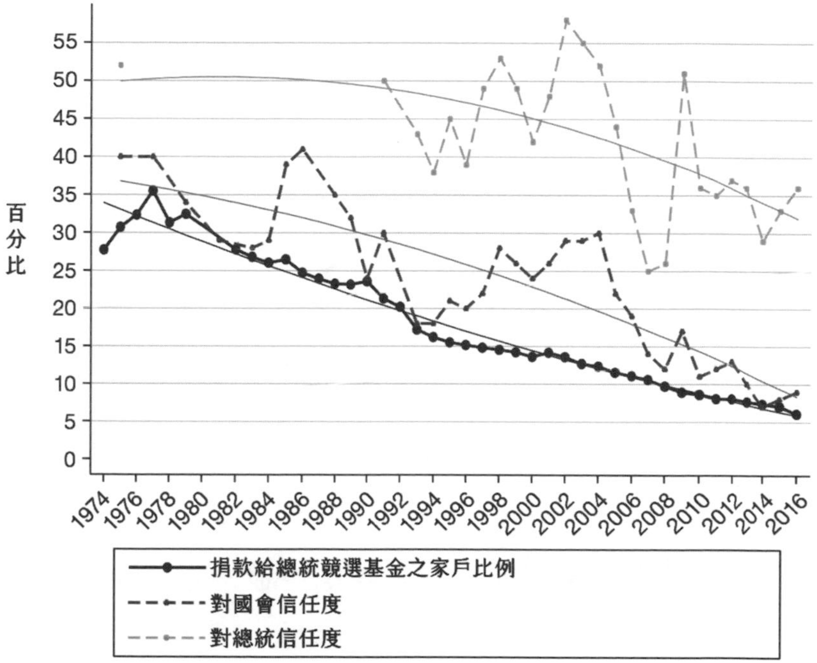

策，美國民眾對總統的信任度或許還會持續走低。

因此，儘管過去四十年來美國總統大選的投票率有百分之五十到六十，卻只有極少數的選民透過報稅表達希望政府補助選舉的立場，而且這些人未能完整代表全體人民。分析這些人的所得分布就會發現，所得最低的美國人（所得第一十等分

圖五十四：一九七四至二〇一一年，
美國不同所得階層贊助總統競選基金之人數比例

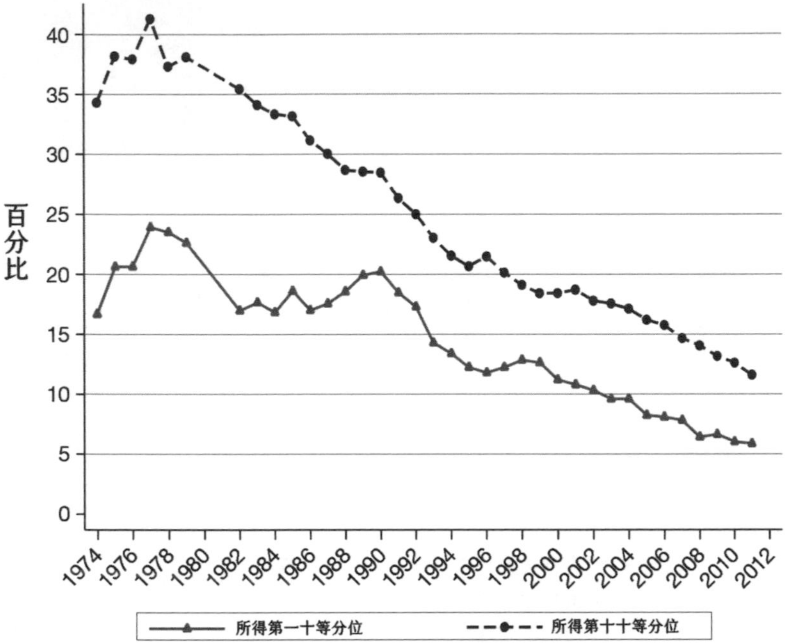

位）捐助總統競選基金的金額始終遠低於所得最高（第十十等分位）的美國人（見圖五十四）[16]。目前兩個族群的捐款比例差距將近六個百分點；即使最有錢的美國人極少捐款給總統競選基金，比例仍是收入最低者的兩倍。不過，有意思的是，兩個族群的捐款比例自一九八〇年代以來都是一路下滑。

總統競選基金為何如此不受歡迎，值得我們深入了解。圖五十三和五十四清楚顯示，原因不在總統候選人（二〇〇八年以後的民主黨候選人及二〇一二年以後的所有候選人）放棄政府補助。總統競選基金早在那之前就沒人愛了。我在本章結尾會討論反對政府補助總統大選的理由。在我看來，那些理由順著邏輯追究到底，其實都經不起考驗。但我們不可能感覺不到，社會普遍認為政黨一無是處。不少人會說，那些黨公職人員整天無所事事，只想著權力（其餘還有什麼毛病大家都知道，這裡就不提了），我們為什麼要撥款給他們，何不將錢拿去維持學校和醫院的運作？我認為，美國總統競選基金的第一個缺點就是它不讓人民選擇資助哪個政黨。想讓基金恢復一定效力，首先就要將它「政治化」，允許人民決定自己的三美元要捐給民主黨、共和黨或其他任何政黨。就這點來說，我提倡的民主平等券背後正是這個構想：每位公民都能在所得稅申報書上選擇將自己的七歐元公款（美國可能是三歐元，但金額不是重點）捐給哪個政治團體或政黨。

總統競選基金的第二個缺點是即使捐款完全不影響應納稅額，可能還是有不少美國人以為要由自己出錢，所以沒有勾選。因此，政府有必要加強溝通，好讓民眾充分了解這個人人都可以支持民主運作的辦法。最後，如同先前所提，這個一九七四年成立的基金最令人驚訝的一點，就是基金募得多少金額（取決於捐款人數）和補助金額沒有任何關聯。總統大選的支出上限是另外決定的，和基金成功與否無關。這不免讓人民覺得設立總統競選基金毫無意義，甚至感到受騙上當。民眾一旦察覺政府給予的權力是假象，自然會產生不信任感，這還用說嗎？

公共補助太少？

雖然這樣講似乎自相矛盾，但我認為公費民主制在美國岌岌可危還有一個原因，就是它力量太薄弱了。候選人之所以選擇不要補助，是因為政府對競選支出的補助太少。本書上一章曾經談到，美國自一九八〇年代中期以來訂定的總統候選人支出上限不僅始終偏低，而且逐年調降，候選人實際的競選支出卻不斷攀高。換算成每位成年人口的付出金額，美國的競選支出上限確實和法國相去不遠，問題是支出項目。美國總統候選人如果要用法國的方式競選，首先就得禁止政黨和候選人購買電視和電台廣告。這樣做當然不是為了讓競選活動從各種螢幕上消失，而是讓每位候選人都能擁有審慎規範過的免費宣傳時間。只不過這個構想雖然不壞，但由於現行做法已經行之有年，因此很難實現。

就算支出上限提高兩三倍，我們還是無從判斷近年來的總統候選人是不是會選擇放棄公共補助，以便運用更多政治獻金。美國公費民主的原罪在於永遠可以選擇不使用。但值得一提的是，目前在美國就連桑德斯這樣的候選人於二〇一六年黨內初選也沒有接受公共補助（初選比照補助金），以免支出受限[17]。因為一旦接受補助，初選支出就不得高於一千萬美元。最終桑德斯募到了兩億兩千八百萬美元的政治獻金，而且花了將近兩億兩千三百萬美元[18]！這個數字是支出上限的二十倍……

我刻意以桑德斯為例，因為他是最大力鼓吹改革美國競選經費來源的人士之一。這位資深參議員不僅支持公平選舉即行法[19]，而且和沒兩下就屈服的歐巴馬不同，他還拒絕為自己的競選成立超級政治行動委員會。結果他的競選支出遠高於上限，我們該因此譴責他嗎？許多人的第一反應是「應該」，但當你了解到他所獲得的捐款細節，事情就變得複雜許多。其實，這位來自佛蒙特州的參議員二〇一六年拿到的政治獻金裡有百分之五十九（總金額一億三千五百萬美元）是兩百美元以下的「小額捐款」。若能確保每位候選人都真的只仰賴小額捐款——會說「真的」是因為之前討論德國時曾經約略提到，將巨額獻金「拆小」的做法很普遍——私人獻金的問題顯然就不會像現在這麼大了。可惜如今競選獻金主要不是來自小額捐款，而是出自少數幾個大戶的巨額獻金，連捐款上限低於國際水準的法國也不例外。

所以該怎麼做？首先，可以大幅降低捐款上限，例如降到兩百美元或兩百歐元，亦即目前美國對小額捐款的定義。其次，政府可以實行直接補助制，讓所有公民無須自己出錢也能表達個人的政治偏好。不是所有人隨時都有兩百美元閒錢可以捐給候選人，但人人都有權以合法方式（包括使用金錢）替自己發聲。

公費民主：全面瀕危的制度

不論美國或義大利，公費民主制近年來都近乎瓦解。最令人不安的地方在於，這不僅代表這兩國先蒙其害（本書下一章將會指出美國尤其嚴重，陷入了政治與經濟不平等的惡性循環），也反映出當前全球的普遍趨勢。

加拿大保守派攻擊不斷

譬如在加拿大，二〇〇八年由於金融危機，執政的保守黨為了撙節支出有意廢除年度政黨補助款，結果導致聯合政府陷入瓦解危機，直到保守黨退讓才暫告平息。但到了二〇一一年，新政府成立剛滿三週，國會就投票廢除了每季補助款，最終導致補助金於二〇一六年完全歸零。目前加拿大聯邦政府只補助競選支出。

值得一提的是，在加拿大，不斷反對政黨直接補助款的是保守黨，最終廢除它的也是保守黨。為什麼？關鍵就在保守黨收到的政治獻金，使他們的財務實力遠勝於自由黨和其他政黨，而政黨補助款只會削弱這項優勢。我們在第五章曾經提到，二〇一五年加拿大選舉期長達七十八天。面對輿論質疑競選期太長又太花錢，保守黨出身的總理哈珀（Stephen Harper）如此表示：「不論競選活動舉不舉行，本黨的優勢，包括比別黨更有錢，更有組織，更受人民支持，這些優勢都不會消失！」因此他認為，競選經費應該「由政黨自負，而不是向政府、國會或納稅人拿錢。」這番話就說明了一切。

英國公共補助短少

之前提到公共補助在美國和義大利等國施行了幾十年，最終逐步消失；起步晚了許多的國家如法國，公共補助也在減少。然而，有些國家連這樣的機會都沒有。這些國家從來不曾真正擁有公共補助制，例如英國就不曾真正施行過政黨直接補助或競選支出給付。即使過去曾有大量討論，但英國已經很多年沒有在討論政黨及競選經費時提到這套制度了。

嚴格說來，英國政府其實有補助政黨，但金額不高，而且妙的是共分成三種，和其他國家很不一樣。三種補助分別是政策發展補助（Policy Development Grant）、肖特款（Short Money）和克萊伯恩款（Cranborne Money），讓我逐一概略說明它們的內容。

政策發展補助推出時間不長，源自二〇〇〇年通過的政黨、選舉與公投法，其用意在提供政黨經濟奧援，補助其研考經費，好讓政黨針對國會、歐洲議會和地方選舉提出政策主張。補助總金額為兩百萬英鎊，由各政黨分配，但必須向選舉委員會提出申請才能獲得。為何只有兩百萬英鎊？理由很明顯，不想讓政府過度補助政黨。根據呢？英國所有政黨二〇〇〇年之前的研考支出是一百五十萬英鎊，由政黨自行負擔，因此尼爾勳爵（Lord Neill of Bladen）於一九八八年發表的政黨財源報告裡建議提供這項補助。然而，區區兩百萬英鎊的補助很難說有什麼真正的效果。

一九七五年設立的肖特款比較有意思，只要前一次下議院選舉拿到兩席以上（或一席和十五萬票）的反對黨就能拿到[20]。肖特款的「肖特」（short）不是因為金額少（雖然有時確實如此），而是因為頒布人是時任下議院議長的葛連拿馬拉男爵肖特（Edward Watson Short）[21]。英國國會有「影子內閣」，由主要反對黨的大咖議員組成，肖特款的目的便在支付反對黨執行這類工作時的各項支出。一九九六年設立的克萊伯恩款也是同樣功能，每年提供補助款給上議院的兩大反對黨。由於款項設立時的上議院議長為克萊伯恩勳爵（Lord Cranborne），因此以他命名。

這些補助自一九七〇年代以來經過數次修正，但目前對於這類補助的討論不在是否要納入其他政黨（尤其是執政黨），而是該不該縮小規模以節省預算。二〇〇九年爆發的津貼醜聞更是雪上加霜，三大黨都有下議院和上議院議員因為濫報公帳而被起訴[22]，使得提高政黨及候選人補助的構想更不得納稅人青睞。

英國什麼時候才會認真討論設立政治獻金上限和有效政黨補助的問題？就目前的發展來看，主要癥結出在工會的角色：保守黨願意訂定政治獻金上限，條件是工會對政黨捐款金額也要設限；工黨希望限制個人及企業政治獻金，但想將工會捐款排除在外。兩黨互不信任導致事情毫無進展，我們只能期待選舉結果（如脫歐公投）造成的衝擊能讓政治人物和人民警覺，重新思考私人利益在選舉過程中扮演的角色，以及最好的規範方式。

公費民主和施政成本

我將在本書第三部分提出民主平等券的構想。這套公費民主制提供的補助比現有制度更高，也公平許多。當然還包括大幅抑制（甚至全面禁止）政治獻金，根據過往經驗全面重新設計公共補助的形式與時機，以促進民主運作，活化運作其中的各種力量。

有些人會說，公共補助在全球不受歡迎幾乎是大勢所趨，提倡民主平等券根本是逆風而行。對此我必須立刻指出兩點。首先，現有制度已經失效，不論在哪個國家都造成極大扭曲，人民（也就是你）的政治偏好不再獲得充分代表。本書隨後幾章會更詳細指出這個問題。我們必須察覺這一點，並且明白徹底改革的必要。因此，我不是逆風而行，而是徹底明白現有制度的不完美。但我認為兩手一攤並非解藥。我們應該做的不是摧毀，而是重新思考公共補助。

其次，我想事先回應一個有時只是挑釁、有時又直率天真的批評，那就是這些錢與其拿來補助政黨，不如花在醫療和教育上。歐巴馬二〇一四年提出的醫療研究法案就是這樣想，將原本用來補助民主運作的預算移作癌症研究之用。有關民主平等券的施行經費，我是根據法國等地目前的公費民主預算來計算的。我並不打算增加國庫支出，只是希望分配更公平而有效率，例如停止我們在第二和第三章提到的累退減稅優惠。法國目前每年公費民主預算為一億七千五百萬歐元，其中六千七百萬歐元為政黨直接補助款，五千兩百萬歐元為競選支出給付，五千六百萬歐元為政治獻金的稅額減免，八百萬歐元為競選政治獻金的稅負優惠。我認為這一億七千五百萬歐元如果改以民主平等券實施會有效益得多。每張民主平等券平均價值三點五五歐元，所有成年人只要在所得稅申報書上勾選，就能將這筆錢捐給自己屬意的政黨。我甚至還證明了，由於這種重新分配現有資源的方式無須額外花費公帑，因此平等券的面額就算提高到每人每年七歐元也沒問題。

雖然下一章會更詳細說明，但我在這裡還要指出一個重點：將民主運作交到私人利益手中，既不設定政治獻金上限，也不有效利用公帑補助政黨運作，將會對政治人物及其執政後的決策產生深遠的影響，進而左右高所得和遺產課稅，以及教育和公立醫療經費的相關政策。換句話說，作為改善民主運作財源的一部分，增加一點點公共補助當然不會產生替代效應（金額完全不能比），導致學校或醫院資源不足，卻可能帶來好處，提高造福大眾的公共支出，讓多數人的偏好終於被聽見。

最後，目前政府運作的成本是多少？以法國為例，若只計算「權力機關」，那麼每年總開銷約為九億九千兩百萬歐元（精確數字為九億九千一百七十四萬兩千四百九十一歐元，相當於每位成年人口十九點二零歐元），其中總統府一億零三百萬歐元、國民議會五億一千八百萬歐元、參議院三億兩千四百萬歐元、國會頻道三千五百萬歐元，外加憲法委員會一千兩百萬歐元和共和國法院一百萬歐元[23]。政府各部會內閣每年支出一億一千七百萬歐元，包括總理辦公室支出兩千七百萬歐元[24]；如果再加上諮詢及監管單位，就還要再多六億六千三百萬歐元，其中最高和地方行政法院支出四億零五百萬歐元，經濟、社會與環境委員會支出四千萬歐元，審計法院及其他財政單位兩億一千七百萬歐元，財政最高法院不足一百萬歐元。原諒我講了一堆數字，但總體而論政府每年運作需要十八億歐元，相當於每位成年人口三十四歐元。這些錢並不包括所有政府職責，基本上只涵蓋民選公職人員（部會正副首長、參議員及其顧問）的支出，而不包含他們審核及評估的預算（國家總支出將近國內生產毛額的一半，約等於人均兩萬歐元）。

換句話說，如果政府對政治運作的補助款為人均兩到三歐元，那就表示國家花在推行民主審議與民主抉擇的錢不到付給治理我們的那些選任公職人員的薪水的十分之一，更不到那些人以我們的名義所經手的預算的萬分之一。對主張補助歸零的人，我只問一件事：從付給治理我們的人的薪水裡抽出至少十分之一，協助人民以民主決策方式選出治理他們的人，這樣的要求難道不正常嗎？還有：別怕從過去、從其他歐洲國家和大西洋彼岸的發展汲取教訓。我們應該更仔細研究美國幾十年來法規鬆綁所造成的扭曲。然而，政治獻金目前占據上風還有一個原因，就是公共補助沒有了。用納稅人的錢補助民主運作，並且確保人人聲量平等，才是讓治理我們的人重新獲得正當性，人民和政治人物重拾互信的最好方法。

註釋

1 這起事件導致英國一九二五年通過「勳銜（濫用預防）法」，禁止出售爵位和其他勳銜。

2 這次選舉雖然沒有任何政黨贏得絕對多數，但反對公費民主制最力的五星運動遙遙領先，拿下百分之三十二點六的選票。薩爾維尼（Matteo Salvini）領軍的聯盟黨（前北方聯盟）得票率百分之十七點四，排行第三。

3 相關法案（第 195/1974 號法）由基督教民主黨提出，隨即獲得自由黨以外的所有政黨支持通過。一九七四年之前，在義大利資助政黨不受任何規範。

4 這類補助的施行細則有些複雜，因為按照規定，補助款不是直接給政黨，而是給該政黨的國會黨團。不過，參眾兩院的黨團照理會將百分之九十五以上的補助款上繳政黨。

5 參見 Martin Rhodes (1997), «Financing Party Politics in Italy: A Case of Systemic Corruption», *West European Politics*, 20(1), pp. 54–80，以及 Chiara Maria Pacini et Daniela Romee Piccio (2012), «Party Regulation in Italy and Its Effects», *The Legal Regulation of Political Parties*, Document de travail。

6 拿到政府標案的幸運兒必須支付政黨「強制稅」（其實就是賄賂），最高可達投標金額的百分之十。關於「乾淨之手」行動，參見 Sondra Z. Koff et Stephen P. Koff (2000), *Italy, from the First to the Second Republic*, London: Routledge。

7 有關義大利從「第一共和」進到「第二共和」的過程，參見 Sergio Fabbrini (2009), «The Transformation of Italian Democracy», *Bulletin of Italian Politics*, 1(1), pp. 29–47 和 Koff *et al.*, (2000), *op.cit.*。懂義大利文的讀者還可參考 Sergio Fabbrini (2011), *Addommesticare il principe. Perché i leader contano e come controllarli*, Marsilio。

8 義大利經常舉行公投，而廢法公投（référendum abrogatif）的目的在撤銷法律，只要五十萬選民（或五個大區議會）連署通過即可辦理，但通常背後都有一到多個政黨支持。一九七四年，反對政黨補助的義大利自由黨推動廢法公投，但因連署人數不足而未能通過。不過，激進黨於一九七八年便順利促成了首次廢除政黨補助公投，離相關法令施行才過了短短四年，結果由反廢派驚險獲勝。一九九三年公投提案再起，其背後推手為跨國激進黨（le Parti radical transnational）。這個政黨雖然以一九八九年解散的激進黨為前身，但由於不參加競選，因此更像是非黨派組織。

9 義大利於一九九三年公投後廢除了政黨補助，但（就是這個但！）保留了候選人競選支出給付，即使所有人都知道競選支出給付和候選人實際支出根本沒有關聯！政府每次選舉都會提撥一筆資金，按比例分配給取得一定票數的政黨，不論其競選支出是多是少。不僅如此，競選支出的補助上限還提高了整整三倍（第 1993/515 號法第九項和第十六項）！到了一九九七至一九九八年，義國政府依據第 1997/2 號法令重新實施直接補助，允許納稅人決定是否要將個人所得稅的百分之零點四（千分之四）捐給政黨。該法令於一九九九年遭到撤銷，但政府已經分別於一九九八和一九九九年各補助政黨超過一千一百萬和七千七百五十萬歐元。雖然選擇千分之四制的民眾寥寥可數，義國政府實際發放的補助款卻遠高於民眾使用個人所得稅捐助的金額。或許這就是義大利民眾繼一九九三年廢法公投之後，二〇一四年再次投下反對票的原因。由於缺乏明確規範，義大利民眾普遍認為政府補助只是政黨趁機揩油的自肥之舉。

10 參見 Gian Antonio Stella et Sergio Rizzo (2007), *La Casta. Cosi i politici italiani sono diventati intoccabili*, Rizzoli。

11 二〇一三年，五星運動宣布放棄領取四千兩百八十萬歐元國會選舉支出補助款的資格。

12 歐巴馬之前的小布希總統於二〇〇〇年黨內初選時沒有接受政府補助，但總統大選期間有。

13 最終「優先美國行動」於二〇一二年美國總統大選期間共支出了六千五百多萬美元。此外，他們也是二〇一六年支持希拉蕊最有力的超級政治委員會。

14 如同他的共和黨對手，歐巴馬也得到總統競選基金不少幫助，二〇〇八和二〇一二年分別獲得了一千六百八十萬和一千八百二十萬美元的補助。

15 該案為商人麥卡沃恩（Shaun McCutcheon）控告美國聯邦選舉委員會，希望捐款能不受當時政府針對個人資助多位候選人的總金額限制，也就是兩年十二萬三千美元。最高法院的最終判決對他有利，雖然個人資助單一候選人的金額上限維持不變，但想資助多少位候選人不再有任何限制。

16 為了便於比較，這裡只列出所得第一十和第十十等分位。但就算列出所有所得十等分位，還是會觀察到同一現象：所得愈高者贊助總統競選基金的比例愈高（第一十等分位比第二十等分位低，第二十等分位比第三十等分位低，依此類推），詳細結果請見本書的線上附錄。

17 二〇一六年只有兩位候選人選擇比照補助金，分別是前馬里蘭州長奧馬利（Martin O'Malley）和代表綠黨參選的史坦（Jill Stein）。

18 參見 OpenSecrets 網站（https://www.opensecrets.org/pres16/candidate?）和美國聯邦選舉委員會相關網頁（https://www.fec.gov/data/candidate/ P60007168/）。

19 提案人為民主黨資深參議員德賓（Richard Durbin）。

20 有關肖特款，參見 Richard Kelly (2016), «Short Money», House of Commons Library Briefing Paper Number 01663。

21 除此之外，他還於一九七四至一九七六年擔任樞密院議長。

22 有些下議院議員甚至連狗食和水上鴨舍都報公帳！更嚴重的則是拿不存在的房貸或（持有或未居住）寓所的租金報帳。

23 數據來自二〇一八年法國政府預算草案的總預算撥款書。我在這裡採取保守估計，使用的是支出撥款總額（依據授權承擔總額，於該年度預定或確定負擔的許可支出上限），而非授權承擔總額（支出承擔上限）。

24 數據來自法國政府二〇一八年預算草案黃頁附錄之「部會內閣人事經費」。

第七章　美國民主扭曲會危害歐洲嗎？

二〇一六年，大西洋彼岸的川普海嘯讓法國為之震動。難道這是繼英國公投決定脫歐之後，國民陣線即將掌權的又一個信號？不過，隔年的選舉結果很快就讓法國人鬆了口氣，繼續過起老日子，甚至帶著一點沙文主義的自豪，堅信法國就是跟美國不同。席捲全球的民粹浪潮遇到高盧人的智慧，就像遇到一堵堅固的高牆莫可奈何。有民族優越感真好……

美國的民主運作顯然已經被金錢和遊說所腐蝕，幾乎沒有幾個人記得美國其實有公費民主制（總統競選基金），只是被政治獻金和民眾對政黨的信心幻滅給搞砸了。美國顯然是如此沒錯，但法國和其他國家呢？我們之前才提到，義大利是質疑公費民主制最力的國家，而加拿大保守黨廢除每季政黨補助款也是不遑多讓。目前法國也有三大政治勢力標榜自己是反政黨：共和國前進黨經常表明反對「昨日世界」的立場，不屈法國黨在官網宣稱他們不具「舊式政黨結構」，國民陣線則是始終不願被劃入左右派光譜之中，也不願被拿來和其他政黨比較。這是政黨黑掉的因還是果？今日信任政黨的法國人不到百分之十，新舊政黨都一樣，距離他們反對再用稅金補助政黨只剩一步之遙。尤其近來爆發的國會助理和競選支出醜聞，不論是馬克宏競選總統期間，吉農（Olivier Ginon）的智奧活動集團疑似低開發票事件，還是梅朗雄競選總統時，媒體視野（Mediascop）公關公司疑似高開發票事件，都讓民眾對政治人物運用公款更加不信任。那一步很可能在所有人都沒察覺的情況下到來，突然進入政治獻金為王的世界。因為我們已經在前幾章看到，民主運作有其成本，包括政黨運作和競選支出；而只要政府補助無法適度分擔這些成本，少數優勢者的慷慨獻金就會取而代之，接管選舉機制，造成貪瀆與把持民主等重大威脅。

二〇一七年，年輕的馬克宏意外勝選，許多法國人就此以為民粹浪潮即將平息，西方民主就要新生。結果兩年後呢？法國選民對總統的看法陷入了前所未有的兩極。所有民調都顯示馬克宏大受經濟最寬裕、學歷最高的人民歡迎，卻極受經濟最窮困、學歷最低的人民反感。而這一切都導因於他五年任期頭幾個月所推出的經濟政策，也就是替有錢人減稅。那些資助他競選的富豪們想必一點也不後悔。而其餘的人嘛，就只能靠每個月不到五歐元的住房津貼湊合了。

最可怕的是，美國目前的均勢很可能成為新的常態。我們不是已經在德國看到了一點跡象嗎？本章並不想嚇唬讀者，讓你晚上睡不著覺，而是讓你睜開眼睛，看見眼前的險境，以及我們為何走到這一步。或許如此我們才會採取必要的步驟，不再感嘆私人利益的力量愈來愈大，可以再次開開心心迎回確實而充分的代表政治（représentativité）。當各位讀到本書最後，發現不僅有解決之道，而且成本既不是特別高，做起來也不是特別難，或許會不禁露出希望的微笑。

我們將會分析美國制度的反平等走向，以及德國等歐洲國家現階段面臨的威脅。重點不在嘮叨抱怨，而在找出通往解決之道的必要步驟。除了民主平等券和徹底重塑公費民主制，還要建立新型態的混合國會，引進社會代表制，讓國會組成與決策都更貼近國家實際的社會與經濟樣貌。

政治民主去管制化數十年

私人獻金並不是一直左右著美國的政治活動。就算我們說大西洋彼岸進入了「新鍍金時代」，經濟與政治不平等急遽惡化，那也是因為從南北戰爭結束到二十世紀初期，經濟狂飆、貪瀆盛行的舊「鍍金時代」落幕之後，美國經歷了數十年較為平等與進步的階段。歷史記載，美國的進步時代因為一九二九年大蕭條而劃下句點，但一九三〇年代又因為羅斯福總統的新政而得以延續。我個人認為，在規範民主程序這件事上，進步時代其實一直延續到一九七〇年代中期。

之前提過老羅斯福總統早年推行政治改革的希望與嘗試，並指出美國一九七一至一九七四年建立的制度內涵豐富。儘管這套制度出現在進步時代的尾聲顯然太遲了，因而未有成果，卻啟發了不少國家採取類似措施。儘管我們很想說「讚！」，但可惜美國的進展只能用「終結的起點」來形容，因為新制度才上路就開始走下坡。這就是美國嘗試政治運作資金法制化的命運，而最高法院更是扮演了死神的角色，不僅反對聯邦政府訂定所得稅和最低工資規範，更長年主張金錢和言論自由是同一回事，導致政府規範政治獻金的努力功虧一簣[1]。

錢：最奇特的一種言論自由

一九七六年，美國聯邦最高法院針對「巴克利訴瓦萊奧案」（Buckley v. Valeo）做出著名的判決[2]，認定政府設立候選人自費支出上限違憲，從此美國開始逐步解除政治獻金的相關管制。結果就是早在川普崛起之前的一九八〇年，就有億萬富豪柯氏兄弟的弟弟大衛（David Koch）以自由意志黨副總統候選人的身分角逐大位，最後自掏腰包了兩百萬美元。如果大衛只是普通公民，捐款就不得超過法定的競選政治獻金上限；但他既然是候選人，想捐多少給自己都可以。

然而，聯邦最高法院的判決還不只如此。大法官雖然不反對替候選人和政黨政治獻金設限，卻判定所有針對「獨立」支出而設定的上限均屬違憲。換句話說，只要個人或團體沒有參選，也沒有跟候選人講好，捐款只是想表達支持或反對，捐款金額就沒有限制，只有企業和工會除外。因此，政治獻金唯有直接捐給候選人時才有上限，拿來助選則不受限制，也就是「硬錢」（hard money）有上限，「軟錢」（soft money）沒有。為什麼？因為聯邦最高法院對於「貪瀆」採取極為嚴苛的定義，必須有「對價關係」才算數。換句話說，某人直接（捐款）資助候選人有貪瀆的危險，因為他不免會期待候選人日後有所回報；但若這筆錢只是表達個人的政治偏好，就沒有這個問題，至少最高法院這樣認為。既然候選人沒有收受任何東西，也就無以回報。出錢助選不過是捐款者的一種言論表達。

我會特別強調這一點，是因為對非美國人來說，這個區分一點也不理所當然。在美國你可以自己為屬意的候選人助選。因此，假設我很喜歡蜜雪兒．歐巴馬，希望她贏得二〇二〇年的民主黨黨內初選，我就可以自己出錢買電視廣告支持她，只是廣告內容如果太過明顯（例如「票投蜜雪兒！」）可能會越線。然而，我能捐給蜜雪兒的競選帳戶（假設戶名叫「蜜雪兒為美國」（Michelle for America）好了）多少錢卻受到嚴格的限制，因為直接捐款有賄賂之嫌，而間接資助自然沒有這個問題。二〇一二年，聯邦最高法院在聯合公民案判決中（我們稍後還會詳談）再次重申了同一立場：「巴克利主張政府有足夠重大之理由預防貪瀆或疑似貪瀆行為，該理由只適用於對價貪瀆。」然而，最高法院進一步裁決道，獨立於候選人及其競選活動之外的獨立支出只是個人表達政治言論的一種形式，因此不可能引發貪瀆或疑似貪瀆之行為。反觀法國僅允許政黨和政治團體接受捐款或花錢從事選舉活動，乍看只是徒增麻煩，實際上這個限制卻有效控制了候選人和政黨的競選財源[3]。

最後，聯邦最高法院早在一九七六年就廢除了競選支出總額上限，使得現在當上美國總統至少需要十億美元。有誰想試試手氣的？

聯邦最高法院廢除私費選舉相關規範的理由很值得深究。所有判決都是以崇高的言論和資訊自由為名做出的[4]。大法官的論點很簡單，但並非無可爭議。首先，民主國家的公民必須能做知情選擇，這點無庸置疑，因此美國憲法第一修正案是競選活動的核心精神，因為它確保人民有言論自由。所有候選人都必須以理念說服人民，讓人民知道由他當選有什麼好處。我想各位也會同意這點。然而，錢在這些事上扮演什麼角色？有能力宣揚或捍衛個人理念，甚至參與選舉，其實非常花錢，而且在現代愈來愈貴。一九七〇年代，聯邦最高法院講到競選支出，心裡想的是電台和電視廣告，外加報紙文宣，現在還包括網路宣傳[5]。因此，聯邦最高法院認為，設定候選人支出上限將大幅縮限候選人的言論自由，因為金錢不僅有助於候選人傳播理念，甚至不可或缺。這就導出第二個論點：限制競選支出就等於限制公共討論，因為用大法官的話來說，討論應當「開放、健全並不受阻礙。」但這裡就恕我不敢苟同了。要是參與者當中有些人可以花錢不眨眼，有些人不行，討論還可能「開放」嗎？對有錢的候選人來說，討論當然是開放的，但其餘候選人可能就得陷入你爭我奪。

不僅如此，從二〇一〇年開始，這場爭奪戰又多了兩項利器。個人只要不直接捐款給候選人，就能無上限花錢助選，而且企業也一樣，因為企業等同於「個人」，同樣受憲法第一修正案保障。

企業等同個人受憲法第一修正案保障，助選支出無上限

一切都要從一部電影說起：《希拉蕊：一部電影》（*Hillary: The Movie*），或者應該說是《希拉蕊：一部電影》第一季。話說二〇〇八年，前第一夫人希拉蕊宣布她有意成為美國首位女總統，而這部電影其實是對她的指控，由令人印象深刻的保守團體「聯合公民」製作傳播。雖然我不推薦這部電影，但你看了可能會覺得它該改名《瞎毀啦，這部電影》，因為裡頭的論述實在太貧弱，手法實在太不入流，說什麼希拉蕊根本是「歐洲社會主義者」，只差沒在她嘴裡塞一把刀（當然是因為特效預算有限），讓人看了笑到發抖。

等你明白這部九十分鐘的紀錄片對美國政治造成多大影響，讓企業對競選活動的政治獻金從此不再受限，你可能就笑不出來了。首先，讓我們將時光往回推一點。

自一九〇七年提爾門法通過以來，美國企業就不准直接資助競選活動。這項法案雖然關鍵，但值得一提的是，有很長一段時間它的約束效果相當有限。二十世紀美國企業不能做的只有直接動用公司資源襄助競選活動，但可以透過政治行動委員會來助選，甚至藉由別人創立的政治行動委員會也可以。不過，這對「聯合公民」來說顯然還是太複雜了。這個保守團體針對此事大做文章，只是這又和《希拉蕊》這部電影有什麼關係？

聯合公民光是拍電影還不夠，隨後又決定支付有線電視業者康卡斯特（Comcast）一百萬美元，讓用戶免費欣賞這部紀錄片，而且直接現金支付，因此違反了相關法令。聯合公民明明有自己的政治行動委員會，可以用委員會的名義出錢[6]，卻還是選擇這樣做，顯然是為了測試那幾位年事已高的終身職「大法官」，因為大法官之前的判決讓他們深信這次正中要害。結果，聯邦最高法院在「聯合公民訴聯邦選舉委員會」一案果然裁決既有的禁令全數違憲，實質賦予企業「個人」身分，得以獲得憲法第一修正案的保障，捐款無須受到任何限制。換句話說，在美國法理體制下，企業等同個人，因此和個人一樣享有充分的言論自由，選舉期間可以盡情撒錢，因為金錢也是言論表達的一種[7]。有關這個「把企業當人看」的詭異新見解，我推薦各位閱讀《我們企業》（*We the Corporations*）這本出色的作品，作者溫克勒（Adam Winkler）在書裡對美國企業最終如何贏得公民權有詳細的描述[8]。

聯邦最高法院只提出一項限制，就是企業捐款必須「獨立」[9]。但我們已經曉得，這項針對「硬錢」和「軟錢」的劃分完全是人為的，根本無法法阻攔私人獻金湧入選舉。儘管沒有幾個歐洲人知道這件事，但美國聯邦法院二〇一〇年的這項判決改變了這個問題的討論走向，讓我們不得不重新思考一切。

圖五十五：一九九〇至二〇一六年，
美國全國選舉（總統、眾議院和參議院）競選支出

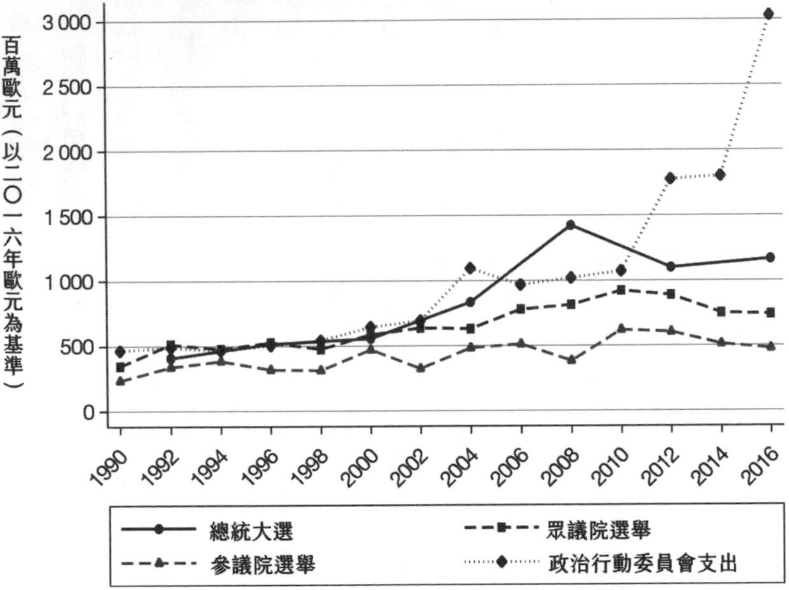

說明：二〇〇八年美國總統選舉所有候選人的競選總支出（含初選及大選）為十三億六千萬歐元。

二〇一四年，最高法院針對「麥卡沃恩訴聯邦選舉委員會」一案做成判決，廢除聯邦政府設立的兩年內競選政治獻金總額上限，進一步剷除二〇一〇年後苟延殘喘的法令規範。個人捐贈單一候選人的總額上限雖然不變，但還能維持多久？於是，美國三大選舉（總統、眾議院和參議院）候選人的支出總額自一九九〇年以來不斷攀升（見圖五十五）。二〇〇八年，歐巴馬出馬角逐總統。為了擺脫支出上限的束縛，歐巴馬成為美國首位放棄政府補助的總統候選人。扣掉政治行動委員會的獨立捐款，光是他個人的競選支出就將近十四億歐元[10]，相當於每位成年人口四點七八歐元。更令人震撼的是選舉期間政治行動委員會的捐款變化，從一九九〇至一九九二年選舉週期的五億歐元飆漲到二〇一六至二〇一七年的三十億歐元，充分展現了最高法院判決的影響。平均而言，二〇一六至二〇一七年每位美國成年人每年助選支出超過十一點五歐元，結果如何我們都曉得了。

民主反彈

美國民主就這樣陷入惡性循環，民主共和兩黨似乎都和魔鬼簽下了交易，但其間過程並非一路向下。二十一世紀初，尤其在長年高額資助選舉的恩隆集團捲入醜聞後[11]，民主曾經短暫反彈。由於當時兩黨對立嚴重，因此能有這樣的共識很有意思。二〇〇二年通過的兩黨競選改革法（Bipartisan Campaign Reform Act）又稱為馬侃－費高德法案，除了針對政黨使用「軟錢」的方式（尤其是訴諸意識形態的「議題廣告」〔issue ad〕）做出限制，還認定競選開跑前企業推出的電視或電台廣告為「標準」競選宣傳，就算廣告並未指明「票投某某」或「票不投某某」也一樣，從而結束了行之多年的偽善。換句話說，這類廣告再也不能由企業直接買單，而就如先前提到的，這項新規定自然不對聯合公民的胃口。如今重讀法案內容，你可能會覺得裡頭講的都是常識，然而即使是如此卑微的限制，還是從通過的第一天起就不斷遭受抨擊，結果只維持了短短幾年。由此我們可以看出雷根、老布希和小布希時期的大法官提名是多麼關鍵，而在法國等歐洲國家限制和規範法官權力又是多麼重要。

因此，金錢在大西洋另一岸似乎已經橫掃千軍，至少維持了一段時間。聯合公民案的判決替企業選舉獻金無上限鋪平了道路。至於個人捐款，連透明都不再是必要條件。從 501(c)(4) 到 501(c)(6) 條款的「捐贈者建議基金」，超級政治行動委員會和部分團體無須公布捐款者身分，因此得以「暗中」盡情撒錢。

我們應該就此投降，對默瑟家族或柯氏兄弟伏首稱臣，朝這些向來是政黨金主，有時還身兼媒體大亨的億萬富豪低頭嗎？目前最需要的其實是人民挺身而出，發動真正的民主反擊。誰能想到幾年前美國竟然有上百萬人走上街頭支持槍枝管制？這件事讓我備感振奮，覺得一百多萬人站出來要求限制個人和企業選舉獻金並非癡心妄想。想要扭轉局面，這樣的民意支持不可或缺。當前美國的國會議員面對遊說團體和聯邦最高法院時常顯得勢單力薄，尤其設立支出上限其實不符合他們的短期利益。但在數十萬美國人的支持下，或許一覺醒來民氣已經沛不可禦，改變轉眼成真[12]。

為什麼會有成千上百萬的美國人站出來？答案很簡單，因為對他們有利。數十年法規鬆綁的苦果再明顯不過了，美國政治已經淪為有錢人的發聲筒。唯有當輿論真的撼動政治人物，他們才可能有所行動。面對政治明顯不具代表性，解決之道絕不是大規模放棄投票，也不是茶黨——這樣一個組織比誰都更仰賴開口閉口就是經濟法規鬆綁和減稅的保守派財閥資助，竟然成為政治上缺乏代表的底層人民的代言人，真是莫大的反諷！我們其實需要的是更多規範，就算修憲也在所不惜。不論如何，當務之急就是讓私費選舉和言論自由脫鉤。

這裡稍微岔題來談一談最高法院和憲法委員會[13]。美國的例子清楚顯示了司法機關照理應該超然獨立，卻有許多時候站在民主的反面，其成員無須向任何人負責，完全照著自己對憲法的詮釋來制定或取消法律[14]。一邊是你選出的民意代表，雖然不完美，至少憑藉選票而有民主正當性，理論上會依據多數人的偏好制定法律，另一邊則是法官，有些還是終身職（例如美國就莫名其妙用這種教皇制來展現其民主精神），而且常被捧為不受政治考量左右的中立專業者。然而，目前在法國沒有比憲法委員會更政治的機構了。它或許沒有去捅民主運作經費來源這個馬蜂窩，卻在財稅方面展現了驚人的行動力。累進制全民社會繳款？不行。低所得職工分擔額減免？不行。跨國公司財務透明？不行。谷歌稅（Google tax）？不行。廢除巨富稅或改成只針對不動產開徵（其實殊途同歸），連帶打破各類財產同等對待原則呢？馬上辦，因為咱們親愛的法官大人唯一在乎的就是公眾利益。憲法委員會的財政裁決其實充滿了政治和意識形態，十有八九顯露出毫無憲法根據的保守主義，卻裝作一切純粹出於法律考量。

不只法國如此，德國憲法法院在財稅方面的判決也極為保守。一九九五年，該院裁決所有超過百分之五十的直接稅均屬違憲[15]。然而，英美兩國的最高所得稅率都超過百分之八十，幾十年下來對法治與民主原則的維護不減反增。德國憲法法院的判決只出於法律考量嗎？二〇〇五年，當初代表宣讀判決、為人無可挑剔的中立派法官基許霍夫（Paul Kirchhof）剛獲得梅克爾提名為財政部長人選，就主張對最高所得開徵百分之二十五的單一稅率。這是一種很奇特的賦稅平等觀；不少人喜歡將它偽裝成法律原則，因為他們光靠民主辯論說服不了任何人。最終，梅克爾因為基許霍夫害她丟了不少選票而撤回提名。比起民主政治圈，基許霍夫顯然更適合待在憲法法院那個神祕的小天地，和曲折的法律辯論為伍。

我不是說堅持賦稅平等有錯。捍衛賦稅平等當然必要，因為法律合憲與否永遠取決於該原則。但法國憲法委員會和其他國家的同類機構目前也有改革的必要，不能再恣意行使權力。已經有不少人開始朝這方向努力，例如憲法學家盧索（Dominique Rousseau）就主張憲法委員會必須轉型為憲法法院，只有後驗裁奪合憲性的權力[16]。他還提出更為根本的改革，主張調整委員會成員的任命方式，必須具備足夠的法學素養，並經國會同意才能擔任[17]。

（只）為優勢階級服務的政治

美國過去幾十年來民主規範不斷鬆綁，這件事為何值得憂心？競選支出飆漲到了可比歐洲足球巨星轉會費的地步當然是理由之一。如今還有誰敢說出確實數目？聽到只會讓人瞠目結舌。當零多到一個境界，數字就失去了意義。然而更令人害怕的是，比起低收入族群，有錢人和超級有錢人的政治偏好愈來愈常反映在政府政策裡。少數遠遠壓倒了多數。

錢能買到影響力。想是這樣想，但當你讀完紀倫思那幾本出色的作品，尤其是《有錢真有力》（*Affluence and Influence*），你還是會望文興歎：「事情怎麼會離譜到這樣？」紀倫思根據數十年的調查結果告訴我們，如今每當有錢人和窮人在經濟、政治或社會方面看法分歧，政府決策已經不再考慮貧困階級的支持與否[18]。換句話說，就算「底層百分之五十」的美國人有九成要求聯邦政府提高最低薪資，但只要「頂層百分之一」的人反對，提案就不可能通過。重點是美國的最低薪資自雷根當選以來，除了柯林頓和歐巴馬在位期間有過幾次小幅調整，就再也沒變過，但民眾購買力自一九七〇年代以來卻下滑了超過三分之一。受創的不只是窮人，中產階級也持續在和超級有錢人的對抗中落敗。因此，不論百萬和億萬富豪加稅或提高最低薪資，就算底層和中產階級表達支持也毫無用處，超級有錢人只要認為不符合眼前所需，這些提案就不會出現在政治議程裡，不僅財政和經濟政策如此，文化、社會和外交等其他領域也是。總之，所有政府施政都一樣。

湊巧民主

這不表示政府推行的多數政策都無視於廣大人民的偏好，不然可能就鬧革命了。其實政府施政通常符合民意，但那只是因為頂富階層的偏好正巧和多數人相同。政治人物不是因為底層階級要求這個或那個而決定採行這個或那個政策。他們會這樣做的主要理由，甚至是唯一的理由，就是超級有錢人也想要這個或那個政策，例如墮胎合法化和出兵伊拉克就是同時滿足有錢人和普通人偏好的政策。紀倫斯和佩吉稱呼這種現象為「湊巧民主」。我們能接受這種現狀嗎？

就如紀倫思和佩吉所強調的，湊巧民主的問題出在巧合很容易就變成暴政。而且就算沒變成暴政，它能稱得上是真正的民主嗎？從這個角度看，問題又和慈善事業一樣：少數億萬富豪比多數人更有能力替多數人決定，理由當然是金錢之神特別眷顧他們的選擇。

但人民為何會投票對自己不利？從價值衝突……

與其鄙視不願投票的人，不如試著了解他們。對這些人來說，既然民主都被把持了，又何必出門投票呢？我們至少可以拒絕用選票替徒具形式的選舉背書。

身為研究者而且也是人民的一分子，我比較無法理解的是：政治代表度不足為何會讓數十萬人民投入右翼民粹分子的懷抱？特別是美國的民粹運動在政治和經濟方面極度保守，更是令人意外。假設我是居住在美國鄉下的低收入戶，生活受經濟危機影響，無法提供子女良好的教育，附近河川遭到污染，父母親也得不到維持生活品質的福利照護，而我感覺政治上沒人替我發聲。假設我的感覺不是空穴來風，確實有證據顯示現有政治運作的代表度不足，那我怎麼會愈來愈常投票給主張替富人減稅、繼續刪減福利政策、徹底解除（僅有的）管制好讓產業可以不顧環保恣意擴張的政黨呢？換句話說，我怎麼會投票對自己不利？

在美國，對於這個問題的研究很快就成了一門顯學。我這樣說沒有挖苦的意思，因為這些分析勞動階級投票的書大多很有意思。無數社會科學家和不少記者到處訪問茶黨支持者，了解他們的投票動機。對有些學者和記者來說，這是一趟尋根之旅；對其他學者和記者而言，則是踏入完全陌生的世界。

在這點上，美國記者法蘭克（Thomas Frank）二〇〇七年的暢銷書《堪薩斯怎麼了》（*What's the Matter with Kansas*）可以說是首開先河。他在書中以堪薩斯為對象，探討這個中西部小州的選民為何長年票投共和黨，甚至支持茶黨與極端保守派[19]。堪薩斯位於美國心臟地帶，時常被戲稱為「飛越州」。當地人口外移嚴重，多半只剩下老弱婦孺[20]，是美國貧富不均最輕微的一州，但當然是相對來說。該州最有錢百分之十人口的收入占全州居民總所得的百分之四十一點九，最有錢百分之一人口的收入則占百分之十六點二；法國分別是百分之三十五和十一點一。貧富差距較小當然值得慶幸，卻也表示對有錢人加稅在這裡比在紐約州較不容易獲得支持，因為紐約州收入前百分之一人口的年平均所得超過兩百萬美元，堪薩斯州則不到一百萬美元[21]。全美所得最高和資產淨值最高者都不在堪薩斯州，因此堪薩斯人很瞧不起「那些人」，覺得他們不講價值，自己才更「應得」報償。然而，他們只在電視或電影裡見過「那些人」。那是一個他們不認識的美國[22]，紐約和加州人的美國，而他們只曉得一件事：那些人都投給民主黨。

於是，政治衝突就成了身分之爭，成為「他們」與「我們」的對抗。身分之爭並不是種族衝突（雖然我們之後會談到，美國政治辯論從來不缺種族的面向），也不一定是美國人與外國人之爭，更不是困擾歐洲的宗教（尤其是伊斯蘭教）衝突，而是美國人和美國人、只喝黑咖啡派和低脂拿鐵馬奇朵假惺惺傲慢自由派（也就是民主黨員）的對抗。

咖啡之爭或許聽來好笑[23]，但法蘭克告訴我們，這對於了解那些明明需要大政府（提供優良公立教育與更好的健保制度等等）的美國人為何會投票支持削減稅負、政府支出與重分配非常關鍵。在這些美國人眼中，政府是「惡」，是那些不代表也不了解他們的「那些人」的化身。這是一場價值之爭，而茶黨正是靠著價值而非經濟訴求贏得了選民的支持。

茶黨說服這些落隊的美國人，眼前其實是一場道德危機[24]，美國正在走下坡，文化不斷沉淪，而這一切都是那些從他們頭上飛越的菁英們的責任。正是墮胎議題，讓共和黨的極端保守派在堪薩斯首嚐選舉勝利，隨後又將黨的主導權輸給了茶黨。這些保守派反墮胎、反智、重信仰，藉由重新定義政治辯論而贏了選戰。他們將階級衝突轉化為價值之爭，極其成功地改以「正牌」（authenticité）美國人定義階級關係，不再以財富區分社會階級[25]。

這些人的政治手腕之高，讓人不得不讚嘆。文化衝突的好用之處，就在讓最受剝奪者以為自己是贏家。這些底層者在經濟上已經輸了，沒有翻身的可能，而共和黨提出的政策，從調降邊際稅率到凍漲最低薪資，顯然對他們毫無幫助。弱勢者還感覺自己的兒女也輸了，美國夢已淪為空談，子女所得高於父母的機率從一九四〇年代的百分之九十驟降到五十年後的百分之五十[26]。但在「正牌」文化的競爭場上，底層者卻看到了獲勝的希望。例如，反墮胎在保守派論述裡已經超越宗教層次，成為攸關道德與文化價值的問題。保守派將反墮胎重新定義成「德行」（mérite）的問題，一邊是「應得」獎賞的美國人，願意承受逆境，甚至接受沒人要的孩子；另一邊則是敗德者，將個人好惡置於一切之上。

……到冰冷的經濟現實

我們不該被價值衝突蒙蔽，忽略了最底層階級所遭遇的經濟困境。政治辯論轉向文化價值非但沒有抹去階級衝突的基本問題，反而變本加厲。為了贏回右翼民粹分子搶走的選民，我們似乎有必要將辯論的焦點拉回經濟議題。過去四十年來，美國整體經濟成長了百分之五十九，感覺相當不錯，至少比法國的百分之三十九好得多。但這個數字背後隱藏了極度的不平等：最有錢百分之十人口的經濟所得成長了百分之一百一十五（最有錢百分之零點零零一人口是百分之六百八十五！），底層一半人口的經濟成長卻是負百分之一。對所得位於全國後半的美國人來說，經濟狀況不僅沒有改善，反而更糟了[27]。

因此，我們必須從經濟層面去了解紅色州的保守派選票，而政治學者克雷默（Katherine Cramer）便是抱著這個想法前往威斯康辛州，訪問當地選民。這個位於蘇必略湖南方的小州和堪薩斯一樣，都是美國相對貧窮、貧富差距相對小的州[28]，而且非常鄉下，因此居民擁有「鄉下意識」（conscience rurale），也是克雷默的分析重點。據克雷默表示，鄉下意識和不滿（ressentiment）這兩個概念可以幫助我們了解美國最弱勢、最能從財富重分配得益的選民為何長年投票反對增加稅負與福利。

「鄉下人」對「都市人」的不滿其實有幾分道理[29]，至少部分出於經濟因素。剛才提到美國過去數十年來的經濟成長並未嘉惠落隊者，反而讓他們處境更糟。我們這裡談的不是腦袋空空、愛看讓川普一舉成名的電視實境秀《誰是接班人》、容易被種族主義和本能反應煽動的非理性選民。完全相反。這些選民多半相當理性，心中不滿也不無經濟根據。他們的質問合情合理：哪些人得到什麼好處？誰應得報償？誰擁有權力？誰又該負責？而他們對答案不可能滿意。這些人顯然沒有權力，因為政治上已經不再有人真正代表他們。這些人沒有權力，而有權力的人不理會他們，不在意他們的需求與偏好。

既然如此，這些美國人為何不支持有錢人加稅，也就等於有權者（因為金錢可以買到權力）加稅呢？他們為何不要求財富和權力重分配？為何不投給「左派」，投給承諾加強重分配的候選人呢？「德行」的概念在此再次成為關鍵。對這些白人居多的美國中西部居民來說，所有重分配或社會保護政策的主要得利者都是窮人。那些窮人平白得到好處，是法國右派口中坐享社會福利的「伸手牌」（des assistés）；而他們這些信奉努力工作、行得正坐得直的堪薩斯和威斯康辛鄉下人卻什麼好處也沒有。這些人認為自己是重分配的受害者，稅繳得多福利拿得少，這當然是錯的。但他們認為自己被拋棄是對的，因為過去數十年來的經濟成長確實遺落了他們。只不過偷走經濟果實的「那些人」並非和他們處境相同的窮人，而是有錢人。

這些說法讓人想起社會學家霍希爾德（Arlie Russell Hochschild）的描述。她充分掌握到了美國普通白人男性深埋內心從未表明的挫折，只不過地點換成了路易西安那州[30]。這些男性感覺自己一輩子都在排隊，等著爬上美國夢所應許的社會階梯。他們耐心等候，結果看到了什麼？一個又一個「少數族群」插隊搶到了他們前面：先是女性，再來是黑人，然後是同志和身心障礙者，等等等等。所有人都擠上去了，只有他們還像一群被拋棄的孤兒在排隊。於是他們火冒三丈，氣政府總是踐踏他們這些「小人物」（little guys）。他們只剩誰能依靠？神。

別笑。重點不是合理化種族主義、恐同或性別歧視，而是試著了解這些人。二〇〇九至二〇一三年，路易西安那州本來就不高的經濟成長全被最有錢的百分之一州民納入囊中，但當地居民為何還是大幅支持茶黨？霍希爾德在二〇一六年出版的《家鄉裡的異鄉人》（*Strangers in their Own Land*）書中特別著墨於環保議題，從另一個角度帶領我們切入似乎難以理解的投票行為。這些人明明受工業污染傷害最深，從政府推行的污染與毒害防治措施得益最多，為什麼卻投給反對福利政策、支持企業污染大戶的政黨？我們要如何解釋這個矛盾？答案是路易西安那、堪薩斯和威斯康辛的百姓不這麼看。在他們眼中，政府規範傷害最大的永遠是最沒權力的人，有錢有勢者總能逍遙法外。

此外，如同先前所見（尤其是紀倫思的作品），政治和媒體上代表度不足讓這些白人男性心裡的不公平和價值衝突感更強烈。對勞動階級來說，他們不僅從主流媒體集體消失，「自由派菁英」不得不正眼看他們時，眼神裡又充滿了輕蔑。我認為除了失業和購買力低落，除非能正面解決代表度不足的問題，否則廣義的左派是無法贏回這些選民的。這點將是本書第三部分各項建議的核心。我們當然有必要擬定嚴格的個人與企業政治獻金限制，但這群選民可能會覺得政府又在強加規範，又在侵犯個人自由了（即使大多數最底層階級根本沒有能力捐款資助選舉）[31]。因此，政府規範還必須加上另一項民主改革，就是政治代表度修正。這就是勞動階級必須進入國會的原因，唯有如此才能化解他們心中的怨恨。

如同本書第十一章將指出的，不論法國、美國或英國，儘管勞動階級（包括受雇者和勞工）仍然占總人口一半以上，卻在國會大幅缺席。這可以部分解釋為何大多數人民覺得自己沒有被代表，並且是出於被迫，而非選擇。如果有選擇，他們寧可支持勞工出身而非管理階層出身的候選人，因為那會直接影響國會最終通過哪些政策。這就是我主張採取激進政策，在法律上確保一般民眾在國會獲得更充分代表的理由。我認為應該以混合國會取代現有議會，其中三分之一議員從特定名單按照比例代表制選出，而且名單裡至少半數候選人為勞工、受雇者和不穩定就業者。

階級衝突的終結與拋棄民主黨

近幾年來，美國鄉村地區大幅轉向民粹主義，從支持茶黨到現在力挺川普，部分原因就出在他們認為這是場道德危機。他們覺得被人拋棄了，覺得自己應得更好的對待，都市裡的自由派卻上而下強加規範，以他們不想要的方式進行重分配。

當然，這不表示我們應該放棄經濟戰場，不再對抗不平等，而是恰好相反。美國茶黨之所以成功，是因為他們成功將辯論主軸從階級鬥爭轉變為文化對抗。不過，最主要的理由還是民主黨的失敗，因為他們率先退出了階級鬥爭的戰場。法蘭克在書裡清楚闡明了這一點[32]。過去數十年來，美國民主黨不僅拋棄了勞動階級，更不再批評華爾街的偏差行為，只要想想希拉蕊到高盛集團或花旗銀行演講就明白了。這樣做或許讓她賺進了大筆經費，卻也損失慘重。代表民主黨角逐總統的她在演講裡顯然對金融界的濫行妄為輕輕放下，否則不會堅持不公開。那些演講不僅是在滿足大方出錢要她插手政策的人的虛榮心，也在迎合未來金主的利益。

民主黨為何拋棄了階級鬥爭？部分原因出在他們想向富人爭取更多競選經費，而最慘的是他們顯然成功了。二〇一六年，希拉蕊募得的競選政治獻金比川普還多，也花得更多。最後她贏了資金，卻輸了選舉。由於她幾乎不理會勞動階級，結果就是失去了他們的選票。

有人或許要問，是什麼讓民主黨這幾年來採取這樣一個可說草率的競選策略？法蘭克提出了一個很有意思的回答，只是可能還需要數據佐證。那就是沒有選舉（因而沒有候選人要輔佐）的時候，民主黨的軍師和策略專家都在當遊說顧問。換句話說，他們都在為之後可能成為候選人金主的企業工作。這就叫面面俱到——換個說法就是利益衝突——只是很可惜忽略了社會面。

面對美國近幾年來的經濟成長，民主黨既想延續，也想追求同樣的模式，完全無視於所得分配不平等。的確，美國整體經濟成長率相對偏高確實值得驕傲，比起歐洲更是如此，但只有極少數人受惠，經濟學家皮凱提和賽斯的作品都指出了這一點。自金融危機結束以來，美國的經濟成長有一半以上落入了最有錢百分之一人口的口袋。

我不同意巴特斯的看法，他似乎將所有的不平等急遽惡化都推到共和黨頭上[33]。巴特斯強調第二次世界大戰後的政策轉向對經濟不平等惡化的影響，這點我完全同意。貧富不均並非如某些人所主張，是全球化和科技進步的必然結果，而是出自一連串的經濟政策選擇[34]。然而，巴特斯忽略了一件事。就算中低收入戶在民主黨執政時期比共和黨執政時期所得成長較快，也遠低於富人的所得成長速度，**即使在民主黨執政時期也是如此**。共和黨執政時期，幾乎所有經濟成長都被頂富階層端走，民主黨執政時期他們只端走大部分。就算不是有錢人全拿，最後效果也是一樣，貧富差距不斷惡化。

因此，錯不能全怪共和黨，民主黨也有責任，甚至責任更大，因為他們宣稱自己站在社會弱勢者這一邊（而共和黨則是維持一直以來的階級位置，站在大企業和超級富人那一邊）。民主黨讚許經濟成長，卻沒有採取行動讓經濟果實分享更平等，結果反倒助長了不平等的惡性循環。

政治與經濟不平等：危險的惡性循環

這是因為經濟不平等會助長政治不平等，而政治愈不平等，造成經濟更不平等的政策就愈多。因此，美國政治民主去管制之後，直接導致超級富人的競選政治獻金自一九八〇年代以來一路飆升。根據政治學者博尼卡（Adam Bonica）的統計資料，一九八〇年美國百分之零點零一人口貢獻了競選總經費的百分之十五[35]，到了二〇一六年總統大選已經飆到百分之四十，遠高於美國最有錢的百分之零點零一人口所占全民年收入比例（百分之四點三），甚至高過他們所占的財富比（百分之十點七）[36]。競選政治獻金的不平等急速加劇是貧富差距惡化的直接後果。博尼卡和羅森塔（Howard Rosenthal）針對美國四百位首富的政治捐款金額所做的統計清楚呈現了這一點[37]。

當然，捐款結構因候選人或政黨而異。如先前所見，桑德斯於民主黨初選期間收到的獻金有百分之五十九為兩百美元以下的小額捐款，希拉蕊收到的小額捐款只占百分之十九，大額捐款則占總競選經費的百分之五十三以上[38]。即使是歐巴馬，他二〇一二年收到的兩百美元以上捐款也占總競選經費的百分之四十四[39]。隨著貧富差距急遽拉大，共和民主兩黨都愈來愈「仰仗」愈來愈有錢的超級富豪傾囊相助。雖然我主要提到的都是保守派的億萬富翁——這很合理，因為柯氏兄弟和默瑟家族是最令人反感的——但民主黨也不乏大金主，其中最知名的當屬巴菲特和索羅斯。不論對共和黨或民主黨來說，這點都不無危險。

被金錢把持讓共和黨幾乎自食惡果

如今政黨實際上由愈來愈少人供養。誰能想到二次大戰剛結束時，政治理論家曾擔心許多國家的群眾政黨可能會瓦解呢？法國政治學教父杜瓦傑（Maurice Duverger）將政黨分成法式的菁英政黨與德式的群眾政黨[40]，現在還必須加上「被把持」政黨。這些政黨的主要財源是最有錢百分之零點零一人口開的支票。我不是在開玩笑，因為維繫任何政治團體都必須面對以下關鍵問題：誰擁有權力？這些人對誰負責？他們有什麼行動手段？仰賴哪些資源？當金錢成為行動分子和菁英之外的主要權力手段與唯一的必要資源，就會破壞既有的勢力均衡。

因此，共和黨從柯氏兄弟開始極度仰賴少數幾位超級金主，最終對這個大老黨（Grand Old Party）造成了傷害[41]，簡單說就是「傳統」共和黨人失去了對黨的控制。由於財務上太過仰賴柯氏兄弟維持黨務運作及資助候選人，讓柯氏兄弟一手遮天，兩個人就足以推翻共和黨的傳統路線。這樣的發展雖然不難預料，還是非常驚人。

傳統共和黨人不僅失去對黨的控制，連選舉也保不住。三五位堪薩斯億萬富豪的政治偏好不可能代表所有共和黨選民。二〇一二年，被「柯氏章魚」纏住的共和黨既沒有選擇最佳的總統候選人，也沒有提出最有力的政治主張，而是從候選人（羅姆尼）到政見都是錢錢錢。誠如巴特斯所言，那年共和黨選民之所以捨羅姆尼不投，正是因為在他們眼中，這位前麻州州長在乎有錢人更勝於沒錢人[42]。因此，當他不小心說出美國有百分之四十七的人坐領福利不納稅（因此不用在乎），簡直是百年難得一見的政治切腹秀[43]。

本書之後將會提到，過度仰仗極端保守派億萬富豪不只影響了共和黨對候選人和政見的選擇，連競選方式都會受到左右，尤其利用個資精準投放文宣。柯氏兄弟連共和黨的全國代表大會都不放過，迫使共和黨放棄過去自行分析選情的做法，改用他們旗下數據分析公司i360研發行銷的資料庫。

可能有人會問，共和黨為什麼不壯士斷腕，斬掉那些金錢觸手？原因是現行法令規範讓共和黨不得不拿人手短。如今在美國就算是地方初選，沒有募到幾十萬美元是別想參選的。錢已經成為新的選舉稅，只有少數口袋夠深的人繳得起。唯有修法才能斬斷這些觸手。

川普在這方面是個例外。家財萬貫讓他得以擺脫柯氏兄弟的把持，就算柯氏兄弟二〇一六年不支持他出馬選總統[44]，他也不怕在推特上痛批兩人，同時用他一貫的節制語氣形容共和黨建制派是一群「政治傀儡」[45]。就共和黨和兩位大富豪長年來的密切關係，我們很難不同意他的說法。不過，川普拒絕向大衛王和查爾斯王鞠躬哈腰也不是因為他德行高尚，而是他本人也是億萬富豪，無需柯氏兄弟幫忙，自己就支付了四分之一的競選經費[46]。

民主黨沒避開陷阱

雖然民主黨陣營沒有像柯氏兄弟這樣的帝國壓境，但「慈善事業」卻是個圈套，可能在選舉時讓他們跌跤。許多評論者指出，希拉蕊二〇一六年選舉意外失利是因為她和金融圈走得太近。而桑德斯在黨內初選（同樣意外地）大有斬獲，則代表為數可觀的選民支持民主黨的傳統價值。如先前所見，民主黨已經拋棄了那些價值，尤其是階級鬥爭，只為了滿足華爾街交易員、矽谷工程師、谷歌和推特開發者的政治偏好，因為這些人已經成為該黨的主要金主。

問題是這些年收入六位數起跳的人的政治偏好和勞動階級或工會的偏好並不同。社會議題方面，民主黨金主比共和黨金主更傾向自由派，主張婚姻平權，在墮胎議題遭受批評時也會挺身回擊，甚至支持嚴格管制槍枝。但一講到經濟議題，他們就變得非常保守，有些人更和共和黨金主相去不遠，稅制就是其中一個例子。這些好心的慈善家總是樂於給予，從政黨、慈善組織到公益活動無所不捐，但幾乎都反對加稅。於是，民主黨的政治人物便遷就他們，無視傳統支持者的偏好，給了那些慈善家前所未有的低邊際稅率，最終導致選民大批出走。

之前提到希拉蕊，但歐巴馬在這件事上要負很大的責任。八年總統任內，他花了無數小時向有錢人募款。根據二〇一四年七月的華盛頓郵報，「不論美國或全世界發生了什麼大事，歐巴馬總統的行事曆上永遠不缺一樣東西，那就是募款[47]。」據該報統計，歐巴馬於第一任總統任內共主持了三百二十一場募款活動，雷根是八十場，老布希一百三十七場，柯林頓一百六十七場，小布希一百七十三場。你可以說這是一股趨勢，過去數十年來不斷增加，但歐巴馬才真的誇張。身為民主黨總統，並從不避諱自己對聯合市民的反感[48]，歐巴馬或許背負著眾人的期望，沒想到他非但沒有逆轉潮流，反而變本加厲。不僅如此，他的募款活動想當然耳以有錢人為對象，而非一般大眾，結果造成勞動階級和民主黨更疏離[49]。這點也可以解釋歐巴馬八年總統任內的經濟政策為何相對保守，絲毫沒能減少美國的貧富差距。以他花在募款活動的時間，我們實在很好奇他到底能不能把總統做好。

從德國到英國：美式制度？

因此，過去數十年來，美國的防線逐一潰散，再也攔不了金錢湧入政治，從獻金來源到公開透明都被沖蝕得一點也不剩[50]。共和民主兩黨似乎都被金錢把持，政治人物不分左右只會迎合有錢人的政治偏好。這是美國獨有的現象嗎？接下來我將證明情況正好相反，這些扭曲現象同樣威脅著整個歐洲。讓我們從德國開始。

德國制度不透明

資助民主運作的方式鮮少出現在德國大報頭版[51]，但只要深入探究，或許就會聞到幾分醜聞的味道。就財源來說，德國的民主制接近美國的程度遠高於比利時和法國，其中私人利益（尤其是大型產業集團）的角色不容小覷。我這樣說不是在貶低德國，認為他們的制度不如法國清廉，而是就事論事。因為德國的產業選擇，包括積極出口導向政策，會影響所有歐洲國家。

所以，德國模式到底是什麼？一方面如本書第五章所言，德國過去資助政黨及其附屬組織的制度很有新意，但另一方面又令人意外。許多國家不只會限制私人獻金，還會提供公共補助，但德國除了要求公開透明，對於個人及企業獻金完全沒有任何規範。這讓我們得出第一個重點：不論和過往經驗或其他國家相比，錢與民主的關聯在德國從來沒有得到完整冷靜的討論。因此，德國在某些方面很先進，某些地方則很落後，不僅政黨支出（包括競選和一般活動）和收受獻金總額沒有上限，政府還每年大手筆撥款補助政黨。

德國政府只有對政黨的財務透明做了規範。所有政黨每年都要在聯邦議院網站上公布帳目，金額一萬歐元以上的捐款都要列出，還要公布捐款者姓名。這些資料當然不夠完美，因為許多企業會以子公司名義捐款，將獻金「拆成」多筆一萬歐元以下捐款，就不用申報或公開，而且從捐款到公布也往往會拖很久。不過，德國在這方面比法國好得多（法國民眾根本無從得知誰捐了多少錢），而且只要多一點政治意願就能補平法規上的漏洞。此外，德國政府還規定五萬歐元以上的捐款必須按月申報，聯邦議院網站上也有專頁近乎即時公布這些捐款[52]。

德國的政黨財務透明規範出現得很早，有案可考的紀錄可以回溯到一九四九年，聯邦共和國基本法第二十一條規定政黨應公布大額捐款。但當時沒有立即執行，因為基本法指示政黨公布捐款的相關細則要由政黨法規定，而德國國會直到近二十年後才在一九六七年通過相關法令。

撇開立意甚佳的法規不談，實際執行狀況如何？本書先前已經提到，德國企業和雇主協會資助政治活動非常大方。至於背後動機，最令人意外的一點就是他們往往捐款給不只一個政黨，而且左右都捐。

例如二〇〇八到二〇一五年，董事會主席為前德國經濟科技部長穆勒（Werner Müller）的化學集團贏創工業（Evonik Industries AG）每年都分別捐款數萬歐元給基督教民主聯盟（六年總額五十七萬五千歐元）、社會民主黨（六年總額六十六萬九千歐元）和自由民主黨，並定期資助基督教社會聯盟和綠黨（沒想到綠黨竟然會接受一個主要靠化學產品營利的公司捐款）。這家公司為何會同時資助所有政黨，尤其同時捐款給基督教民主聯盟和社會民主黨這兩個死對頭？

同樣的問題我們也很想請教戴姆勒汽車公司。二〇〇八至二〇一五年，戴姆勒共捐了一百萬歐元給基督教民主聯盟、一百萬歐元給社會民主黨，另外各捐了三十到四十萬歐元給基督教社會聯盟、自由民主黨和綠黨——獨獨「漏了」左翼黨。還有，德意志銀行二〇〇九年各捐了二十萬歐元給自由民主黨和基督教民主聯盟，就在金融業面臨多事之秋，政府特地出場替銀行解圍的時候。這不是利益交換嗎？有沒有對價關係？總之，看起來就是如此。

有趣的是，德國企業的政黨政治獻金就像聖誕節禮物，全都落在同一天。圖五十六清楚顯示了這一點。從這張德國聯邦議院網站的螢幕截圖可以看出，保險業巨擘安聯集團二〇〇六年的捐款方針是這樣的：八月二十八和二十九日一口氣捐了五萬到六萬零一

圖五十六：二〇〇六年，德國安聯集團對德國各政黨捐款金額的螢幕截圖

政黨	捐款金額	捐款者	捐款時間	申報時間
縮寫	歐元	名稱及地址	日期	日期
社民黨	60,001	安聯集團，慕尼黑市國王街二十八號，郵遞區號80802	2006.08.29	2006.08.31
基民盟	60,001	安聯集團，慕尼黑市國王街二十八號，郵遞區號80802	2006.08.28/29	2006.09.04
基社盟	60,001	安聯集團，慕尼黑市國王街二十八號，郵遞區號80802	2006.08.28/29	2006.09.05
聯盟九〇／綠黨	60,001	安聯集團，慕尼黑市國王街二十八號，郵遞區號80802	2006.08.28/29	2006.08.31
自民黨	50,001	安聯集團，慕尼黑市國王街二十八號，郵遞區號80802	2006.08.29	2006.08.31

歐元給德國五大政黨：社會民主黨、基督教民主聯盟、基督教社會聯盟、聯盟九〇／綠黨和自由民主黨。簽票時間到，就是今天！

可能有不少讀者會說，這裡的數字是幾萬歐元又不是幾百萬美元，比起美國那種過度不平等差得遠了，因此德國模式還是很有可為。但我認為我們不應該小看德國的這種扭曲現象，尤其捐款全都來自出口導向為主的大型企業。這或許可以部分解釋德國對貿易順差的執著態度，就算出口經濟占

比高到不合理也依然故我。而我們都曉得這種態度對歐元區在二〇〇八年金融危機後的組織與運作造成了哪些後果。

法國略傳

當然，這裡所謂的「德式扭曲」並非源自文化，而是來自法律，應該說來自法律未能設下嚴格限制。目前法國企業不得資助政黨或競選活動，但一九九〇年代初期可以。從統計資料看來，當時的法國比起德國的現狀其實好不到哪裡去。

我蒐集了一九九三至一九九五年（只有這兩年資料開放）法國政黨帳目中強制公開的企業捐款清冊，以及（最值得玩味的）企業金主名單[53]。一九九三年共有兩千五百多家企業捐款給政黨，一九九四年超過三千家。雖然各大政黨都有斬獲，但保守派的保衛共和聯盟（Rassemblement pour la République）遙遙領先，一九九三至一九九五年一共獲得一千九百三十二筆捐款，總額高達一億三千八百萬歐元，其中一九九三年為六千四百萬歐元，一九九四年為六千兩百萬歐元。其次是社會黨，一千一百九十六筆捐款，累計九千八百萬歐元。「共和黨」、共產黨和中間派的法國民主聯盟則是相形見絀，分別只獲得五百六十萬、三百八十萬和兩百萬出頭。

至於哪些法國企業對政黨特別慷慨？前四名分別為布依格、當時還叫作通用水務公司的威望迪集團、柯拉斯（Colas）公共工程公司、現在名為埃法日（Eiffage）集團的SAE——富傑羅金融公司及里昂水務公司，全是承攬國家或地方工程的企業。我這裡只談政黨政治獻金，還沒提到企業對競選活動的捐款，下一章將有機會談到這部分，譬如緊鄰巴黎的上塞納省境內的那幾家企業有多大方。

一九九三至一九九五年，布依格集團的旗下企業，包括布依格、柯拉斯和薩瑟（Sacer）道路工程公司等等，共資助了不下二十八個政黨，從激進黨、共和黨、共產黨到社會黨都有拿到捐款，保衛共和聯盟更不在話下。不是布依格改變了政治偏好，而是它每年都不忘雨露均霑。

又是大開支票……因此，一九九〇年代初期的法國和目前德國的情況非常類似，除了布依格和威望迪，還有阿爾斯通（Alstom）和德高集團（JC Decaux）也是如此。所以結論是什麼？唯有立法才能改變企業行為；只要允許企業恣意資助政治活動，他們就不會收手。既然有辦法說服德國政治人物不對菸害採取行動，菲利普莫里斯公司怎麼可能不把握機會？德國各大汽車公司又怎麼可能放棄繼續讓柴油車上路的手段？我還可以舉出更多例子，但是沒必要。各位應該已經明白，為了在民主運作中對抗私人利益，尤其是產業利益，第一步就是禁止企業捐款。

英國的中庸之道和寡頭大亨把持的風險

英國和德國一樣沒有類似的禁制，但其制度還是嚴格許多。儘管個人或企業政治獻金沒有限制，選舉支出上限卻很低。脫歐支持者不久前（二〇一六年）才嚐到了苦頭，支出超出了法定上限[54]。

我們在第三章曾經提到，過去英國的政治獻金非常集中，排行前百分之十的金主捐款超過獻金總額的三分之二。但我想強調的不是這個，而是英國現有制度還面臨另一種扭曲之害，也就是寡頭大亨（oligarch）的金錢攻勢，尤其俄國金主。這裡指的不是收購足球隊等等，雖然那方面也有不少值得一談，而是資助民主運作。根據國際透明組織報導，俄國近年來在倫敦大舉投資，其中許多資產都是大型的「洗錢機器」。

這些投資不只流入英國首都，更流進了政黨的荷包。英國法律不允許外國人資助政黨和競選活動，就連將金錢視為言論自由的美國也只讓本國籍的自然人與法人享有這種權利。然而，不少俄國寡頭大亨都有英國籍，而英國政府也樂於讓他們歸化，以換取對方在英國投資，使得這些寡頭大亨都能慷慨資助英國政黨[55]。舉兩個最明顯的例子：前俄國財政部長切爾努欣（Vladimir Chernukhin）的妻子盧波夫（Lubov）從二〇一二年開始資助保守黨，總金額不下五十一萬四千英鎊，最近一筆是二〇一七年九月捐了十六萬一千六百英鎊。另外，商業鉅子特莫科（Alexander Temerko）曾替（由霍多科夫斯基長年掌控的）尤克斯（Yukos）石油公司效命，後來因能源業而致富。他於二〇一一年取得英國藉後，從二〇一二到二〇一七年持續資助保守黨至少四十次，總金額超過五十萬歐元[56]。他這樣做是為了換得什麼？這是個好問題。特莫科是保守黨員沒錯，但他繳的黨費也太高了吧？

既然談到金權政治，就讓我們用米塔爾（Lakshmi Mittal）來為英國這部分作結。米塔爾是知名鋼鐵大亨，近年來大力襄助工黨。根據英國選舉委員會官網的資料，他從二〇〇一年起資助工黨不下六千八百萬歐元[57]。因為他很愛布萊爾？如同不少評論者於二〇〇二年指出的，儘管米塔爾後來繼續捐款，而且金額還增加了，但我們很難不將他的大方和布萊爾寫信給羅馬尼亞政府支持米塔爾收購當地一家國營鋼鐵廠聯想在一起。布萊爾後來還特地為此向國會解釋。

從歐洲法規扭曲……到別處傳來的希望

關於未來最令人不安的一點，就是即使英國政府決定起而行動，加強對於私費民主的規範（這樣做有何不可？畢竟一百五十年前是它首開限制競選支出之先），也會面臨和歐洲法規牴觸的危險。不過，讀者可以放心，我們很快就會提出解決之道。問題是還有最後一個壞消息，那就是歐洲已經決定仿效美國，將金錢和言論自由畫上等號。為什麼？顯然是為了破壞限制政治獻金的所有規範。

歐洲破壞政治獻金規範

歐盟對政黨和競選財源最明顯的介入，莫過於歐洲人權法院一九九八年針對「鮑曼訴英國」一案所做的判決。

簡單說，歐洲人權法院的判決就是禁止購買政治廣告違反言論自由。不過，事情到底因何而起，這就得從那位鮑曼女士說起了。她是英國未出生胎兒保護協會會長，因為在國會選舉前散布反墮胎傳單而遭到政府起訴，理由是傳單裡提到地方候選人對墮胎議題的看法。因為根據人民代表法（Representation of the People Act），英國自一九八三年便禁止任何人為了支持特定候選人而於選前未經授權出資揭露訊息給選民（競選支出的相關法規必然會界定誰有權出資、誰無權出錢），只要超出五英鎊就屬違法。

儘管鮑曼女士過去曾經多次因相同理由遭到英國政府起訴，但歐洲人權法院這次決定判她無罪，理由是言論自由：限制人民支出不得違背歐洲人權公約第十條對言論自由的保護。歐洲人權法院認為，限制選前散布傳單的法律徹底斷絕了鮑曼女士傳播特定資訊以說服選民投給反墮胎候選人的機會。人權法院質問道，我們為何不准鮑曼女士以這個方式花錢，卻不禁止報紙公開支持或反對某些政見或候選人？因此，人權法院認為以保障候選人公平競爭為由不足以支持這類禁令，禁止鮑曼女士散布傳單違反了人權公約第十條。

這個判決的主要問題在於人權法院做出的類比，一邊是言論自由（受針對新聞機構的相關法令規範）、新聞自由和道德、媒體所有權與管理結構，另一邊是個人出資進行政治宣傳的自由，例如印發傳單，基本上只受限於個人財力大小。這個錯誤類比很難不讓人想到美國聯邦最高法院的判決，以言論自由為名，完全按大法官對憲法的個人詮釋而認定不論選民意見為何，國會都無權立法限制政治獻金在政治活動中的分量。雖然人權法院的裁決目前範圍有限，很容易被輕忽，但我們不能等到人權法院或歐洲法院做出更多類似判決才開始正視問題的嚴重性。

巴西因禍得福？從政治腐敗到公共補助

讓我們用一個可能比較正面的例子來替本章作結。不論是合法捐款或暗盤回扣，企業向來是巴西政黨的主要財源。企業這樣做當然不是出於政治理念，更不是基於善心，而是因為「投資報酬率」極高。根據政治學家的研究，二〇〇六年巴西所有公共工程公司拿到的政府合約總值增加幅度，是它們資助某位順利當選的聯邦國會工黨候選人總金額的十四倍以上[58]。

明白這一點後，我們就能了解為什麼會發生讓巴西政壇蒙羞的石油公司醜聞了，因為這種行為非常有利可圖。如果你以為到此為止，那就錯了。前幾年又發生一起更大的醜聞，而且這回是讓整個拉丁美洲政壇都抬不起頭來，只不過始作俑者仍然是巴西。奧迪布里切特（BTP Odebrecht）建設集團被控賄賂全拉丁美洲的政治人物，而手法還是那一套，暗中給予政治領袖回扣以換取公開市場分額。醜聞擴及委內瑞拉、阿根廷、哥倫比亞、瓜地馬拉、墨西哥、宏都拉斯和祕魯，祕魯總統庫辛斯基（Pablo Kuczynski）還因此被迫辭職。

好消息是，這起了無新意的貪瀆事件促成了巴西的大幅改革，於二〇一五年禁止企業政治獻金，並開始採行政黨公共補助制。雖然政局紊亂導致新制度尚無法全面實施，而且現在論其成效還言之過早，不過感覺新規定相當大刀闊斧，也該是時候了！相較之下，當巴西立意革新，西方民主國家卻持續削減公費民主制。

在不遠的未來，其他大型新興民主國家可能也會採取類似行動，尤其是印度。近年來印度候選人的競選支出急速膨脹[59]，貪瀆醜聞的數目也不斷增加，導致民眾信任感愈來愈低。雖然穆迪政府一再表示將有所作為，推行新規範，但目前仍然沒有具體進展，甚至還收回了先前一些畏畏縮縮的立法嘗試，令人深感不安。巴西的例子告訴我們，採取行動永遠不晚，只要認清狀況就有辦法終止危機與醜聞。在北半球富裕國家跌跌撞撞嘗試了數十年未果之後，如今這些大型新興國家面對同樣的問題，或許會是未來最有新意的國家。

註釋

1 別忘了美國一九七一至一九七四年除了建立總統大選公共補助制之外，還對競選支出及政治獻金設立規範，包括（一）嚴格限制政黨及候選人政治獻金，並設定候選人自費支出上限、（二）設定候選人及政黨的競選支出上限、（三）個人捐助指定候選人的金額上限為一千美元。

2 本案名稱源自共和黨參議員巴克利（James L. Buckley），而他提案控告的對象則是國務卿兼前任聯邦選舉委員會成員瓦萊奧（Francis R. Valeo）。

3 法國的情況參見 Elsa Forey (2016), "Une association proche d'un parti politique peut-elle contribuer au financement d'une campagne électorale?" *Actualité juridique, droit administratif* (AJDA)。

4 有關聯邦最高法院做出的一系列裁決及其後果，我強烈推薦以下這本出色的作品：Timothy Kuhner (2014), *Capitalism vs. Democracy: Money in Politics and the Free Market Constitution*, Stanford University Press。此外，對於這些判決的詳細分析亦可參考 Robert C. Post (2014), *Citizens Divided: Campaign Finance Reform and the Constitution*, Harvard University Press 和 Richard L. Hasen (2016), *Plutocrats United: Campaign Money, the Supreme Court, and the Distortion of American Elections*, Yale University Press。雖然我仔細讀了聯邦最高法院的多項判決，但我得承認自己還是靠著上述著作才對大法官的法律論述有更清楚的了解。

5 Hasen (2016) 指出，在「巴克利訴瓦萊奧」一案中，聯邦最高法院於論述中提到（一九七五年時）報紙全版廣告要價近七千美元，是當時個人對候選人獨立支出上限（一千美元）的七倍。

6 值得一提的是，如同法學家哈森（Richard Hasen）一針見血指出的，保守派的「聯合公民」基本上可以說是特洛伊木馬。這個問題其實對他們來說並不嚴重，因為他們自己有政治行動委員會可用。他們的真正用意是在聯邦最高法院推翻共和黨保守派數十年來處心積慮想廢除的選舉規範，將那些法令一舉擊沉。

7 雖然本書無法在此回顧聯邦最高法院自一九七〇年代中期以來的所有判決，但嚴格說來，最高法院是在一九七八年的「波士頓第一國家銀行訴貝洛蒂」（First National Bank of Boston v. Bellotti）一案中首次定義了企業的言論自由權，並禁止政府限制企業對立法公投的助選捐款。

8 這場漫長的戰役始於一八八二年，前共和黨參議員康克林（Roscoe Conkling）要求政府給予他客戶（南太平洋鐵路公司）憲法第十四條修正案所賦予的權利。一八六八年通過的第十四條修正案規定，所有居住在美國領土上的人都應獲得「法律的同等保護」，其原意是在保障前奴隸的權益。參見 Adam Winkler (2018), *We The Corporations. How American Businesses Won their Civil Rights*, New York, Liveright publishing Corporation。

9 企業捐款必須用於特定目的，不能偏袒某一政黨。

10 二〇一二年競選支出相對不高，部分原因在於歐巴馬角逐連任，民主黨的黨內初選只是走個形式。

11 有關這起發生於本世紀初，震撼全球市場的國際政治經濟危機，我在這裡無法詳細討論。不過，值得一提的是，這家美國能源集團直到二〇〇一年才因為帳冊造假而宣告破產。雖然一九九〇年代晚期恩隆債務飆升就有金融分析師覺得不對，但恩隆執行長雷伊（Kenneth Lay）是政府能源政策顧問，又是小布希二〇〇〇年角逐總統的大金主，有什麼好懷疑的呢？

12 近年來不少學者都對此表達了強硬立場，隨便列舉就有雷席格（Lawrence Lessig）、巴特斯

（Larry Bartels）、佩吉、紀倫思和庫納（Timothy Kuhner）等人。本書第九章將討論他們的建議。

13 我知道美國聯邦最高法院和法國憲法委員會就算角色有所重疊，屬性也不相同。我在這裡將兩者擺在一起談，還請法學專家見諒。

14 競選規範就是很明顯的例子。二〇〇〇年代初，美國聯邦最高法院一名自由派大法官的位子由保守派法官取代，結果就是一個接一個的判決翻盤。明明憲法從頭到尾都沒有變動，最高法院做出的裁決卻跟過往裁決完全相反！

15 該項判決於一九九九年遭到推翻。

16 參見 Dominique Rousseau (2015), *Radicaliser la démocratie. Propositions pour une refondation*, Paris, Le Seuil。

17 法國憲法委員會共九位委員，任期九年不得連任。其中三人由總統任命，三人由國民議會議長任命，三人由參議院議長任命。

18 紀倫思以一九六四至二〇〇六年的美國為研究對象，主題涵蓋稅負、政府規模、伊拉克戰爭、墮胎和同志婚姻等。參見 Martin Gilens (2012), *op. cit.*。亦可參考 Benjamin Page et Martin Gilens (2017), *op. cit.*。我在此處同時引用了這兩本書的內容。

19 參見 Thomas Frank (2007), *What's the Matter with Kansas? How Conservatives Won the Heart of America*, Henry Holt and Company。

20 一九八〇至二〇〇〇年，堪薩斯州有三分之二的郡人口減少，最高甚至可達百分之三十五。

21 美國地方貧富差距數據出自 Estelle Sommeiller, Mark Price et Ellis Wazeter (2016), «Income Inequality in the U.S. by State, Metropolitan Area, and County», Economic Policy Institute Report。其他國家

的統計資料取自**世界不平等資料庫**（World Inequality Database）網站。

22 堪薩斯人真正認得的億萬富豪只有他們的「自己人」——鼎鼎大名的柯氏兄弟。柯氏兄弟雖然將集團總部設在堪薩斯州的威奇托市，但和所有美國億萬富豪一樣在紐約市擁有房產，地點就在公園大道七百四十號。

23 我也可以舉法國乳酪當例子。

24 或用法蘭克引述堪薩斯州前共和黨眾議員提亞赫特（Todd Tiahrt）的話來說，就是「靈魂危機」（crisis of the soul）。

25 川普演說時也會提到「正牌」這個詞，但我們很難說他二〇一六年是憑其「德行」選上總統的。

26 尤其值得參考 Raj Chetty, David Grusky, Maximilian Hell, Nathaniel Hendren, Robert Manduca et Jimmy Narang (2017), «The Fading American Dream: Trends in Absolute Income Mobility since 1940», *Science*, 356(6336), pp. 398–406。當代美國階級流動停滯的主因為父母所得與子女教育程度高度相關，經濟學家切提（Raj Chetty）與賽斯（Emmanuel Saez）有資料為證，參見 Raj Chetty, John Friedman, Emmanuel Saez, Nicholas Turner et Danny Yagan (2017), «Mobility Report Cards: The Role of Colleges in Intergenerational Mobility», NBER Working Paper No. 23618 (https://www.nber.org/papers/w23618)。

27 參見 Facundo Alvaredo, Lucas Chancel, Thomas Piketty, Emmanuel Saez et Gabriel Zucman (2017), «Global Inequality Dynamics: New Findings from WID. World», *American Economic Review*, 107(5), pp. 404–409。亦可參考二〇一八年《世界不平等報告》。

28 參見 Katherine J. Cramer (2016), *The Politics of Resentment: Rural Consciousness in Wisconsin and*

the Rise of Scott Walker, University of Chicago Press。

29 克雷默對「鄉下」的定義較為寬鬆，威斯康辛州兩大都會區以外的地區都在此列。

30 Arlie R. Hochschild (2016), *Strangers in their Own Land*, The University of Chicago Press（譯註：繁體中文版《家鄉裡的異鄉人：美國右派的憤怒與哀愁》二〇二〇年由群學出版社出版）。

31 在法國這類國家（美國政治獻金沒有減稅優惠，故不在此列），最底層階級不僅沒有能力資助選舉，最後更只能滿足最有錢階級的政治偏好。

32 我在這裡不想針對個別著作的優缺點多作討論，但我認為克雷默的看法是錯的。她認為法蘭克將一切問題歸結到價值上，無視極端保守派選票背後的經濟面。然而，法蘭克不僅沒有這樣做，反而看得非常清楚，指出（不該放棄卻）放棄經濟論述的是民主黨。

33 參見 Larry M. Bartels (2016, 2e édition), *Unequal Democracy. The Political Economy of the New Gilded Age*, Princeton University Press。事實上，我認為這本書非常重要，是有關目前美國政治代表度不足問題的必讀之作。

34 皮凱提明白點出經濟不平等的這個政治面向。例如，假設不平等急遽惡化完全是全球化的錯，那為何日本、法國和美國這三個自由貿易國家的不平等程度會不一樣？美國實質最低薪資自一九六〇年代以來持續降低，法國則是不斷提高。這部分解釋了不平等惡化的原因，並且是政治決定的結果。同理，美國頂富階層的所得飆升也是政治決策的直接結果，例如降低邊際稅率等。參見 Thomas Piketty (2013), *Le Capital au XXI*e *siècle*, Paris, Le Seuil（繁體中文版《二十一世紀資本論》二〇一四年由衛城出版社出版）。

35 我只能建議有興趣的讀者參考史丹佛大學的**意識形態、金錢政治與選舉資料庫**（Database on

Ideology, Money in Politics, and Elections）：https://data.stanford.edu/dime，博尼卡在其中提供了美國一九七九至二〇一四年競選政治獻金的大量資料。該資料庫還附有博尼卡及其共同作者的著作連結，有助於讀者理解捐款者的動機。

36 資料出自世界不平等資料庫（wid.world）。

37 參見 Adam Bonica et Howard Rosenthal (2015), «The Wealth Elasticity of Political Contributions by the Forbes 400», Document de travail。

38 資料同樣出自 OpenSecrets.org 網站。

39 小額捐款占百分之三十二。歐巴馬的競選對手羅姆尼的大額和小額捐款占比分別為百分之五十和十八。

40 參見 Maurice Duverger (1951), *Les Partis politiques*, Paris, Armand Colin。

41 梅爾（Jane Mayer）在她書裡說明得很清楚（2016, *op. cit.*）。

42 參見 Larry M. Bartels (2013), «The Class War Gets Personal: Inequality as a Political Issue in the 2012 Election»。

43 「我們有百分之四十七的國民不論如何都會投給總統〔歐巴馬〕……他們仰賴政府過活，相信自己是受害者，政府有責任照顧他們，自己有權獲得健保、食物、房子等等等等，而且是應該擁有，政府必須給他們。他們不論如何都會投給總統……這些人不繳稅……我沒必要在意這些人。」這是羅姆尼在一場募款大會上的發言，顯然沒打算給廣大民眾聽見，但搞政治的永遠要提防有人私下錄音。

44 根據美國政治新聞網站 Politico 報導，i360 二〇一五年甚至拒絕出售資料給川普：https://www.

politico.com/story/2015/07/ kochs-freeze-out-trump-120752。

45 「我回絕了跟柯氏兄弟的見面機會。他們還是去見那群政治傀儡比較好，他們乖多了。」二〇一六年七月三十日川普推特（@ realDonaldTrump）貼文。

46 他這樣做有什麼好處？當然他的超級虛榮心是大大滿足了，但代價並不便宜。美國總統薪水再怎麼樣也不算低，除了年薪四十萬美元，還有特支費五萬美元、免稅差旅費十萬美元和零用金一萬九千美元，但仍遠比不上他選舉時自掏腰包的錢。此外，以川普來說還有公司，他的那些公司。就算他當上總統，依然無視於利益衝突的所有規範，繼續私相授受。誠如許多觀察家指出的，川普連當總統都能賺錢。

47 參見 https://www.washingtonpost.com/politics/obama-extends-long-term-trend-of-fundraising-presidents/2014/07/26/668cda78-14d8-11e4-9285-4243a40ddc97_story.html。

48 但如先前所提，他最後還是無所作為。

49 在解釋美國現今政治衝突的巨變時，不能忘了金錢在競選活動中的分量。這在法國、德國和英國亦是如此。皮凱提於論文中清楚呈現了這一點：Thomas Piketty (2018), «Brahmin Left vs Merchant Right: Rising In- equality and the Changing Structure of Political Conflict. Evidence from France, Britain and the United States, 1948–2018», WID.world Working Paper No. 2081/7。過去數十年來，左派的選票從主要來自相對低學歷的普羅大眾變成來自菁英階級：高學歷菁英投給左派，高所得高資產菁英投給右派。

50 的確，兩百美元以上的政治獻金必須在聯邦選舉委員會的網站上公布，但愈來愈多個人與企業以超級政治行動委員會為掩護，不讓自己身分曝光。

51 不過，德國輿論倒是不時對政黨獲得的捐款總額不平等表達關切，譬如《南德日報》二〇一七年八月一四日的報導〈自由民主黨拿到的捐款是社會民主黨和綠黨的八倍〉就是一例。政治獻金不平等和政府減稅補助不均當然都不是德國獨有的現象，只要研究法國的資料就會曉得；基督教民主聯盟二〇一七年競選期間疑似工作造假也是如此。參見德國《法蘭克福匯報》二〇一七年八月二十一日報導：«SPD will Merkels Wahlkampffinanzierung prüfen lassen»。

52 參見 https://www.bundestag.de/parlament/praesidium/ parteienfinanzierung/fundstellen50000。

53 其實資料只涵蓋了一九九三至一九九四年，因為自一九九五年元月二十三日起，法國企業便不得再捐款資助政黨。

54 本書撰寫當時，這點還有爭議，不過英國主要媒體如英國國家廣播公司和《衛報》都如此報導，目前選舉委員會正在進行調查。

55 遺憾的是，這種「出售」簽證給寡頭大亨的做法已經是許多國家的常態，連法國也不例外。我們必須明白這樣做無異於出售選票。對照歐洲國家拒絕接納流離失所、只求一點人道協助的難民，讓這整件事更該受到指摘。

56 他還直接金援不少下議院議員，包括強烈主張脫歐的保守黨議員亞當斯（Nigel Adams）。

57 包括二〇〇一年十二萬五千英鎊，二〇〇五和二〇〇七年各兩百萬英鎊，二〇一〇年一百萬英鎊。

58 研究人員估計，政府合約金額提高幅度在七萬三千到十八萬五千美元之間，是平均政治獻金額的十四到三十九倍。參見 Taylor Boas, Daniel Hidalgo et Neal Richardson (2014), «The Spoils of Victory: Campaign Donations and Government Contracts in Brazil», *Journal of Politics*, 76(2)。

59 例如以下報導：https://www.ndtv.com/elections-news/rs-30-000-crore-to-be-spent-on-lok-sabha-polls-study-554110。此外，印度還深受「買票」與「賣票」之苦。印度獨立新聞網站 Scroll.in 於二〇一八年五月十一日對此做了詳細報導：《Why Selling Their Vote Is a Rational Choice for a Large Segment of Voters in India》。報導還提到對某些選民來說，賣票所得的錢或許是他們能從民主制度得到的僅有好處。記者言詞間透露的無奈實在令人感嘆。

第八章　選票的價碼：從地方選舉到全國精準投放

本書前幾章檢視了西歐與北美的競選相關規範，尤其是針對競選經費和候選人支出的限制與無限制。和目前的美國不同，法國的競選支出自一九八〇年代晚期開始就受到法律限制。候選人不僅無法隨意支用經費，例如購買電視廣告，支出金額也不得高過法定上限。二〇一七年總統大選，第一輪候選人的支出上限為一千六百八十五萬一千歐元，進到第二輪的候選人支出上限則為兩千兩百五十萬九千歐元。國會選舉的競選支出規定稍微複雜一些，每位候選人除了固定上限三萬八千歐元之外，還可加上所屬選區每位居民零點一五歐元的上限外支出額[1]。因此，上阿爾卑斯省第二選區（以布里揚松市為中心）候選人二〇一七年的競選支出上限為四萬七千九百三十歐元，大西洋羅亞爾省第五選區的候選人則可達六萬一千三百歐元[2]。地方選舉的競選支出也有嚴格限制，例如，市議會選舉（所有居民超過九千人的選區[3]）的支出上限為頭一萬五千位居民每人一點二二歐元，第一萬五千零一至三萬位居民每人一點零七歐元等等。細節我就不多談了。你如果想選市議員，希望知道自己可以花多少錢，我只能祝你好運[4]。二〇一四年安省布赫市議會選舉候選人的競選支出上限為五萬三千三百一十二歐元。聽來不多，但已經比鄰近市鎮（例如熱克斯為一萬五千六百七十六歐元）高出不少[5]。別忘了，法國個人資助候選人的金額上限非常低，每次選舉只有四千六百歐元，而且企業從一九九五年起就不得直接捐款。

因此，在法國參與選舉支出大概幾萬歐元，甚至更少。讀者只要想到動輒上億的美國選舉，肯定會覺得寒酸得可笑。然而，這就表示錢在法國選舉裡並不重要，競選支出對候選人是否當選的影響微乎其微嗎？還有我們是否不必關切英國的競選支出，那裡的候選人能花的錢比法國還少？

我首先會向各位證明，**即使在法國和英國**，競選支出對候選人獲得多少選票也確實有影響。接著我們會試著找出原因。一旦明白法國、英國和美國的候選人如何動用競選經費，從傳統的造勢活動到精準投放社群媒體廣告給選民，我們就會發現事情和大家想得不一樣，新科技既沒有讓政治新人更容易出頭，也沒有降低競選成本。線上造勢所費不貲，但報酬率極高。美國自二〇〇四年以來，都是由投注最多金錢在線上造勢的總統候選人勝出。川普和希拉蕊就是最明顯的例子。本章將為本書的第二部分畫上句點，接著我們會開始指出解決之道。這些建立在前八章所討論過的扭曲與創新之上的解決方案，將使我們有機會重拾「一人一票」的民主理想。

競選支出如何影響投票行為

我和貝庫許一起研究競選支出對選舉結果的影響，並進行數據蒐集[6]。我們檢視了過去數十年的資料，以了解金錢在政治活動中扮演的角色。這樣做之所以特別重要有幾個理由。首先，針對這個問題的政治經濟研究始終太過集中於美國，因此儘管不乏事實證據顯示金錢在美國選舉裡扮演的角色已經大到令人不安，競選支出對其他國家選舉的影響卻沒有幾個人清楚[7]。其次，英國與法國在這方面特別值得研究，因為兩國嚴格限制競選支出，照理應該對投票行為有不小影響。美國是美國，所以歐洲不用擔心，是嗎？我們必須檢視這個說法是否成立。

我和貝庫許根據法國全國競選專戶及政治獻金委員會的檔案與選舉數據，重新建立了一個新資料庫，蒐集法國自一九九〇年代初期以來所有國會與市級選舉的財務數據[8]。

準確地說，其中包括四次市級選舉（一九九五、二〇〇一、二〇〇八及二〇一四年）與五次國會選舉（一九九三、一九九七、二〇〇二、二〇〇七及二〇一二年），以及近四萬名候選人的競選支出與選舉結果。統計出來的結果相當驚人。

候選人資源嚴重不均

第一個驚人的結果是候選人與候選人之間的競選支出金額及經費來源差異極大，主要因政黨而異，但因素不侷限於政黨[9]。本書第三章曾經點出，右派政黨每年獲得的個人及企業政治獻金都遠高於左派政黨，在西歐民主國家尤其如此。競選捐款也不例外。圖五十七顯示法國國會選舉各政黨候選人獲得的平均捐款額。右派政黨候選人平均獲得一萬八千歐元的政治獻金，高出候選人的平均支出額（略低於一萬五千歐元）。相較之下，社會黨候選人平均獲得不到一萬歐元，共產黨候選人兩千三百歐元，其他政黨候選人不到五百歐元。

或許有人會想，市議會選舉有許多「獨立」候選人，而且選票往往仰賴地方因素多過全國政局，因此候選人拿到的捐款應該比較「平均」，但資料顯示並非如此。和國會選舉一樣，市議會選舉的右派候選人拿到的錢最多，平均收到的個人政治獻金比左派候

圖五十七：一九九三至二〇一五年，
法國國會選舉各政黨候選人獲得之平均捐款額

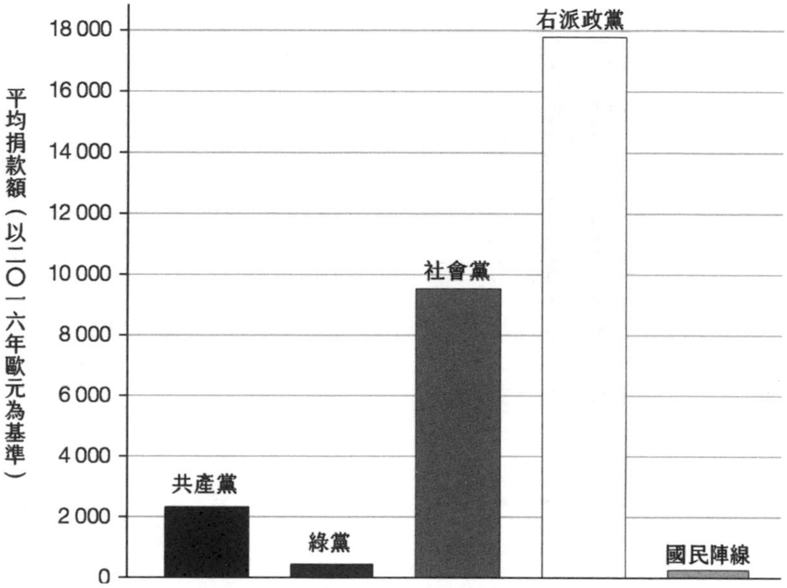

選人多出三千四百歐元，極左和極右派候選人則幾乎沒有任何捐款。這造成了什麼結果？保守派候選人手頭更充裕，支出也更高。既然拿到的捐款比較多，政黨挹注的競選經費或許比較少，但資料再次顯示並非如此。理由很簡單，右派政黨本身也比較有錢，比左派政黨更能資助旗下候選人。而且撒錢往往非常有利於爭取選票，候選人怎麼會拒絕增加自己當選機率的策略？

最終，右翼市議會候選人多拿到的三千四百歐元立刻轉換成額外收入，因此他們平均比左翼候選人多出四千兩百歐元可以動用。國會選舉也是如此。右翼候選人平均收入為五萬三千歐元，比社會黨候選人多了一萬兩千兩百歐元。有些人可能會說，兩者的差距不過幾千歐元，但幾千歐元已經逼近候選人的平均支出了。

值得一提的是，在所有收入項目中，右派候選人只有一項低於左派對手，那就是自費捐款。但只要候選人在第一輪選舉拿到一定票數（總票數的百分之五以上），這所謂的「自費捐款」其實是可以從政府那裡拿回來的。換句話說，左派和其他小黨候選人比右派候選人承擔的個人財務風險更大，也更常貸款參選，這點還真令人意外。畢竟向來鼓吹風險自負是右派，而非左派[10]。此外，由於候選人申請補助不得超過總支出的百分之四十七點五，因此自費捐款很少超過此數。不是所有人都像川普，口袋裡隨時有錢可以買下選舉勝利，當然也不像他有公司可以用來規避利益衝突的嫌疑。

因此，平均而言，在法國不論市議會或國會選舉，右翼候選人收到的政治獻金都多於左翼對手，平均競選支出也比較多，其主要效果就是得票數較高。

選舉結果部分取決於競選支出

我和貝庫許共同研究得出的主要結果如下：用在傳播、造勢、傳單和上門拉票的競選支出，會直接影響市議會或國會議員候選人的得票數，從圖五十八和五十九就能清楚看出這一點。這三張圖表顯示，從市議會到國會選舉，候選人的第一輪得票數和競選支出用於選區的百分比（圖中每個點代表一位候選人）顯著相關。整體而言，候選人支出勝過同選區其他對手愈多，第一輪得票數就愈高[11]。

當然，相關不等於因果，除了競選支出可能還有許多因素會影響選票。譬如較有機會勝出的候選人可能拿到更多捐款（錢會吸引錢，最終流到勝者手上），或者是候選人比較受歡迎，而不是因為撒更多錢所以勝選[12]。我和貝庫許很明白這一點，因此下一步就是確認競選支出的因果效應。首先，我們使用「其他條件不變」原理以擷取出競選支出對得票數的影響。換句話說，我們檢視選民對左派或右派的系統偏好，以及不同政黨在選舉年的支持度，然後比對各選區的社會人口結構，如職業類別、教育水準和年齡等等[13]。

我們的研究主要針對候選人收入的「外生」變數，也就是選區和候選人本身之外因素造成的變異。例如法國一九九五年立法禁止企業資助選舉，這個突如其來的改革導致

圖五十八：一九九三至二〇一二年，法國國會選舉競選支出與得票數的相關度

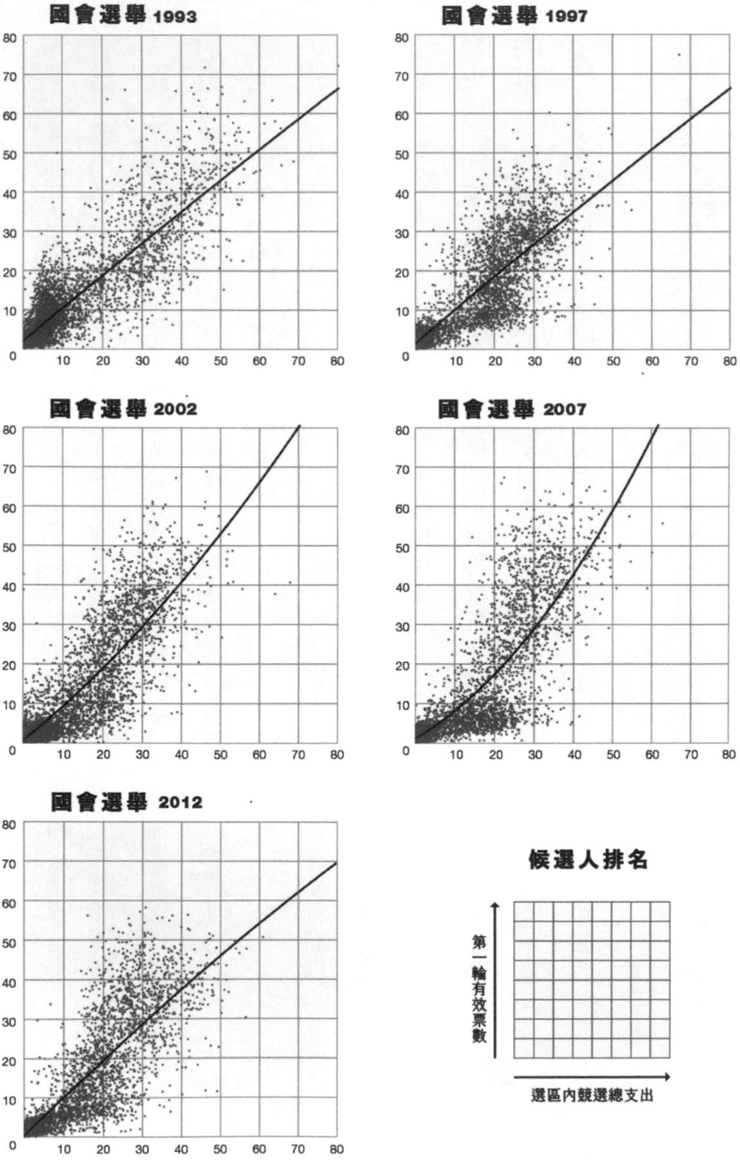

圖五十九：一九九五至二〇一四年，法國市議會選舉競選支出與得票數的相關度

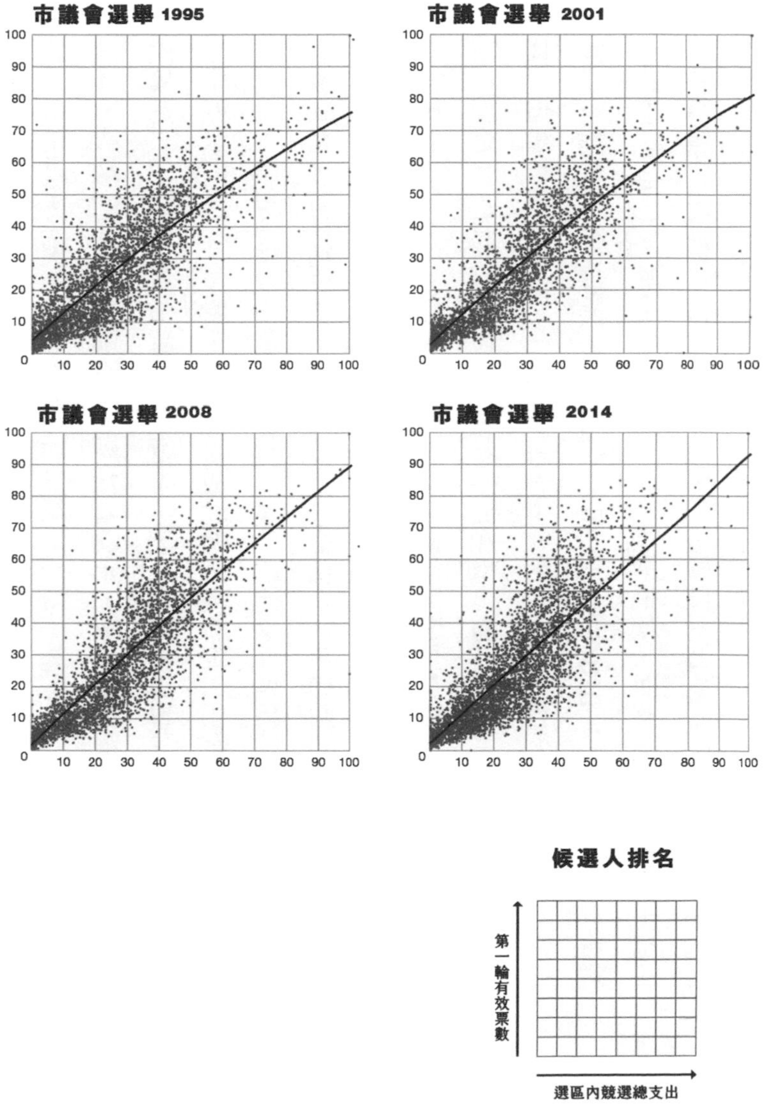

某些候選人經費大減，有些候選人則不受影響，就算同政黨或地方因素相同的候選人也是如此。因此，這是近乎完美的自然實驗，而且結果一目了然。

據我們估計，法國一張國會選票的價格約為六歐元，市議會選票則為三十二歐元。這就表示右派候選人由於多了八千歐元政治獻金，因此在國會選舉享有一千三百六十七到兩千七百三十四票的優勢，視對手為社會黨或其他政黨而定，相當於第一輪選舉總票數的百分之三到六。換句話說，要是支出沒有上限，政治獻金輕易就能改變選舉結果，因為一票只要幾歐元。而且別忘了，政府（也就是納稅人）會補貼一部分，有錢人的政治獻金有三分之二其實由公帑買單。

由於超額支出者主要集中在政治光譜的右端，使得問題更加嚴重。若競選收入和支出最高者並不「固定」，有時是社會黨，有時是共和黨，有時又是共產黨或其他政黨，情況就不一樣。但事實告訴我們，一九九三年在上塞納省拿到一百七十萬法郎（約合三十五萬三千歐元）捐款的是保守派資深議員白卡尼（Patrick Balkany），而不是社會黨的卡托瓦（Gilles Catoire）。其中百分之九十八是企業捐款，而支出上限只有五十萬法郎[14]！我們都知道這不是特例。另一個著名的例子是居貝（Alain Juppé）。他於一九九五至二〇〇四年擔任波爾多市長，其間（自一九九五年五月起）還湊巧當了兩年總理。

他拿到一百多萬法郎（約合二十二萬兩千歐元）的政治獻金，其中三分之二以上來自僅僅七家公司。他的社會黨對手薩瓦利（Gilles Savary）拿到的企業政治獻金不到八萬法郎，另外六位候選人更是一毛錢也沒有。

詭異大敗真相大白？

不過，這世上或許還是有公理的。法國一九九五年禁止企業政治獻金，兩年之後首度發揮功用。白卡尼或許察覺到風向不對，而且反正被禁止參選兩年，乾脆將職位交給妻子伊莎貝[15]。但這位可憐的女士可能沒想到企業奉獻會油盡燈枯，最後只靠著十四萬八千法郎的捐款競選，是她丈夫四年前的十分之一不到。由於經費比她兩位主要對手德夏佐（Olivier de Chazeaux）和拉魯米耶（Catherine Lalumière）高不了多少，伊莎貝最後連第二輪選舉都進不了。

除了白卡尼夫婦，競選支出對投票行為的影響或許還能解釋一九九七年法國國會選舉右派的「詭異大敗」。當時社會黨才在一九九三年的選舉兵敗如山倒，右派的席哈克於一九九五年的總統選舉大獲全勝。禁止企業政治獻金只影響過去會收到這類獻金的候選人，主要是右派，而且不是全部。一九九三年時，平均每位候選人拿到八千六百歐元的企業政治獻金，約占所得總獻金的四分之一，而獻金中位數是零。換句話說，半數以上的候選人都沒拿到企業政治獻金（因此不受改革影響），而右派候選人平均拿到四萬歐元！

如同白卡尼夫婦，這些候選人普遍無法克服一九九五年禁令的打擊。平均而言，他們一九九三年每多拿一歐元企業政治獻金，一九九三到一九九七年的總獻金收入就減少零點四六歐元。換句話說，資料告訴我們，若某位候選人一九九三年拿到十萬法郎的企業政治獻金，那他一九九七年只會拿到五萬四千法郎。這或許和一九九七年的選舉是無預警舉行有關。當時所有人都以為最快也要一九九八年才有下一次選舉，沒想到總統席哈克連黨內同志都沒有告知，就於一九九七年四月解散國民議會，並宣布五月改選。他會這樣做是因為覺得勝券在握，結果他錯了。根據我們的研究結果，落敗的原因部分出在過去習慣向企業募款的右派候選人來不及找到新的捐款者，這個全新的財務變數讓他們無法如過往預期那樣大肆花錢，最終導致得票數比禁令實施前還低。

囿於研究性質，我們的估計無法完全精確，因為選舉無法在實驗室複製。但就現有的資料看來，獻金改革造成的影響或許讓數十個選區由右翻左，並足以左右整體的選舉結果。各位還記得的話，社會黨最終險勝，拿下兩百五十五席，外加共產黨三十五席和生態綠黨七席；聯合執政的保衛共和聯盟和法國民主聯盟只拿下兩百五十一席。

因此，儘管競選支出和政治獻金都設有上限，但金錢仍在法國政壇極具影響力，有時甚至足以決定選舉結果。為了降低金錢的效應，讓我們的民主制度更充分代表全民，我們必須更嚴格限制政治獻金，並採行更平等的公費民主制。這將是本書第三部分的主題。

統計規律和規律外

我必須強調，雖然平均只要多個幾萬歐元（小選區更只有幾千歐元）就可能左右選舉結果，但永遠都有反例。因此，當我說法國市議會選舉一票價值三十二歐元時，只是在表達統計規律，是平均值，絕不代表只要支出多就保證當選。一九八〇年的美國總統大選就讓柯氏兄弟上了慘痛的一課。當時弟弟大衛以自由意志黨副總統候選人的身分和律師克拉克（Ed Clark）搭檔參選，結果花了兩百多萬美元卻只拿到略多於百分之一的選票[16]。不過，柯氏兄弟沒有忘記這個教訓。兩人從此決定改弦易轍，成立了大量智庫並挹注數百萬美元，我們在第四章曾經談到這一點。有錢就有政治聲量，只不過你得塞對地方。

我還可以舉出許多「統計不規則」，例如二〇一二年的薩科奇和二〇一七年競選經費充足、得票數卻少得可憐的總統候選人阿蒙（Benoît Hamon）。但我敢說你自己也能想到不少例子。從這裡可以看出系統化分析資料的重要性，可以拉高討論的層次，而不是反覆用傳聞、實例和反例來反對限制競選支出。我們已經有系統地按選區蒐集和使用法國的選舉資料，而結果一目了然。

最後必須指出一點，我和貝庫許發現的這個統計不規則完全來自官方登錄的政治獻金資料，但我不是不曉得從法國、美國、印度到巴西，都有梅爾所謂的「暗錢」存在，也就是按照定義不會出現在我們所使用資料裡的金錢進出。我也不是不曉得選舉帳戶往往不夠透明，並且有不少帳戶經常遭到監管機關否決，而全國競選專戶及政治獻金委員會近年來毫無根據地被大砍預算。儘管如此，我們還是發現競選支出和投票行為顯著相關，而且算是低估，這更證明了金錢對選舉的重要。

因此，只有天真的人才會以為法國政黨和選舉只有在一九八八至一九九五年間得利於企業政治獻金。我們知道企業和政黨早在一九八八年以前就有金錢往來，包括檯面下的輸送[17]，而公司給予政黨回扣以換取政府合約也不是義大利專利，不然法國政府為何後來要設立規範？企業的這些行為除了我在第二章提到的孔帕納著作裡有詳細紀錄，菲利波的作品也根據巴黎政治學院的新聞包繪製了一九九三年企業如何付給政黨祕密資金的圖表[18]。同樣的，只有天真的人才會以為企業既然不允許資助政黨和選舉，它們就會從此收手。我們不用多談利比亞和薩科奇的關係，只要記得企業擁有的那些簡單卻非法的手段依然健在就好。除了賄賂，還有暗渡陳倉，例如鼓勵員工以公司信用卡捐款或提供服務以換取減稅中飽私囊。此外，檯面下的政治獻金除了企業餽贈，還有個人授受，例如我臨時想到的薩科奇造訪萊雅集團女繼承人貝登古。

儘管有這些私訪及賄賂，還有再精明的學者或監管機關也追查不到的百萬歐元獻金，光是官方資料就足以顯示金錢對選舉結果有明顯的影響。平均而言，競選支出愈高，候選人的選舉結果就愈好。這點該如何解釋？

金錢為何能影響政治？從造勢大會到社群媒體

我可以看見你皺起眉頭。如果你既非行動人士也不是黨員，但總是投給（至少在國家選舉時）同個政黨，**你的**政黨，你可能很難將那個或其他政黨的競選支出和你那一票連結起來。畢竟你要投誰已經確定了，區區幾歐元就能讓你改變嗎？怎麼可能？這個說法讓人很不愉快。然而，許多選民在投票日前都還不曉得自己會不會去投票或投給哪位候選人。造勢活動和競選支出鎖定的就是這些搖擺選民，以便拿下他們的選票。方法呢？老實說多得很，而且候選人從來不缺創意。

廣告文化

各國的競選支出項目大不相同，首先取決於候選人能花多少錢。美國的主要競選支出項目是電視廣告，分成兩種形式：一種是「正面」廣告，直接宣傳候選人及其政見；另一種比較令人意外，是**攻擊**對手的「負面」廣告[19]。例如希拉蕊陣營推出的「負面」廣告不是宣傳她氣候變遷政見（像是六千萬美元的潔淨能源挑戰計畫）的優點，而是攻擊川普人格卑劣、決策魯莽。同樣的道理，川普的廣告則是經常針對希拉蕊，影射她有貪瀆行為[20]。

總之，美國的選舉廣告什麼都能說，說什麼都不奇怪，只要你有本事買下時段，還有夠多選民能被你洗腦。因為這裡是美國，所以一切都歸於言論自由。不過，值得一提的是，至少電視可能不一樣。因為美國和法國一樣，競選活動受「等時規範」約束。著名的《通訊法》第三一五條規定電視台和廣播電台必須平等對待所有候選人[21]。如果這樣，那電視台和廣播電台似乎必須免費「提供」每位候選人等長時段。但電視台和廣播電台對法律的解釋完全不是如此：若某頻道或某電台以某個價格出售時段給某位候選人，就必須以同樣價格出售等長時段給其他候選人[22]。啊哈！這下競選支出還能不飆高嗎？可憐哪，買不起電視名人二十五分鐘時間的候選人。這就是美國人的言論自由與平等。

最終，川普二〇一六年在電視和其他廣告上花了一億九千八百多萬美元，占總支出的百分之五十五；希拉蕊則花了三億五千兩百萬美元，占總支出的百分之五十八[23]。這種大規模訴諸電台及電視廣告作為競選工具的手法不是美國的專利。以加拿大過去四次國會選舉（二〇〇四、二〇〇八、二〇一一和二〇一五年）為例，政黨平均動用百分之三十九的競選總支出在影音廣告上，見圖六十[24]。但政黨間差距很大，保守黨和自由黨兩大黨通常動用更多資源在這方面，以爭取選民。二〇一五年，自由黨花費一千八百九十萬歐元在電視及電台廣告上，最後贏得勝選。

法國和比利時及英國一樣，不論候選人或政黨支出有沒有上限，選舉時都不可能動用北美國家那樣的巨資，因為電台和電視競選廣告都不合法，因此省下了數百萬歐元。但這不表示這些西歐國家的候選人不會打廣告，只是必須「滿足於」其他媒體管道。在

圖六十：二〇〇四至二〇一五年，
加拿大國會選舉政黨用於電視及電台廣告占總競選支出百分比

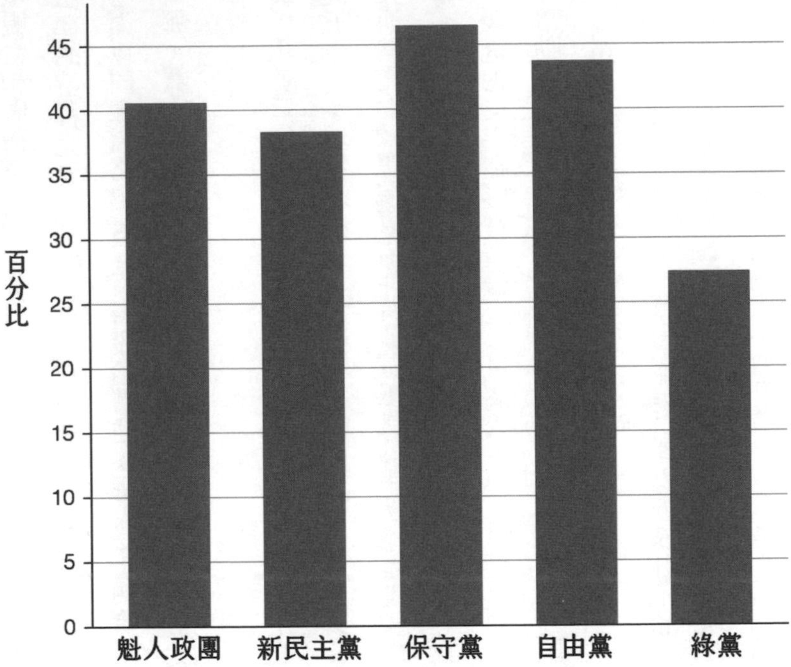

法國，候選人有很長一段時間只能選擇「競選文宣」，但現在還有「電話拉票」，以及最新卻可能會是最有效的網路廣告。二〇一六年，川普花在網路廣告的錢是八千五百七十萬美元，希拉蕊則是近三千兩百萬美元。這類廣告到底在做什麼？

首先是直接在

網路或社群媒體打廣告。這種廣告你每天都會看到，只不過是競選宣傳而非工商行銷。再來是這幾年才有的真正的新發明，在推特和臉書贊助貼文，也就是候選人支出項目中的「加強推廣帖子」或「推廣帖子」。最後一種雖然候選人都不願多談，但其實就是在推特、臉書或 Instagram 購買假粉絲。實際數字當然很難掌握，尤其現在除了帳號通常設在印度或巴基斯坦、每天的工作就是替客戶貼文按讚的真人假粉絲，還有數位機器人加入戰局，也就是惡名昭彰的「聊天機器人」，但外界普遍認為川普和希拉蕊的數百萬推特追蹤者裡有不少這種機器人[25]，歐巴馬也不例外。這個現象並非美國獨有，法國政治人物顯然也有假推特粉絲，而專門販賣這類「粉絲」與社群媒體追蹤者的公司更是不計其數。想在數位世界尋求溫暖的讀者，我推薦你上網搜尋「如何成為推特名人」，不過風險自負，因為專門偵測假追蹤者的公司一樣多如牛毛。

另外必須一提的是，大量利用各式假粉絲這件事到目前為止都不算有法令規範，因為在大多數民主國家，這些做法往往都處於法律的灰色地帶。這點顯然造成許多問題，我認為急需加以管制。首先必須清楚點出其功能，也就是影響選舉。使用「假粉絲」左右民眾對候選人支持度的印象與公布假民調幾乎沒有差別。在法國，民調不僅受到法律規範，也有專責委員會監管[26]。而社群媒體既然成為輿論的新風向標，假粉絲為何不該受到規範？其次，利用假粉絲還有隱私問題。這些假粉絲是如何生出來的？主要是利用（甚至竊取）真粉絲的個人資料，卻沒有告知這些人。因此，@讀者們，你們現在知道真相以後，是不是已經在推特裡找到自己的分身？他們不但使用你的名字，只是稍作改動，連大頭照也經常搬過去用。

臉書與大數據

目前，社群媒體不只用來增加宣傳管道或提高候選人支持度，還是競選團隊用來爭取新選民的選舉和資訊傳播工具[27]。我們在第四章曾經概略提到，美國億萬家族默瑟父女靠著在臉書精準投放廣告給選民，可能在英國脫歐公投扮演了不小角色。但這種做法愈來愈普遍，占公職候選人（或那些有錢可花的人）支出比例也愈來愈高。許多競選活動都會利用社群媒體上的資訊「駭取」（hacker）選民，精神病學家赫許（Eitan Hersh）在他書中對此有出色的說明[28]。

二〇一八年春，媒體大幅報導劍橋分析公司事件，引發了輿論對於競選活動濫用應該純屬隱私的公民個人資訊的激辯。脫歐公投之後，媒體揭露劍橋分析公司竊取的資訊曾於川普競選期間用來鎖定美國選民。但重點不在川普是否因此勝選，而是我們必須儘快設立哪些規範，才能確保未來不會再發生類似的操弄行為？

當然，光憑幾億歐元是不可能打動所有法國選民的，更別說美國選民了。因此，利用精準的選民個人資料來微調競選策略並非什麼新點子。赫許研究發現，早在十九世紀晚期就有人開始利用選舉人名冊裡的資料。然而，數位革命卻徹底改變了這套做法的規模與資料來源。現代公民理當對競選團隊可能蒐集到多少關於他們的個人資料感到憂心，尤其許多照理屬於隱私的資料都被列為「商業」數據[29]。

因此，在美國民主黨目前仰賴的「催化劑」（Catalist）資料庫裡，每位選民都有數百項個人資料收錄其中，並定期更新[30]。該資料庫自二〇〇六年創立以來（而且各位要知道它是個營利機構），民主黨候選人或候選人直屬競選委員會花在取得其中資料的費用已經逼近四百一十萬歐元[31]。此外，民主黨還用軟體技術公司 NGP VAN 的使用者介面與選民接觸，因此還要加上這部分的競選支出[32]：自二〇一三年以來共支付六千七百萬美元，平均每年四百一十萬歐元（自二〇〇七到二〇一七年）。由此可見，政黨為了充分利用這項最新科技鎖定選民付出了多麼龐大的金錢。

共和黨也不遑多讓，他們所使用的「選民金庫」（Voter Vault）資料庫及使用者介面都是由黨內營運。這個差異很重要，民主黨使用的是獨立的營利公司，共和黨卻長期仰賴自身資源。我說「長期」是因為目前絕大多數共和黨候選人都使用 i360 公司的資料。這家由柯氏兄弟出資完成的資料庫詳細記載了兩億五千萬美國消費者及一億九千多萬合格選民的個人資料[33]。柯氏兄弟一分，共和黨全國代表大會零分。我之前不是說過，太倚賴少數幾位億萬富豪會敗家嗎……共和黨從二〇一一年起共花費四百多萬歐元在這家公司，光是二〇一六年就將近兩百六十萬歐元。

精準投放的危險

讓我們先停下腳步，問一個簡單但常被忽略的原則問題：讓政治團體擁有大量選舉人名冊上的資料是好事嗎？贊同方可能這樣說，在這個大有理由感嘆人民對政治冷感的年代，只要這些資訊有助於政治人物更貼近選民偏好，滿足人民的需求，任何能提高投票率的做法都是好事。而反對方的首要論點（還記得本書第七章提到紀倫斯和佩吉的研究嗎？）則是現在的政治人物比過去更少回應多數人的偏好。資料和數據是為了贏得選舉，研究選民偏好是為了滿足出錢幫忙取得資料的金主。

假設政治人物可以完全精準投放廣告給選民，情況會是如何？很簡單，政治人物最後只會在乎協助他們影響選票的人的偏好。這和大金主的問題有點類似，當錢是選舉裡最重要的因素，少數幾位億萬富豪的捐款勝過幾百萬選民的總和，我就可能會將所有競選心力（以及當選後推行的政策）用來拉攏那些足以讓我選上的超級有錢人。這是效益問題，但顯然不利於民主。

赫許在書裡還提到另一個反對的論點。競選團隊主要使用公開資料鎖定選民，也就是依法公開的個人資訊。但在美國資料公開與否因州而異，因此政治人物的公職利益和政治利益其實是相衝突的。他們一方面出於職責必須保護公民隱私，另一方面又希望資訊愈公開愈好，以便選舉時利用。作為公民必須意識到這一點，因為政治人物不會自縛手腳。

中介的消失？

候選人花在社群媒體的支出愈來愈多還凸顯一件事，就是政治人物或議員和一般民眾直接互動愈來愈重要。感覺起來，政黨、大眾媒體和工會等中介組織似乎失去了公民的信任，變得不再必要，甚至有害。當前有不少熱門政黨，例如義大利的五星運動，都標榜自己是反政黨，反對傳統政黨的垂直結構，強烈主張橫向連結（卻又意外帶有領袖崇拜傾向）。

這裡不適合討論橫向連結的利弊得失，我們下一章再詳談參與式民主。但有件事必須講清楚。有些人希望我們相信只要建立「去中介」的新世界，金錢在政治裡就會變得無足輕重，再也不會有支出和運作成本高昂的政黨、競選總部及造勢活動，因此也就不需要設立競選支出上限。但事實並非如此。從社群媒體宣傳、線上影片、YouTube 頻道、精準投放廣告到聘請「小編」都需要錢，而且要價不菲。不信你去問梅蘭雄，全息投影花了他多少錢？

我計算了過去四次美國總統大選候選人的「線上」支出比例，從設立網站、社群媒體投放廣告、贊助臉書貼文到其他電子宣傳都包括在內，將結果繪製成圖六十一。有意思的是，自二〇〇四年以來，每次總統大選都是由網路支出較多的候選人獲勝。歐巴馬在這方面是真正的先驅，二〇〇八年競選時的網路支出占總支出的百分之十三，遙遙領先用老派方式競選的馬侃。二〇一六年兩位總統候選人的網路支出差距同樣驚人：希拉蕊花在網路宣傳和線上競選的費用不到總支出的百分之六，川普則是將近百分之二十五。

本書第四章曾經提到，由政府控制公共媒體似乎不是矯正私人媒體帝國的良方。同樣的道理，讓政治團體自組媒體也無法解決民主目前遇到的問題。政治團體確實有

圖六十一：二〇〇四至二〇一六年，美國總統大選候選人網路競選（線上廣告等）費用占總支出百分比

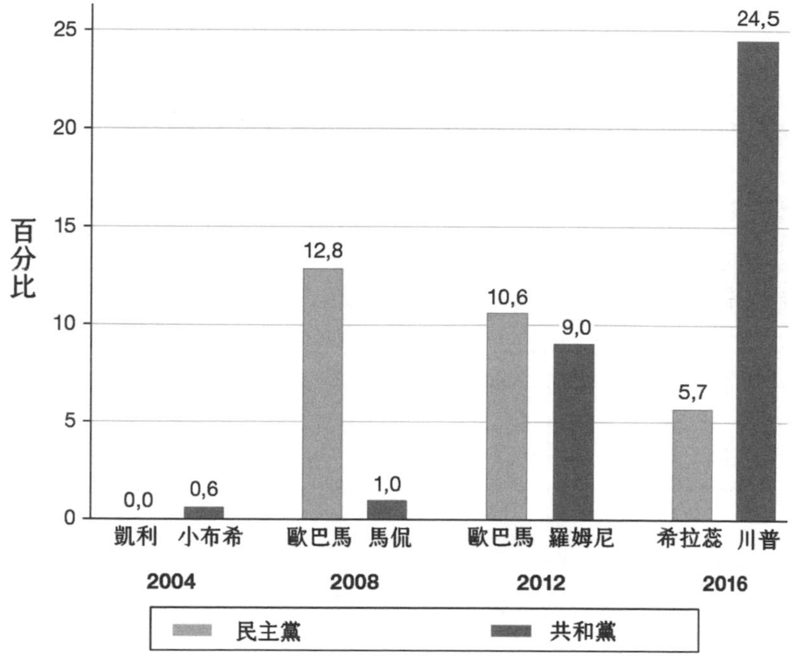

理由打造新的宣傳管道，例如 YouTube 頻道，以便直接觸及支持者，甚至拓展票源。譬如梅蘭雄就有個人 YouTube 頻道，訂閱者將近四十萬人[34]，桑德斯也在二〇一六年初選時創立了個人頻道。只不過美國的競選團隊使用 YouTube 主要是在一般影片播放前插入競選廣告，比電視播放更能觸及民眾，

費用也更低。政治人物想擁有更多宣傳管道，利用社群媒體更了解選民，觸及更多民眾，這樣做並沒有錯，但不能取代獨立的政治與一般新聞媒體。候選人的 YouTube 頻道只是宣傳管道，不能算新聞媒體。如今我們必須保護新聞媒體記者的獨立性，以防股東和政黨利用自家媒體推動產業利益或政治理念。

老派競選方式

別忘了我們還有老派的競選方式，例如政見演講和造勢大會。雖然本章花了不少篇幅談論新科技，但政見演講依然是競選活動的主軸之一，不僅地方選舉如此，在候選人依法不得購買電視或電台時段的國家也是如此。

值得一提的是，由於法國不允許候選人投放電視廣告，因此造勢活動就成了二十四小時新聞時代博得電視轉播的有力工具。例如，梅蘭雄二〇一七年二月五日在里昂的造勢大會就使用全息投影技術，讓自己同時出現在巴黎郊區奧貝維埃鎮的會場上，吸引了超過一萬八千名的好奇民眾出席[35]。但這還是小意思。BFM新聞台現場直播該次大會，平均吸引了六十三萬七千名觀眾，累計觀看人次更高達一百四十四萬。

最後一點，法國各項競選支出分別占多少比重呢？圖六十二為二〇一七年總統大選

圖六十二：二〇一七年，
法國總統大選五大候選人各項支出金額

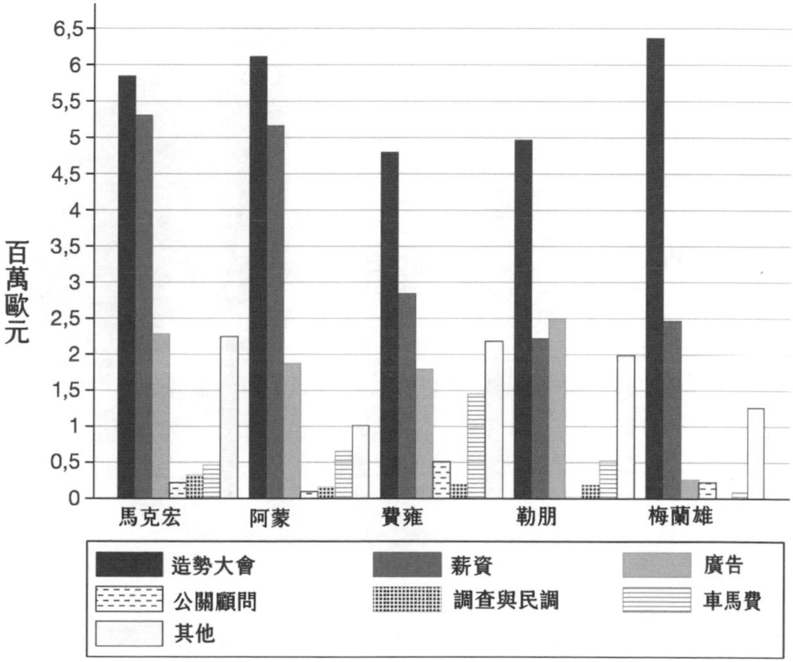

五位候選人的各項支出。整體而言，造勢大會是主要項目，尤其是梅蘭雄和馬克宏。前者使用全息投影價格不菲，後者雖然拿到可觀折扣，但還是花了不少錢。接下來是各項服務的費用，其中以馬克宏和阿蒙最高，梅蘭雄較少。不過，梅蘭雄沒有讓競選團隊提供服務，而是

圖六十三：二〇一七年，
法國總統大選（十一位候選人）各項競選支出平均占比

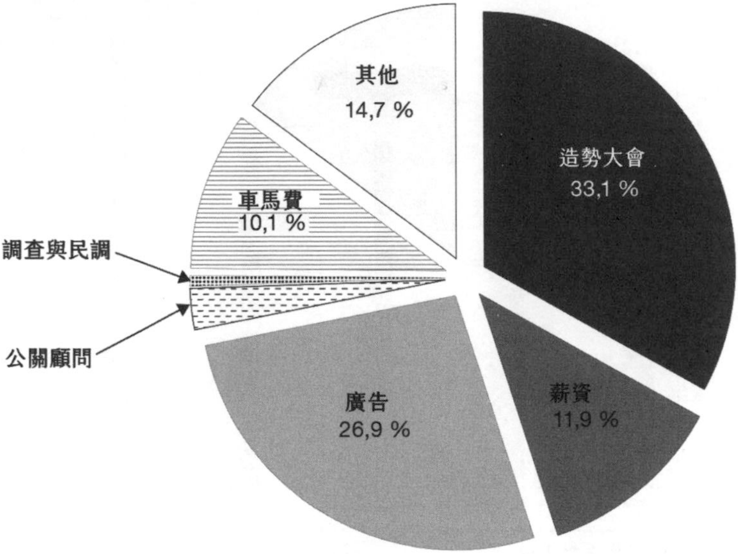

選擇外包，這樣做雖然合法，卻引起不少議論。

二〇一七年共有十一位總統候選人，以各項支出平均占比來看，廣告的分量依然相當可觀（見圖六十三）。比較令人意外的是，公關顧問費沒有我們想得那麼高，只有可憐的費雍例外，因為他必須處理妻子的領乾薪疑雲。

不過，最後要強調一點，造勢大會支出只有總統大選才占很大比重，地方選舉則否，連國會選舉也不例

圖六十四：法國國會及市議會選舉各項競選支出占比

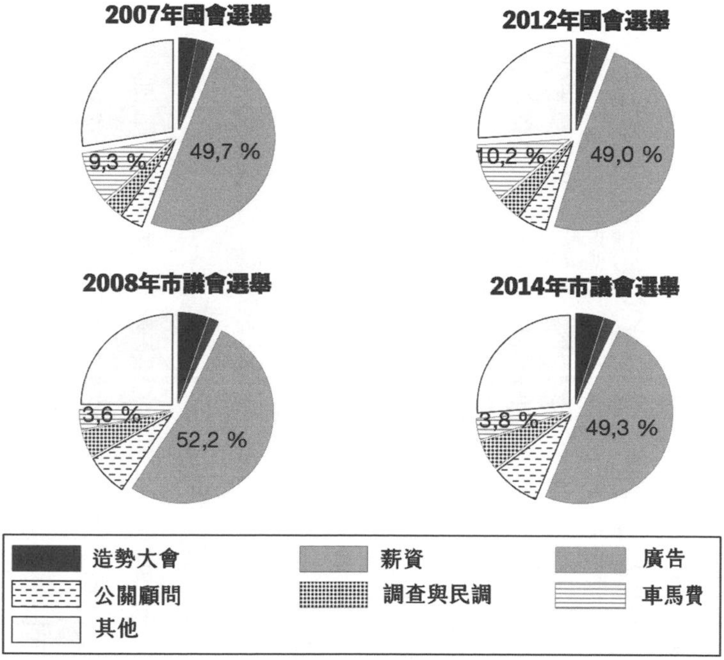

外。圖六十四清楚顯示，近年來的國會與市議會選舉，統稱「文宣」的廣告才是最大支出。

資助民主運作與競選支出：新隱形門檻

民主就是一人一票，至少理應如此。撇開女性和美國黑人的問題不談[36]，許多追求民主的國家有很長一段時間都對選民資格設有嚴格條件，尤其是所得與資產，對於參選公職人數也常有限制。支持這種做法的理由各式各樣，因為在合法化自身權力這件事上，統治階層從來不缺點子。譬如一個常見的理由就是，只讓持有資產的人參選才能防止貪瀆。

如今情況早已不是如此，但本書第二部分告訴我們的，豈不是現有體制似乎已經成為財閥民主了？一元一票，私費民主制已經成為新的「隱形門檻」（cens caché）[37]，除此之外很難找到更貼切的形容。沒錯，目前參與政治已經不再有任何資格限制，所有人都能投票與競選公職。但代表度不足的問題更棘手，因為它更不透明：政治獻金不僅部分決定了選舉結果，甚至左右了代表性。

一八二〇年六月二十九日，法國通過「兩票制」，允許納稅最多的公民投票兩次[38]。這和目前頂富階級可以藉由資助選舉表達個人政治偏好兩次、三次甚至四次有什麼不同？差別只在如今是粉飾太平，口頭上說民主運作人人分量相等，其實就像拿學業成績當幌子，要我們相信不平等是公正的[39]。

在法國和其他制度類似的國家，有錢人不僅可以投票不只一次，還能用沒錢人的稅金補助自己投許多票。這種逆向重分配不只發生在法國，也以其他形式出現在義大利和加拿大。

✦ ✦ ✦

不過，讓我們停止感嘆。了解目前的民主運作現況很重要，而我們也這樣做了。金錢確實把持了民主運作，讓我們對代議制的代表度打上了問號。這也確實反映在日常的公共政策當中，不論是勞動市場過度彈性化或有錢人的各種稅負減免，都讓有錢人的偏好得以實現，沒錢人的利益遭受損害。過去數十年的政治選擇確實讓歐洲和北美的制度陷入倒錯，淪落到名義上多數人投票、實際上少數人（而且永遠是有錢人）決定的局面。

然而，感傷的時間結束了，更何況行動是可能的。

沒錯，我們可以做出改變。即使民主被金錢把持不僅得到容忍，甚至獲得現有法令的鼓勵，即使民粹主義面對代表度不足的危機選擇了最糟的做法，排斥民主，我們仍然有辦法讓民主擺脫金錢把持，遠離所有民粹主義。

所以該怎麼做？這就是本書接下來的內容，我將在第三部分提出解決之道。當務之急就是徹底重新思考公費民主制，使它更能真正回應與因應二十一世紀的現實。網路時代的政治勢力只要幾個月就能成形，無需四五年，但若缺乏適當的支持，這股民主能量很快就會資源短缺而煙消雲散。公共補助必須平等、民主，而且年年為之。我提出的民主平等券就是這個概念。每年每位公民都有七歐元可以支配，只需在個人報稅表上註明就能將錢捐給指定的政治團體。這套現代化的公費民主制還必須搭配嚴格的私人捐款管制，否則所有民主動能與好處都將被政治獻金給「淹沒」。

讓所有人都能平等資助民主運作是解決代表度不足的關鍵第一步。但這樣做還不足以徹底解除危機。我們還必須更進一步，使用法治國家的各種工具，讓未來在議會代表我們的人更接近全體人民的組成樣貌。這點可以藉由在國會引入真正的社會代表制來達成。我將在第十一章提議成立混合國會，除了按現有方式選出的代表（法國是單一選區領先者當選制）之外，還須將三分之一席次保留給比例代表名單中的人選，而且名單裡至少有半數候選人為勞工、受雇者和不穩定就業者。換句話說，國會議員組成將反映國家的社經現實，就像法國大區選舉使用「夏巴達」（chabada）選票，交替羅列男女候選人以求性別平等一樣。為了解決目前的代表度不足問題，二十一世紀的立法者必須和他們所代表的人民利益一致，不再追逐金錢，而是靠論述努力說服多數選民。這樣的立法者立下的法律才會呼應全體人民的利益，而不是只照顧有錢人的偏好。

註釋

1 進入第二輪選舉的國會議員候選人沒有上限外支出額，因此法國影集〈黑伯爵〉第二季某些對話只會令人啞然失笑。例如，由莫拉得（Kad Merad）飾演的社會黨議員瑞克威向曾經擔任他助理的國會候選人巴爾桑表示他的競選支出可以超過三萬八千歐元，因為法律允許他額外支出，金額為每位選區居民多加零點一五歐元。可惜他忘了提到支出上限還會依據「國家經濟統計局消費者物價指數減去菸價」調漲，可能不大適合在電視上說吧？總之，巴爾桑毫無意外地當選了，不論有沒有額外支出額都一樣。

2 法國各選區的法定人口請見國家經濟統計局官網：https://www.insee.fr/fr/statistiques/2508230。

3 意外的是，居民少於九千人的市鎮選舉沒有支出上限。如果能研究那些市鎮的人均競選支出是否較高應該很有意思，可惜的是這些市鎮不僅沒有規範，也缺乏監管，候選人無須向全國競選專戶及政治獻金委員會申報，因此研究人員和一般民眾都無從得知確切數字。而且，不只競選支出沒有規範，這些居民不到九千人的市鎮（占全法市鎮總數的百分之九十七）首長還不受不得連選連任三屆以上的限制。換句話說，政府雖然高唱改革，暗地裡卻努力不讓老夥伴的利益受害。

4 市議會選舉和總統大選一樣，進入第二輪選舉的候選人支出上限高於第一輪。

5 法國的市級選舉支出上限因市鎮而異，而且差距極大，例如波爾多二〇一四年的競選支出上限就多達二十三萬九千七百七十一歐元。

6 參見 Yasmine Bekkouche et Julia Cagé (2018), «The Price of a Vote: Evidence from France, 1993–

2014», CEPR Discussion Paper。

7 幸好還有例外，參見 Eric Avis, Claudio Ferraz, Federico Finan et Carlos Varjão (2017), «Money and Politics: The Effects of Campaign Spending Limits on Political Competition and Incumbency Advantage», National Bureau of Economic Research Working Paper No. 23508。文中研究支出上限對巴西選舉的影響。另外一篇同樣研究巴西的論文是 Bernardo S. Da Silveira et João M. P. de Mello (2011), «Campaign Advertising and Election Outcomes: Quasi-natural Experiment from Gubernatorial Elections in Brazil», *The Review of Economic Studies*, 78(2), avril 2011, pp. 590–612，研究主題為電視競選廣告的效應。最後，我和德威特一起檢視了英國自十九世紀中葉以來競選支出的演變及其對選舉結果的影響：Cagé et Dewitte (2018), *op. cit.*。

8 很可惜二〇一七年的國會選舉沒有納入，因為相關資料直到本書完成之前仍未出爐。候選人公布競選帳戶經常拖延很久，這點實在令人遺憾，因為分析競選帳目對民主選舉的順利進行非常重要。至於研究對象，我們選擇市議會及國會選舉，而非總統大選，因為想確定競選支出的效果，就必須研究具變異性的地方選舉。即使隸屬同一政黨，某些候選人募得和花費的金錢就是比其他候選人高，視選區和選舉年而定。如此我們才能針對不同選區的選舉脈絡和政黨支持度進行交叉比對。如果只看總統大選，就只能找出概略的相關。

9 競選帳目中的「收入」意指候選人競選時可以動用的總經費，而法國選舉委員會的報告會按經費來源公布這些收入，包括政治獻金、政黨補助、候選人自費捐款，以及實物捐助或福利。

10 當然，保守派神話除了「風險自負」這個概念之外，還包括敵視社會互助與「伸手牌」。

11 互動式圖表請見 https://www.prixdelademocratie.fr/。法國讀者可以在互動式圖表中了解自己所在選區的狀況，並檢視個別候選人。

12 不過，有些因素可能造成反效果。只要回想薩科奇二〇一二年參選最後幾週發生的事就明白了。眼看選戰就要落敗，有些候選人可能會孤注一擲，恣意揮霍。

13 用專業術語來說，我們的迴歸分析以選區和選舉年為「固定效果」。有關我和貝庫許這項研究的所有專業細節，可以在前述論文（有線上版）找到。

14 他的好友薩科奇在隔壁選區只拿到三十八萬六千法郎（略低於八萬歐元）的捐款，完全無法相提並論。

15 白卡尼一九九六年因官商勾結罪名成立獲判十五個月徒刑（暫緩執行）、二十萬法郎罰金及褫奪公權兩年。

16 大衛的參選身分讓他得以規避選舉法令，因為候選人無須遵守一般捐款者的一千美元捐款上限，所以想捐多少就能捐多少。值得一提的是，大衛拿到百分之一點零六的普選票（九十二萬一千多票），已經是自由意志黨史上最高，這個紀錄直到二〇一二年才被強森（Gary Johnson）打破。

17 遺憾的是，研究人員無從取得這些利益輸送規模大小的系統化資料。

18 參見 Éric Phélippeau (2013), *op. cit.*。

19 關於負面廣告的不良後果，尤其對投票率的影響，我強烈推薦以下好書：Shanto Iyengar et Stephen Ansolabehere (1995), *Going Negative: How Political Advertisements Shrink and Polarize the Electorate*, New York: Free Press。

20 川普在其中一支廣告以他一貫的節制口吻說道，「數目驚人的現金從罪犯、獨裁者和痛恨美國的國家手上流進了柯林頓基金會。」但我們也不意外就是了。

21 美國的相關規範始於一九二七年的無線電法（Radio Act），隨後於一九三四年納入通訊法（Communication Act），其宗旨在於候選人的影音媒體近用權不應有差別待遇。

22 由於一九五九年通過第三一五條增修條文，使得「等時規範」不適用於新聞節目、候選人新聞專訪、現場新聞報導和紀錄片。關於通訊法第三一五條，可參考 Eric Barnow (1990), *Tube of Plenty: The Evolution of American Television*, New York University Press。

23 這裡只談兩位候選人直屬委員會的支出，不包括超級政治行動委員會（同樣金額驚人）的支出。

24 加拿大規定電視和廣播節目必須開放時段給候選人，但必須「付費」取得，因此儘管有小部分免費，卻仍然是美式制度。

25 參見紐約時報二〇一八年元月的出色報導《The Follower Factory》: https://www.nytimes.com/interactive/2018/01/27/technology/social-media-bots.html。不是只有政治人物會購買粉絲，許多名人和運動員也擅長此道。精采的美國影集《反恐危機》第六季就提到一間擁有政治意圖的聊天機器人地下工廠，其中工廠老闆歐基夫這個角色顯然是以放任自由主義陰謀論者瓊斯（Alex Jones）為靈感。瓊斯除了主持每週一次的《瓊斯秀》廣播節目，聽眾有數十萬人，還是擅長製造假新聞的 Infowars.com 網站幕後老闆。二〇一六年七月共和黨全國代表大會期間，瓊斯參加了川普支持者主辦的「美國第一團結造勢大會」（America First Unity Rally）。考慮到《反恐危機》第六季有一大半劇情是編劇在川普當選前就寫完的，我們只能說現實往往比小說還誇張……

26 一九七七年七月十九日第77-808號「民調公布及傳播」法令，後於二〇一六年四月二十五日（第2016-508號法）針對選舉相關事項進行修正，其目的在防止民調公布妨礙選民自由選擇。

27 尤其在美國，候選人還會利用社群媒體向之前觸及不到的族群募款。推特對首次參選公職的政治人物而言是傳播範圍和效力強大的工具，可以彌補他們政治資本和媒體曝光度之不足。雖然無法讓他們募得數百萬美元，卻可以帶來許多小額捐款，讓他們在巨額政治獻金氾濫的選舉場上更有競爭力。以下論文特別值得參考：Maria Petrova, Ananya Sen et Pina Yildirim (2017), «Social Media and Political Donations: New Technology and Incumbency Advantage in the United States», CEPR Discussion Paper 11808。

28 參見 Eitan D. Hersh (2015), *Hacking the Electorate: How Campaigns Perceive Voters*, Cambridge University Press。

29 不同於西里各斯（Sunshine Hillygus）和席爾茲（Todd G. Shields）等學者（西里各斯和席爾茲兩人二〇〇八年交由普林斯頓大學出版社出版的《可說服的選民》（*Persuadable Voter*）在北美獲得廣大迴響），赫斯認為競選團隊使用商業數據不僅少見，而且不比地方普查資料庫等公開數據有效。他還認為從社群媒體汲取及至目前（jusqu'à présent）的數據效果不大，但不否認其潛力。不過，臉書之所以（或許該說幸好）效用有限，是因為臉書沒有出售用戶的保密資訊。

30 根據該公司網站二〇一八年三月時的資料，「催化劑」資料庫擁有兩億四千多萬美國合格選民的個人資料，其中一億八千五百萬名已登記選民名單取自各州公開資料，五千五百萬名未登記選民的個人資料則來自商業數據。

31 這個數字於二〇一八年三月根據美國聯邦選舉委員會線上資料計算而得。感興趣的讀者可以參考本書線上附錄，了解二〇〇七至二〇一八年三月的逐年支出。二〇〇八年是催化劑資料庫特別豐收的一年，因為歐巴馬和希拉蕊的競選團隊各花費了數十萬歐元購買資料。

32 NGP VAN 於二〇一〇年成立，由隸屬民主黨的 NGP 科技募款集團和全名為「選民開發網」（Voter Activation Network）的 VAN 公司合併而成。

33 數據來自 Jane Mayer, *op. cit.*。

34 二〇一八年三月底的實際數字為三十七萬一千人訂閱。

35 該數字由大會主辦單位提供。

36 雖然無法在本書討論，但黑人和其他少數族群的投票權是美國民主運作的另一個關鍵議題。主要癥結在於投票權很「容易」失去，特別是犯罪定讞之後。二〇一六年美國總統大選有六百萬人的投票權遭到撤銷，超過三分之一是黑人。參見 http://www.sentencingproject.org/publications/6-million-lost-voters-state-level-estimates-felony-disenfranchisement-2016/。

37 「隱形門檻」這個說法於一九七〇年代晚期開始在法國流行起來，始作俑者是社會學家卡克西（Daniel Gaxie），但他主要針對教育不平等：Daniel Gaxie (1978), *Le Cens caché. Inégalités culturelles et ségrégation politique*, Paris, Le Seuil。

38 該法於一八三〇年廢除，但「兩票制」在不少國家仍然維持了很長時間。譬如英國就有所謂的「大學席次」（university seat），以牛津和劍橋為首的頂尖大學畢業生除了在家鄉投票選舉國會議員，還可以在大學再投一次。大學席次於一九四八年廢除。

39 參見皮凱提《二十一世紀資本論》。

03

第三部

拯救民主！
重塑政治與社會民主

Troisième partieSauvons la démocratie !
Pour une refonte de la démocratie politique et sociale

第九章　定論已成？從恆常的錯覺到民主支票的創新

從參與式民主、合作式民主、審議式民主、永續民主、半直接或公民科技民主、民主2.0或3.0到抽籤式民主，對於如何重塑政治體制的提議顯然為數眾多；不少參與公共討論的專家學者、政治人物或公民都思考過民主的問題，尤其是代表式民主。「一人一票」的標準說法似乎已經過時，而低投票率更充分說明了民眾對現有體制的不信任有多深。難道一切已成定論，沒什麼好說的了？非也，至少我不這麼認為。我們還有許多能說。理由很簡單，因為民主制度還很稚嫩。比起過去數百年，我們的選舉民主經驗只有區區幾十年，更別說未來還長得很。

既然還有話可說，我們首先就必須檢視現有的提議，回顧參與式民主過去的成功案例與失敗的嘗試，以便為二十一世紀民主打造一個真正創新的模式，不僅吸取過去教訓，也更能面對未來的挑戰。我很清楚光用短短幾段或幾行文字，並不足以完整介紹其他學者的構想。儘管他們的思想對我來說不可或缺，但我也不能被他們框限，因為民主的根基既是集體的，也是動態的。

之後，我將斗膽提出自己的提議，於第十章提出資助政治運作的全新基礎，希望各位敞開心胸聽我道來。我之所以將資助民主的方式視為關鍵，是因為目前的體制正是被金錢所腐化。唯有一開始就解決資金問題，民主才能不僅在選票上，也在人民偏好上實現平等的許諾。改革資助方式並不能解決一切，卻迫切而必要。當然，討論財稅和公費民主一點也不「酷」，那些週週在市場或地鐵站出口發送傳單、每個月出席數次幹部會議的老派民主人士可能會說我脫離參與式政治的現實。當逐一說服選民是政治實務的重中之重，討論競選經費裡的公費與私費比例又有何意義？雖然這些民主人士的投入是真誠的，也很重要，雖然他們犧牲了大量的家庭生活與個人時間，但目前的民主機制幾乎總是讓他們的努力付諸東流。因為金錢已成為政治的關鍵：我們的選票是有「價碼」的，因此才會有愈來愈多政治人物只求滿足（那些在**財務**方面協助他們競選的）社會頂富階層的偏好，完全無視付出無數個人時間的黨內活躍分子的訴求[1]。我們必須正視這個現實，不應該害怕談錢，因為民主是有價碼的。如果我們再也不想讓有錢人「買單」，並藉此攫取各種利益，我們就必須思考如何用人民的荷包來支付這份成本。

當然，我在這本書裡倡議的民主革命不會止於資金問題。我們還急需改善人民的政治代表度。如同第十一章將討論的，我認為有必要依據社會民主模式來重塑政治民主的功能，尤其唯有徹底改革議會體制，才能從極端分子與民粹主義手裡奪回選舉民主。簡單說，我的提議就是成立雙主權國會，納入社會代表，以確保勞動階級（受雇者、勞工和不穩定就業者）在國會或議院獲得充分代表，取得他們目前望而不即的席位。本書將會指出勞動階級在國會缺席的不良後果：從法國、英國到美國，立法者通過或拒絕的法案都直接受影響。但在深究之前，我們必須先檢視目前在公共討論裡出現過的幾個民主革新方案。

對了，各位瀏覽這一頁可能會發現我沒提到「網路」。其實這沒什麼好驚訝的，因為我真的沒提到。但你如果是指網路2.0，那我絕對欣然同意：我很愛用社群媒體，而且我必須承認，它有時甚至占用了我將大腦用在更有效益的事物上的時間。但網路只是工具，**不是**解藥。掌權者巴不得人民沉迷網路，因為它讓人民紙上（應該說螢幕上）表達偏好，使他們誤以為自己參與了政治，其實一切早就被決定了。

我不是不知道這個工具的威力。事實上，我在第八章便指出政黨和候選人於選舉期間花在網路上的錢愈來愈多。我也不是不知道網路多多少少改變了選戰的參數，而且是負面影響，不當挪用社群媒體裡的個資。不過，網路也有正面效益，協助對傳統倡議管道反感、希望以不同方式參與政治的年輕人藉網路動員。網路還激出了小額金主，甚至有時直接在社群媒體獲取他們的支持。桑德斯二〇一六年在美國民主黨黨內初選能和希拉蕊不相上下，這是其中一個原因。換作二十年前，網路尚未成為普及的傳播工具，義大利五星運動能如此成功嗎？梅蘭雄二〇一七年在法國總統大選異軍突起，難道他熟諳社群媒體不是原因之一嗎？一個被傳統媒體「冷眼對待」的候選人就這樣靠著社群媒體接觸到更多選民，對傳統媒體還以顏色。

然而，我們千萬不要以為，這項新科技能解決競選資金這個關鍵問題。不少政治人物告訴我，規範競選資金不再那麼必要，因為網路時代只需要一點錢和幾行程式碼就能競選。換句話說，競選資金雄厚的候選人比起阮囊羞澀的對手不再擁有優勢。但本書第八章已經證明了這是錯的。的確，網路宣傳比電視廣告便宜，但在網路時代用網路競選可能同樣所費不貲。

想打贏民主平等之戰，不可能光靠某個網路應用程式，讓政治人物在虛擬世界更接近選民就能獲勝。這些科技把戲或許有趣，卻只能提供政治參與的錯覺。唯有重新建構國會模式才能實現參與，唯有阻絕政治獻金才有機會達成平等。

從永續民主到恆常民主

不過，讓我們從頭開始，先來檢視目前希望賦予民主新意的那些提議。而在我們遊歷各國之前，且讓我在法國多逗留一會兒。在這個六角之國，歷史學家羅桑瓦隆（Pierre Rosanvallon）無疑是對民主的過去與未來思考最多的學者。他用一句話總結了本書迄今指出的症狀：「我們的政體是民主的，治理卻非民主[2]。」當然，羅桑瓦隆談的並不是民主運作的資金，而是批評法國總統制度的代表度不足。比起個人化的總統制政體，他顯然更青睞代議制政體。不過在他對當代民主體制演變的研究中，最精采的其實是對政治「去社會代表化」（désociologisation）的分析[3]。在羅桑瓦隆看來，政黨制度已經不再具有代表性。雖然過去政黨一向扮演刺激公共討論與表達社會認同的角色，如今卻似乎只剩推舉候選人的功能[4]。原因主要出在政黨高度專業化，導致社會的組成分子不再對政黨有認同感。本書第十一章將會指出，這點其實不令人意外，畢竟目前政黨早已不再反映社會實際的組成狀態，只有英國工黨長年擁有勞工和受雇者代表，不過就連這個特色自一九八〇年代中期以後也逐漸消失了。

我非常同意羅桑瓦隆的結論，只不過想指出另一個解釋，那就是認同感缺乏其實源自代表度不足。當政黨不分左右，一旦掌權就只照顧少數優勢者的政治偏好，那我作為個體或群體的一分子，怎麼可能對政黨有認同感？當政黨花費更多時間心力遊說富人資助黨內候選人，而非激發黨員的動員能量，我又怎麼可能將之視為「我的」政黨？

羅桑瓦隆認為政治「遺忘了社會」，於是建議以永續民主（démocratie continue）或恆常民主（démocratie permanente）將社會找回來，也就是讓人民時時表達意見，而不是只有選舉時表態，例如他認為公民提案應該獲得更多的民主討論[5]。我也認為應該要讓公民更常表達偏好，而非四五年一次，因此才會提議每年都讓公民有機會資助個人最屬意的政治團體，為政治偏好的表達注入新的動能。但我同樣認為，為了找回社會，立法機關必須真正具有代表度。換句話說，我們應該將社會帶入國會，讓社會直接在政治場域表達自己。我們稍後會看到，儘管公民提案是個好主意，卻往往徒勞無功，因為大量的政治獻金和企業遊說主宰了人民表達意志的命運。

能代表社會的國會

盧索同樣提倡「永續民主」，但其形式和羅桑瓦隆的提案不同[6]；尤其是他主張將社會放入立法程序，建議成立「社會議會」作為表達公民社會意志的審議機關[7]，取代經濟會環境委員會和國民議會及參議院，而且選舉成員時必須將「社會與機境生活的生產力量、各主要產業活動……以及這些力量與活動的形式」納入考量[8]。這個主張的新穎之處在於將社會議會定為審議機關，不只是諮詢單位，使得這個第三議會具有「準」國會性質。只可惜盧索並未將論證延伸到底，尤其沒有細談法案如何在不同立法機關之間推進，也沒討論不同立法機關的優位順序，但我們必須知道當法案出現歧見時，哪個立法機關具有最高裁量權，才能確實判斷社會議會的重要性。若盧索仍然將國民議會視為第一優位，那改革幅度就相對有限。

盧索認為社會代表應該擁有審議權是正確的，但我認為他可以更「激進」一點。因為他的主張要能充分實現，我想最好能將社會代表直接納進現有的國會裡，也就是我所主張的混合國會，否則他提議的社會議會最終可能流於形式而導致幻滅。

委內瑞拉的失敗經驗

或許有讀者聽過委內瑞拉曾經吹起社會代表制的號角，但我必須指明一點：委內瑞拉二〇一七年制憲議會功虧一簣，在我看來並非職業代表制的失敗，而是馬杜洛政府和這個加勒比海產油國的「玻利維亞」經驗逐步崩壞的另一個症狀，因此我們不該依此類推，譴責提高弱勢者政治代表度的提議，更何況我所提倡的制度（這部分就和其他許多問題一樣，魔鬼就藏在細節裡）和查維茲在委內瑞拉推行的制度相去甚遠。

委內瑞拉到底發生了什麼事？二〇一七年七月，馬杜洛總統不顧反對黨的杯葛，授意成立了制憲議會[9]。同年八月，制憲議會接收國民議會絕大多數的立法權[10]，等於給予總統所屬政黨完全統治權，從此委內瑞拉便逐步朝獨裁邁進。

但這本書談的是民主更新，為何要提及委內瑞拉的情況？因為只要暫時放下委內瑞拉只能當反面教材的想法（二〇一八年，委內瑞拉提前舉行總統大選，再度遭到反對黨杯葛），制憲議會的選出方式其實很有意思：其中三百六十四人為區域代表，於市級選區普選產生，方式如一般選舉，於戶籍所在地一人一票；其餘一百八十一人為社會和少數團體代表，包括一百七十三名各界代表（農民、學生、退休人士、勞工、身心障礙人士和公司主管等等）和八名原住民代表。每位選民可以投兩張票，一張為地方選區，一張為所屬產業或團體。因此，同一個議會裡結合了政治與社會代表。

這種雙代表制（盧索的建議和本書最後一章提出的方案都可算是此類）其實很有可能帶來真正的民主革命。撇開委內瑞拉的壞結局，雙代表制可以讓我們找回「被遺忘的社會」，只是必須做出一項重大調整：修改投票方式。雖然我贊同每個人都要有兩張選票，一張是區域普選票，另一張是更充分反映社會組成現況的名單選票，但我認為不該分成兩群選舉人。換句話說，我認為不應該讓選民按照個人所屬社會團體投票；這種劃分是一種民主扭曲，也從來不曾在任何地方實現過，除了某些歷史極端複雜的地區（如波士尼亞和殖民時期的印度，前者有克羅埃西亞、塞爾維亞和穆斯林選民，後者則有印度和穆斯林選民）和極特定的弱勢團體（如紐西蘭的毛利人）例外。重點在於所有公民必須依據反映社會組成實況的比例代表名單投票，名單中百分之五十的候選人來自一般社會職業領域，包括受雇者、勞工和所有型態的不穩定就業者。這和法國大區選舉的「夏巴達」選票及突尼西亞的性別平等法類似，只不過主動介入對象是勞動階級，而非婦女。

就委內瑞拉而言，二〇一七年制憲議會的選舉方式還有其他重大侷限，其中至少包括政黨不准推舉候選人角逐「職業代表」。這顯然是政府打擊反對勢力的手段，以確保多數席次由親執政黨的社會職業團體取得，因為只有這些團體能推舉候選人。同樣的操弄手段在許多「現實社會主義」國家的傀儡議會裡都能見到，例如中國便是如此。中國政府發明了各種離譜的社會代表制來規避普選，以便繼續掌權。然而，我們不該因為這些贗品而裹足不前。只要以透明、普選和參政權為基礎，提高社會代表度顯然不是壞事。

公民投票和提案權

實務上，公民在選舉期以外要如何表達政治偏好？不少研究人員和政府都問過同樣的問題，也有一些國家採取相應措施。譬如義大利就在恆常民主這方面做了不少，包括取消公共補助政黨，並經常舉行公民投票。瑞士也經常舉行這類投票，像是最近針對廢除國家廣電執照費的公投（幸好沒有通過）。

公民投票與「罷免」

什麼是公民投票？雖然各國採取的形式不同，但一般都將公投定義為針對部分選民之提案來進行全國表決，而重點就在多少選民才算數。

義大利於一九四八年將公投納入憲法[11]，稱為「廢法公投」，只能廢除某條法律或部分法條[12]，並且須有五十萬選民連署才能舉行，也就是義大利人口的百分之一[13]。此外，參與投票的選民必須超過人口半數，投票結果才有效，這往往導致提案不過關，就算得票率過半也不例外。

瑞士的公民投票稱為「全國公民投票」（votation），最早可以回溯至一八七四年設立的選擇性複決和一八九一年納入的公民創制，因此有兩種形式。第一種是國會通過某項法案後的一百日內，由五萬人以上連署要求舉行全國表決，表決通過法案才能生效。這就是選擇性複決[14]。第二種是任何一位選民只要取得十萬人以上連署，就能提案修改憲法，也就是公民提案複決[15]。兩種公投在瑞士都很便民，這樣說一點也不為過。一八四八到二〇一〇年，瑞士共舉行了一百六十七次選擇性複決和一百五十八次公民提案複決。二〇〇三年，瑞士進一步推出了「一般公民提案複決」，只要十萬名公民連署就能要求採行或修改聯邦法案，而不侷限於修改憲法[16]。不過，這類公投還沒辦過就在二〇〇九年遭到廢除。

法國針對公投已經討論了數十年[17]，並經常拿瑞士當榜樣，但公投其實在法國已經推行好幾年了。什麼，你不知道？這也難怪，因為二〇〇八年修憲之後，直到二〇一五年元旦才生效，以致到現在還沒有人以身試法。根據法律，「光是」提案連署人數夠多還不足以舉行表決，必須先有五分之一以上的國會議員提出「全國表決」動議才行。因此，這種公投稱為「共同提案公投」而非「全民公投」，並且在連署人數規定方面也不「便民」，必須超過總人口百分之十，亦即四百七十萬人[18]。換句話說，又是一個中看不中用的承諾。

這就是法國每到總統大選，真正全民公投的話題又會被拿出來再吵一次的原因。譬如二〇一七年五位候選人的政見都有提到全民公投，梅蘭雄也不例外，只是他沒有說明連署人數，而勒朋則是主張至少要有五十萬人連署才能舉行全民公投。梅蘭雄還主張允許公民自辦公投，甚至創制立法，並且將「公民提案之罷免公投」列為政見核心，讓人民有機會拉下還在任期內的民意代表。

雖然「罷免公投」聽起來很激進，而且從支持者的用語看來很「民粹」（譬如「統統下台！」），不過還是得執行了才知道。在美國「罷免」機制已經有近百年的歷史[19]，尤其在加州，當時（一九一一年）會推行這套機制的背後理由很有意思。儘管不少人認為目前是「新鍍金時代」，但如我們之前所見，這個說法最早是指美國二十世紀初的不平等急遽惡化，為了遏制貪瀆蔓延，經濟政治被少數大企業把持，因而設立罷免條款。當時的經濟巨獸不是谷歌或臉書，而是南方太平洋運輸公司[20]。

美國二十世紀有過幾次罷免請願，但在二〇〇三年以前沒有一次通過連署門檻[21]。加州設定的門檻為前次選舉總投票人數的百分之十二，也就是將近一百萬人。不過，二〇〇三年發起的罷免州長戴維斯（Gray Davis）公投倒是成功了，距離他當選才十一個月，並由政治新人阿諾史瓦辛格（Arnold Schwarzenegger）繼任州長[22]。

直接民主的錯覺與代表的假象

若罷免到現在依然罕見，至少在美國如此，更別說拉丁美洲了，那我們不免會問罷免及其他公民創制是否徒具形式，離真正的直接民主有多遙遠[23]。換句話說，這些參與式民主到底解決了多少代表度不足的問題？會不會反而產生其他問題，尤其損害了選票的正當性？

就以廢法公投來說吧。少數人可以決定由多數人選出的民意代表所制定的法律是否該廢除，這樣做是正當的嗎？當然，答案主要取決於需要多少公民連署才能舉行公投：比起一般討論的百分之十門檻，義大利的百分之一和瑞士的百分之零點七實在偏低。門檻愈高，公投結果就或許愈有正當性，但門檻過高也可能讓公投變得不可行，譬如之前提到的法國就是如此。或許有人會說，光是連署人數夠多又不一定能廢除法律，還必須得票率過半才行。但問題是許多人根本懶得出來投票，對公投表決的事項覺得事不關己。例如在瑞士，雖然常舉行公投，但投票率往往很低。就這點來說，義大利規定公投投票率必須過五成才有效力就很有意思了。直接民主必須有多數人民站出來表態支持或反對。

光是這樣就足以讓廢法公投或創制複決具有正當性嗎？絕大多數的直接民主制反對

者都警告這會引發民粹，導致政治更加極化。在這點上，瑞士二〇〇九年十一月舉行的「反尖塔法案」公投便值得我們深思[24]。其中涉及兩個主要問題。首先是當多數人投票「贊成」侵犯基本權利，例如一般公認受憲法保障不得加以歧視的宗教自由時，這樣的贊成是否具有正當性？其次則是公民於投票當下究竟想表達什麼？對議題又有多少認識？瑞士人到底是在贊成或反對禁止國內興建清真寺尖塔，還是在表決移民問題？而公民在投票時對議題有多少認識，也絕非創制公投才有的問題，只要瞧瞧脫歐公投就知道了。英國人根本不清楚「贊成」脫歐通過後會有什麼後果，現在依然不曉得。重要的政治爭議通常需要深思熟慮，並涉及多重規劃、修正與補充，無法化約成簡單的「贊成」或「反對」。

二〇一六年，美國加州居民除了選舉正副總統，還同時針對多項議題舉行公投。儘管媒體將焦點擺在大麻合法化上，但有不少極為專業的議題竟然也出現在公投項目中。譬如第五十二號提案為「私人醫院上繳白卡（Medi-Cal）之費用未經選民許可不得移作他用」，但比起立法代表，選民真的更有能力判斷醫院營收該如何分配，更懂得如何替窮人爭取到健保費用嗎[25]？

因此，我們要問，公民投票支持者難道不該解決專業知能的問題？雖然我無意為技術官僚辯解，但還是認為必須考慮人民是否有能力針對某些專業議題表態。別搞錯了，問題不在大眾「到底」有沒有能力做決斷，而是他們在時間有限、無法充分掌握資訊的情況下是否有能力善盡公民的角色。每個人當然都有辦法獲得這種能力，譬如當上民意代表。當代民主之所以採用代議制，正是由於某些領域需要專業知識，需要時間擬定草案、思考可能有的複雜副作用，並提出改進之道。

不過，就算我們找到了實踐直接民主的神奇方程式，讓所有人民具備相關知識，能在資訊充分的情況下針對特定議題投票，這就足以解決代表度不足的問題，而且是恰當的解決之道嗎？當然不是（我實在很想加上「可惜」兩字）。讓我花點篇幅解釋為何如此。

假設某項公民提案達到連署門檻，可以舉行公投。接下來呢？拉票本身可能需要大筆經費，但就如第八章所說的，只要拉票或競選活動所費不貲，超過統計平均值，勝利往往歸於錢花得比較多的那一方。這代表什麼？只要反對方組織得當，願意花大錢並發動遊說，結果往往讓提案方功敗垂成。瑞士一八四八至二〇一〇年舉行的各種公投當中，有百分之四十四點三的「選擇性複決」和百分之九十點五的創制公投最後都以失敗作收[26]。舉個（誇張的）例子，瑞士一九八四年曾經舉行「反對銀行濫用保密措施及濫權」公投，結果遭到百分之七十三的選民反對。光是瑞銀集團花在媒體廣告上的經費就是提案方運作經費（八十萬瑞士法郎）的十倍[27]。

這讓我們不得不回到原點，也就是必須限制選舉支出。不這樣做，公民投票就只不過是讓「人民」誤以為自己在選舉之外也能表達意見[28]，但骰子其實從一開始就灌了鉛。本書之前提到加州民眾二〇〇三年投票罷免了州長戴維斯，離他當選才過十一個月。這是「人民用選票說話」嗎？恰恰相反，因為發動罷免的不是普通民眾，不是對州長行徑不滿的加州居民，而是共和黨議員兼超級富商伊薩（Darrell Issa）。為了蒐集足夠的連署人數，他至少花了兩百萬美元[29]。這位百萬富豪這樣做出於兩個動機，都和大眾利益沒多大關聯。首先，伊薩毫不掩飾他想取代戴維斯的野心，可憐最後卻為了魔鬼終結者而含淚退出。其次，他認為公投有利於加州轉為共和黨。不過，雖然他發起的「罷州長救加州」行動以三百八十億美元的預算黑洞為主軸，但加州預算後來在阿諾史瓦辛格治下未減反增。阿諾史瓦辛格在一百三十五位候選人當中名列前茅，靠著一千三百四十萬美元的最高支出而擊退對手。

你可能會說這些都對，但只是特例。然而，的確有人針對加州一九七六至二〇〇四年的公投結果受選舉支出的「因果」影響做了研究。德菲蓋雷多（John M. de

Figueiredo）及其研究夥伴指出，公民提案的動員經費能大幅提高提案通過的機率[30]。金錢再度展現了它的分量。

因此，各位不難理解我的看法。我並不認為公民請願是壞事。公民請願是直接民主的工具，可以有效地討論，但認為它能解決代表度不足的問題是錯的。只要選舉支出的問題不解決，公民提案永遠會被把持。的確，公投讓人民更常投票表達意見，但結果早就決定了，和人民的偏好無關。說公投總算讓人民可以做出有意義的決定，這根本是一種偽善，更凸顯了人民的缺乏權力。在我看來，不少直接民主（或曰「永續」或「恆常」民主）理論家都犯了無視選舉支出的大錯。唯有先解決這個問題，才能重新連結人民，在代表度問題上取得具體進展。

除此之外，只談投票機制也是錯的。這同樣不是說這個問題不重要。法國或英國國會選舉能有充分的代表度當然很好，是否有比例代表制或領先者當選之外的選擇也值得思考。譬如「波達」（Borda）計數法，選民不是勾選單一候選人，而是依據喜好排列所有選項或候選人，或許能提高政治參與度，減少議題的極化。愛爾蘭的總統大選和澳洲的國會選舉已經採行非一般的投票方式[31]。但問題還是沒變：我們在討論投票制度之餘也不該忘了，再好的方式也無法解決民主被把持，以及民意代表過度傾向有錢人的問題。

既然贏家不相信機運，何不試試抽籤？

不過，專家學者、政治人物和新起的民主運動者還常提到另一種方式，並且在近幾年做過不少實驗，那就是抽籤。既然想解決選舉遭到把持和代表度不足的問題，何不將事情交給機運？何不隨機選出公民組成國會，取代現有的民意代表？只要隨機選出的人數夠多，機運就能確保代表度。而且一旦廢除選舉，所有隨著選舉而來的負面結果也會跟著消失。

賓果？

想了解這個方式的美妙之處，我們不必回到古希臘，雖然時常有人拿它當例子，而是看看現在的愛爾蘭就夠了。二〇一〇至二〇一三年，愛爾蘭修改憲法，做出了參與式民主的嘗試[32]：首先由政府成立一個名為「國家論壇」（le Forum national）的代表小組，抽籤選出九百五十名公民為成員。接著小組於二〇一〇年十一月六日集會，正式表述新憲法必須遵照的原則，最後再從社會各界選出二十五人組成制憲議會。不少政治學家研究過這個嘗試，其中以隆德莫赫（Hélène Landemore）為最早。雖然新的憲法條文最終沒有得到採納，但隆德莫赫依然認為這是個成功的嘗試，因為這二十五名公民代表草擬的憲法版本比同一時間由七名政府專家草擬的憲法「更好、更聰明、更『開明』」，尤其更包容宗教人權，更強調建立真正民主社會的重要性。

除了愛爾蘭的例子，隆德莫赫還提出其他支持參與式民主和抽籤的論點，最主要就是「集體智慧」，又可以稱為「民主推理」（raison démocratique）[33]。她認為一群人的集體智慧永遠勝過個人智慧的總和，因為包容式決策有利於「認知多樣性」，例如不同的世界觀或觀點，而認知多樣性正是集體智慧產生的關鍵因素。換言之，決策品質並非取決於群體中每個人的智慧或智商，而是取決於成員的多樣性。是多樣性最終決定了群體的智商高低。就算個別成員在某個領域能力不足，成員間的多樣性也可以讓群體藉由討論和成員提出的不同觀點而具備足夠的能力。

研究人員針對「集體智慧」進行過不少實驗，譬如費什金（James Fishkin）就在全球各地做過多次集體和審議式民調（deliberative polling）。他在《人民發聲》（*People Speak up*）裡描述了這些精采實驗，地點遍及澳洲、英國、義大利、中國與泰國，讓我們對於如何更新民主制度得到不少啟發。其中特別提到一群反映國家多元性的公民組成團體進行審議，可以讓公民對一個議題更知情、更在乎，得出比原本更溫和的意見，進而促成態度改變[34]。當我們見到美國目前政治極度極化，有時連一條法案都過不了，實在很難抗拒審議式民主的吸引力[35]。

我認為，想解決目前的代表度危機，就非得將審議納入考量，讓愈多人接觸到高品質的獨立資訊愈好。此外，「多樣性」也很關鍵。沒有人事前就對國會議員一個任期內所討論的全部議題瞭若指掌。有些人熟悉經濟事務，有些人了解環保議題，但沒有人樣樣精通。因此，集合各界代表（因而匯集各種觀點）共同審議將有助於確保高品質的民主討論。不過，我想還有比抽籤更好的做法，因此才會在第十一章提出混合國會的建議，既能保障社會平等，又維持選舉的原則。

抽籤為何不是解決之道

反對隨機選擇的論證不少，本書不會逐一檢視，更何況我認為其中一些論點不是那麼有力。但想也知道，所有人第一個想到的反駁意見就是能力。套用哲學家達隆（Myriam Revault d'Allonnes）的說法，民眾不想「隨便選個**阿貓阿狗**」[36]，而選舉則是一種依據能力挑揀人選的機制。然而，如先前所見，抽籤支持者指出能力其實來自「集體」，因此問題不在隨機選出者的個人能力。更何況我們不該曲解抽籤支持者的意思。他們並非主張從所有選民當中隨機挑揀人選，而是從表態希望被揀選的人裡挑選。換句話說，唯有自認有能力擔負權力的人才有資格被挑揀。馬囊在闡述雅典民主時便清楚指出了這一點[37]。

此外，隨機選擇也不代表不用負責，馬囊對此也做了清楚詳盡的解釋。古雅典人可以「以違法為由」提出訴願，反對某條交付公民大會研議的法律或政令，甚至已經通過的法律或政令也可以。只要法院裁決訴願有理，那麼不僅公民大會的決議會被推翻，提案立法者還會被罰款。由於這項做法，使得立法者雖然是抽籤選出，但研擬法案時都不敢大意[38]。

在我看來，對於隨機選擇最有力的反對意見是這個：選舉加上社會平等是更好的解決之道，因為這樣做能打造我們的集體能力，去傾聽不同候選人，觀察他們互相辯論，選出最能代表我們在集體審議和國會決策時發揮功用的人。選舉代表不只是選出最有能力的人（這甚至不是選舉的主要目的），而是選出最適合參與複雜辯論的人。這些辯論涉及各式議題，其中許多在議員當選時根本還無法預知。國會候選人於競選期間就是需要展現這種傾聽與辯論的能力，抽籤感覺只會招致民主的虛無。隨機選擇雖然凸顯了人群天生具有討論與審議的能力，但弔詭的是，它最終卻會剝奪所有公民討論和決定由誰代表他們投票制定法律的權力。某些決策或許可以抽籤挑選參與者，例如陪審團或都市發展計畫的公民共識會議，但以之作為選擇立法代表的方式卻只是一種棄權，放棄我們委派這份至高權利的集體能力。

總之，針對抽籤的討論點出了國會選舉階級化、無法代表全體社會的問題，但它並非最好的解決之道。更妥善的做法是維持選舉原則，同時最小限度引入社會各階層人士作為代表。我將在第十一章提出混合國會和社會平等方案，進一步討論這個做法。

民主支票

幸好！我顯然不是第一個認為應該更嚴格限制選舉支出與分配的人。但我得說，這個問題雖然在美國是熱議焦點，卻很少出現在法國或德國的政治討論之中，儘管如先前所見，政治獻金在這兩國的政治領域的角色並不小[39]。本書前幾章檢視了庫納、波斯特（Robert Post）和哈森的作品。這些法學家剖析了美國最高法院近年來的判決，並大力撻伐，同時做出明確建議，說明如何逆轉最高法院二〇一〇年「聯合公民」案所造成的改變。同樣的，佩吉、紀倫思和巴特斯等政治學家也不光是點出美國政治人物特別偏祖某些公民的偏好，還提出了阻止之道，並支持對競選經費做出更好的規範。他們每一位都極力呼籲訂立政治獻金和競選支出上限，尤其主張廢除超級政治行動委員會（題外話，要說我對他們的努力有什麼批評，就只有他們只談美國，然而他們提到的問題在許多其他民主國家也有，只是形式不同）。佩吉和紀倫思更在兩人二〇一七年出版的書裡強調必須推行公費選舉，以便瓦解政治獻金的力量[40]。

雖然這樣做對上述專家有失公允，但為了不讓讀者分心，我接下來只會討論其中一個我覺得特別有意思的建議，而且和我將在下一章提到的改革方案相呼應，那就是民主支票。

讓公民平等的方法

我們要如何改變資助民主的方式以促進公民平等呢？一種做法是選舉期間發給所有人民主支票或民主券，面值可以是十歐元、五十歐元或一百歐元，讓他們資助自己屬意的候選人的競選活動。美國最先提出這個構想的是雷席格。他是智慧財產權法專家，近年來更成為美國政壇反擊遊說與貪瀆的主要戰將[41]。他於二〇一五年參加民主黨黨內初選，可惜未能獲得夠多支持者背書，得不到足夠資金而退出。但贏取權力是他終結政治貪瀆的策略之一，目的在選出以重振美國代議民主精神為唯一目標的總統或民意代表[42]。他將這些代表稱為公投政治人物（referendum politician），其任務「就只有」改革資助民主的方式及（重新）建立政治平等，達成後立刻辭職[43]。

不過，讓我們回到民主券。雷席格的構想是給每位公民五十美元的民主券，用來資助自己屬意的一位或多位（參議院和眾議院）候選人[44]，而候選人可於選前九個月內領取支持者的民主券，用作競選經費。所有候選人都能領取民主券嗎？按雷席格的構想，候選人得先證明自己擁有夠多選民支持，例如獲得一定數量的五美元捐款[45]，尤其必須承諾不接受一百美元以上的政治獻金。

說到這裡，或許有讀者希望更進一步，採納本書第五章所提的總統大選模式，候選人只要選擇公費就不得接受政治獻金。但我推薦第三種做法，不讓候選人自行選擇公費私費，否則政府補助永遠可能會被私人捐款掩沒。唯有全面禁止政治獻金，民主券的好處才能讓所有候選人都享受到。雷席格沒有走這麼遠，因為他的解決方案部分受到最高法院判決的限制。而我比較幸運人在法國，這裡還沒有將金錢定義成「言論」，絕大部分歐洲國家也還沒有，即使我們必須提防歐洲人權法院會做出什麼決定。甚至美國目前輿論也普遍認為，最高法院近幾年來的判決是「政治」決定遠多過「司法」裁決。因此，我們或許可以期盼美國未來在民主黨總統的主政之下，最高法院最終會承認沒有理由將企業視為個人，金錢視為言論。

難道我太樂觀？

要是它真管用呢？西雅圖的實例

我不認為。理由是美國已經有地方採用這類民主支票了。自二〇一七年起[46]，西雅圖市每位合格選民[47]都能領到郵寄的四張二十五美元（總額一百美元）民主支票，於市級選舉（包括市長、市議員和檢察長選舉）捐給自己屬意的候選人。想參與這套公共補助的候選人必須先取得一定人數以上（金額在十美元至兩百五十美元之間）的小額捐款，檢察長為一百五十人，市議員四百人，區議員一百五十人，以防止大量「不可信」的候選人出現。

有意得到民主支票補助的候選人必須同意嚴格遵守支出上限[48]，並且不得接受兩百五十美元以上的政治獻金（民主支票除外）。值得一提的是，選擇不用民主支票的候選人能接受的個人政治獻金也有嚴格上限（五百美元），而西雅圖可是美國城市呢！

順帶一提，西雅圖是用房產稅來支付民主支票的預算，每年約三百萬美元。除了政治平等，還加上經濟平等！民主支票平均每年花費每位房主十一點五美元。

另一個好消息是民主支票真的管用。自二〇一七年實施以來，西雅圖選民總共使用了近四萬六千張民主券，總金額一百一十萬美元，有六名候選人受益[49]。此外，選擇公共補助的候選人得票率非但沒有降低，反而提高了。例如市檢察長候選人霍姆斯（Peter Holmes）選擇公共補助，共收到五千八百八十五張民主支票，總金額十四萬七千美元，最後拿下七成三的選票順利連任，大勝沒有選用民主支票的對手林賽（Scott Lindsay）[50]。市議員候選人摩斯達（Teresa Mosqueda）同樣選用民主支票，也成功當選。而她的對手葛蘭特和初選大多數候選人不同，也選用了民主支票[51]。

值得一提的是，民主支票施行前，西雅圖的競選獻金非常集中。二〇一三年捐款高於五百美元的金主只占捐款人數的五分之一，金額卻占總獻金額的百分之五十五[52]。但在民主支票施行後，資助者組成變得更為多元。雙贏（Win/Win）和人人發聲（Every Voice）[53]比較了二〇一七年使用民主支票的候選人和（制度施行前）市長候選人的捐款結構，發現前者得到的（年收入低於五萬美元）中等收入選民捐款多於後者（百分之十四對百分之九），得到的（年收入高於十五萬美元）有錢選民捐款則少於不接受公共補助的候選人（百分之十三對百分之二十七）。民主支票還激出了更多年輕選民與資助者。這算好事一件，因為平均而言，年輕世代對政治比長輩消極，而這套新的公共補助制似乎在這方面促成了改變。

當然，新制度的推行並非一帆風順，保守派可想而知採取了法律行動企圖反對，理由又是……言論自由！看到這個對民主運作如此關鍵的概念在美國被扭曲到這種程度，總是讓隔海瞭望的我嘆為觀止。我實在很難想像有什麼理由支持這種論點，認為幫助窮人表達政治偏好的公共補助真的會壓縮有錢人的言論自由。幸好，美國金恩郡高等法院法官於二〇一七年十一月做出判決，裁定民主支票合法[54]。

所以，我們何不選擇這條路？我當然認為這條路大有可為，反正總比現在好，沒什麼好損失的[55]。但就如下一章所言，我同樣認為每年用稅金資助政治團體比民主支票好，因為這種做法有個缺點，只適用於選舉和候選人。在我看來，政黨於非選舉期間其實有其功能，就是表達支持者的政治偏好、思考未來，以及規劃選舉方案與平台。制度完全以候選人為主可能會讓公共討論更加極化；更何況西雅圖採行的制度還很複雜，候選人必須逐一蒐集紙本民主支票。都二十一世紀了，至少可以數位化吧？

根據我的改革芻議，每位公民只需要在報稅表上註明自己的七歐元補助款要捐給哪個政治組織。這樣做不僅平等又有彈性，而且透明。

註釋

1 這點必須特別強調，因為有太多保守派以富人出錢、窮人出力為由，主張不應該對競選政治獻金設立上限。換句話說，他們認為人人應該各盡所長；如果要禁止有錢人捐款，就該禁止窮人進行基層遊說。這套說法通常以「稀缺性」為論證基礎，主張窮人缺乏經濟資源，有錢人則是缺乏時間。這個概念因為經濟學家穆蘭納珊（Sendhil Mullainathan）和夏菲爾（Eldar Shafir）的研究而成為顯學，參見兩人合著的 Sendhil Mullainathan et Eldar Shafir (2013), *Scarcity: Why Having Too Little Means So Much*, Time Books, Henry Holt & Company LLC, New York（繁體中文版《匱乏經濟學》二〇一五年由遠流出版社出版）。問題是這個論點和現實並不全然相符。政治人物如果對窮人的時間和富人的金錢一樣看重，就會同時擁抱活躍分子和金主，而非將大部分心力放在金主身上。

2 參見 Pierre Rosanvallon (2015), *Le Bon Gouvernement,* Paris, Le Seuil。

3 推薦讀者參考羅桑瓦隆對這方面的四部曲研究：*Le Bon Gouvernement (op. cit.)*、*La Contre-démocratie. La politique à l'âge de la défiance (2006)*、*La Légitimité démocratique. Impartialité, réflexivité, proximité* (2008) 和 *La Société des égaux* (2011)。

4 我要補充一點：在美國這樣的國家，連這個功能也已經部分消失了，因為就連黨內初選也唯有有能力募款的候選人才能參與。政治學家馬囊（Bernard Manin）甚至指出「政黨民主」已經結束，認為政黨民主不過是十九世紀代表式民主和目前新型態代表式民主之間的過渡階段。這種新型態的代表式民主，馬囊稱之為「大眾民主」，由「代表關係中的個人特質」所界定。參見

Bernard Manin (1995), *Principes du gouvernement représentatif*, Paris, Calmann-Lévy。

5 另外，羅桑瓦隆也以「演練式民主」（démocratie d'exercice）來稱呼這個構想。他認為我們應該從單純以政黨為中樞的「授權式民主」轉換為「演練式民主」，例如成立新機關以監督及評鑑政府。

6 Dominique Rousseau (2015), *op. cit.*

7 盧索還提議舉行公民大會，抽籤選出共十五名成員，針對公共利益事項提出規範提議。本章結尾會再討論抽籤式民主的問題。

8 可惜盧索在書中並未詳盡說明社會議會的成員該如何選出。

9 這個由五百四十五人組成的國家制憲議會（Assemblée nationale constituante）無任期限制，權力也無上限，雖然以草擬新憲法為任務，卻不受國際社會承認。

10 委內瑞拉國會自二〇一五年十二月選舉之後，便由反對黨占多數。

11 不過，義大利必須再等二十二年，直到一九七〇年五月二十五日才有法案明確定出公投的舉行條件和進行方式。

12 但不包括財政和預算法案、特赦和赦免法，以及國際協定之批准。

13 此外，五大地區選舉人團也可以提案。有關義大利的公民投票，可以參考 Johan Ryngaert (1982), «Le referendum d'initiative populaire en Italie: une longue traversée du desert», *Revue française de science politique*, 32(6), pp. 1024–1040。

14 以目前的瑞士來說，五萬人相當於成年人口的百分之零點七五。

15 瑞士人在州和地方層級還有權提案創立新法，也就是公民創制（initiative populaire de rang

législatif）。參見 Antoine Bevort (2011), «Démocratie, le laboratoire suisse», *Revue du MAUSS*, 37(1)。這裡引用的公投數目便是來自他的統計。

16 有關一般公民提案公投，參見 Michel Hottelier (2003), «Suisse: réforme des droits populaires de rang fédéral», *Revue française de droit constitutionnel*, 55(3)。

17 歷史上，法國是最早將直接民主入憲的現代西方民主國家。一七九三年的憲法不僅訂定了男性普選制（很快便又補回了資產限制），還允許來自半數加一省分至少十分之一選民提案，針對立法機關通過的法案進行公投。

18 「當有國會五分之一議員提案，並獲得十分之一合格選民支持……便得舉行公投。提案須以法案形式提出，並不得以撤銷頒布未滿一年之法律條文為提案內容。」

19 美國有些州也允許全民公投，包括加州（一九一一年即有）和奧勒岡州。參見 Vincent Michelot (2010), «Le processus référendaire en Californie: un traves-tissement démocratique?» *Pouvoirs*, 133(2), pp. 57–68。

20 蘭德在《阿特拉斯聳聳肩》裡講到一個靠鐵路致富的企業王國，或許不是巧合。

21 美國有十五個州允許罷免，但直到二〇〇二年以前只有一次請願成功，就是一九二一年的北達科塔州州長罷免請願。

22 二〇〇三年十月七日，加州選民必須同時回答兩個問題，第一個是「你要罷免州長戴維斯嗎？」如果要罷免，第二個問題是「你希望誰接替他？」接替人選超過一百三十五人，乍看數目驚人，但候選人必須繳交三千五百美元的保證金和六十五名支持者的簽名。最後有百分之五十五的投票者支持罷免，而阿諾史瓦辛格則是拿到三百七十多萬票成為州長。

23 關於罷免，我特別推薦以下著作：Thomas E. Cronin, *Direct Democracy. The Politics of Initiative, Referendum, and Recall*, Harvard University Press, 1980。

24 公投日期為二〇〇九年十一月二十九日，投票率百分之五十三點四，「贊成」方以百分之五十七點五的得票率獲勝。

25 白卡全名為「加州醫療補助計劃」，是州版的「聯邦醫療補助」（Medicaid）。

26 數字同樣來自 Antoine Bevort (2011), *op. cit.*。

27 這個例子出自 Bernard Voutat (2005), «À propos de la démocratie directe. L'expérience helvétique», *in* Marie-Hélène Bacqué *et al.*, *Gestion de proximité et démocratie participative*, Paris, La Découverte。

28 而且，雖然名之為公民提案複決，但我必須要說，這些所謂的「公民」提案其實往往來自政黨。這點在義大利尤其明顯，因為蒐集數十萬連署書相當花錢，需要大量後勤動員，不是一般民眾可以勝任的。雖然現在有 Change.org 之類的線上請願平台，大大降低了蒐集簽名的難度，但在這些網站上最受歡迎的請願連署頂多也只能蒐集到幾千份簽名，絕大多數只有幾百份，和舉行公投所需的幾萬甚至幾十萬份連署書根本是天差地遠，更別說贏得公投勝利了。

29 罷免公投所需的連署人數將近九十萬，而發起方最後蒐集到了一百三十萬份連署。

30 反之亦然，反對提案的動員經費愈高，提案通過的機率就愈低。參見 John M. de Figueiredo, Chang Ho Ji, Thad Jousser (2011), «Financing Direct Democracy: Revisiting the Research on Campaign Spending and Citizen Initiatives», *The Journal of Law, Economics, & Organization*, 27(3)。

31 有興趣的讀者可參考凡德史特雷頓（Karine Van der Straeten）的作品，尤其是她二〇一六年跟布雷（André Blais）及拉斯利耶（Jean-François Laslier）合編的論文集：*Voting Experiments*, Springer。

32 關於愛爾蘭的修憲嘗試，請見：Hélène Landemore (2017), «Inclusive Constitution Making and Religious Rights: Lessons from the Icelandic Experiment», *The Journal of Politics,* 79(3)。

33 參見 Hélène E. Landemore (2012), «Why the Many Are Smarter than the Few and Why It Matters», *Journal of Public Deliberation,* 8(1)。

34 參見 James Fishkin (2009), *When the People Speak. Deliberative Democracy and Public Consultation,* Oxford University Press。在中國浙江省澤國鎮進行的實驗中，費什金和他的研究夥伴有效協助地方官員找出了民眾對開發計劃的偏好。

35 關於這個主題的法文資料，參見 Émile Servan-Schreiber (2018), Supercollectif, Paris: Fayard。

36 達隆特別回顧了霍布斯、盧梭和皮特金（Hanna Pitkin）的作品。參見Myriam Revault d'Allonnes (2016), *Le Miroir et la Scène. Ce que peut la représentation politique,* Paris: Le Seuil, «La couleur des idées»。

37 Manin (1995), *op. cit.*。

38 馬囊指出，尤其訴願經常發生，「文獻顯示法院平均每月受理一起」，使得立法者更加小心。

39 有關德國企業資助競選活動，參見 Martin Höpner (2009), «Parteigänger und Landschaftspfleger: Eine Analyse der Parteispenden großer deutscher Unternehmen, 1984-2005», Document de travail du Max-Planck-Institut 09/6。

40 參見 Benjamin Page et Martin Gilens (2017), *op. cit.*。

41 雖然這裡只談雷席格的構想，但必須提醒各位「民主券」（democratic voucher）不是他一人的主張。譬如哈森就在《財閥聯手》（*Plutocrats United*）裡建議給予每位美國公民競選資助券，並配合選舉週期每兩年發放一百美元，同時主張選舉支出與分配應該設限。不過，哈森建議的上限蠻高的：個人針對單次聯邦選舉捐款或支出不得超過兩萬五千美元，一次以上的聯邦選舉則是兩年選舉週期不得超過五萬美元。

42 參見 Lawrence Lessig (2015), *Republic, Lost. The Corruption of Equality and the Steps to End It*, New York: Grand Central Publishing。

43 我在第六章提到，歐巴馬總統對政治獻金的態度可說是「偽善」。他雖然大力抨擊政治獻金，卻沒有採取任何規範措施，甚至大大得益於它。雷席格提到他覺得自己在這件事上被歐巴馬背叛了，其間經過讀來令人動容。他和許多人一樣，一直相信歐巴馬也覺得美國其他問題的解決之道都有賴於終結政治的貪瀆，但歐巴馬可能不是那麼明白，甚至眼睜睜選擇延續舊政治。這顯然是個不幸的選擇，對美國政治現狀的傷害比對他兩任總統任期還重，因為他毫無改革建樹。

44 不知何故，雷席格將總統候選人排除在他的方案之外。我認為即使納入總統候選人會讓民主支票面值提高，還是納入他們比較一致。

45 雷席格沒有說明數量多少。

46 這套制度是依據公民提案，於二〇一五年十一月通過「西雅圖誠實選舉法」（Honest Elections Seattle）之後設立的。欲參加二〇一七年選舉的候選人可於二〇一六年元旦開始登記。

47 未登記選民必須提出申請才能獲得民主支票。所有相關細節均可在網路上找到：http://www.

seattle.gov/democracyvoucher。

48 以市長選舉為例，初選支出上限為四十萬美元，初選加正式競選則以八十萬美元為限。所有上限金額均可上網找到：http://www.seattle.gov/democracyvoucher/campaign-limits-and-laws。不過，若競選對手不參與民主券方案，且支出超過上限，候選人也可以申請不受限制。

49 其實發放總數更高，但由於有三十萬美元的支出上限，使得其中兩位候選人（葛蘭特和摩斯達）無法獲得這筆額外補助。

50 當然兩者並無因果關係，霍姆斯就算沒使用民主券也可能當選。但值得一提的是，選擇這套新制度的候選人在選舉當天的表現都好過只接受政治獻金的對手。

51 這是第八選區的結果。第九選區勝出的兩位市議員岡薩雷茲（Lorena Gonzalez）和村上（Pat Murakami）也是該區七人當中唯二選用民主券的候選人。

52 數據來自 Jennifer Heerwig et Brian J. Mccabe (2017), «High-Dollar Donors and Donor-Rich Neighborhoods: Representational Distortion in Financing a Municipal Election in Seattle», *Urban Affairs Review*, pp. 1-30。

53 研究結果概要參見《西雅圖時報》的這篇報導：https://www.seattletimes.com/seattle-news/data/do-seattles-democracy-vouchers-work-new- analysis-says-yes/。

54 不過，支持放任自由主義的律師事務所「太平洋法律基金會」（Pacific Legal Foundation）同年十二月向華盛頓州最高法院提起上訴，反對這項判決。雖然勝訴機率不高，但在本書寫作之時，結果還未出爐。

55 美國德州奧斯汀市也在討論類似方案，或許很快就會過關。

第十章　邁向「私費」民主制的民主化與新的政黨公共補助制

我在本書裡提倡的民主革命有兩大支柱。首先是本章要討論的，也就是徹底改造我們資助政治團體和選舉的方式。光是這點就足以終結腐蝕我們選舉制度的貪瀆，並挽救影響大多數人民的代表度不足問題。第二個支柱將在下一章討論，也就是用混合國會取代現有議會，藉由加入社會平等的元素，確保社會與政治領域都得到充分代表。

不過，讓我們一步一步來。本章提出的建議可能讓你覺得專業有餘，企圖心不足。但這些措施容易執行，而且是中庸改革的政府為了做到最起碼的政治平等至少該達成的步驟。我尤其建議全面改革私費民主的財務面，讓社會最底層的窮人不再替最有錢人買單。改革有兩大要點。首先是對合法捐款設定嚴格上限，其次是將（只限於有納稅家戶的）減稅優惠改成（對全民開放的）抵稅，更理想的做法是將捐款直接轉給指定的政治團體。這些做法一點也不革命，背後靈感其實部分來自已經在英國等國家施行的制度。重點是這些做法都是基於常識，符合財稅正義，沒有任何正當的理由反對。拒絕採行（尤其是拒絕將減稅優惠改成抵稅）就等於表明有錢人的政治偏好應該置於所有人之上。

接下來我的提議就比較「激進」了。雖然需要多一點勇氣和政治決心，以及努力創新的思維，不過卻是不可或缺的。我認為應該徹底廢除政治獻金的減稅優惠（政治團體成員還是可以捐款，但設有適度上限，並且不能減稅），並以民主平等券形式的公共補助制度來取代。這套新做法不僅能讓所有公民的政治偏好獲得平等表達，還顧及到二十一世紀政治運作的活性（dynamisme）。政黨不再是固定實體，政治運動來來去去，一場示威活動可能短短幾週內就演變成政治現象。這時便需要提供公共資金，讓這些現象得以凝聚成形，甚至（有何不可？）延續到投票日。因此，儘管目前大多數國家的政黨補助款都和前次選舉結果有關，一次就得相隔四五年，但我認為應該每年評估與更新。人民應該每年在所得稅申報書上都有一個選項，讓他們決定資助哪個政黨或新崛起的政治團體。這其實不算「罷免」，而是每年一度的小小警鐘，並且讓新構想可以更快形成政治理念。

你可能會想，這些做法有什麼激進的？如果你這樣覺得，那我會很高興，因為這表示你可能被我部分說服了。然而，要做到這些改革，就必須說服大多數人，讓他們相信用公帑來補助政黨是有價值的。而遺憾的是，大多數人對政黨已經不大信任了，因此做起來並不簡單。不信你看義大利，人民根本集體表態刪除政府補助（這是個錯誤，我希望他們會決定收回成命）。其次，政府補助要真正有效，也就是讓民主制度可以從「一元一票」回到「一人一票」，就必須同時對政治獻金做出比現在更嚴的管制，甚至完全禁止私人捐款（即使可能有副作用，雖然削弱了金主的影響力，卻也讓社運政黨無法發展），或至少禁止一定金額以上的捐款，而且上限極低，只有每年一百或兩百歐元，一方面鼓勵親身參與政治運作，一方面也確保政治獻金不會導致政黨內的權力與特權不平等。想也知道，要想達成這些目標，自然免不了來自遊說勢力和其他私人利益的反抗。

重新思考私費民主稅制，讓窮人不再替富人買單

在我看來，若要找回民主的真義，當務之急就是擺脫法國、加拿大、義大利、西班牙和德國等地施行的政治獻金減稅優惠。我們已經見到，減稅優惠只對有繳所得稅的人

有利，而且課稅所得愈高，優惠愈大。

有些人認為應該直接廢除減稅優惠，主張私人資助民主政治運作沒有理由換得財務上的好處。政治獻金減稅並非舉世皆然，譬如美國早就不這樣做了。而老實說，我認為直接廢除似乎是最有前途的做法，尤其省下相關財政支出之後，政府就更有資源推行更具企圖心的公共補助計畫。以法國為例，政府平均每年都要負擔六千四百萬歐元的減稅優惠，相當於每人一點二三歐元，回報富人捐錢給政黨和競選活動。那還不如將這筆錢發給每位法國人，讓他們每年有一歐元捐給自己屬意的政治團體。我稍後會再詳細說明這個建議。

讓我們先從保守一點的做法講起，也就是部分保留給予政黨和競選活動資助者的減稅優惠。但這馬上會引來問題：我們要如何杜絕現有稅制那站不住腳的累退性？這不僅包括資助民主政治運作，還包括對基金會的各種金援。目前有兩種做法，第一個比較簡單，就是用（對所有人有利，不論其所得的）抵稅優惠取代（只對有繳所得稅的人有利的）減稅，讓所有公民站在平等的金錢基礎上表達個人的政治偏好。第二個比較直接，不是「延後」到隔年才退稅，而是政府當下就進行比照補助。

用抵稅取代減稅，以促成政治偏好的平等表達

總統先生、首相女士，政府每年花錢資助有錢人的政治偏好遠多於窮人的偏好，你們真的認為這樣比較好嗎？沒有嗎？那我有個非常簡單的解決方案，我想你們眼皮不眨就會贊成這項改革，讓資助政治運作變得更民主。

這項改革就是用抵稅取代減稅。前者適用於所有人，不論是否需要繳稅，後者只限於經濟狀況好到得繳所得稅的人。對要繳所得稅（或抵稅額大於應納稅額）的人來說，抵稅優惠將使他從國稅局拿到退稅。以法國為例，年課稅所得九萬歐元的人如果捐助六百歐元給政黨，目前實際只需要支付兩百四十歐元；年課稅所得是他十分之一的人同樣捐助六百歐元，實際卻要支付六百歐元。但根據我的改革方案，不論所得最高或最低者，實際都只需要支付兩百零四歐元。前者會得到三百九十六歐元的稅額減免，後者會從國稅局領到一張三百九十六歐元的支票。這就是所謂的財稅正義——注意，我這裡只談平等，還沒提到累進呢。

這樣的財稅措施似乎改動最小，但不代表這樣做就夠了。因為抵稅和減稅一樣，還是和捐款多少成正比，而捐款通常又和捐款者的所得成比例。目前法國的政黨政治獻金上限為七千五百歐元，即便實際支付額「只有」兩千五百歐元，但一個領取最低薪資的

人就算對政治再有熱情，怎麼可能拿出年收入的五分之一資助民主運作？對年收入數萬歐元的公民來說，兩千五百歐元更可能是「非必要」支出。因此，我認為在民眾以金錢參與民主政治這件事上，政府對頂富階級更「大方」是站不住腳的。

用比照補助取代延後式減稅：兼顧透明與簡單

這樣說來，上面提到的第二種改革方案也有相同問題：富人捐的比窮人多，因為他們手頭更寬裕。不過，比起抵稅，它有一個明顯的好處。這種改革的構想是用類似英國「捐贈援助」（Gift Aid）的方法取代減稅，因此不是個別金主（通常要一年後才）獲得稅額減免，而是政府直接撥放和減稅額相等的補助款給政黨、政治組織或團體[1]。

讓我們再次以六百歐元的政治獻金為例。按照目前的規定，捐給政黨可以減稅百分之六十六，因此最有錢的捐款者可以減稅三百九十六歐元，最窮的捐款者一毛錢也無法減稅。若改用前面提到的抵稅制，則最有錢的捐款者可以減稅三百九十六歐元，最窮的捐款者可以從國稅局領到三百九十六歐元支票。但若採用比照補助制，捐款者本身不會直接受影響，而接受捐款的政黨則會另外從國稅局領到三百九十六歐元。就稅務機關而言，這樣做依然能維持稅收中和，但對捐款者來說簡單許多，不用進行複雜的財務計算，捐款後必須等一段時間才能拿到退稅。

英國的捐贈援助方案雖然一九九〇年就有了，但直到二〇〇〇年廢除最低額度（原本定為六百英鎊）才大受歡迎[2]。按照目前的規定，慈善機構每拿到參與捐贈援助方案的捐款者一英鎊，就能另外從政府拿到二十五便士，也就是一點二五英鎊的百分之二十，相當於所得稅的基本稅率。換句話說，政府的補助額就等於捐款者原本會拿到的退稅金額。這套制度看來頗為成功，因為英國的慈善捐款總額僅次美國，列居全球第二。

實際上呢？首先，慈善機構必須向稅務機關（英國稅務海關總署）遞交捐款人名冊和捐款金額，才能申請捐贈援助，之後會在四五週內領到補助。雖然細節不同，但英國的捐贈援助方案和德國的政黨比照補助制相當類似，因為如同本書先前介紹的，德國政黨拿到的政府補助款不僅取決於上次選舉的得票數，還取決於自然人的捐款總額。政黨每拿到一歐元捐款（上限為三千三百歐元），就會另外拿到零點四五歐元的政府補助。

注意，我的構想是以英國的捐贈援助方案為靈感，但不是完全複製。因為我認為英國這套制度有不少缺點，首先是政黨在英國不算慈善機構，因此無法從中獲益。其次，捐贈援助方案除了剛才提到的比照補助之外還有另一個面向[3]，必須去除才能更加確保財稅正義。這個面向就是有錢納稅人的邊際稅率較高，因此捐款還能拿到所得稅最高稅率（百分之四十或四十五）減去基本稅率（百分之二十）的減稅額，也就是稅率為百分之四十的納稅人每捐出一英鎊，除了政府會再多捐二十五便士給慈善機構，捐款者自己還能減稅二十五便士。捐贈援助方案的不平等還不止於此。捐款者繳納的稅款必須高過一定金額，他的捐款才能讓慈善機構申請比照補助。因此，就算捐款者捐了八十便士給慈善機構，唯有當他的應納稅額高於二十便士，該機構才拿得到政府另外撥放的那二十便士。

反觀我提議的制度，捐款者只要捐出八十便士給慈善機構，不論他繳多少稅，該機構都能拿到政府的二十便士比照補助，而比較有錢的捐款者也不會拿到減稅優惠。比起減稅或抵稅，這樣的制度有幾個好處。首先是更便利，慈善機構只需要等個幾週就能拿到補助，而減稅或抵稅之類的財政措施常會拖上一年。其次，這套制度能遏制報稅詐欺，因為納稅人不再有動機謊報捐款[4]。的確，基金會或政黨可能會想詐欺，靠虛報捐款來騙取政府補助。但根據經濟學家夏爾夫（Kimberley Scharf）和史密斯（Sarah Smith）的研究，至少在英國，慈善機構其實更常低報捐款[5]，主要原因在於現有制度太繁瑣，慈善機構必須逐筆填寫捐款者姓名和金額，就算數目再小也是。不過，繁瑣並非無法避免。都二十一世紀了，再麻煩的手續只要系統完全數位化就能以極低的成本完成。

儘管如此，比照補助還是面臨我所提過的一個侷限。雖然捐款成本對所有捐款者而言都相等（抵稅制也是如此），但種種跡象都顯示課稅所得偏低的人捐款很難超出幾十歐元，比較有錢的人則是可以一次又一次捐個幾千歐元。換句話說，雖然這兩種改革方案都能遏止現有制度的累退性，但平均而言，最高所得階級的捐款額仍然會遠高於最底層階級，進而讓保守黨獲得更多選舉資源。為什麼會這樣？因為最高所得階級的手頭更寬裕。這就表示政府將繼續每年花更多錢回應少數有錢階級的政治偏好，勝過傾聽大多數人的政治心聲，除非富豪的愛心完全跟繳稅有關，一旦捐款不再有財務上的好處，他們就會一毛不拔。

基於以上這些理由，我認為我們必須更進一步，採用新的做法，一套能真正確保所有公民平等表達政治偏好的公共補助制。

基於個人政治偏好平等表達的新公共補助制

第一場革命：民主平等券（BED）

現在讓我介紹我提倡的制度有哪些特色。首先，每年所有公民在報稅時都能選擇要將政府發給他的補助款捐給哪個政黨或政治團體。在這點上，我的制度是義大利式的，但有個根本的區別，那就是所有公民不論所得為何，可捐助的金額都一樣。這將使得所有公民在表達政治偏好時完全平等，不像我們之前提到的義大利制度，資助有錢人政治偏好的金額遠高於其他人[6]。

身為公民，我們必須捫心自問，即使沒有必要現在就徹底回答：我們願意每年花多少政府的錢資助民主運作？換句話說，我們希望交託多少錢給每位公民？讓我們拿法國當例子。法國目前人口五千兩百萬，政府每年平均花費一億八千三百萬歐元出頭資助民主運作，其中直接補助政黨六千七百萬歐元，補助競選支出五千兩百萬歐元，政黨政治獻金減稅優惠五千六百萬歐元，競選政治獻金減稅優惠八百萬歐元。所有補助款除以人口數，相當於每位公民三點五歐元。若要進行最小幅度、零成本的改革，或許需要重新檢視現有的公費民主制，用每年交給每位公民三點五歐元的民主平等券取而代之，並且以電子票券的方式發放，因為所有程序都會藉由年度報稅機制進行。

不過，我想我們可以更有企圖心一點。本書第六章曾經提到，法國政府運作每年需要十八億歐元，相當於每位成年人口三十四歐元。既然我們願意花這筆錢好讓治理我們的官員克盡職責，就也應該願意花錢用最好的方法選人才對。因此，假設我們省下僅僅百分之十的政府運作經費，拿來資助民主運作，那麼每年每位法國公民都能拿到價值七歐元的民主平等券。

七歐元是多是少？首先，在我以法國為例提出的方案裡，七歐元是既有的，無須政府額外支出，現有經費基本上都不會改變原始用途。原本用來資助民主運作的經費還是拿來資助民主運作，只不過——關鍵來了——公民將會重拾政治平等。

和其他國家相比，七歐元是比德國補助政治基金會的人均金額還少。如本書先前幾章提到的，政治基金會在德國還有外交功能。但若只看民主政治運作，那德國花在直接補助政黨和政治獻金減稅優惠上的人均金額只有將近四歐元。因此，德國民主平等券的面額大概是四歐元。或者他們也可以仿效法國，設定更有企圖心的目標，節省用在政治基金會和政府運作的經費，將每張民主平等券的面額拉到七歐元。而在西班牙，就算不計用在政治基金會的（極少量[7]）財政預算或補助，政府目前每年資助民主運作的人均金額也有五點六歐元，離我提議的七歐元並不遠。

至於美國，雖然政府放任公費民主制自生自滅，但幾十年前創立的制度光就總統大選還是配給每位納稅人三美元的資助金。計算很簡單：雖然地方選舉在美國非常重要，應該納入考量，但就算只考慮全國選舉，也就是總統和參眾兩院議員，二〇一六年的總統大選候選人支出也只占總支出的百分之四十七[8]。因此，若以競選支出來推算政府補助，總金額就是每位納稅人六點四美元，基本上和人均七歐元相去不遠。每位美國成年人口六點四美元加起來是十五億美元，正好是二〇一六年總統大選所有候選人的總支出，但遠少於政治行動委員會和超級政治行動委員會的開銷總和，這點在第七章曾經提到[9]。因此，我建議的金額就是十五億美元，但不是由少數特權階級大手筆捐助數百萬美元湊成，而是由政府以民主平等券的方式發給每位公民。

只要每年每人七歐元，就能重建民主政治的基本原則：一人一票。

民主平等券的施行細節

每年七歐元讓你捐給自己屬意的政治組織。讓我們回到實質問題：怎樣才算一個政治團體？我不是明知故問，而是真想討論，因為沒有人想將百姓的錢用在無意參與選舉的雜牌組織上。但對政治團體的定義又不能太嚴苛，譬如不能要求必須有成員參與過選舉才能算數，因為我們之所以想推動改革，目的之一就是提高流動性，讓新的政治運動可以更快成氣候。因此，我建議如下（不過我要再次強調，我在書裡提出的構想都不是聖旨，重點在引起討論，而非頒布律令）：一個政治團體想靠民主平等券獲得政府補助，就必須取得至少百分之一公民的民主平等券。換句話說，在法國是五十二萬張，美國是兩百六十萬張。百分之一的門檻感覺非常合理，因為目前公民投票連署最寬鬆的下限也是這個數字[10]。

萬一政治團體獲得的民主平等券未達到門檻（也就是不及百分之一），無法取得政府補助呢？這時，他們從支持者手上獲得的平等券就會視為無效。畢竟每位公民都可以選擇不將七歐元捐給任一個政黨，而我們也必須接受有些人就是認為沒有政黨或政治團體值得捐助。

根據我所提的方案，就算某人決定今年不使用民主平等券，那張券也不會作廢。每年投入足夠經費支持民主運作有其必要，因此民主平等券的預算應該全數用來維持民主政治妥善運作。發放民主平等券不代表人民有權決定政府每年應該花多少錢資助民主運作，這該由「上面」決定，由民意代表制定每張平等券的面額。民主平等券只立下一個規範，就是政府每年都要撥款資助公民表達政治偏好。所以，對於選擇不使用的公民，他們的平等券該用在哪裡？我建議不妨比照目前的政黨補助模式，將公民選擇不使用的平等券依據前一次國會選舉的結果分配給各政黨[11]。

這樣的分配法有幾個好處。首先，它讓這套制度相對穩定。參與過前一次選舉的政黨多少可以放心個四五年，不用怕沒有財源，因此可以降低這套完全按年分配的制度的震盪起伏。這個論點聽起來可能自相矛盾，因為當初採行民主平等券的理由之一就是人民真的會使用它，而不是幾乎都沒用，錢又流回現有的制度裡，而現有制度的主要缺點就是會造成公費民主的僵化[12]。不過，根據本書先前分析過往經驗看來，不大可能所有公民都會積極參與政治，選擇自己屬意的政黨。因此，我們必須鼓勵他們，賦予他們責任感。但就算人民不夠積極，政府補助也不該就此停止。

另一方面，民主平等券不僅能大幅促成新政治團體的出現，在我看來更關鍵的一點是它可以說是一種「柔性」的罷免公投。重點不在推翻由多數人選出的政府（我們已經見過罷免公投被私人利益把持，幾乎無關公共善的例子），而是藉由減少對某一政治團體的補助來表達不滿，甚至最後讓該團體銷聲匿跡或贏回民眾支持。這個「柔性」手段有利於所有公民進行民主對話，必須說服所有人，而不是少數大金主。

民主平等券作為罷免公投還有另一個優點，就是它不僅能用在執政黨身上，也能用來警惕反對黨。公民顯然有時會對反對黨不滿意，而根據我提議的方案，他們每年都能表達出來。能這樣做非常重要，因為這表示選舉時，當所有公民走進投票所，選票上的政黨都會比過去更反映他們的政治偏好，使得他們更可能踴躍投票，而不是棄權。這是重建民主的另一大步。當多數人而非少數人的政治偏好得到應有的重視，民主將真正得到彰顯。

讓民主團體更快得到資助的創新措施

因此，民主平等券有許多優點，首先是藉由報稅時投下第二票，讓所有人的政治偏好重新（還是該說第一次？）得到平等表達。除了促成「民主運作的財源民主化」這個不可或缺的要素，民主平等券還讓我們得以按年捐助政治團體。反對現有制度的主要理由之一就是兩次選舉間隔太久，公民得等四五年才能表態一次；而民主平等券則是恆常民主的好工具，讓公民年年都能表態，又不會影響政府穩定。畢竟年年選舉顯然不健康，政府需要一定的延續性才能確實施政。

然而，除了讓人民更常表態，我提倡的方案還能在非選舉期間促成新的政治力量真正崛起。目前新興的政治力量在兩次選舉之間是無從取得公共資源的，只能期待接下來的那場選舉能帶來幾年補助，但當然前提是熬得到選舉時，而不是像許多前例那樣，還沒來得及在政治領域展翅就折翼了。另一個選擇是仰賴政治獻金，但金主通常偏好保守勢力，左傾的政治運動往往如流星一般稍縱即逝。

為何缺乏資金會讓新興的政治力量消失？我一直強調選舉很花錢，其實維持政黨運作也是。政黨除了吸引人的理念之外還有什麼？我和許多黨內活躍分子、黨員和支持者談過，左右派都有。這些人都是懷抱理想的公民，常犧牲閒暇時間宣揚理念，但他們也都明白推行理念需要「黨機器」的支持。目前這個詞給人不好的印象，然而黨機器到底是什麼意思？黨部，所以要錢。網站、文宣和布條等等，所以要錢。人力，所以要錢。這些人不必要全職，就像勞工代表有專屬時間處理工會事務，我們也可以比照辦理，給予（透過民主平等券）獲得政府補助的政治團體成員專屬的黨務時間。制度在這部分似乎也有必要創新並注入彈性。

比「教會稅」和西雅圖民主券更好的制度

接下來讓我說明民主平等券「不是」什麼。有些讀者聽了我的構想可能會聯想到德國的「教會稅」，但這兩套制度雖然都在報稅時進行，卻相去甚遠。在德國，教徒每年上繳所得稅會有部分撥給他們所信仰的宗教，以資助其開支，但是這和政府補助宗教完全不同。政府代替各宗教向信徒徵稅，而各教派甚至會繳回一小部分作為稅務機關的手續費[13]。

只要比較教會稅和義大利的千分之八制，就能清楚看出德國這套制度和政府補助宗教的不同。義大利的千分之八制才是真正的政府補助宗教，因為所有公民都有部分稅金撥給宗教。就算沒有勾選任何教派的公民，政府同樣會從他們稅金裡扣除千分之八，然後按照其他公民的集體選擇撥給相應的教派。反觀德國只要選擇不資助任何宗教，就完全不用繳教會稅，結果就是政府財政不受影響，但各教派得到的資源大為減少。事實上，愈來愈多德國人選擇「脫離」教派以便規避教會稅，導致部分宗教希望改採義大利制，以確保他們每年不論信徒規模都能獲得經濟挹注。

我的構想比較接近義大利的「千分之二制」，但我要再次強調兩者有一大區別，就是民主平等券是政府給予所有公民相同金額，以保障公民能平等資助政治團體，而千分之二制則是依據每位公民的納稅額來決定給他多少錢表達個人政治偏好。此外，就算有人選擇不使用，民主平等券依然會用來補助政治團體，但不是依據使用者的偏好，而是按照前一次選舉結果來分配，以確保制度的穩定。

某方面來說，民主平等券不免讓人想到法國的「工會券」（chèque syndical）。這是安盛保險集團一九九〇年開始嘗試的一種工會補助制，隨後被不少企業和組織採用，包括全國社會保險聯盟、癌症研究機構、已經消失的食可樂（Score）外燴集團和佳喜樂超市集團，只是從未流行。不過，民主平等券和工會券有兩大區別。首先，工會券是企業或組織本身出錢，民主平等券則是政府為了人民利益而設立的公費民主制。

第二個區別可能更重要，那就是我所提出的方案是開放、全面又有彈性的，和德國的教會稅或義大利的千分之八制不同。在德國，不論你想停止資助原選的宗教或改資助另一個宗教都很麻煩，不像在義大利打個勾就好。你必須向宗教機構提出申請，而且手續非常嚴格。此外，義大利和德國至今還是將伊斯蘭教完全排除在政府補助之外，理由很多，包括伊斯蘭教和基督教或猶太教不同，主管機關找不到統一的教會組織或宗教代表，至少官員給出的解釋是這樣。相關議題非常複雜，本書沒有足夠篇幅討論可能的解決之道。但我必須強調，民主平等券要有意義，選擇資助政黨的手續就必須完全公開且有彈性，所有人都能自由選擇或改變資助對象，只要每年在網路報稅表上打勾就好。

最後，民主平等券顯然很類似雷席格提議和西雅圖施行的民主支票，但同樣和那兩種民主票券有些不同。我為何認為補助應該在報稅時進行，而不是選舉時分配？首先，報稅時進行可以避免西雅圖民主支票實際遇到的風險，就是有選民向候選人兜售民主支票以換取現金。雷席格就談過這個問題，並提出一個相當複雜的因應辦法：給民眾二十四小時可以撤銷自己的選擇。但即使這樣做可以解決兜售問題，我還是認為讓人民每年都使用民主平等券決定資助哪個政黨是更好的方法。因為雷席格的民主券只針對選舉，而我認為選舉期間之外也應該照顧政黨和政治團體的資金來源，尤其是新進的政治力量。政黨不該只是選舉機器，而是該被視為促進公共討論的平台，不僅選舉時如此，選舉期間以外亦然。

我們該擔心透明嗎？

我已經可以想見有人會說，這樣的公費民主制可能侵犯個人隱私。但有幾個理由顯示並非如此。首先，我想各位身為納稅人可能都清楚，就是我們每個人在報稅表上其實都揭露了大量不想公開的個人資訊，但實際上也沒公開。報稅表所使用的系統能保障個人隱私，目前所有人都用得很放心，因此我們沒有理由擔心只因為表格裡多了一個民主平等券的選項，民眾就會失去信任。

其次，我們每年本來就有不少納稅人（在法國是近三十萬人）會捐款給政黨，並據此報稅。的確，他們只需要填寫捐款金額，無須註明捐助的政黨。但他們必須保留政黨開出的收據，以便稅務機關查核。過去納稅人必須在報稅表裡附上收據，現在仍有些國家要求這樣做，感覺蠻值得恢復的，因為能遏制本書第三章提過的假報捐款。換句話說，對於哪位納稅人捐款給哪個政黨或競選活動，稅務機關手上早就擁有所需要的全部資訊。這並不會造成問題，因為資訊有受到保護。

此外還有一點值得注意，那就是法國當前這種不計代價也要保持政黨或競選政治獻金匿名性的想法，其實和英國或德國要求政治獻金透明化的做法背道而馳。在英德兩國及其他國家，高於一定金額（通常很低）的政治獻金都必須公開，而且相關資訊通常會即時上線供人查閱。這可能可以減少利益衝突，因為記者和人民都會更留意「私相授受」的問題。法國這方面還有很長的路要走。而在實驗成功的美國西雅圖民主支票方案裡，選民可以線上查詢民主支票使用者和受益候選人的名單。我不認為需要做到那個程度，但想去除制度性貪瀆就要在透明度上做出更大的努力。

最後，在本章開頭提到的英國捐贈援助方案裡，慈善機構必須對所有捐款造冊，連同捐款者姓名地址交給稅務機關。這不表示個資沒有受到保護，因為將資料交給國稅局和公開資料是兩回事。稅務局不是臉書，這絕對是好事一件。

從禁止政治獻金到競選支出上限

最後必須強調一點，要讓公費民主真正落實平等理念，也就是一人一票的精神，就得讓它不被政治獻金所淹沒。這就是德國現有制度的侷限，雖然政府對政黨的補助相當慷慨，但由於私人捐款無上限，因此就個人政治偏好的代表度來說，政府補助的效應幾乎完全被掩蓋。即使在法國，政黨平均每年收到的政治獻金也比政府直接補助多。

限制個人政治獻金與禁止法人捐款

所以，我們該怎麼做才能確保公共補助不被氾濫的政治獻金給淹沒，立意創新的民主平等券不被私人捐款給碾壓？最簡單的做法就是禁止政治獻金，至少杜絕過量。

不少國家都禁止企業捐款給政黨或競選活動，而且理由充分。如我們先前所見，就連稱不上民主平等先驅的巴西也禁止了企業政治獻金。我認為尚未推行相關禁令的國家都該效法，尤其是德國，因為該國出口業者政治獻金規模之大，已經對歐洲其他國家造成了影響。不論哪一黨上台執政，德國大企業都說服政府追求完全出口導向的經濟政策，大幅削弱了歐元區的穩定。

法國於一九九〇年代初期開放企業政治獻金，但於一九九五年設立新法後禁止。雖然立了法令，但改革之初還是引來強力反彈。西班牙情況類似，一九八七至二〇〇四年允許企業政治獻金，隨後為了淨化民主運作而明令禁止。義大利、德國和英國也應該跟進，不僅為了國家本身好，也對歐盟的平衡有利。

然而，光是禁止企業政治獻金還不夠，我們還必須進一步對個人政治獻金設限。包括英國和德國在內的部分國家，目前還沒有法律限制，但必須開始設立上限，而且應該遠低於西班牙（每政黨五萬歐元和每次選舉一萬歐元）、義大利（每政黨十萬歐元，但布魯斯柯尼的例子顯示要規避這項限制很容易）和法國。每年七千五百歐元的個人政黨政治獻金上限實在太高，只會讓個人政治偏好的聲量過度取決於個人所得，以致出現扭曲。

因此，我建議將個人政黨政治獻金上限設在兩百歐元，競選政治獻金也是如此。兩百歐元是最常用來劃分小額和大額捐款的界線。這個金額比法國年所得第一十等分位的納稅人的平均政黨捐款金額一百二十二歐元還高，也比黨費多，但應該有助於拉平每位公民的政治聲量。

有什麼理由反對兩百歐元的政治獻金上限？抬出言論自由似乎不管用，因為金錢並非政治論述，而我們也希望美國最高法院可以改變見解。在法國和其他已經訂定上限的國家，我們很高興見到人民認為有必要設限。支持上限不能高的理由不少，最常見的就是能遏制貪瀆。如果這是唯一的理由，那麼兩百歐元確實算低。你有可能只用兩百歐元就買通候選人嗎？然而，本書不只一次指出，不論已經有或可能發生貪瀆行為，都不是限制政治獻金的唯一理由，民主平等才是關鍵：所有人民應該擁有相同的政治聲量，才能得益於同等的代表度。重點在讓民主的定義重新回到「一人一票」，而要做到這點，就不能讓任何人可以靠著捐更多錢買到額外的票，左右政黨或候選人。

限制競選支出

當然，我一開始就說了，選舉很花錢。這就是為什麼除了限制政治獻金，我們還必須讓政府大力補助政黨，例如我提出的民主平等券就是讓每位成年人口有七歐元可用。然而，限制競選支出也有必要，就像英法兩國已經做到的那樣。

美國和加拿大都必須商量出允許的競選支出上限，首先從大幅改革（甚至禁止）廣電競選廣告開始，包括規範比較鬆散的非選舉期間也不例外。競選廣告不僅異常昂貴，是美國競選支出之所以近乎天價的主因，而且對整個選舉制度有害。尤其我們都曉得美國目前非常盛行負面廣告，這種攻擊對手的手段只會讓人民反感，降低投票意願[14]。怎麼會有人想要導致投票率降低的民主運作規則？將這些規則視為天條是錯的，而且我在第八章就談過，仰賴價格驚人的電視廣告打選戰其實是歷史的偶然，不是非如此不可，有些國家也已經開始提供免費的播出時間。沒有什麼是不能改變的，譬如英國也是到一九九〇年才禁止電台和電視播放競選廣告。

法國不允許這類廣告，但分配給候選人的時間必須大幅改革。目前的民主程序讓政治團體的收入部分遭到凍結，因為每五年才會重分配一次。國會和總統大選的發言時間也有同樣的問題。總統大選的情況是怎樣呢？首先，我們必須先區分所謂的預備期和選戰期，前者是從正式公告候選人到選戰正式開打，後者則是包括兩週的第一輪競選和兩週的第二輪競選[15]。目前發言時間「公平」（équité）原則只適用於預備期[16]。實務上這代表什麼？這代表在法國高等視聽委員會（CSA, Conseil Supérieur de l'Audiovisuel）的監督之下，所有政黨於預備期的發言時間必須符合各自的政治代表度與輔選能力。而政黨「代表度」有三個指標：最近一次選舉的得票率、當選人數與層級，以及民調數字[17]。換言之，政黨在預備期的發言時間大大取決於五年前選上的國會議員人數。選戰正式開始後，候選人的發言時間就改採「時間等長」（égalité des temps de parole）原則了。

至於國會選舉，法國選舉法規定在國民議會擁有黨團的政黨於第一輪選舉時共可獲得三小時的影片播放時間，沒有黨團的政黨只要能證明黨內至少有七十五人參選，就可獲得七分鐘的播放時間。這又是對選舉贏家大大有利的制度，而且是以五年前的選舉結果為準！感覺就像告訴新政黨你們別想在非選舉期間崛起一樣；應該說，就算他們崛起了，也無法遮去現任政治人物太多光彩。

這套制度無法因應與時俱進的民主運作，至少不夠令人滿意。此外，就如二〇一七年國會選舉所顯示的，這套制度在規則改變之後並不（或者說不再）管用。同年五月，馬克宏領導的共和國前進黨向憲法委員會提出「違憲先決問題」，抗議政黨分配播出時間，因為依據選舉法，他們和不屈法國黨一樣只有七分鐘，因此他們要求所有政黨應該得到同等對待[18]。憲法委員會最後裁決，沒有國會議員的政黨應該按其代表度給予播出時間[19]，於是高等視聽委員會給了共和國前進黨（在第一輪選舉）三十五分鐘時間，而非七分鐘，同時也將國民陣線和不屈法國黨的播出時間增加到三十一點五和二十四點五分鐘。

發言時間的相關法令不只應該修改及更新，理想上更該入憲，讓執政黨無法為了短期選舉利益而修改規定。我們或許可以用納稅人使用民主平等券的情況來推測某一政治團體在選舉時的表現，但顯然還有其他方法。這雖然無法徹底解決媒體近用權不均的問題，至少不會扯後腿。我們只能確定地說，二十一世紀是無法再用五年前的選舉結果來決定政黨補助款或候選人的發言時間了。

✦ ✦ ✦

最後，我想強調民主平等券的一大好處就是讓人民的政治偏好不再有代表落差。我所提議的政治運作資金改革有兩大項目，一是每年發放民主平等券，給予所有人民平等動用公帑大方補助政黨和政治人物的權利，二是嚴格限制政治獻金和競選支出。種種跡象都告訴我們，政治人物一旦能從民眾繳納的稅金裡汲取一小部分作為資金，無須再仰仗少數超級金主，他們提出的政策都不再會只聽從有錢人的偏好。

我認為要實現民主平等，就必須推動這第一項革命。但這樣做還不夠。政治資金問題再重要，也不足以解決當前的民主危機。我們還需要佐以另一項革命，那就是用混合國會來確保民選議員能更充分代表全體社會，而這便是下一章的主題。

註釋

1 不過，要知道這套制度一旦執行之後，就沒有理由只限於政黨或競選政治獻金。我個人認為這套制度不但可以，也應該擴及所有目前捐給基金會的可減稅捐款。對於新聞媒體，我也做過類似的改革建議，其中包括創立所謂的「非營利媒體機構」。參見拙作《媒體的未來》, *op. cit.*。

2 有關英國捐贈援助方案，特別值得參考 Kimberley Sharf et Sarah Smith (2016), «Charitable Donations and Tax Relief in the UK», in *Charitable Giving and Tax Policy: A Historical and Comparative Perspective*, édité par Gabrielle Fack et Camille Landais, Oxford。

3 有關捐贈援助方案的執行細節，參見 https://www.gov.uk/donating-to-charity/gift-aid。

4 本書第三章就已經指出，至少在法國，這類詐欺並不少見。不少人在報稅時說有捐款給政黨，但政黨帳戶裡卻沒有該筆捐款。

5 參見 Kimberley Sharf et Sarah Smith (2016), *op. cit.*。

6 之所以如此，是因為政府補助給某人所選擇之政黨的金額和其納稅額成正比。

7 二〇一二至二〇一六年的平均預算不到兩百萬歐元，主要因為政黨政治獻金偏低。

8 時間為二〇一五至二〇一六年的大選期間，並只包括候選人和政治行動委員會的支出。數據來自 OpenSecrets 網站：https://www.opensecrets.org/overview/index.php?display=T&type=A&cycle=2016。

9 十五億美元是美國人每年花在慶祝萬聖節的費用的六分之一，參見 https://www.francetvinfo.fr/%20replay-radio/vous-le-partagerez-aujourd-hui/annee-record-en-vue-pour-%20halloween_

2421195.html。

10 西雅圖二〇一七年地方選舉推行的「民主支票」方案規定政治團體須拿到一定筆數的捐款，也是基於同樣的精神。參見本書第九章。

11 我原本考慮過其他做法，例如「美國模式」或「義大利模式」。若是美國模式，只要有公民選擇不用民主平等券，那些券就算是「沒了」，金額會挪作他用。我認為這不是正確的做法。為了終結私人利益對民主程序的無邊影響力，我們有必要維持高額的政府補助。至於義大利模式，不選用者的民主平等券將按照選用者的政治偏好來分配，捐助宗教團體的「千分之八制」便是如此。但是比較起來，我的構想似乎更好。的確，選擇不表態的公民沒有權力決定「他們的」捐助款該用在哪裡，但將這筆「剩餘的」款項根據前次選舉結果來分配，將更能確保制度的穩定。畢竟我們可以合理假設，選擇不表態的人應該是對現有的政治平衡感到滿意。

12 不過，演練階段似乎有必要，另外也需要挽回人心的時間。對公帑補助政黨失去信任的人民不會一夜之間就轉為熱烈支持（他們對新興政治勢力也常不抱信心，認為只是換湯不換藥，有時也確實如此）。我們必須給民眾時間，但我堅信每年都會有愈來愈多人把握民主平等券帶來的機會。

13 對政府補助宗教感興趣的讀者，可以參考 Francis Messner (2015), *Public Funding of Religions in Europe*, Farnham, UK: Ashgate Publishing，特別是討論德國和義大利的章節。

14 特別推薦參閱 Iyengar et Ansolabehere (1995), *op. cit.*。

15 選戰期第一階段始於第一輪投票日兩週前的週一，止於投票日前一天半夜十二點。第二階段始於政府正式公告兩位晉級候選人，止於第二輪投票日前一天半夜十二點。

16 二〇一六年，法國通過發言時間改革，於四月二十五日施行的組織法裡更新了總統大選相關法規，其中便包括發言時間的分配。修法前，候選人及其支持者於「預備期」的發言時間必須完全相等，因此自然對「小」候選人有利（不過，相等原則只適用於發言時間，不適用於播出時間，後者還包括電視與廣播對候選人及其支持者的報導）。有關選舉期間和非選舉期間對於發言多元化的規定，可以查詢法國高等視聽委員會網站。

17 參見法國高等視聽委員會二〇一六年九月七日針對總統大選廣電服務所做的第2016-2號推薦。

18 實際數字是第一輪選舉七分鐘，第二輪五分鐘，共計十二分鐘；而社會黨有兩小時，共和黨有一小時二十四分鐘。

19 憲法委員會的裁決參見：http://www.conseil-constitutionnel. fr/conseil-constitutionnel/francais/les-decisions/acces-par-date/decisions-depuis-1959/2017/2017-651-qpc/decision-n-2017 -651-qpc-du-31-mai-2017.149036.html。

第十一章　邁向混合國會：社會與政治

我們要如何讓民主的「一人一票」理念重新成為具體的事實？換句話說，我們要如何確保民主平等？首先要做的是改革政治運作的資金制度，除了推行民主平等券，還要對各種政治獻金設立最嚴格的限制。這樣做的用意不僅在確保人人都能擁有同等資金表達自己的政治偏好，還能去除現有制度裡最不受歡迎的負面效果。當前的政治人物只聽從最有錢階級的政治偏好，未來他們將不再只關注資助他們的人，而會聽取幫助他們當選的大多數人的意見。民主的真諦將會重現。

然而，這還不夠。第二項改革同樣勢在必行，而且更直接針對代表制的問題。就目前許多國家的國會選舉而言，雖然理論上每位公民都在所屬選區依據「一人一票」原則投票，但實際上某些社會階級的人幾乎無法選上民意代表。這樣選出的國會獨獨缺乏代表性，無法反映真實的選民結構，尤其未能代表各個社會階級。隨著過去數十年來作為社會進步火車頭的工會力量普遍削弱，勞動階級在國會失去了發聲筒，愕然發現他們的政治偏好被民選政治人物所忽略，等於雙重隱形。他們現在必須再次親自進入國會，拿回代表權。這就是我所提議的，為「社會代表」安排席次。更具體地來說，就是依據比例代表原則，從其中半數以上是受雇者、藍領勞工和不穩定就業者（對應這些人實際所占之人口比例）的名單中選出一定數目的國會議員，至少占議員總人數的三分之一，就算一半以上也無不可。如此一來，國會席上的勞工議員人數將遠多於現在，對制定政策帶來立即重大的轉變。因為我們很快就會見到，民意代表的社會與職業背景，尤其他們參政前所從事的職業，將會直接影響他們的立法方向。唯有如此激進的改革，才能讓勞動階級不再排除在政治建制之外。面對如此根深蒂固的排除，我們不能再以譴責為滿足，因為它從內部動搖了我們的民主，導致有害的投票行為。社會平等的問題必須從根解決，就和性別平權（雖然改變來得太少太遲）一樣。

不過，讓我們一步一步來。首先我想簡單回顧二十世紀工會扮演的重大角色，尤其在打造福利國家和減少不平等兩方面。而要討論這些社會運動，就不能不提政黨，某些國家的工會和政黨甚至向來關係密切。然而，社會民主不是政治民主，它有它自己的原則，我想現在是從中擷取靈感的時候了。

社會民主的啟發與限制

一般人提到「民主」，心裡想的通常是選舉民主，也就是選舉民意代表。但民主時時還以另一種完全不同的形式出現，有時更成功，那就是工會選舉。工會和政黨是代表制度的兩個面向。

目前在許多國家，例如法國，工會普遍表現得比政黨好，擁有更好的公眾形象，成員也更多，譬如法國就有百分之二十七的民眾信任工會，雖然看似不高，卻是民眾對政黨信任度的三倍[1]。本書第三章也提到，工會得到的民眾捐款也比政黨多。這顯然不代表工會發展蓬勃（我們很快就會談到工會衰頹的負面後果），因為工會要是真的茁壯，我們或許就不用那麼急著改變規則，讓工會成員選上議員提高國會的社會代表性了。不過，就過去幾十年來的民眾幻滅度來看，工會確實沒有其他「民主建制」那麼慘，尤其是政黨與媒體[2]。當民眾普遍認為政治人物和記者脫離現實，無法回應一般選民的心聲（因為他們感受不到），工會幹部則是因為較能代表成員結構而得以倖免。目前法國的受雇者和勞工占總人口的百分之四十八出頭[3]，擁有相同出身的國會議員卻不到百分之三，只比美國的百分之二好一點，和英國的百分之五相去不遠。反觀工會代表有半數以上都是勞工出身。因此，就代表度而言，社會民主的狀況遠優於政治民主。我說「優於」是故意的，因為我們很快就會談到，政治人物的代表度不足是被迫而非自願的結果，並直接影響了政策制定。

既然社會民主表現較好，我們就該向它學習。此外，只要回顧歷史就會發現，談政黨就算可以不談工會，也幾乎無法不談社會運動。政治學家施洛茲曼（Daniel Schlozman）便明白指出，社會運動和群眾政黨是在現代民主萌芽之初一齊出現的[4]。如今民主陷入危機，我們亟需重返過去，讓促進社會進步的條件重新成為討論的焦點。

遠近之間：工會與政黨的複雜關係

施洛茲曼提到社會運動和政黨一齊出現，他心裡想的是美國，而非法國。法國的工會主義和政治運動作為民主的兩大面向雖然明顯關係密切，卻剪不斷理還亂，而且不難理解。一八八四年，法國政府將捍衛範圍較為特定的職業利益和捍衛範圍較為廣泛的政治利益劃分開來，進而將工會合法化[5]。而政黨活動雖然被允許，卻仍然得不到合法地位。或許有人會問，政府為何承認工會卻不承認政黨？根據歷史學家西羅（Stéphane Sirot）的說法，那是因為政府希望繼續壟斷人民利益的話語權，於是決定給予工會活動空間，但框限於一個明確劃定的範圍內，只能「研究及捍衛經濟、工業、商業和農業利益」[6]。政府之所以承認工會，是因為工會比較不危險，不會大力鼓吹改變。然而，工會從一開始就抱著改變社會的企圖，不只針對勞動，也涉及全民利益[7]。

直到一九〇一年集會結社法通過，政黨才在法國取得了合法地位。不過，一八八四年是政府莫名決定劃分捍衛職業利益和捍衛政治利益，一九〇六年卻是工會自己主動和政黨劃清界線。一般公認，**亞眠憲章**（La Charte d'Amiens）奠定了法國的工會主義，但其做法卻是相當另類，至少和其他國家相比是如此[8]。英國工黨之所以成立，是因為工會決定採取政黨組織，而德國工會在二次大戰之後形同和政府「共管」國家，法國工會卻決定爭取獨立[9]。

至少白紙黑字是這樣寫的，但其實不少法國工會在結構上都和政黨長期相連，尤其是法國總工會和共產黨[10]，即便現在，政治活躍團體和工會活躍分子依然關係密切。政治學者埃熱爾（Florence Haegel）對革命共產黨主義聯盟的研究就清楚呈現了這一點[11]。

不過，工會和政黨一般而言還是角色不同。前者負責薪資協商和社會保護等等，後者則是推出候選人參與選舉，以便在立法時投票支持或反對。這個被亞眠憲章奉為圭臬的角色分工，在快速發展的工業社會有其合理性，因為受雇者需要強大的職場代表和資本家雇主對等協商。但在這個去工業化、去中介和微型企業興盛的年代，加上民眾對政治愈來愈幻滅，使得傳統的分工不再適用。將權益交由工會捍衛的受雇者與勞工在政治領域不再有人代為發聲，但在我提議的混合國會裡，他們就可以透過社會團體得到代表。混合國會將對由提名機制選出的勞工和受雇者議員敞開大門，而各種跡象都顯示提出名單的不會只有政黨，還包括新興團體，甚至工會本身。

成立混合國會非常合理，尤其根據其他國家的經驗，工會向來和政黨密不可分，更是證明了這一點。英國工黨是工會於一九〇〇年創立的[12]，而工會成員都自動繳納黨費。換句話說，工黨是工會的政治發聲筒，工會則是工黨的金主，因此一九八四年柴契爾夫人為了削弱工黨，才會特意提高工會資助工黨的難度[13]。我們很快就會談到，工黨和工會直到一九八〇年代中期始終關係緊密，使得工黨國會議員裡有許多人是受雇者或勞工出身[14]。

問題是，目前即使是工黨也沒有幾位國會議員是勞工出身，驟減的幅度和勞動人口中勞工人數的下滑完全不成比例。這該如何解釋？這個現象顯然和工黨自一九八〇年代末期愈來愈仰賴政治獻金脫不了關係。一九八〇年代中期以前，政治獻金還只占工黨捐款及黨費收入的百分之十，如今卻超過半數（見圖六十五）。雖然政治獻金分量愈來愈

圖六十五：一九五一至二〇一七年，英國工黨政治獻金收入演變

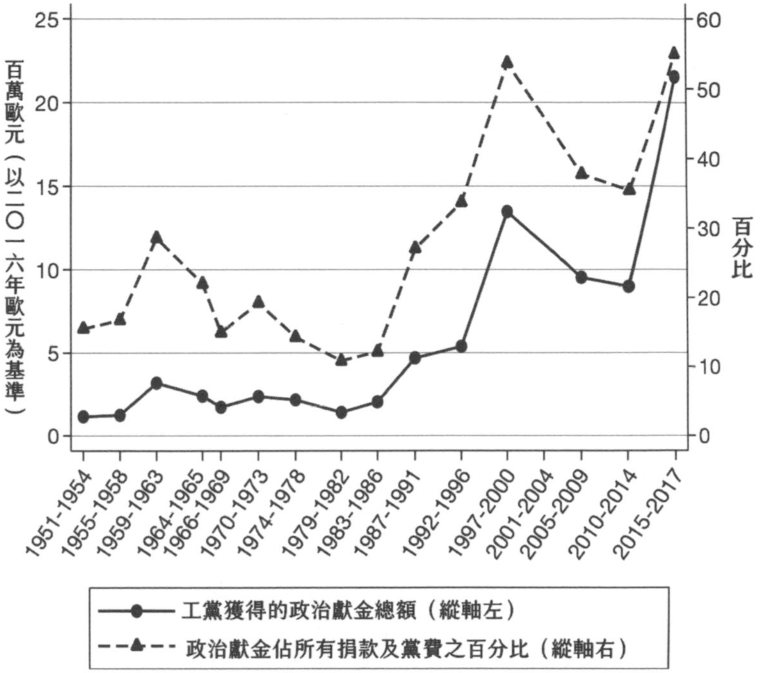

重部分導因於工黨自一九八〇年代初期開始捐款大增，但另一方面也和柴契爾夫人使出的手段讓工會對工黨的挹注自一九八六年開始大幅萎縮有關[15]。勞工出的錢少了，於是便逐漸被請出了政治運作的大門之外。不過，雖然政治獻金早在新工黨誕生之前就已經大幅增加，但不得不說在一九九七年布萊爾出任首相之後更是一飛沖天。本書第七

章就曾提到，布萊爾毫不遲疑選擇支持米塔爾的要求，以便換取這位鋼鐵大亨對工黨慷慨解囊。所以我們才需要從政策主動出擊，扭轉局勢。如果什麼都不做，英國國會很快就不會再有勞工議員，就像現在的法國國民議會一樣。

工會和左派政黨的財務健康關聯密切，以及關聯減弱所造成的政治後果，都不是英國獨有的現象，譬如美國工會長年都是民主黨的大金主[16]，而且和英國一樣，只要共和黨或保守黨想削弱民主黨或工黨的力量，就會設法切斷工會供輸對手黨庫的管道。

美國共和黨所使用的招數是所謂的工作權法（right-to-work law）。雖然一九三五年的全國勞資關係法（National Labor Relations Act）明確保障私人企業員工組織工會的權利，但一九四七年通過的「塔夫特－哈特利法」（Taft-Hartley Act）卻阻斷了這項進展，讓各州得以自行訂立工作權法，免除勞工（不論是否加入工會）繳交會費的義務，亦即代理工場條款（agency shop protection）[17]，讓勞工不用繳會費也能享受到工會代表和集體協商掙得的好處，結果直接大幅削弱了工會的經濟基礎。

經濟學家費根鮑姆（James Feigenbaum）和研究夥伴檢視了一九八〇至二〇一六年，工作權法在美國數州造成的影響[18]。據他們估計，該法導致工會削弱，進而讓民主黨在總統大選流失了百分之三點五的選票（投票率也有下滑），參眾兩院選舉表現同樣變差。背後原因非常明顯：工作權法通過之後，工會捐款減少了百分之一點二五，而民主黨無力從其他財源補足這部分的收入損失。而我們已經知道，競選經費愈少，候選人的當選機率就愈低。

工會是社會進步的火車頭……如今卻力有未逮

就這樣，許多國家的保守派都一石二鳥，同時削弱了工會和左派政黨的力量。而左派政黨一旦仰賴政治獻金，就放棄了階級鬥爭與重分配的議題。於是，工會加入者減少讓勞動階級在社會上失去聲量，而國會裡沒有勞工議員更讓他們在政治上完全消音。難道這個趨勢不也讓社會進步岌岌可危？

畢竟過去幾世紀來，勞工運動始終是社會進步的主要動力。只要想想北歐的社會保障模式就明白了，譬如瑞典就是因著工會、隨著工會而成為福利國家的。德國幾十年前就立法規定兩千人以上的公司，董事會裡員工代表和股東代表必須人數相同；五百到兩千人的公司，董事會裡員工代表須占三分之一。這才是真正的共管公司。雖然本書的提議主要針對政治「共管」，讓勞工以「社會代表」的身分進入國會，但我認為在法國和美國等尚未採行公司共管的國家，將民主引入企業也有其必要[19]。

就算在美國，工會角色不如歐洲國家那麼關鍵，以致美國福利國家程度較低，不平等程度較高，但工會的影響力還是不容小覷。政治學家雷德克利夫（Benjamin Radcliff）和賽茲（Martin Saiz）指出，勞工運動的強弱向來是經濟「自由主義」（在美國是指左傾的經濟政策）發展的主要因素[20]。據他們估計，一九六〇至一九八〇年代，工會較發達的幾個州，未成年子女社會津貼、教育經費和累進稅額都比較高。更重要的是，在採行進步措施方面，工會發達程度比左派政府上台的影響還要大。

這下我們就能明白，政治環境的力量為何不如社會運動了。在這套延續數十年（至今依然如此，所以才需要民主改革）的政治體制下，政治人物**不分左右**都被私人利益和最優勢階級給把持了。我在書裡反覆提到這一點，尤其第七章。反觀工會非但不需要籌錢競選，甚至很長一段時間都是美國和英國政黨的主要資助者[21]。

工會不只在企業端捍衛自身權益，也在更廣的層面上代表弱勢者的政治利益[22]。工會對政黨來說角色也很重要，除了是資助者，還是基層動員者和影響力的來源，不僅協助擬定競選政綱，還進行遊說等等。

儘管工會是勞動階級最後的發聲堡壘，卻在三件事上大不如前。首先是工會在政治上變弱了，因為左派政黨放棄了階級鬥爭，損害了它們與社會運動的長久連結。其次是工會在經濟上變弱了，因為英美等國的保守黨反覆破壞它們的資金管道。最後是工會在社會上變弱了，因為它們對雇傭勞動模式的殞落毫無準備。雇傭勞動多年來一直是社會均衡的基石，但當微型企業成為新法則，我們該如何進行社會對話，保障不穩定就業者的權益[23]？這些問題沒有靈丹妙藥，但我建議在國會或議院要有勞工代表，形式不拘，要有三分之一的議員從一份根據比例代表原則從其中至少有半數候選人為勞工或受雇者的名單裡選出。所有新型態不穩定就業者當然包含其中，因為重點不僅在於讓約聘人員擁有更多政治代表，而是涵蓋所有形式的臨時工，不論這些低收入工作者的職業型態是什麼。這樣做有兩大好處，除了讓進步議題重回國會殿堂的對話與辯論台上，還能減輕勞動階級在國會代表度不足的問題。

解決代表度不足的問題

之前幾章曾經提到，由於資助民主運作的現有制度有瑕疵，加上其他一些因素，使得政治人物不再傾聽選民的偏好，只回應頂富階級的需求。有些政治人物甚至連選民都不認識，花在選民身上的時間愈來愈少，許多政治人物則不是真的在乎選民要什麼，和選民也沒有任何相似之處。這種雙重的代表度不足不僅激起民怨，也導致民粹運動的興起。大批人民感覺政治人物根本沒有看見他們，感覺自己隱形了，在美國鄉村和法國許多藍領地區尤其如此[24]。這些人民感覺沒人代表他們。

的確，在「代表式」民主裡，代表（représentativité）具有雙重意義。首先，我們選出的代表到底有多代表人民？他們在教育程度、所得和資產等方面跟人民有多「近似」？其次，這些代表做出的決定到底有多代表大多數人民（而非少數特權階級）的偏好？不少研究都告訴我們，尤其在美國，政治人物多半只在乎少數特權階級的偏好。

因此，代表的第一重意義非常重要。儘管我們顯然無法追求完全代表，因為這樣一來就必須靠抽籤，而不是選擇最有能力的人來代表我們，但我們至少可以要求選出來的代表部分反映社會的多元組成。只是我們稍後就會看到，我們離這樣的反映（即使是扭曲了的反映）還很遠。

像我們的政治人物？

理論上，政治人物被視為「人民代表」，實際上卻很少和他們所代表的人民屬於同一族群。當然這不是什麼新鮮事，但近年來政治人物與人民的落差愈來愈大，以致內閣官員的財富常登上報紙頭版，可想而知加速了人民對政治人物的信心瓦解。美國總統川普就任後提名的內閣官員，財產總值比幾千萬美國人加起來還多[25]。根據《富比世》雜誌的統計，川普第一任內閣總財產高達四十三億美元，是美國史上最有錢的內閣[26]。講話經常一針見血的川普本人，在二〇一七年六月愛荷華州一場造勢大會上說得非常明白：「不管有錢沒錢，我所有人都愛，但我不希望內閣裡有窮人，你們懂吧？」

喜歡好衣服（當然是努力工作掙來的）的馬克宏或許不會說得這樣直白，但我們可以想像他其實並不反對。不論如何，他自己的首任官員也有許多百萬富豪，和川普相去不遠。根據**公共生活透明度高級管理局**（HATVP）公布的資料，馬克宏屬下三十二名內閣成員有十二人是百萬富翁；而本書第四章也曾經提到，很懂得鑽稅法漏洞的勞動部長裴尼柯的個人資產更是增加到七百五十萬歐元[27]，只比馬克宏的首任環境部長余洛多了幾十萬歐元。

不只部長不具代表性，和人民差距甚大，民意代表也是，這點更令人擔憂。政治學家卡恩斯（Nicholas Carnes）指出，美國國會裡幾乎清一色是專業主管（白領階級，和勞工或非專業主管的藍領階級相對）[28]。二〇〇〇年，美國受雇者和藍領勞工占勞動人口的百分之五十四，卻只占國會議員總數的百分之二出頭，而且二次大戰結束之後，美

圖六十六：一九五一至二〇一五年，
英國勞工或受雇者出身的下議院議員比例

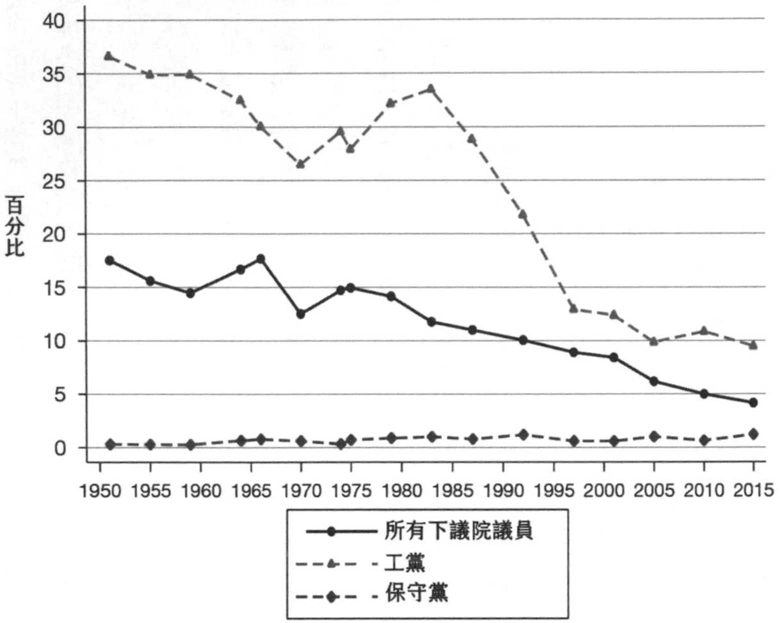

國就再也沒有受雇者或勞工出身的大法官或總統了。這顯然不是最近的現象，因為二次大戰以後勞工出身的國會議員始終不超過百分之二[29]。

英國在二戰剛結束後有百分之十七的下議院議員是受雇者或體力勞動者，雖然遠低於這兩個族群實際所占人口比例，至少勝過美國和法國（見圖六十六）[30]。但這麼高的比例只限於工黨，因為就如我們之前看到的，工黨和工會長期關係密切。其實，直到一九八〇年代晚期前，工黨內勞工出身的下議院議員比例始終高於百分之二十五，一九五〇年代初期更突破百分之三十五，保守黨內勞工出身的下議院議員比例則從未高於百分之一點二。然而，過去三十年來，隨著工黨愈加倚賴個人和企業政治獻金，而非黨費，勞動階級不僅在黨內失去分量，在下議院也不例外。目前勞工出身的下議院議員比例只勉強接近百分之五。

法國國民議會絕大多數議員都來自較高的社會與職業背景，主管階級、高級知識專業和中階專業人士就占了百分之八十，其中還有百分之二十是公民營機構的管理階層[31]。二〇一七年民營企業員工出身的國民議會議員只有十四人，比例不到百分之二點五，但企業員工實際占法國總勞動人口的百分之二十七點四。議員擁有大專學歷的比例也遠高於一般民眾[32]。至於體力勞動者，他們基本上從國民議會裡消失了[33]。目前不僅沒有議員是以現職勞工身分選上的，而且國民議會裡也只有三名勞工出身的議員，分別是共產黨的布魯內爾（Alain Bruneel），十四歲開始在紡織工廠工作，退休後才選上議員；前煉鋼廠工人出身的席尼耶里（Dino Cinieri）也是退休後才投入選舉；至於前寶獅汽車員工索梅爾（Denis Sommer）選上議員時則是中學老師。

這個趨勢一點也不新鮮。圖六十七是第五共和國民議會歷屆民營企業員工或勞工出

圖六十七：一九五八至二〇二一年，法國國民議會勞工或受雇者出身議員比例圖

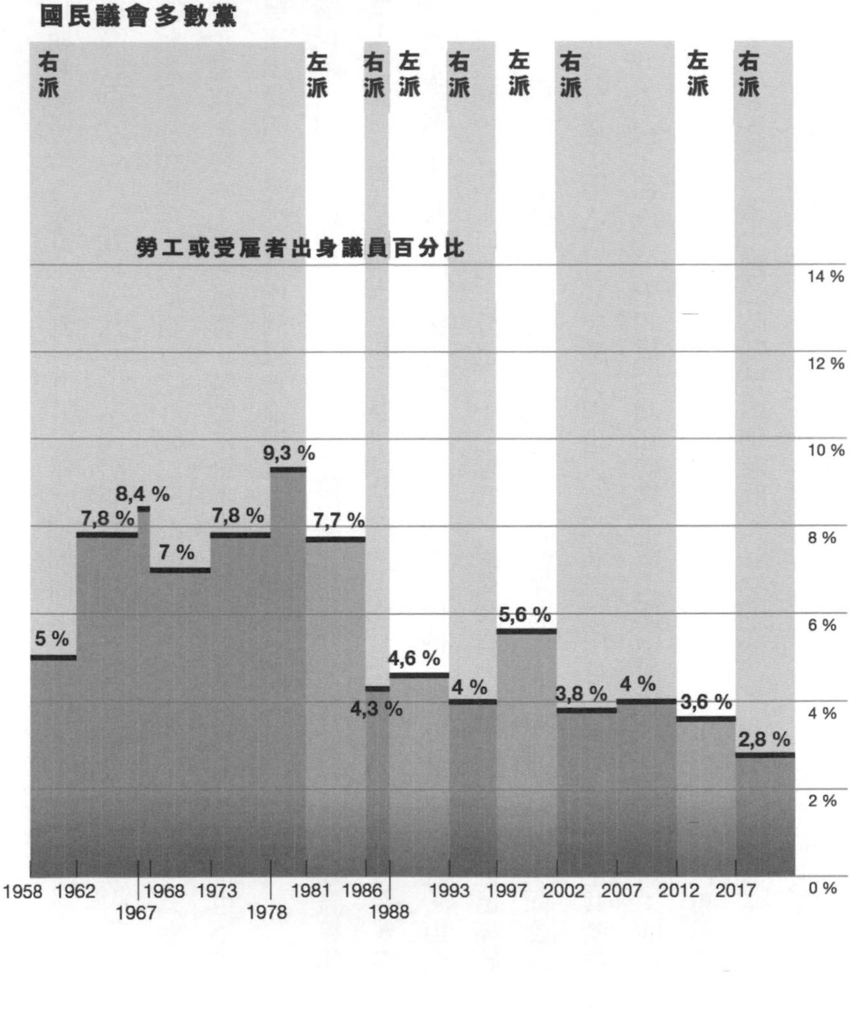

身的議員比例圖[34]。實際數字從來不曾高於百分之十，即使一九六〇和七〇年代微幅上升，之後卻一路下滑。另外值得一提的是，除了第十一屆選舉（一九九七至二〇〇二年）勞工出身的議員比例略微上揚之外，左派政府在這方面的表現並沒有比右派好。

最後，在法國這樣的國家除了勞動階級被遺忘，還有一點值得注意，那就是政治人物已經自成一個種姓階級。不僅因為有些掌權者只想一直抓著權力，而且就像長期研究法國政治圈演變的政治學家波列耶爾（Julien Boelaert）、米雄（Sébastien Michon）和歐立翁（Étienne Ollion）所觀察到的，如今想拿下國家級公職非得先參與政治多年才有機會[35]。最近一次國民議會選舉顯然是個例外，或許應該視為特例，而非新趨勢的開端。雖然二〇一七年國民議會選舉有百分之七十五的當選者是新人[36]，不過第五共和的長期傾向卻是新科議員的比例始終低於百分之四十五（見圖六十八）。這個數字看來不高，但和其他國家相比並不低。從一九八〇年代起，法國新科議員人數平均占全體議員的百分之四十，英國占百分之二十三，美國只占百分之十四[37]。不過，議員汰換率再怎麼變化，也改變不了一個基本事實，那就是某些社會階層的人始終得不到代表[38]。

圖六十八：一八八五至二〇一七年，
法國、美國和英國新科國會議員百分比

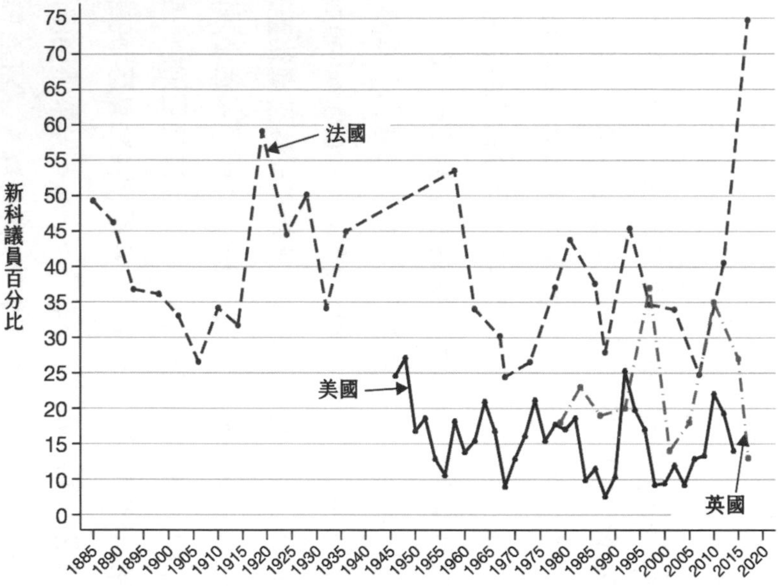

被迫而非自願的代表度不足

為什麼？為什麼法國和美國的勞動階級那麼少成為民意代表？是因為人選不足，根本沒有勞工想參選嗎？還是（容我政治不正確地說）選民不喜歡平民候選人，覺得他們能力不足呢？美國的川普總統不是和早他多年當上總統的貝魯斯柯尼一樣，在競選時拿個人的商業成功來證明自己有能力治國嗎？其實他在金融市場的表現並不好，可惜竟然沒有記者要他解釋這一點。財金學家格里芬（John M. Griffin）明白指出，要是川普一九七六年將那兩億美元投資在以房地產為主的指數型投資商品[39]，而不是照自己意思砸錢，他就會比現在有錢兩倍，身價不是一百億美元，而是兩百三十二億。對這樣一位金融天才來說是不是遜了點？

讓我們更進一步。如果選民真的比較喜歡由資深主管代表，而非勞工，認為前者更有能力，那國會或議會為何需要一定比例的勞工議員？我們何必違逆他們的意願，強加他們不信任或不想要的代表給他們？

我不會從哲學或道德層面回答這個問題，理由很簡單，因為根本不是事實。選民其實不喜歡有錢的候選人，反而更喜歡勞動階級出身的候選人，對他們更有認同感，並且認為他們和有錢人一樣夠格。政治學家卡恩斯和魯普（Noam Lupu）研究證實了這一點，而且不只美國，連阿根廷和英國也是如此[40]。他們讓選民在主管出身和勞工出身（例如工廠作業員）的候選人之間做選擇，結果發現英國和阿根廷的選民（在其他條件相同的情況下）沒有特別偏好，美國選民則是稍微偏好勞工出身的候選人。為什麼？因為他們不認為主管比工人更勝任，甚至覺得工人更能了解他們的需求。

但如果勞動階級出身的民意代表比例過低不是出於人民的政治偏好，那它到底反映了什麼？既然都到最後一章了，我想各位肯定知道我的看法，那就是問題至少部分出在選舉被金錢把持這一點上[41]。在美國這樣的國家，競選需要大量經費，想贏得選舉得花更多。當然，候選人並不是完全自掏腰包，但不難想像中產階級出身的候選人比勞動階級出身的候選人更容易向周邊親友募款，必要時也更容易向銀行借錢。就算在法國這樣設有競選支出上限的國家，取得資金的難易度還是決定了一個人能否競選公職。別的不說，競選必須承受巨大的財務風險，因為你知道自己得在第一輪選舉拿到百分之五的選票才有機會獲得補助。

解決之道不難想見。首先是限制政治獻金在競選中的分量。我在前幾章提到我們亟需建立一套真正的公費制度，並禁止一定金額（或規模）以上的政治獻金。這個第一步顯然可以解決一部分的問題；如果再加上「民主銀行」會更好，讓候選人在經費補助方面享有公平待遇。

然而，這樣做還不夠。我們該如何確保選出的代表更像我們？如何做到當勞工占勞動人口的百分之二十，他們在國會裡的代表人數不會少於百分之二？答案很簡單。如果希望制度改變，那好，我們就必須迫使制度允許勞工、受雇者和新型態不穩定就業者以社會代表的身分進入國會[42]。這就是我在這本書裡提倡的第二項民主改革。

民主改革：讓國會更能代表多元社會

目前法國國民議會有五百七十七名議員，英國下議院六百五十名，德國聯邦議院五百九十八名，美國眾議院四百三十五名議員。而我建議未來這些國會或議院撥出一定量的席次，可以是三分之一，甚至一半以上，保留給依照比例代表原則從真正**代表**人口實際社會與職業組成的名單中選出的議員，譬如法國的名單上就至少要有半數候選人是勞工、受雇者和新型態不穩定工作者。

一人兩票：政治代表與社會代表

具體來說，國民議會、聯邦議院、下議院或眾議院可以同時舉行兩場選舉，其中三分之二席次仍然由各個選區選出，選舉辦法不變[43]，因此只須縮減三分之一席次，也就是國會議會剩下三百八十五席，下議院剩下四百三十三席。

至於這挪出來的三分之一席次，將保留給依據比例代表原則從反映社會與職業現況的全國名單中選出的議員。因此，每份名單都**至少**有半數候選人是現職受雇者或勞工[44]。目前法國的勞動階級占總就業人口的百分之四十八出頭，這也是我會設下百分之五十門檻，並可隨著實際比例調整的原因。各國可以按照自身歷史沿革、社會組成現況和命名習慣來定名，例如體力勞動者或藍領勞工等等。不過，我對勞動階級的定義非常寬鬆，包括所有的不穩定就業者，例如優步（Uber）司機和戶戶送（Deliveroo）外送員等工作方式受到新興微型企業宰制的勞動者。

以法國來說，這些全國名單都應有一百九十二名候選人，再依據名單得票數按名單上的順序選出當選者。但每份名單上應有九十六名候選人為勞動階級，甚至更多，因為百分之五十是最低門檻。由於當選者是按名單上的順序由第一位往下選出，並且至少每兩位候選人就有一位是勞工或受雇者，因此改革的精神不會被扭曲。這是名單有效並能參與選舉的必要條件。只不過我們都很清楚，如果只有事後懲罰，尤其是財務上的懲處，政黨或政治團體就往往寧可罰款了事，也不願意遵守比例代表原則。因此，我才會建議直接仿效法國自二〇〇〇年起在地方選舉採用的性別平等選票，只有一個重要區別，就是每兩名候選人有一名是受雇者或勞工是最低門檻，而不是硬性規定，而且不禁止比例更高[45]。

編列名單難不難？顯然不難，只要看一眼工會代表的社會與職業出身就曉得了。經濟學家布瑞達（Thomas Breda）徹底研究過法國的工會幹部和代表。據他估計，工會幹部有百分之三十四點六是勞工，二十五點九是受雇者，而工會代表裡勞工和受雇者的比例分別是百分之三十二點八和十九點一。換句話說，工會幹部和代表的組成就跟他們所代表的成員一樣（在布瑞達研究的樣本裡，勞工占百分之三十三點一，受雇者占二十六點六）[46]。因此，代表度不足是政治民主的問題，不是社會民主的問題。將社會民主帶進國會或議院可以部分弭平這份不足。

這讓我們來到最後一個問題：誰能提出社會代表名單？在我提議的模式裡，不僅現有政黨或政治團體可以，任何獲得同業認可為代表和有意提名候選人參與下次同業代表選舉的組織都能提出名單。我說「組織」而不是「工會組織」，因為名單不一定要由國會選舉期間代表勞工的現有工會提出。這點同樣適用於政黨與政治團體。由於我們的民主亟需新的動力，因此不該要求一個組織必須先成功了才能推舉候選人。

這樣的制度難道不會讓名單暴增，讓代表人選更加零碎嗎？這個問題很合理，接下來我會設法回答。首先不要忘了，目前的選區選舉對參選人沒有特別設限，只要是合格選民即可，這就是（兩輪制選舉）第一輪選舉或（領先者當選制）初選往往有非常多候選人的原因。既然如此，我們何必限制誰能參選社會代表呢？任何組織只要提得出一份一百九十二人的全國名單，其中至少半數是勞工或受雇者，就算不是法律定義下的政黨，只要它曾經參與前一次同業代表選舉或打算推舉候選人參與下一次同業代表選舉，這份名單在法律上就可接受。

其次也是更重要的一點，比例代表選舉需要設下門檻[47]，而我提議定在百分之一，不過當然可以討論。換句話說，只有拿下百分之一以上全國選票的名單才能在國會裡獲得社會代表席次。這個門檻乍看很低，和現有的工會代表選舉辦法相比更是如此。畢竟目前法國任何工會想獲得擁有集體協商權的「代表」資格，就必須在上一次同業代表選舉拿到百分之八以上的選票才行[48]。

但我認為百分之一的門檻並不算太低。首先，適合集體協商權的門檻不一定適合選舉民主，百分之八或十的門檻不但感覺太高，有違注入新活力的目的，而且會直接偏袒既有的強勢政黨或組織。就算在德國，能在聯邦議院取得席次的最低門檻也只有百分之五。其次，我們必須記得新型態的不穩定工作者情況特殊，政治和社會代表度不足對他們的傷害比誰都深。已開發國家的工會當初都是針對雇傭勞動模式設立的，主要功能是和勞動者站在一起與股東進行協商。然而，由於微型企業的發展，現在的工作愈來愈不具雇傭勞動的性質，不只包括優步司機和戶戶送外送員，還包括記者，因為媒體愈來愈常要求他們報帳或以權利金的方式支薪。我認為既然有微型企業，就該有微型代表，也就是讓只代表百分之幾（至少高於一）選票的政治團體或職業組織進入國會，替這群新起的經濟從屬勞動者（travailleur économiquement dépendant）捍衛權益。

一個選舉團兩名代表：讓國會更有代表度、更團結

所以，這就是我提出的第二項改革：重組國會，讓三分之一的民意代表從半數以上是勞動階級的候選人名單裡按比例代表原則選出。不論政治民意代表或社會民意代表，都在同一座國會殿堂開會，擁有相同的職權。這是這項改革和截至目前其他社經利益代議制改革方案最根本的不同。譬如憲法學家盧索建議設立社會議會[49]，但是根據他的規劃，這個議會是平行於國民議會和參議院的，因此後兩個機構職權完全不受影響[50]。我認為另立平行機構並無法解決目前民主不足的問題，而是應該徹底改造現有機構，尤其是國民議會、下議院或眾議院的功能，以及當選者的代表性。

你肯定會問，那黨團呢？以法國為例，政黨目前必須在國會擁有十五席以上才能成立黨團。這不是枝微末節，因為黨團角色非常重要，尤其是黨團有權安排會期及委員會的組成方式。我們是否應該調低十五席的門檻，以便接納新的國會成員，特別是其中有些新科議員來自社會代表名單，之前並不在國會裡？我的構想不是如此。成立混合國會

目的不在成立為特定社會團體發言的新黨團，增加國會內的政治勢力，而在提高社會代表度和促進社會對話。

然而，有件事非做不可，就是禁止議員身兼多職。換句話說，議員不僅不得同時出任其他職位，而且就算不是連任，也不得擔任議員兩屆以上。在新的社會平等選制下，新議員不再只會是自由工作者或來自隨時能再繼續的行業，因此必須保障他們卸任後能重執舊業，不得給予不平等對待[51]，而原公司也應該吸取卸任議員的員工從國會得到的經驗與技能。此外，禁止議員連選連任還是預防勞工出身的議員「資產階級化」和從政者過度專業化的最佳辦法。

開始討論吧！

當然，我建議的門檻不是聖旨。為了確保真正的代表度，我認為需要確實突破窠臼的大膽改革，因此才會建議三分之一的議員從至少半數候選人是勞動階級的名單中按照比例代表原則選出。但重點是現在就改，而且一開始步伐可以不用那麼大，譬如只有四分之一的議員按照比例代表原則選出就好。有時步伐也可以大一點，已經採行比例代表選舉制的國家可以要求所有名單符合社會平等原則。

另外，要記得這些改革是動態的。雖然我建議社會代表名單至少有半數候選人是勞工和受雇者，但公民社會不斷在演變，我們必須考慮到這一點。不僅百分之五十的門檻並非永遠固定，也必須隨著各國的狀況調整。

不少反動派肯定會說，難道這些改革不會讓國會變成繡花枕頭嗎？我認為不會。之前提到抽籤式民主時，我已經部分回應過類似質疑了。首先，國會的智慧並不等於全體議員的能力總和，而是他們的集體智慧，並且會隨著議員的組成多元而提高。其次，以法國為例，國民議會歷屆議員除了律師之外，還有外科醫師、藥劑師和牙醫。難道有人真的認為牙醫在立法表決各方面比勞工更有能力？牙醫不是更擅長讓人難受嗎？講真的，這個論點明顯站不住腳。所有新科議員都是帶著個人經驗、知識與態度進入國會，沒有人一開始就對議事樣樣精通。雖然議員經常被問到各種議題，要他們發表意見，但集體審議才是讓他們共同做出最佳決策的真正祕訣。

別忘了，二〇一七年春天，法國輿論可是大大稱許了親馬克宏的共和國前進黨，因為他們召集所有新科議員在學校裡替他們做新生訓練。為什麼？當然因為這些人是國會新鮮人。既然如此，勞工和受雇者出身的新科議員為何不能比照辦理？憑什麼只因為你做過幾年金融投機，就說自己比工廠作業員更懂得如何修法改革勞動規範？

最後，讓我在此強調一個重點：我提議的混合國會可以確保選出的民意代表更能代表人民，尤其勞工和受雇者出身的議員比例會大增。但我們的做法不是抽籤，不是隨機選擇。這些代表都是符合資格，決定參與選舉宣揚理念，並透過傾聽與辯論展現能力贏得選民支持的人。這讓他們在心態上更接近工會代表，而非抽籤選出的公職人員。本著我和政治人物也和工會代表有過大量對話與辯論的經驗，我必須告訴各位，政治人物可不一定比工會代表更有能力與智識處理改革的細節。

混合國會的優點：議員更像一般人民……決策更優

目前在法國這樣的國家，受雇者和勞工約占總勞動人口的百分之五十。根據我所提議的改革，他們不會占國會議員總人數的百分之五十，而是**至少**占「社會代表」的百分之五十，也就是從社會平等名單中依照比例代表原則選出的那三分之一議員的半數。比起當前的狀況，這已經可以稱為革命了，並且可能大幅改變政府推行的經濟與社會政策。

這項改革還可能帶來另一個影響，就是工會變得更有力量，進而提高勞動階級的政治代表度。卡恩斯就指出，美國勞動階級在立法機構裡的弱勢之所以急遽惡化，和工會積弱不振脫不了關係[52]。當工會和政黨關係緊密，選上工會代表便是勞工或受雇者從政的可能途徑，雖然不好走，但至少是條路。但當工會成員寥寥可數，勞工和受雇者的從政之路似乎就斷光了[53]。

有些人還是會問——這又回到之前提過雙重代表問題——為什麼政治人物非得和我們相似不可？如果多元不會影響最終決策，為何還要在政治上堅持種族、性別、社會或其他方面的多元？

事實上，多元會大幅影響最終決策，卡恩斯和其他以美國為研究對象的學者都觀察到這一點[54]。卡恩斯指出（這會很意外嗎？）民意代表的投票意向和他們的職業（社會）背景相一致。我們不久前才問道，政策走向為何只反映最優勢階級的政治偏好，並且發現部分原因在於競選經費幾乎都出自那群人之手。但還有部分原因在於我們選出的民意代表就屬於最優勢的社會階級，因此他們其實是按自己的偏好表決法案。

我在第四章曾說矽谷慈善家「偽善」，且容我暫時離題，回頭談談這群對於繳稅咬牙切齒，卻希望同胞讚揚他們樂善好施的老友。這些高科技鉅子自稱為公眾利益服務，但他們的政治偏好是怎麼說的？就算他們多半捐款資助民主黨的候選人，卻強烈反對任何規範，尤其是針對勞動市場的規範，並且亟欲見到工會式微[55]。

為了讓勞動者的聲音被聽見，讓他們的政治偏好得到代表，必須有人以勞工身分進入國會，且離開後又回復為勞工[56]。就拿卡恩斯舉的例子來說吧，倘若美國眾議院裡勞工議員的比例和實際所占人口比例相當，國會對布希總統減稅方案的支持度就會從百分之六十二驟降到二十八，有錢人就拿不到這份大禮。因此，若想確保多數人的偏好得到考量，就要讓我們的代表具有更多元的職業背景，而這正是我建議在國會裡加入社會面向的用意。

最後要強調一點，我們對國會議員職業背景的考量同樣適用於性別。性別平等對政治之所以如此重要，不僅因為性別平等原則，還因為它會影響政策制定與執行[57]。譬如在美國國會，女議員提出的法案通常比男議員提出的法案得到更多連署，共和黨女議員也比男議員更容易獲得跨黨派支持[58]。管理學家查杜伯提（Raghabendra Chattopadhyay）和經濟學家杜芙若（Esther Duflo）針對印度的研究也顯示，市議會由女性擔任議長比男性擔任議長更會撥款在飲用水供應上[59]。有意思的是，這項研究是以印度一九九〇年代中開始採行的女性議員保障名額為基礎。根據這套制度，所有印度公民不分男女都可以投票選舉議員，但保障名額只有女性能投票。

印度不僅是全球最大的民主國家，也是立法機構真正實踐社會平等的先驅，獨立之初就設立保障名額給過去受到歧視的社會團體，也就是俗稱「穢不可觸」或「賤民」的表列種姓階層[60]。這些保障名額在特定選區（占總選區的百分之十六）選出，只有出身這個階層的人可以參選。這類候選人也能參選一般選區，但通常沒人這樣做，也好像沒有人真的選上，因此制度協助確實有必要：如果沒有保障名額，賤民出身的候選人幾乎不可能進入國會。同理，法國、英國和美國也需要這類制度協助，因為勞動階級在這些國家的國會裡也是缺席的。

當然，印度對某些族群的歧視有其歷史淵源，而我建議西方民主國家採行的混合國會也和印度的保障名額有許多不同，尤其我主張採用社會多元背景提名制，而不是直接給予勞動階級保障名額。然而，若我們以為已開發國家沒有社會排除，因此沒有必要向印度學習，那就大錯特錯了，因為印度已經嘗試了幾十年，利用法治來解決和消弭社會極端不平等造成的後果。

不要害怕創新！也不要害怕重新思考國會的運作方式，讓它變得更加社會多元！此舉將會造福大多數人民，因為更加社會平等的國會不僅代表議員會更近似他們所代表的人民，也會更在乎一般百姓的偏好。當大多數人對政治深感不滿，這些重拾社會多元聲音的改革將能贏回選民的心。人民愈得到充分代表，就會愈關心政治運作，愈踴躍投票，不再排斥選舉制度。

我還希望，當人民各方面都得到更充分的代表，他們就會願意用公帑（也就是自己的稅金）補助選舉民主的運作。只是這回將平均分配：所有公民不分貧富每年都能拿到七歐元的民主平等券。七歐元的民主平等券，再也沒有唯獨特權階級可以享有的稅負優惠；七歐元的民主平等券，外加嚴格限制政治獻金，再也沒有人能從一般民眾手上買到更多選票；七歐元的民主平等券，我們的民主將終於回復成「一人一票」，不僅重拾原始精神，而且變得更現代、更新穎，更能因應已經到來的二十一世紀現狀。

註釋

1 出自巴黎政治學院政治研究中心（CEVIPOF）二〇一八年元月發表的《政治信任度調查》：http://www.cevipof.com/fr/le -barometre-de-la-confiance-politique-du-cevipof/ resultats-1/vague9/。根據該項調查，百分之二十七同樣高於民眾對媒體的信任度。

2 在本書的線上附錄裡，我根據選後民調計算了法國民眾對工會及政黨的信任度演變，結果發現民眾對工會的信任度自一九七〇年代晚期以來始終相當穩定，對政黨的信任度卻大幅下滑。有趣的是，美國人對工會的信任度自二〇一三年起忽然飆升，短短五年內就從百分之二十提高到近百分之三十。

3 出自法國國家經濟統計局（ＩＮＳＥＥ）發表的二〇一七年《年度經濟數據》：https://www.insee.fr/fr/statistiques/2569336?sommaire=2587886#titre-bloc-3。

4 參見 Daniel Schlozman (2015), *When Movements Anchor Parties: Electoral Alignments in American History*, Princeton University Press。

5 法國於一八八四年三月二十一日通過法律，該法第一條宣告刑法第二九一至二九四條不再適用於工會。換句話說，工會和專業協會從此可以自行成立，無須先經過政府許可。

6 參見 Stéphane Sirot (2014), *1884, des syndicats pour la République*, Lormont: Le Bord de l'eau。

7 尤其可參考 Yves Poirmeur (2014), *Les Partis politiques. Du XIX*^{e} *au XXI*^{e} *siècle en France*, Paris: LGDJ。如同 Bernard Manin (1995, op.cit.) 所言，不是只有法國政府對政黨存有敵意，英美兩國的代議制政府草創者都認為政黨對立會對他們試圖建立的體制造成威脅。

8 一九〇六年十月，法國總工會（ＣＧＴ）於第九次大會通過亞眠憲章。

9 瑞典總工會（一般稱為ＬＯ）一八九八年在社會民主工人黨的提議下成立，從此和該黨一直連結至今。

10 過往以來，法國總工會有許多任總書記都身兼共產黨員。直到一九九〇年代晚期，總工會才和共產黨正式分道揚鑣。

11 參見 Florence Haegel (2007), *Les Partis politiques. Du XIX*^{e} *au XXI*^{e} *siècle en France*, Paris: LGDJ。

12 先是成立「勞工代表委員會」（Labour Representation Committee），隨後於一九〇六年成為工黨。有關這個主題可參考 Ewing et Rowbottom (2010), *The Funding of Political Parties*。

13 這不是保守黨頭一回破壞勞工代表的經濟基礎。一九二六年大罷工失敗之後，政府於一九二七年通過懲罰性的勞資爭議與工會法，導致工黨收入大減。參見 Cagé et Dewitte (2018), *op. cit.*。

14 不論德國或英國，政黨的目的之一都是拉近黨代表和勞工選民之間的距離。政黨「提名和其黨員社會地位、生活條件與關切事務相近的候選人」（Manin, 1995, *op.cit.*）。

15 參見本書線上附錄中的數據。

16 特別推薦參考 Taylor E. Dark (1999), *The Unions and the Democrats: An Enduring Alliance*, Ithaca, NY: ILR Press。

17 這種做法並不是美國獨有，譬如在英國早就行之有年。根據一九七一年的產業關係法（Industrial Relations Act），受代理工場條款影響的勞工可以基於良心上的反對拒絕加入工會，只要捐贈會費同等金額給慈善機構即可。

18 參見 James Feigenbaum, Alexander Hertel-Fernandez et Vanessa Williamson (2018), «From the Bargaining Table to the Ballot Box: Political Effects of Right to Work Laws», Document de travail。

19 我在拙著《媒體的未來》(*op. cit.*) 就對「非營利媒體組織」做出相同的建議，主張管理階層必須包括股東、記者和讀者。但政府應該立法要求所有公司實施共管。法國雖然於二〇一五年通過雷柏沙曼法，在社會對話和就業方面邁出了重要一步，步伐卻稍嫌怯懦，應該再往前進。有關這個主題的著作不少，我特別推薦 Isabelle Ferras (2017), *Firms as Political Entities: Saving Democracy through Economic Bicameralism*, New York: Cambridge University Press。

20 參見 Benjamin Radcliff et Martin Saiz (1998), «Labor Organization and Public Policy in the American States», *The Journal of Politics*, 60(1), pp. 113–125。

21 當然，我不是說有了工會一切就完美了。本書第二章曾經提到政黨的地下財源，其實工會同樣有地下資金，而且幕後黑手有時是同一批人。譬如德國的政黨向來倚重金屬業和工程業雇主聯盟的政治獻金，而法國的冶金機械工業聯盟（ＵＩＭＭ）每年都捐款幾百萬歐元給多個工會。參見 Roger Lenglet, Jean-Luc Touly et Christophe Mongermont (2008), *L'Argent noir des syndicats*, Fayard。但我們也沒必要消沉。的確，無論社會民主或政治民主都不乏醜聞，但工會比起政黨有許多優勢，至少勞動階級在工會的代表度比在政黨高，這就是我們為何該向工會汲取經驗的理由。

22 特別推薦參考 Richard B. Freeman et James L. Medoff (1984), *What Do Unions Do?*, New York: Basic Books。這兩位學者在該書問世五年前就對他們所謂的「工會主義的兩張面孔」有過精準的描繪：「工會的政治力量有許多都用在進步政策上，這些政策對工會成員缺乏明確的實質利益，頂多對全體勞動者有益。」參見 Richard B. Freeman et James L. Medoff (1979), «The Two Faces of Unionism», *The Public Interest*, 57, pp. 69–93。

23 工會對新型態的不穩定就業者幫助非常小。在法國勞動部二〇〇八年公布的一份報告（«Le travailleur économiquement dépendant: quelle protection?»）裡頭，安東馬太（Paul-Henri Antonmattei）和史克里貝哈（Jean-Christophe Sciberras）指出政府需要釐清不穩定就業的離岸工人哪些情況下可以要求集體協商。西班牙在這方面領先其他歐洲國家，法律不僅允許自僱者加入自選的工會，還可以成立同業公會；只要被政府認可為代表，當政策法令會影響這群自僱者，主管機關就會諮詢該公會。參見 Olivier Leclerc et Fernando Valdès Dal-Ré (2008), «Les nouvelles frontières du travail indépendant. À propos du Statut du travail autonome espagnol», *Revue de droit du travail*, 5, pp. 296–303。此外，培路里（Adalberto Perulli）二〇一二年發表的報告（«Travail économiquement dépendant/parasubordination: les aspects juridiques, sociaux et économiques»）也提供了不少有趣資訊。

24 關於這個主題，我已經提過一本出色的作品：Katherine Cramer, *The Politics of Resentment* (2016), *op. cit.*。

25 這個內閣很「短命」，不少成員下台的速度就跟川普推特發文一樣快。不過算他走運，要找到一個跟前閣員一樣富有，甚至更有錢的繼任者似乎不大困難。還有一點值得一提，因為和本書主題不無關聯，就是美國有半數人民家無恆產。根據世界不平等資料庫，二〇一四年美國較不有錢的百分之五十人口的淨資產甚至是負的，為百分之負零點一。

26 參見 https://www.forbes.com/sites/michelatindera/2019/07/25/the-definitive-net-worth-of-donald-trumps-cabinet/?sh=5e646e1a6a15。二〇一六年十二月《石英》（*Quartz*）雜誌估算出的不平等更嚴重。川普內閣其中十七名成員的總資產額為九十五億美元，相當於一億九千萬名美國人的總財產。參見 https://qz.com/862412/trumps-16-cabinet-level-picks-have-more-money-than-a-third-of-american-households-combined/。

27 法國國會議員自二〇一四年起也必須申報財產，只可惜過程不夠透明，資料幾乎無法使用，因為公共生活透明度高級管理局網站上可以取得的資料全是難以辨讀的手寫文件。不過，政府單位倒是很擅長用試算表，至少我是這樣感覺。公民監督組織「公民凝視」（Regards citoyens）

號召民眾將這些資料數位化，這份努力值得讚揚。

28 參見 Nicholas Carnes (2013), *White-Collar Government: The Hidden Role of Class in Economic Policy Making,* University of Chicago Press。美國人的用詞很有意思，拿穿著來表示一個人的社會－職業階級。或許有人覺得這只是茶餘飯後的聊天話題，其實遠非如此，不然最近法國國民議會怎麼會因為議員魯芬（François Ruffin）穿足球衫出席而對議員怎樣穿才合適有過一番激辯？這讓我忍不住想起法國影集《黑伯爵》裡，主角瑞克威穿著藍色連身服和紅領結出席議會，慷慨激昂發言支持職業學校學生的場景。

29 本章結尾會提到這件事其實不無影響，因為勞工出身的國會議員在許多議題上的投票選擇都和律師或公司主管出身的同僚不同，經濟議題尤其如此。

30 英國的資料來自下議院圖書館，並可於線上取得：https://commonslibrary.parliament.uk/research-briefings/cbp-7529/。

31 法國《世界報》精心製作了詳盡的國民議會議員資訊圖表，供民眾查閱。參見 https://www.lemonde.fr/politique/article/2017/06/28/qui-est-mon-depute-notre-moteur-de-recherche-pour-mieux-connaitre-votre-representant-a-l-assemblee-nationale_5152291_823448.html。

32 二〇一七年當選的英國下議院議員有百分之二十三是牛津或劍橋大學畢業，百分之二十九是私校畢業生，而私校畢業生實際只占總人口的百分之七。資料出自 Sutton Trust, «Parliamentary Privilege–the Mps 2017»。

33 雖然拉薩爾（Jean Lassalle）議員在國民議會網站上自稱農民出身（https://www2.assemblee-nationale.fr/deputes/liste/cat-sociopro），實際上卻是全職的政治工作者。菲雅（Caroline Fiat）

議員的職業類別是「技術工人」，實際身分是護理員。

34 這份涵蓋一九五八至二〇一二年的資料出自法國政治菁英研究權威侯朋（Luc Rouban）之手，特別是以下這篇文章：«Le renouvellement du personnel politique», *Cahiers français,* 297 (mars-avril 2017), pp. 32-38。我根據國民議會網站上取得的資訊補上了二〇一七年的資料。

35 參見 Julien Boelaert, Sébastien Michon et Étienne Ollion (2017), *Métier: député. Enquête sur la professionnalisation de la politique en France*, Raisons d'agir。

36 五百七十七名議員裡有四百三十一位新科議員。

37 美國新科議員比例極低，主要是因為許多選區根本是同額競選。

38 容我再次提醒，有關代表度不足的討論由來已久。早在一九一一年，社會學家米歇爾斯（Robert Michels）就在其討論政黨的名作裡提到現代民主的寡頭化傾向。沒錯，德國社會民主黨確實有議員是勞工出身，但不表示他們就真的代表勞動階級。米歇爾斯指出這些議員一旦當選後往往就會變成「小資產階級」。參見 Robert Michels (1911), *Political Parties. A Sociological Study of the Oligarchical Tendencies of Modern Democracy*。這個說法有幾分正確目前還遠沒有定論，而且從另一方看，卡恩斯的研究顯示至少在美國有很長一段時間勞工出身的議員投票都「很勞工」。

39 美國不動產指數基金（The FTSE NAREIT All Equity REITS Index）。

40 參見 Nicholas Carnes et Noam Lupu (2016), «Do Voters Dislike Working-Class Candidates ? Voter Biases and the Descriptive Underrepresentation of the Working Class», *American Political Science Review*, 110(4)。

41 卡恩斯在他新書裡也提到這一點，講到所謂的「金錢天花板」。美國只有富人玩得起選舉，因為競選非常花錢。但他提出第二個解釋，那就是勞動階級更少獲得政治菁英（政黨領袖、專職政治人物或利益團體）的徵召與鼓勵。換句話說，因為沒有人協助他們踏出第一步，使得勞工非但無法贏得選舉，甚至根本當不了候選人。參見 Nicholas Carnes (2018), *The Cash Ceiling: Why Only the Rich Run for Office–And What We Can Do About It*, Princeton University Press。

42 我在導論裡提過，短命的法國司法部長貝魯在馬克宏就任後不久曾經提出「民主銀行」的構想，可惜胎死腹中。我認為那個構想會失敗是由於貝魯，因此不該輕易捨棄，因為民主銀行能解決一個確實存在的問題，那就是缺乏獨立資源的候選人無法向銀行提出財務擔保，必須解決這件事才能參選。

43 這裡就不討論投票制度的細節了。但我認為，就算是不採用或幾乎不採用比例代表原則的國家，最好也要考慮在多大程度下採行我的方案。重點是我所提出的構想不會影響選區選舉，譬如德國還是能維持目前選舉民意代表的「兩票」制，半數議員由直選產生，半數由各邦政黨名單中選出。

44 這是法國的社會與職業分類名稱，在英國則稱為體力勞動者（manual worker），美國稱為藍領勞工（blue-collar worker）。

45 法國二〇〇〇年六月六日通過第 2000-493 號法，開始採用性別平等選票。這套制度乍看不適用於我們討論的問題，因為我的構想不是針對性別平等，而是某幾類社會與職業代表的最低人數門檻。一百九十二人的社會代表候選人名單不只可以有九十六人以上是勞工或受雇者，甚至能讓名單上的頭五名候選人都是勞工或受雇者。重點不在勞工和受雇者跟其他社會與職業人士相比代表度過高（這件事離需要擔心還很遠），而是改善他們在國會代表度不足的問題。因為我們都很清楚，比起勞工或受雇者實際占勞動人口比例，地方選舉裡的勞工和受雇者當選人簡直少得可憐。

46 工會代表裡的中間和管理階層代表比例略微過高，參見 Thomas Breda (2016), *Les Représentants du personnel*, Paris: Presses de Sciences Po。

47 的確，有些國家的比例代表制選舉並未設立門檻。

48 百分之八不只是全國或聯合代表等級的門檻，也是產業等級的門檻。不過，企業或機關等級的門檻是百分之十。

49 Dominique Rousseau (2015), *op. cit.*。

50 持平而言，盧梭並非提議另立平行機構，而是用社會議會取代現有的經濟、社會與環境委員會。許多法國人都同意經濟、社會與環境委員會需要改革，甚至直接裁撤，感覺沒有人對這個不具人民代表性的單位的運作方式或過時組成感到滿意。二〇〇九年，企業家謝爾提耶（Dominique-Jean Chertier）發表了一份名為〈經濟、社會與環境委員會改革芻議〉的報告，針對委員會組成提出多項改革建議，如定期調整、公民專家小組和中間團體會議等等。二〇一五年，國民議會議長巴托洛納（Claude Bartolone）和歷史學家維諾克（Michel Winock）在《再造民主》（*Refaire la démocratie*）裡的第十項建議為〈革新兩院制〉，主張合併經濟、社會與環境委員會及參議院。至於馬克宏則是在選舉綱領裡表示經濟、社會與環境委員會的改革勢在必行，並提到「未來議會」，只是未來到現在還沒來……而改革最終雷聲大雨點小，變成建議成員減半。我在本書的線上附錄裡對經濟、社會與環境委員會目前的運作有詳細說明。

51 這和目前工會代表得到的保障是出於同樣精神。

52 參見 Nicholas Carnes (2013), *op. cit.*。另外，有關美國工會和選舉的關係，亦可參考 Aaron J. Sojourner (2013), «Do Unions Promote Members' Electoral Office Holding ? Evidence from Correlates of State Legislatures' Occupational Shares», *Industrial and Labor Relations Review*, 66, pp. 467-486。

53 卡恩斯和韓森（Eric Hansen）針對美國各州的研究還發現，工會化的程度和勞工或受雇者選上民意代表的比例為正相關。參見 Nicholas Carnes et Eric Hansen (2016), «Does Paying Politicians More Promote Economic Diversity in Legislatures?», *American Political Science Review*, 110(4), pp. 699–716.

54 參見 Nicholas Carnes (2013), *op. cit.*。

55 特別值得參考以下三位學者的研究結果：David Broockman, Greg F. Ferenstein et Neil Malhotra (2017), «The Political Behavior of Wealthy Americans: Evidence from Technology Entrepreneurs», Document de travail。

56 這點非常重要，因為造成政治制度腐敗的另一個因素就是政治和民間高位之間充斥「旋轉門」，作為曾經服務於立法機構的「獎勵」，這在美國尤其嚴重。這時重點就不在出身，而在可預期的未來。政治和經濟科學對於這個議題的研究汗牛充棟，大多認為和遊說的分量有關。我在這裡只舉一篇文章為例，供感興趣的讀者參考：Marianne Bertrand, Matilde Bombardini et Francesco Trebbi (2014), «Is It Whom You Know or What You Know ? An Empirical Assessment of the Lobbying Process», *American Economic Review*, 104(12), pp. 3885-3920

57 不僅議員的性別會造成差異，還有一群人的性別也會，那就是議員的子女！經濟學家華盛頓（Ebonya Washington）研究指出，女兒愈多的議員，在墮胎權和避孕等生育議題上就愈傾向自由派。參見 Ebonya Washington (2008), «Female Socialization: How Daughters Affect Their Legislator Fathers' Voting on Women's Issues», *American Economic Review*, 98(1), pp. 311–332。

58 參　見 Stefano Gagliarducci et Daniele M. Paserman (2016), «Gender Differences in Cooperative Environments ? Evidence from the U.S. Congress», Document de travail du NBer n° 22488。

59 參見 Raghabendra Chattopadhyay et Esther Duflo (2004), «Women as Policy Makers: Evidence from a Randomized Experiment in India», *Econometrica*, 72(5), pp. 1405-1443。

60 關於印度保障名額的設定，我推薦以下這本出色的作品：Francesca Jensenius (2017), *Social Justice through Inclusion: The Consequences of Electoral Quotas in India*, Oxford University Press。

結語 「恆常」民主的先決條件

一九四四年，法國女性總算擁有投票權，距離法國一七九二年首度實施男性公民普選已經超過一百五十年。

英國直到一九四八年才廢除了「大學席次」，不再讓名校出身的公民擁有一人兩票的特權。

美國雖然早在一八七〇年就通過了憲法第十五條修正案，於字面上確保非裔美國人的投票權，但黑人選民直到一九六五年才首次實現了他們的民主權利。然而，這項權利直到今日仍然部分受限，因為許多州會褫奪司法犯和刑事犯的投票權，而這點對黑人族群的打擊尤其嚴重。

巴西直到一九八八年才首度在憲法裡保障人民的普選權，不得因教育水準或識字程度而有區別。

沙烏地阿拉伯二〇一五年才開始施行（包含女性在內的）普選。普選和代表式民主一樣，不僅進展顛簸多舛，而且姍姍來遲。金權關係的規範就更不用說了，譬如法國直到一九九〇年代才真正立法限制政黨和競選政治獻金，而且內容粗糙疏漏，幾乎需要打掉重練。

人民得到的承諾是「一人一票」的民主平等，但現實卻遠非如此，而人民對各種胡攪蠻纏早已感到厭煩。其實我們可以做得更好。正因為這些措施還很新，所以我們可以採取行動，改變制度走向，親身投入這場民主遊戲。我們不能悲觀。我們可以也必須把握這段尚在發展的歷史來重新思考民主，並用清醒的腦袋構想一個更美好的世界。這便是本書想傳遞的訊息。

我在前幾章點出了二十一世紀以來的民主寡頭化危機，並提出幾項解決方案。這些方案都汲取自過去兩百年來，世界各國為了規範私人獻金與政治民主的危險連結所提出的各種期盼、嘗試與挫敗。而我的目的就在指出「恆常民主」是可行的——不是哲學上可行（這已經有許多理論基礎），而是現實上可以做到。例如，公民提案公投的構想很好，但必須加上嚴格限制競選支出，否則這種新的人民表態方式最終還是會被政治獻金所決定。

因此，本書從量化角度仔細檢視了政治運作的資金來源，以及政府藉由立法進行規範的各種嘗試。遺憾的是，如果用政治獻金來測量民主的健康，我們只能說民主發燒得愈來愈厲害。本書舉了非常多例子，我可以在這裡重複幾個。二〇一六年，法國政府花大錢以直接或間接補助的方式（尤其是政治獻金減稅）支持所得前百分之零點零一階層的政治偏好；同年，美國總統大選的政治獻金總額超過五十四億歐元；英國工黨目前仰賴企業和富人捐款更勝於黨費，即使最近稍有改善。另外，一九七〇年代首開公費民主制之先的美國和義大利，這幾年同時由民粹政黨獲勝，包括川普二〇一六年當選美國總統，以及義大利五星運動和北方聯盟二〇一八年國會選舉大勝，成為壓垮政府補助競選支出制的最後一根稻草。

我認為讀者必須明白一件事，單憑新的直接民主措施或投票制度微調並不足以讓現有體制成為真正的代表式民主。民主運作資金來源這個關鍵問題不先解決，這些新措施只會帶來更大的代表度錯覺，導致更大的幻滅。

面對這一點，最主要的難題是大多數國家都無視資金問題；就算有些學者和政治人物注意到了，也沒有將之視為癥結所在。在美國，法學專家雷席格和參議員桑德斯算是例外，兩人都在政見中強調必須限制政治獻金。但現實的情況是，資金問題就算勉強進入媒體的視線，也往往只是引來廢除政府補助的主張。這項要求特別危險。不少人大力疾呼我們應當停止浪費公帑，別再將稅金花在已經信用盡失的政治階級上。這裡就不得不提到義大利的五星運動，他們的民粹式批評果真開花結果，連政府部分補助競選支出也宣告廢除。

希望各位讀到現在已經被我說服，只要能讓所有公民獲得同等對待，我們此刻比過去任何時候都需要公費民主。我們應當恢復這套深具政治意義的制度，並共同決定補助金額。我的建議是每位公民七歐元，以民主平等券的形式發放。多一點當然也可以，但少很多絕對不行。民主是有價的，儘管不必太高，但肯定不能免費，而我寫這本書就是希望證明一件事：為了確保所有人民的偏好得到代表，這筆錢最好由政府補助，而不是讓少數大金主買單。

公眾民主、私人民主

重點不只是用公費民主制衡私人獻金，由政府依據明確規則直接補助政黨（目前多半依據上次的選舉結果，但在我提議的模式裡則是每年讓所有公民做選擇），而是更加根本，是用「公眾民主」抵抗民主運作私有化（尤其是公共善的分配）的潮流。這股潮流不僅顯露在許多針對公共廣電服務的抨擊上，也隱藏在支持公衛和教育私有化的言論裡。這些言論彷彿認為政府不再需要全權負責徵稅和重分配，確保人人都能取得教育、健保和資訊等公共善，也不再需要扮演福利國家，保障所有人民抵禦生活裡的變動與意外。

這些反對政府徵稅進行重分配的主張和經濟不平等急遽惡化是一起出現的。過去數十年來，私有化政策和放鬆管制讓頂富階層大大得利，私人資產的價值持續攀升，許多國家的公共資產淨值卻是由正轉負。這群超級特權階級靠著經濟私有化發大財，現在又想讓政治私有化。怎麼做？只要解除管制，讓所有公民想捐多少就捐多少（這代表捐款將高度集中），候選人愛花多少就花多少就好。結果就是老牌左派政黨不再捍衛勞動階級的權益，而是跟著保守黨一起拿著「為了全球化不得不然」當擋箭牌，主張降低公司所得稅和財富稅，並提高消費稅，將公共支出的重擔轉嫁到社會最弱勢階級的肩上。

於是，政治不平等不斷強化經濟不平等，而經濟不平等又會加深政治不平等，就這樣周而反覆。我們要如何擺脫這個惡性循環？我只能再次重申：別怕每年花個幾歐元的稅金資助民主運作！你其實早就在這樣做了，只是自己不曉得。應該說，大多數國家都有類似的財政支出與減稅制度，用大多數人的納稅錢獎勵政治獻金，讓一小群特權階級可以自掏腰包散播自己的政治偏好。因此，重建民主的第一個先決條件就是終結這些「財稅把持」。根據我的提議，政府補助民主運作（尤其是政黨）的經費不會比目前法國、西班牙或德國政府的補助金額還高，但會平等分配給所有人。民主平等券意味著「一人一票」。而在英美這類公費民主近乎不存在的國家，除了應該撥出公帑資助政治民主，也必須大幅壓低政治獻金的規模。總之，政府應該向高所得者課稅來平等資助民主運作，而不是放任少數超級富豪自掏腰包，捐出同等金額支持捍衛他們經濟利益的候選人。

此外，我認為捐款給政治基金會所享有的減稅優惠也應該廢除，至少換成抵稅或比照補助，好讓所有人立足點平等。如同我們先前討論過的，慈善事業和民主制度本質上互相矛盾。但要是我們眾人一致決定，賺得愈多或擁有愈多就必須付出愈多，而不是天真認為有錢人會自願藉由慈善參與集體努力呢？要是我們眾人一致決定用公帑資助公共善，而不是靠私人資助實際上已經私有化的公共善呢？

我可以理解人民不信任政黨，本書也提到不少證據說明這樣的不信任其來有自。但這不代表我們應該否定政黨。我的目的不是讓人民對民主進一步幻滅，也不是鞭笞傳統政黨，而是剖析過去以備未來。否定民主和政黨制度、擁抱右翼民粹主義並不是解決之道。重建公費民主並嚴格限制政治獻金，讓民主不被私人捐款把持，這才是唯一的出路。兩百歐元的政治獻金上限聽起來很極端，卻是唯一可行的長久之計，也是我們從剛結束的這趟全球之旅得到的教訓。

讓勞動階級重新發聲

有了民主平等券，再加上大幅壓低政治獻金，將會讓目前只在乎有錢人（金主）政治偏好的政治人物開始回應讓他們選上的多數人的聲音。然而，民主的危機不只是資金問題。為了解決代表度不足的缺陷，我們還需要確保選出的議員更能代表全體人民。這便是成立混合國會的理由，確保國會裡有足量的受雇者和勞工議員，並有部分議員依據比例代表原則從符合社會平等的名單中選出。這將會催生新的政治團體，其組成更加大眾，也更體察人民日常生活的實況。或許有些人會覺得太過激進，但唯有如此改革才能解決目前大眾階級被排除在政治運作之外的困境。為了革新政治民主，我們必須向社會民主學習，譬如約有半數的工會代表本身就是受雇者或勞工。何不讓民意代表比照工會代表，擁有類似會務假的權益？因為除了資金，時間對於想參與政治的大眾階級來說也是一大問題。

面對我的提議，工會、傳統左派政黨、新興橫向連結政治團體和近年來出現的社會與公民組織該採取什麼立場？我斗膽期望他們會選擇民主改革的道路。我想起《長跑者的孤寂》（*The Loneliness of the Long-Distance Runner*）這本小說裡的主角史密斯。他是出生在英國的不良少年，因為犯錯被送進拉克斯頓塔感化院，院方想用高壓手段強迫他符合院裡少年犯的形象。院長雖然提議他參加跑步比賽以換取特權，其實心底另有盤算。他不是想讓史密斯有所成就，而是要在運動比賽中贏過附近的蘭利私立中學。史密斯很會跑步，並且有能力奪冠。他一路領先其他選手，卻在終點線前幾公尺停了下來，朝眾人鞠躬，讓蘭利中學的跑者衝過終點線。史密斯為什麼那樣做？他靠著主動輸掉比賽來宣示自己是自由之人。他已經展現了自己的跑步天分，但拒絕向權勢者的意志屈服，聽從他們要求拿下比賽的勝利。

讀者心裡很矛盾，一方面想為史密斯睥睨權威的傲然姿態歡呼喝采，一方面又很清楚他為展現自由而錯失了多大機會。最終，史密斯因為這項決定而將權力交在了掌權者手中。他被剝奪特權重回機械工廠，甚至連抗議都不可能。這是他犯下的錯，而我們不該重蹈覆轍。大眾階級應該重新回到政治與選舉民主的場子裡，而工會、新興政治團體和公民組織應該協助他們，支持混合國會的構想，讓大眾階級得以讓代表他們的候選人進入議會殿堂。

全球挺身而戰

重建民主攸關全球。雖然我們短暫遊歷了巴西與印度，不過本書主要針對西歐與北美國家。這是本書的侷限，但我從西方國家失敗中擷取的教訓卻值得全球參考。在打造未來的民主理想上，非洲、亞洲和拉丁美洲的新興民主國家的角色不下於西方世界。這些國家面對自身危機，或許可以從其他國家的過往經驗裡得到啟發，就像翻閱一本開著的書，藉此想像一個更美好的世界。

例如，金錢才剛在拉丁美洲展露它的腐化力量。當然，拉美國家不是沒有人想到企業可能提供回扣給政治人物，只要瞧瞧法國和義大利近幾年發生的醜聞就好。政治人物如今灰頭土臉，然而這會帶來怎樣的改革？最偉大的民主許諾總是建立在危機之上，證明就是巴西剛剛朝公費民主邁出了第一步。讓我們期盼其他國家會起而效法。

可惜我沒辦法多談一些非洲國家。雖然它們在本書裡很少出現，但在代表度的議題上並未缺席。關於「選票的價碼」：研究不同國家貪瀆、族裔、公共善與選舉結果有何關聯的著作汗牛充棟，我得吸取更多知識才敢發表見解。但我認為一些民主制度尚未健全的國家已經亟需提前思考，構思一套更有企圖心的民主運作資助制度。針對媒體在這方面的問題，我已經做了許多思考。當然，當政府會關押記者，怎麼會有人認為成立基金會可以解決問題？當政府掌控誰能參加選舉，又怎麼會有人相信民主的未來繫於政府補助政黨和競選支出之上？

但我依然認為公費制是重建民主的唯一出路。這條路上充滿荊棘，不僅需要對抗亟欲保有既得經濟選舉特權的利益團體遊說，還得抵擋完全放棄選舉民主的極右派力量。然而，這條路終將帶領我們邁向一人一票的民主平等，並且讓我們期盼能久久長長。

next 300

民主的價碼：一人一票，票票「等值」？
LE PRIX DE LA DÉMOCRATIE

作者　茱莉亞．卡熱（Julia Cagé）
譯者　賴盈滿
主編　王育涵
責任編輯　鄭莛
校對　陳炎妍
責任企畫　林進韋
封面設計　高偉哲
內頁設計　張靜怡
總編輯　胡金倫
董事長　趙政岷
出版者　時報文化出版企業股份有限公司
108019 臺北市和平西路三段 240 號 7 樓
發行專線｜ 02-2306-6842
讀者服務專線｜ 0800-231-705 ｜ 02-2304-7103
讀者服務傳真｜ 02-2302-7844
郵撥｜ 1934-4724 時報文化出版公司
信箱｜ 10899 台北華江橋郵局第 99 號信箱
人文科學線臉書　http://www.facebook.com/jinbunkagaku
法律顧問　理律法律事務所｜陳長文律師、李念祖律師
印刷　紘億印刷有限公司
初版一刷　2021 年 5 月 28 日
定價　新臺幣 620 元

ISBN 978-957-13-9002-4 ｜ Printed in Taiwan

民主的價碼：一人一票，票票「等值」？／茱莉亞．卡熱（Julia Cagé）著；賴盈滿譯 .
-- 初版 . -- 臺北市：時報文化 , 2021.05 ｜ 496 面；14.8×21 公分 .
譯自：Le prix de la démocratie ｜ ISBN 978-957-13-9002-4（平裝）
1. 民主政治　2. 代議政治｜ 571.6 ｜ 110007562

時報文化出版公司成立於一九七五年，並於一九九九年股票上櫃公開發行，於二〇〇八年脫離中時集團非屬旺中，以「尊重智慧與創意的文化事業」為信念。